지도로
읽는다
삼국지
100년
도감

※ 일러두기

· 지도 상에 표시된 세력 범위와 국경 등은 편집부의 추정에 따른 것입니다.
· 지도 상에 표시된 화살표는 대략적인 것으로, 당시의 교통로를 재현한 것이 아닙니다.
· 지도 상에 표시된 지명은 개략적인 위치 표시로 실제와 오차가 있을 수 있습니다.
· 중국 인명과 지명은 처음 나왔을 때는 한문 병기를 원칙으로 하고 이후는 한글로만 표기합니다.
· 중국 인명과 지명은 한자 독음으로 표기하는 것을 원칙으로 합니다.

지도로 읽는다

삼국지 100년 도감

바운드 지음
미츠다 타카시 감수
전경아 옮김

이다미디어

《삼국지》는 세상과 인간의 모든 것을 보여준다!

《삼국지》 영웅들이 펼치는 신출귀몰한 전략과 전쟁을 지도로 읽는다!

중국 역사 가운데 삼국시대가 가장 널리 알려져 있다. 조조가 이끄는 위(魏), 유비가 이끄는 촉한(蜀漢), 손권이 이끄는 오(吳)의 삼국이 중국 대륙을 삼등분하여 천하의 패권을 놓고 숨 막히는 명승부를 펼친 게 유명하기 때문이다.

삼국시대는 위 · 촉한 · 오의 삼국으로 나뉘기 전, 서력기원을 사이에 두고 약 400년이나 이어 내려온 한제국이 멸망하는 계기가 된 황건의 난(184년)에서 시작되었다고 볼 수 있다. 또한 황건의 난 이후, 동탁 · 여포 · 원소 · 원술 · 손견 · 유표와 같은 난세의 영웅들이 눈부신 활약을 하며 삼국시대의 개막을 알린다. 그 이후 삼국시대의 주인공이라 할 만한 조조, 유비, 손권이 차례로 역사의 전면에 나서면서 장대한 드라마를 만들어간다. 뿐만 아니라 그들의 부하인 제갈량과 관우 · 주유 · 사마의와 같은 명장들이 속속 등장하며

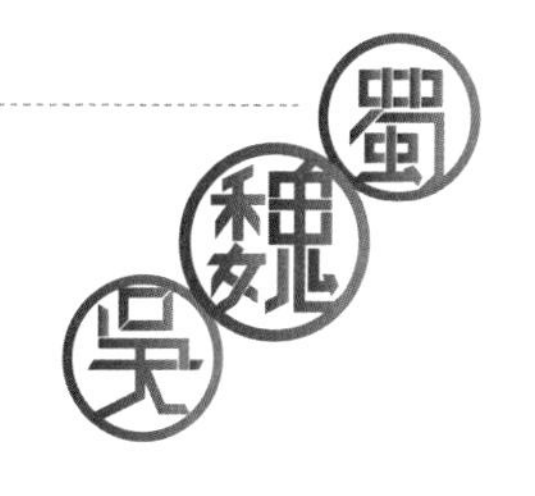

삼국시대를 더욱 화려하게 수놓는다.

2,000년의 세월을 뛰어넘어 현대를 사는 우리들에게 삼국시대에 등장하는 인물들은 여전히 살아 있는 전설이다. 삼국시대의 스토리가 흥미진진한 이유도 속고 속이는 계책과 죽고 죽이는 전쟁을 통해 난세를 헤쳐 나가는 인간 군상의 모습에 있다. 이들이 만들어내는 인간의 원형이야말로 지금을 살아가는 우리의 삶이며, 앞으로도 변하지 않을 우리의 모습일 것이다.

우리가 삼국시대를 만나는 방식은 소설, 역사, 영화, 게임, 만화 등등 여러 가지가 있다. 여기서 굳이 두 가지로 나눈다면 나관중이 쓴 소설 《삼국지연의》와 진수가 쓴 역사 《삼국지》를 들 수 있을 것이다. 우리가 익히 알고 있는 삼국시대의 역사와 스토리는 대부분 《삼국지연의》를 기반으로 한 것들이다. 그래서 역사적 사실과 소설적 허구를 혼동하는 경우가 많다.

'삼국지 100년' 동안 영웅들의 족적과 세력권의 추이를 한눈에 꿰뚫는다!

《삼국지》를 다루면서 역사와 소설 사이의 일반적인 논쟁을 펼치는 것은 의미 없는 일이다. 역사는 역사대로, 소설은 소설대로 읽고 즐길 가치가 있기 때문이다. 그래서 이 책은 정사 《삼국지》를 기반으로 하면서도 인물 중심의 서술 방식을 선택해 독자들이 보다 흥미롭게 삼국시대를 이해할 수 있도록 돕고 있다.

이 책은 후한 왕조의 말기에 발생한 황건의 난을 시작으로, 진나라가 중국 대륙을 통일할 때(280년)까지 96년 동안의 역사를 다루고 있다. 이 시기에 등장한 숱한 영웅호걸들이 펼쳤던 전쟁과 전투를 역사적 사실을 근거로 연대별로 기록하고 있다.

이 책의 가장 큰 장점을 내세우라면 단연 130여 개의 풍부한 지도를 꼽을 수 있을 것이다. 삼국시대에 일어난 크고 작은 전쟁과 전투 대부분을 지도 위에다 옮겨놓았다. 적벽대전, 이릉 전투, 오장원 전투, 제갈량의 북벌 등 국가와 개인의 운명을 바꾼 명승부를 장수들의 전략과 전투 지도, 진지도로 확인한다는 것은 생각만 해도 가슴 두근거리는 일이다.

황건의 난 이후 여러 영웅이 어떤 지역을 중심으로 세력권을 확대해나갔는가? 평생 동안 전쟁터를 누빈 조조는 여러 번의 쿠데타를 경험하는데, 언제 어디서 누가 왜 일으켰는가? 평생 동안 배신을 밥 먹듯이 한 유비가 어떻게 황제의 자리에 올랐는가? 손권은 어떻게 장강 이남 지역을 통일하고 오나라를 건국했는가?

이 책은 '삼국지 100년' 동안 영웅들의 족적과 세력권의 추이를 지도로 보여주고 있다. 당시에 활약하던 군웅의 세력 범위를 색으로 구분하여 표시했

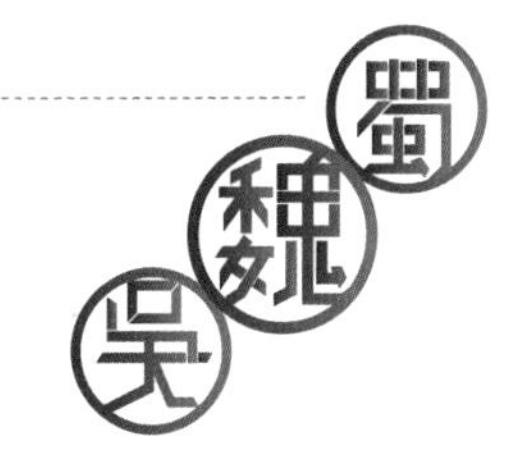

다. 짙은 색과 옅은 색이 있는 경우는 짙은 부분이 세력 범위, 옅은 부분이 영향력이 미치는 범위이다(역사적 사실을 근거로 했지만 색으로 엄밀하게 분류하기에는 한계가 있음을 미리 밝혀둔다). 그리고 지도와 텍스트를 결합해 역사적 사실과 흐름을 한눈에 꿰뚫고 이해할 수 있다.

이 책은 소설 《삼국지》를 읽은 사람에게는 새로운 형태의 지도를 통해 새로운 역사적 사실을 체험하게 할 것이다. 그리고 《삼국지》를 읽지 않은 사람이라면 소설의 재미와 역사의 진실을 한꺼번에 맛보는 특별한 경험을 하게 될 것이다.

이 책을 읽는 독자들이라면 앞으로 어떤 형태의 《삼국지》를 만나더라도 더욱 사랑하게 될 것으로 믿어 의심치 않는다. 《삼국지》는 세상과 인간의 모든 것을 보여주기 때문이다.

차례

3장 · 221 ~ 280

제갈량의 북벌과 진나라의 삼국 통일

삼국지 주(州)·군(郡) 행정지명 지도

※ 일러두기

· 삼국시대는 지방행정제도가 주(州) 아래 군(郡)과 국(國)을 두었다.
· 군에는 태수(太守)를 두고, 국에는 상(相)이라는 지방장관을 두었다.
· 군국제를 실시한 한 왕조는 황족이나 제후에게 내린 영지를 '국'이라 하고, 이를 책임지는 관리를 '상'이라고 했다. 따라서 국의 왕은 명목상의 지배자이고, 태수와 지위가 비슷한 상이 모든 행정을 관할한 실권자였다.
· 이 지도에는 지면상 각 주의 군과 국의 행정명칭을 따로 구분해 표기하지 않는다.
· 이 지도에는 편의상 이 책에 자주 등장하는 주요 군과 국의 대략적인 지역만 표시한다.

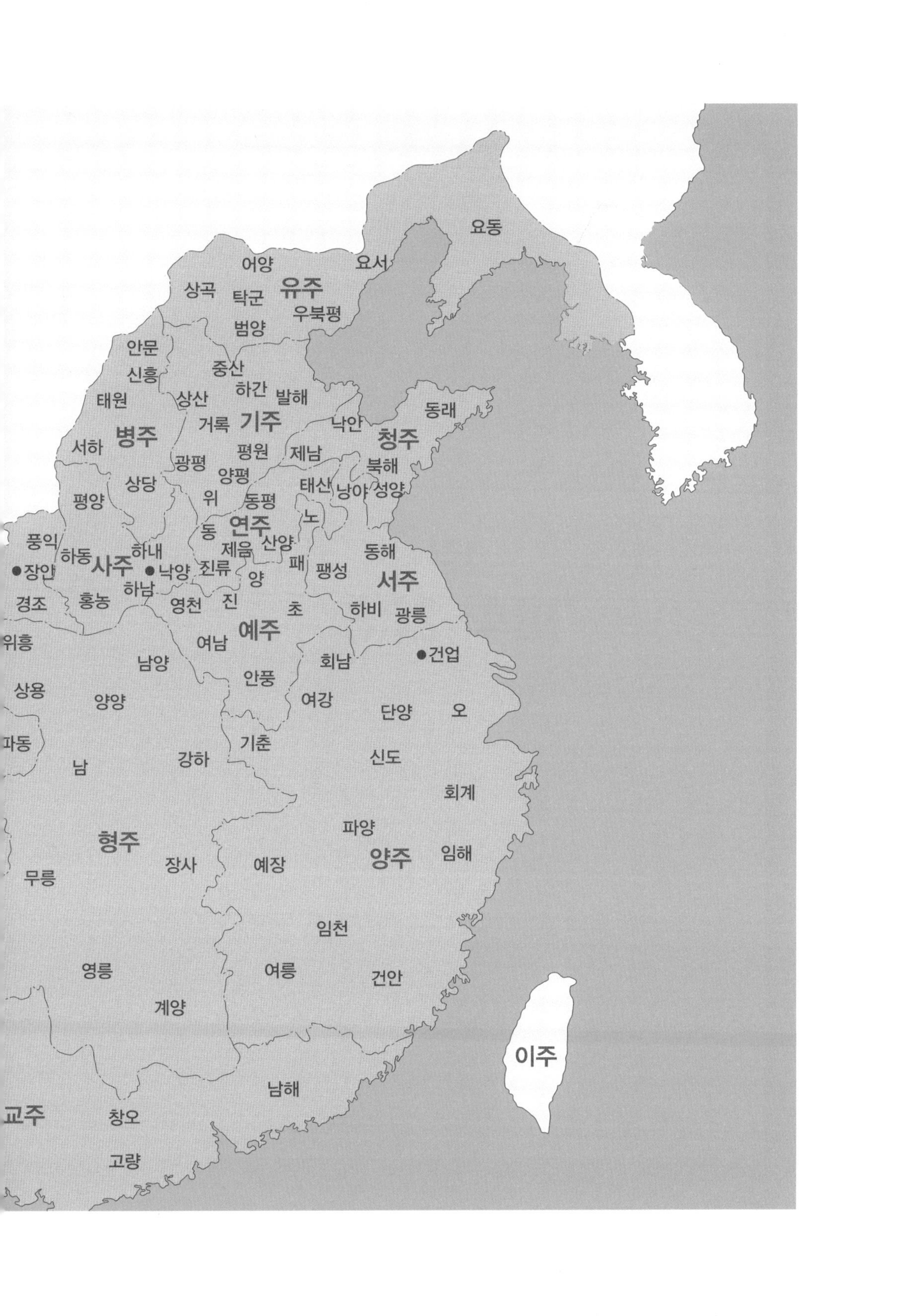
요동
어양
요서
상곡
탁군
유주
우북평
범양
안문
중산
신흥
하간
발해
태원
상산
동래
기주
거록
낙안
병주
청주
서하
평원
제남
광평
북해
양평
상당
태산
낭야
성양
평양
위
동평
노
동
연주
풍익
산양
하내
하동
제음
동해
사주
패
●장안
●낙양
진류
팽성
양
서주
하남
경조
홍농
영천
진
초
하비
광릉
예주
위흥
여남
●건업
남양
회남
안풍
상용
양양
여강
단양
오
파동
기춘
신도
남
강하
회계
파양
형주
양주
임해
장사
예장
무릉
임천
영릉
여릉
건안
계양
이주
남해
교주
창오
고량

1장
184~206

후한의 붕괴와 군웅할거 시대

184~187

후한 왕조를 붕괴시킨 황건의 난 발발

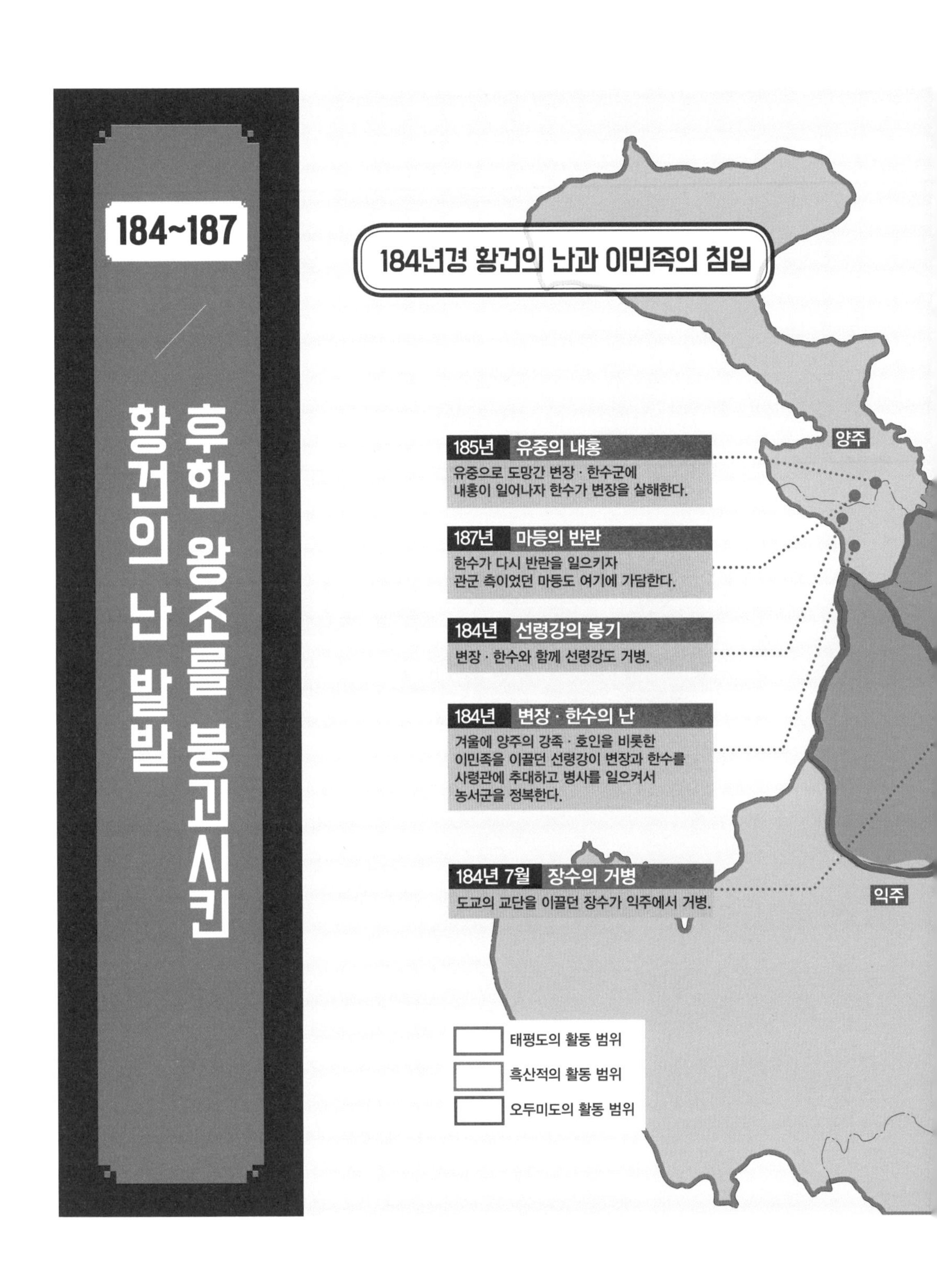

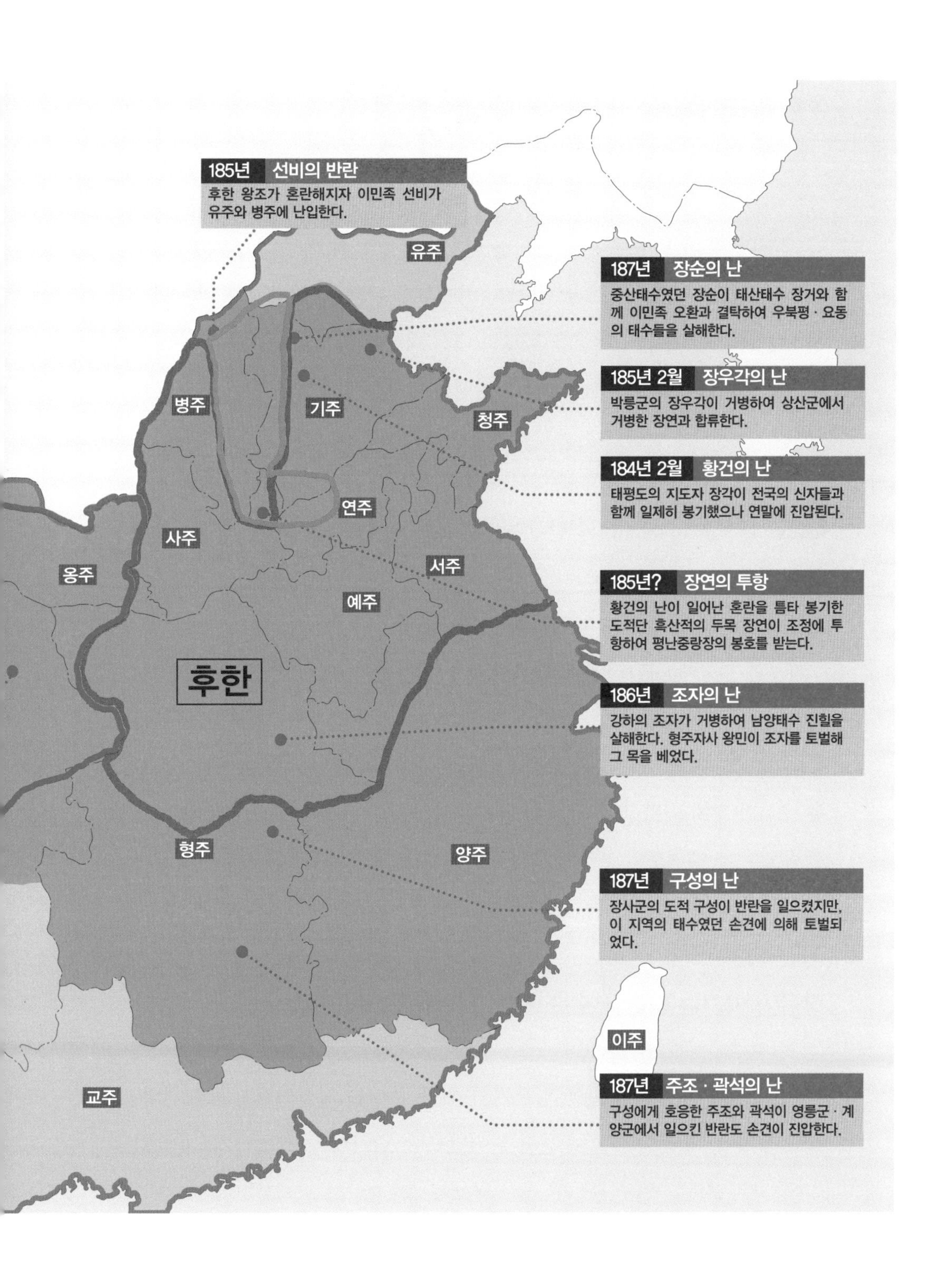

185년 선비의 반란
후한 왕조가 혼란해지자 이민족 선비가 유주와 병주에 난입한다.
187년 장순의 난
중산태수였던 장순이 태산태수 장거와 함께 이민족 오환과 결탁하여 우북평 · 요동의 태수들을 살해한다.
185년 2월 장우각의 난
박릉군의 장우각이 거병하여 상산군에서 거병한 장연과 합류한다.
184년 2월 황건의 난
태평도의 지도자 장각이 전국의 신자들과 함께 일제히 봉기했으나 연말에 진압된다.
185년? 장연의 투항
황건의 난이 일어난 혼란을 틈타 봉기한 도적단 흑산적의 두목 장연이 조정에 투항하여 평난중랑장의 봉호를 받는다.
186년 조자의 난
강하의 조자가 거병하여 남양태수 진힐을 살해한다. 형주자사 왕민이 조자를 토벌해 그 목을 베었다.
187년 구성의 난
장사군의 도적 구성이 반란을 일으켰지만, 이 지역의 태수였던 손견에 의해 토벌되었다.
187년 주조 · 곽석의 난
구성에게 호응한 주조와 곽석이 영릉군 · 계양군에서 일으킨 반란도 손견이 진압한다.
유주
병주
기주
청주
연주
사주
옹주
서주
예주
후한
형주
양주
이주
교주

후한 왕조 타도를 내세운 황건의 난이 발발한다

전한 시대 이래, 한 왕조는 약 400년이나 이어 내려온 대제국이었다. 하지만 후한 왕조도 후반이 되면 외척(황후 일족)과 환관(황제 측근의 거세당한 사람들)이 권력 투쟁으로 밤낮을 지새우게 된다. 금권정치의 만연으로 정치는 혼란에 빠지고, 백성을 돌보는 대신 백성에게 세금 증대라는 무거운 부담을 지운다. 여기에 기근도 자주 발생하여 백성의 생활은 날로 피폐해져 갔다.

184년, 그러한 사회 정세 속에서 마침내 백성이 들고일어났다. 후한 왕조 타도를 내세운 황건(黃巾)의 난이 발발한 것이다. 반란을 주도한 우두머리는 하북 지방(황하 이북의 유주(幽州) · 기주(冀州) · 병주(幷州))에 '태평도(太平道)'라는 종교를 퍼트린 장각(張角)이라는 인물이었다.

기근과 질병에 시달리던 백성에게 태평도는 안식처와도 같았다. 십수 년에 걸쳐 포교한 결과, 청주(靑州) · 서주(徐州) · 유주 · 기주 · 형주(荊州) · 양주(揚州) · 연주(兗州) · 예주(豫州) 등 여러 주로 세력을 넓혀가는 동안 신자는 수십만 명에 이르렀다. 장각은 신자를 36개 지부로 나누고 지부마다 장군을 두었는데, 태평도의 조직력이 일국의 군대 못지않았다고 한다.

장각이 이끄는 반란군이 수도 낙양의 턱밑까지 진출

장각이 언제 반란을 일으키기 위한 준비를 시작했는지는 모른다. 다만 당시에 "창천이 죽고 황천이 일어났으니, 갑자의 해에 천하가 크게 길

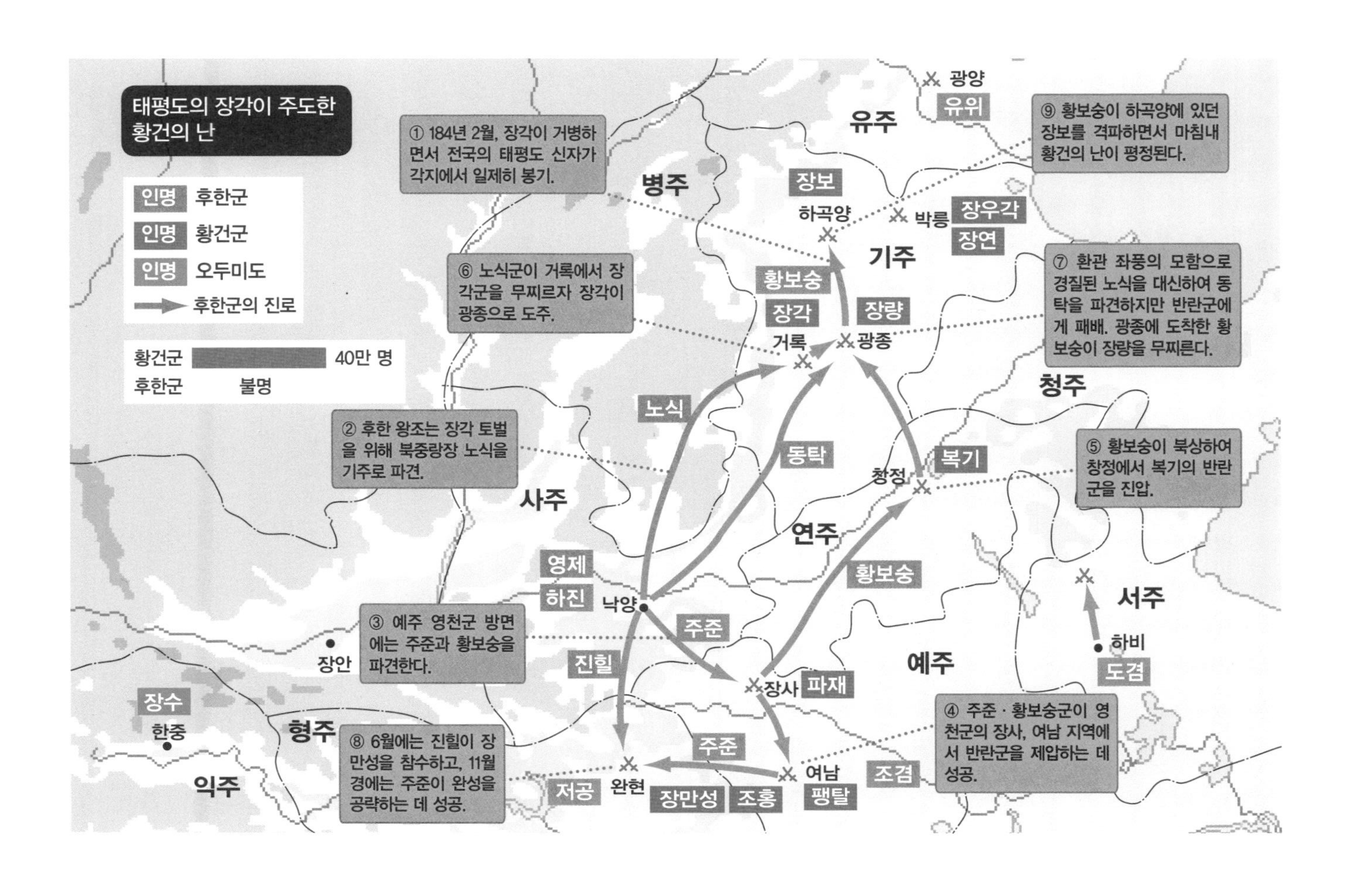

태평도의 장각이 주도한
황건의 난
인명 후한군
인명 황건군
인명 오두미도
후한군의 진로
황건군 40만 명
후한군 불명
① 184년 2월, 장각이 거병하면서 전국의 태평도 신자가 각지에서 일제히 봉기.
② 후한 왕조는 장각 토벌을 위해 북중랑장 노식을 기주로 파견.
③ 예주 영천군 방면에는 주준과 황보숭을 파견한다.
④ 주준 · 황보숭군이 영천군의 장사, 여남 지역에서 반란군을 제압하는 데 성공.
⑤ 황보숭이 북상하여 창정에서 복기의 반란군을 진압.
⑥ 노식군이 거록에서 장각군을 무찌르자 장각이 광종으로 도주.
⑦ 환관 좌풍의 모함으로 경질된 노식을 대신하여 동탁을 파견하지만 반란군에게 패배. 광종에 도착한 황보숭이 장량을 무찌른다.
⑧ 6월에는 진힐이 장만성을 참수하고, 11월경에는 주준이 완성을 공략하는 데 성공.
⑨ 황보숭이 하곡양에 있던 장보를 격파하면서 마침내 황건의 난이 평정된다.
광양
유위
유주
병주
장보
하곡양
박릉
장우각
장연
기주
황보숭
장각
장량
거록
광종
청주
노식
동탁
복기
창정
사주
연주
영제
하진
낙양
황보숭
서주
주준
장안
진힐
하비
도겸
예주
장사
파재
장수
한중
형주
주준
여남
조겸
저공
완현
장만성
조홍
팽탈
익주

하리라(蒼天已死 黃天當立 歲在甲子 天下大吉)"라는 말이 항간에 널리 퍼져 있었다. 이는 '갑자의 해(184년)에 봉기하여 세상을 바로잡으면, 태평도 천하가 되어 세상이 좋아진다'라는 뜻이다.

장각은 이 말을 듣고 낙양(洛陽) 안팎에서 봉기하기로 결정하고, 184년 3월 5일로 날을 잡았다.

그 준비의 일환으로 그는 자신의 심복인 마원의(馬元義)를 낙양에 잠입시켰다. 하지만 184년 1월, 장각을 따르던 제자의 밀고로 계획이 발각되면서 마원의는 죽임을 당했다. 거사 계획이 사전에 발각되자 장각은 일정을 앞당겨서 반란을 일으켰다. 스스로 천공장군(天公將軍)이라 칭한 후, 아우인 장보(張寶)과 장량(張梁)을 각각 지공장군(地公將軍) · 인공장군(人公將軍)에 임명하고, 2월에 격문을 발표하면서 36개 지부에서 일제히 봉기를 단행한 것이다.

노란색 천을 머리에 둘러서 '황건적(黃巾賊)'이라 불린 반란군은 각지의 지방 군청을 습격하고 관리들을 보이는 족족 살해했다.

반란 초기 황건군의 기세는 엄청나서 수도 낙양에서 가까운 예주 영천(潁川)군의 각 현도 차례로 함락되었다. 반란군은 한 달도 되지 않아서 낙양의 턱밑까지 쳐들어왔다. 조정은 황제인 영제(靈帝)의 외척 하진(何進)을 대장군으로 임명하여 수도 주변의 방위를 맡기고, 노식(盧植)을 북중랑장(北中郞將)에 임명하여 기주에 있는 장각 토벌에 나서게 한다. 또 좌중랑장(左中郞將) 황보숭(皇甫嵩)과 우중랑장(右中郞將) 주준(朱儁)에게는 영천군 방면에 있는 황건 일당을 토벌하라고 명했다.

장각 3형제가 죽으면서 황건의 난도 막을 내렸다

영천군으로 향한 황보숭과 주준은 황건군의 기세에 눌려, 주준의 토벌군이 전초전을 벌였던 황건적의 장수 파재(波才)의 반란군에게 패한다. 승기를 잡은 파재의 대군은 그대로 황보숭이 진주하던 장사(長社, 예주 영천군)로 진군하여 이곳을 포위한다. 열세에 몰린 황보숭군은 어둠을 틈타, 초원에 진을 치고 있던 황건군을 강풍을 이용한 화공으로 공격해 혼란에 빠트렸다. 그리고 이때 원군으로 달려온 조조(曹操)군과 전열을 정비한 주준군까지 합류한 관군이 반란군을 진압하고 영천군을 평정하는 데 성공했다.

영천군의 반란을 평정한 관군은 반격에 나서 형주의 완성(宛城)을 점거하던 장만성(張曼成)을 격파하고, 영천군 양적(陽翟)으로 패주한 파재군의 잔당까지 괴멸했다. 나아가 여남(汝南)군 서화(西華)에서 폭동을 일으킨 팽탈(彭脫)을 무찌르고 여남군을 평정했다. 완성에서는 장만성이 죽은 이후, 조홍(趙弘)·한충(韓忠)이 반란군의 지휘를 이어받아 끝까지 저항했으나 관군의 공격을 막아내지는 못했다.

한편, 기주 거록(鉅鹿)군에서 장각 형제를 공격하던 노식은 장각군이 광종(廣宗)에서 농성에 들어갈 때까지 공세를 퍼부었다. 노식이 환관 좌풍(左豐)의 터무니없는 중상모략으로 도성에 소환되자, 그를 대신하여 동탁(董卓)이 파견된다. 하지만 동탁은 황건군에게 패한 채 파면된다. 이에 조정은 예주를 평정한 후 연주 동군(東郡)에서 복기(卜己)군을 격파한 황보숭에게 광종으로 가서 황건 일당을 토벌하라는 명령을 내렸다.

광종에 간 황보숭도 황건군의 수비가 너무도 견고하여 공략에 애를 먹었다. 하지만 적의 방심을 틈타 성내를 급습하여 장량을 살해하고, 이미 병사

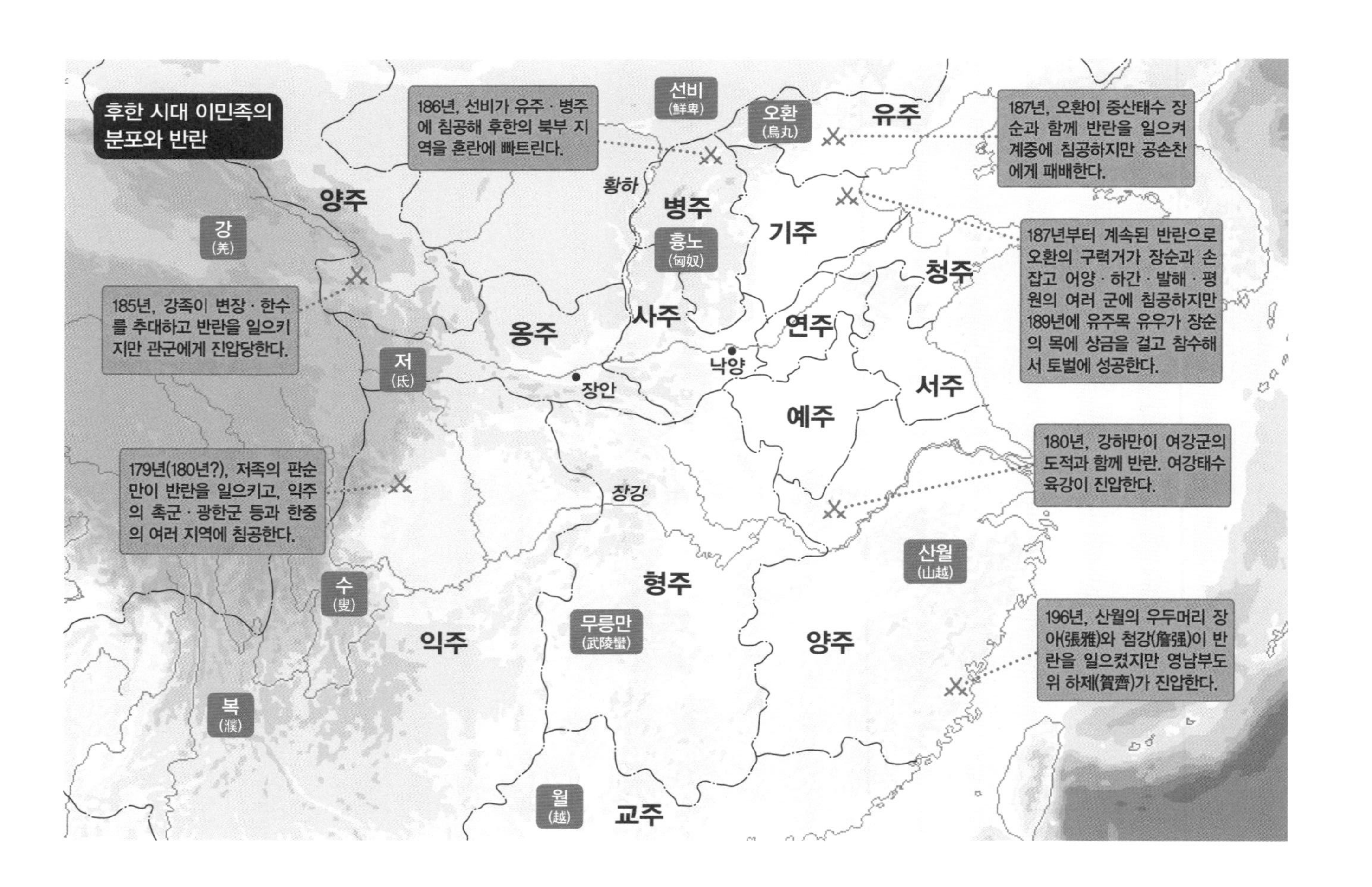

후한 시대 이민족의 분포와 반란
186년, 선비가 유주 · 병주에 침공해 후한의 북부 지역을 혼란에 빠트린다.
187년, 오환이 중산태수 장순과 함께 반란을 일으켜 계중에 침공하지만 공손찬에게 패배한다.
187년부터 계속된 반란으로 오환의 구력거가 장순과 손잡고 어양 · 하간 · 발해 · 평원의 여러 군에 침공하지만 189년에 유주목 유우가 장순의 목에 상금을 걸고 참수해서 토벌에 성공한다.
185년, 강족이 변장 · 한수를 추대하고 반란을 일으키지만 관군에게 진압당한다.
180년, 강하만이 여강군의 도적과 함께 반란. 여강태수 육강이 진압한다.
179년(180년?), 저족의 판순만이 반란을 일으키고, 익주의 촉군 · 광한군 등과 한중의 여러 지역에 침공한다.
196년, 산월의 우두머리 장아(張雅)와 첨강(詹强)이 반란을 일으켰지만 영남부도위 하제(賀齊)가 진압한다.
선비
(鮮卑)
오환
(烏丸)
유주
양주
강
(羌)
황하
병주
흉노
(匈奴)
기주
청주
사주
연주
옹주
저
(氐)
낙양
장안
서주
예주
장강
산월
(山越)
형주
수
(叟)
무릉만
(武陵蠻)
익주
양주
복
(濮)
월
(越)
교주

한 장각의 관을 파내어 시신의 목을 벤 후 낙양으로 보냈다. 광종을 평정한 황보숭은 다시 북상하여 11월에 하곡양(下曲陽)에 있던 장보마저 격파했다. 장각 3형제를 잃은 황건적은 괴멸되고, 마침내 황건의 난은 막을 내렸다.

군웅할거의 시대가 열리고, 후한 왕조는 몰락의 길을 걷는다

황건의 난은 수습되었지만 조정의 악정에 대한 불만은 수그러들지 않은 채 각지에서 폭동으로 이어졌다. 특히 이민족의 움직임이 거세지면서 서북 방면에서 침략이 끊이질 않았다. 황건적이 맹위를 떨치던 184년 6월에는 지금의 베트남 북부인 교지(交趾)에서 이민족이 봉기했다. 이어서 연말에는 옹주의 북지(北地)군에서 강족(羌族)이, 양주(涼州)의 금성(金城)군에서는 강족의 우두머리인 선령강(先零羌)이 호족인 변장(邊章)과 한수(韓遂)를 추대하고 반란을 일으켰다. 변장과 한수는 이듬해 11월에 장온(張溫)에게 진압되지만, 187년에 다시 봉기한다. 이때는 관군 측이던 마등(馬騰)이 가담하고 한양(韓陽)군의 왕국(王國)도 이에 호응하여 다 함께 양주자사 경비(耿鄙)를 공격한다.

한편 황건의 난이 일어난 혼란을 틈타 봉기한 도적단의 두목 장연(張燕)이 그와 비슷한 시기에 봉기한 장우각(張牛角)의 군대와 합류한다. 장우각이 죽은 후에는 그의 군대까지 손에 넣게 되어 장연의 군대는 수십만 명을 넘어 무려 100만 명에 달했다고 한다. 나중에 장연은 하내(河內)군 조가(朝歌)현의 흑산(黑山) 일대에 거점을 두고 스스로 '흑산적'이라 칭하고 폭동을 일으켰다. 하지만 그 후 군관에 투항하여 평난중랑장(平難中郎將)에 임명되면서 그

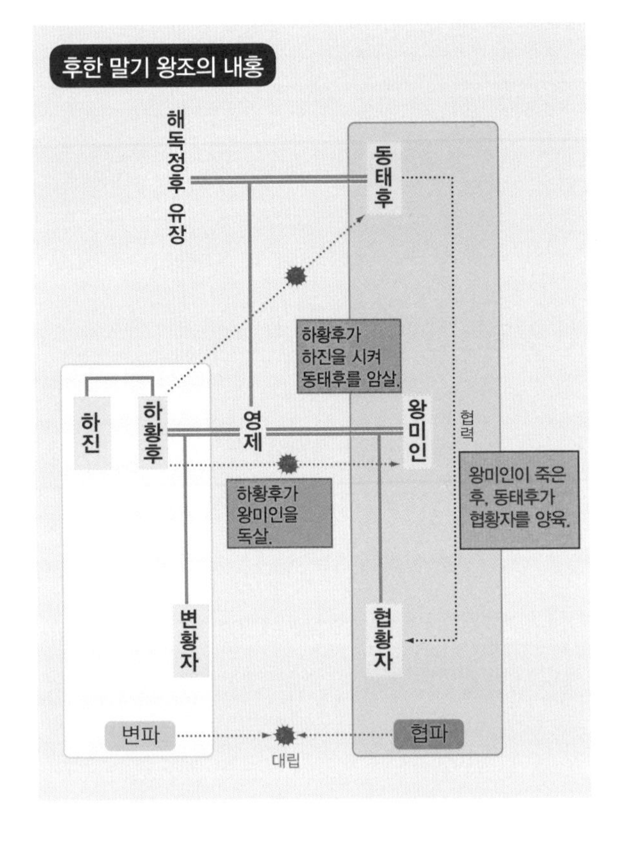

가 일으킨 흑산적의 반란은 일단 수습되었다.

그 외에 186년 10월에는 형주 일대에 거주하는 만족인 무릉만(武陵蠻)이 군사를 일으켰다. 187년에는 사주 형양(滎陽)현의 도적 떼가 사주 중모(中牟)현을 다스리던 관리를 살해했고, 같은 해 6월에는 유주에서 오환(烏丸)과 손을 잡은 장순(張純) · 장거(張擧)가 봉기했으며, 형주의 영릉(零陵)군과 장사(長沙)군에서도 반란이 일어났다. 황건적의 잔당도 각지에 숨어 지내며 조정에 항거를 계속했다.

황건의 난은 1년도 되지 않아 진압되었다. 하지만 후한 왕조에 미친 영향력은 막대했다. 각지에서 일어난 반란은 지방에서 군웅할거를 부채질했고, 따라서 후한 왕조의 권위는 땅에 떨어지면서 멸망의 길을 걷기 시작했다. 압제에 시달리던 민중이 일으킨 황건의 난 자체가 호족과 지식인의 지지를 받으며 무장을 한 채 국가 전복을 꾀한 쿠데타였기 때문이다.

삼국지에 등장하는 주인공들

인물 클로즈업 장각

- 자 : 알려지지 않음
- 생몰년 : ?~184년
- 출신지 : 기주 거록군
- 관직 : 없음

황건의 난을 주도하여 후한 왕조에 최후의 일격을 날리다

기주 거록군 출신으로 산중에서 수행에 힘썼고, 스스로 태평도인이라 칭했다. 170년대에 포교를 개시한 후 난민과 유민을 대상으로 치료 행위를 하여 신자를 늘렸다. 신자들은 장각에게 죄를 고백하고 부적과 함께 물을 마신 후 주문을 외면 병이 낫는다고 믿었다.

이로 인해 신자가 순식간에 십수만 명이 되며 유주 · 기주 · 연주 · 예주 · 청주 · 서주 · 형주 · 양주 등 여러 주로 세력을 넓혔다. 개중에는 사재를 쾌척하고 태평도에 귀의한 신자도 많았다고 한다.

184년이 되자 후한 왕조를 타도하겠다며 아우인 장보 · 장량과 함께 전국에서 반란을 일으켰다. 반란을 일으킨 초기에는 환관이 실권을 잡고 있던 조정이 적절하게 대응하지 못하여 황건 세력이 파죽지세로 수도인 낙양까지 위협했다. 하지만 곧 전투 경험이 많은 군관에게 전세를 역전

당하고 포위당한 상태에서 병사했다.

인물 삼국지 열전

노식(盧植) 〈?~192〉

구강(九江)태수 시대와 여강태수 시대에 이민족의 반란을 진압했다. 황건의 난이 일어나자 북중랑장에 임명된 그는 광종으로 토벌에 나서 황건의 수령 장각을 포위했다. 하지만 환관에게 뇌물 주기를 거부하다 중상모략을 받고 죄인 호송용 수레에 탄 채 낙양으로 호송되는 굴욕을 당했다. 황보숭이 황건적을 평정한 후에 다시 상서가 되었다. 동탁이 소제(少帝)를 폐위할 때(동탁은 그 후 어린 헌제(獻帝)를 꼭두각시로 옹립하여 온갖 폭정을 일삼았다-역주) 홀로 반대했으나, 주변의 설득으로 죄를 추궁당하지 않았다. 유비(劉備)가 그의 문하에 있던 것으로 유명하다.

황보숭(皇甫嵩) 〈?~195〉

자는 의진(義眞)이라 하고, 옹주 안정(安定)군 조나(朝那) 출신의 후한의 관료다. 강족의 반란을 진압하는 등 젊은 시절부터 조정에서 활약했다. 황건의 난이 일어났을 때는 파재 · 장량 · 장옥과 같은 황건의 주력군을 무찌르며 반란을 진압한 최고의 공로자였다. 또 황건적과 청류파(淸流派, 외척과 환관에 반대한 관료)의 결탁을 막기 위하여 '당고의 금(黨錮之禁, 당고의 옥이라고도 한다. 중국 후한 말기에 관료와 환관이 충돌하여, 환관 세력이 관료를 금고에 처한 탄압 사건이다-역주)'을 해제하자고 진언했다. 동탁이 정권을 쥐었을 때는 그에게 굴복함으로써 동탁의 폭거를 막아내지 못했다.

주준(朱儁) 〈?~195〉

양주 회계(會稽)군 상우(上虞)현 출신으로, 자는 공위(公偉)라고 한다. 후한 왕조의 군신으로 황건의 난이 발발했을 때는 황보숭, 노식과 함께 반란을 진압했다. 완성에서 황건군을 포위했을 때 "도적 떼는 유리하다고 느끼면 싸우고, 불리하다고 느끼면 물러선다. 지금은 항복한다 해도 장래에 다시 역심을 품으리라"라고 하며, 항복하겠다는 황건군의 제의를 거부하고 도적 떼를 토벌했다. 동탁 정권하에서는 장안으로 도읍을 옮기려는 동탁에게 끝까지 반발했다.

장연(張燕) 〈?~?〉

기주 상산(常山)군 진정(眞定)현 사람. 본성은 저(褚)라고 한다. 황건의 난이 일어나자 도적단을 결성하여 기주 방면에서 양민을 약탈한다. 황건적에 호응하여 봉기한 장우각과 뜻을 같이했으며, 장우각이 세상을 떠난 후에는 성을 장(張)씨로 바꾸고 '흑산적(黑山賊)'이라 불리는 100만 명에 가까운 군대를 통솔했다. 훗날 후한에 투항하여 반동탁 연합이 일어났을 때는 연합군 편에 서서 싸웠고, 원소와 공손찬이 싸울 때는 공손찬을 도왔다. 205년 10만여 군사를 이끌고 조조 밑으로 들어가 안국정후(安國亭侯)에 봉해졌다.

188~189
십상시의 난 발생 후,
폭군 동탁이 낙양을 장악

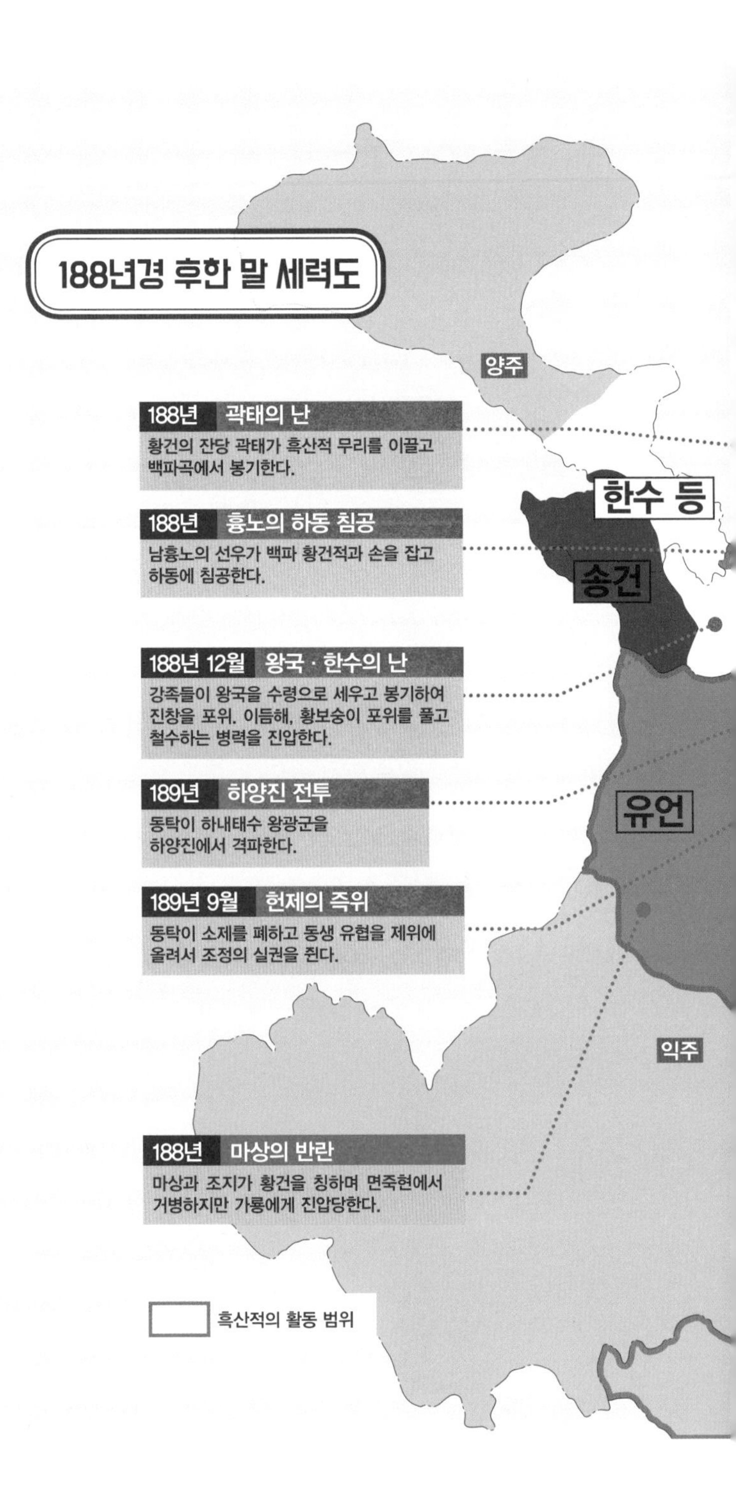
188년경 후한 말 세력도
양주
188년 곽태의 난
황건의 잔당 곽태가 흑산적 무리를 이끌고 백파곡에서 봉기한다.
한수 등
188년 흉노의 하동 침공
남흉노의 선우가 백파 황건적과 손을 잡고 하동에 침공한다.
송건
188년 12월 왕국 · 한수의 난
강족들이 왕국을 수령으로 세우고 봉기하여 진창을 포위. 이듬해, 황보숭이 포위를 풀고 철수하는 병력을 진압한다.
189년 하양진 전투
동탁이 하내태수 왕광군을 하양진에서 격파한다.
유언
189년 9월 헌제의 즉위
동탁이 소제를 폐하고 동생 유협을 제위에 올려서 조정의 실권을 쥔다.
익주
188년 마상의 반란
마상과 조지가 황건을 칭하며 면죽현에서 거병하지만 가룡에게 진압당한다.
흑산적의 활동 범위

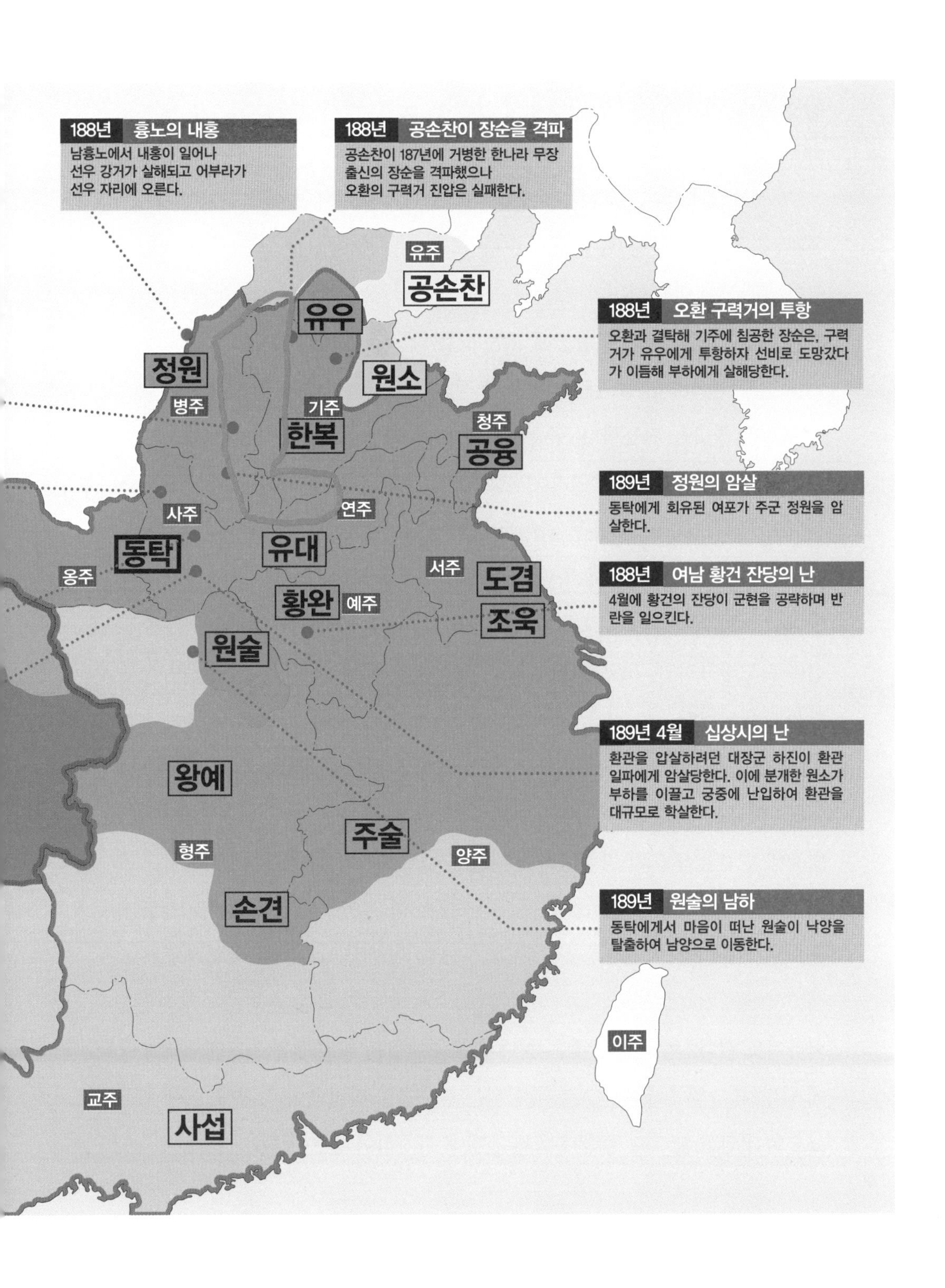
188년 흉노의 내홍
남흉노에서 내홍이 일어나
선우 강거가 살해되고 어부라가
선우 자리에 오른다.
188년 공손찬이 장순을 격파
공손찬이 187년에 거병한 한나라 무장
출신의 장순을 격파했으나
오환의 구력거 진압은 실패한다.
188년 오환 구력거의 투항
오환과 결탁해 기주에 침공한 장순은, 구력거가 유우에게 투항하자 선비로 도망갔다가 이듬해 부하에게 살해당한다.
189년 정원의 암살
동탁에게 회유된 여포가 주군 정원을 암살한다.
188년 여남 황건 잔당의 난
4월에 황건의 잔당이 군현을 공략하며 반란을 일으킨다.
189년 4월 십상시의 난
환관을 압살하려던 대장군 하진이 환관 일파에게 암살당한다. 이에 분개한 원소가 부하를 이끌고 궁중에 난입하여 환관을 대규모로 학살한다.
189년 원술의 남하
동탁에게서 마음이 떠난 원술이 낙양을 탈출하여 남양으로 이동한다.
유주
공손찬
유우
정원
원소
병주
기주
한복
청주
공융
사주
연주
동탁
유대
옹주
서주
도겸
황완
예주
조욱
원술
왕예
주술
형주
양주
손견
이주
교주
사섭

황건의 난이 진압된 후, '백파적'이라는 도적 떼가 봉기

황건의 난이 진압된 후에도 남은 불씨는 꺼지지 않았다. 188년 2월에는 병주의 백파곡(白波谷)에서 수령 곽태(郭太)가 이끄는 '백파적(白波賊)'이라는 집단이 봉기했는데, 그 수가 십수만에 달했다고 한다. 하지만 조정은 진압할 힘이 없어 도성에 침공해 오는 것을 막는 게 고작이었다.

유주에서는 187년에 반란을 일으킨 장순·장거가 이민족 오환과 손을 잡고 여전히 침공을 거듭했다. 공손찬(公孫瓚)이 조정의 요청을 받고 이들을 무찔렀지만, 오환의 수령 구력거(丘力居)까지는 무찌르지 못했다. 그래서 조정은 유주목(牧, 장관)으로 유우(劉虞)를 임명하고 파견했다.

유우가 선정을 베풀면서 주변 이민족의 인심을 얻자 오환의 구력거가 투항하고 모두 국경 바깥으로 물러났다. 이런 상황에서 세력을 잃게 된 장순이 선비로 도망쳤지만, 189년 3월에 부하 왕정(王政)에게 살해당하며 장순의 반란은 수습되었다.

184년 이후, 양주(涼州)에서는 한수가 툭하면 반란을 일으켰다. 양주사마(司馬) 마등은 자신의 군대를 이끌고 한수 측에 붙어서, 자기와 마찬가지로 왕조에 반란을 일으킨 왕국이라는 자를 수령으로 추대했다. 그리고 다시 거병하여 188년 11월에 진창(陳倉)을 포위한다. 이 일이 일어나기 직전인 9월, 흉노의 선우(單于, 흉노의 군주를 가리킨다-역주) 어부라(於夫羅)와 백파적도 사례주(司隸州, 정식명은 사례교위부이며 도성과 주변 지역)의 하동군(河東郡)까지 침략하기도 했다. 이민족의 잦은 침략에 조정에서는 황보숭을 좌장군(左將軍)에 임명하고, 양주를 거점으로 활동하는 한수군의 진압을 명령했다. 이에 황보숭은 전장군(前將軍) 동탁과 함께 진창에 도착하여 진을 쳤다.

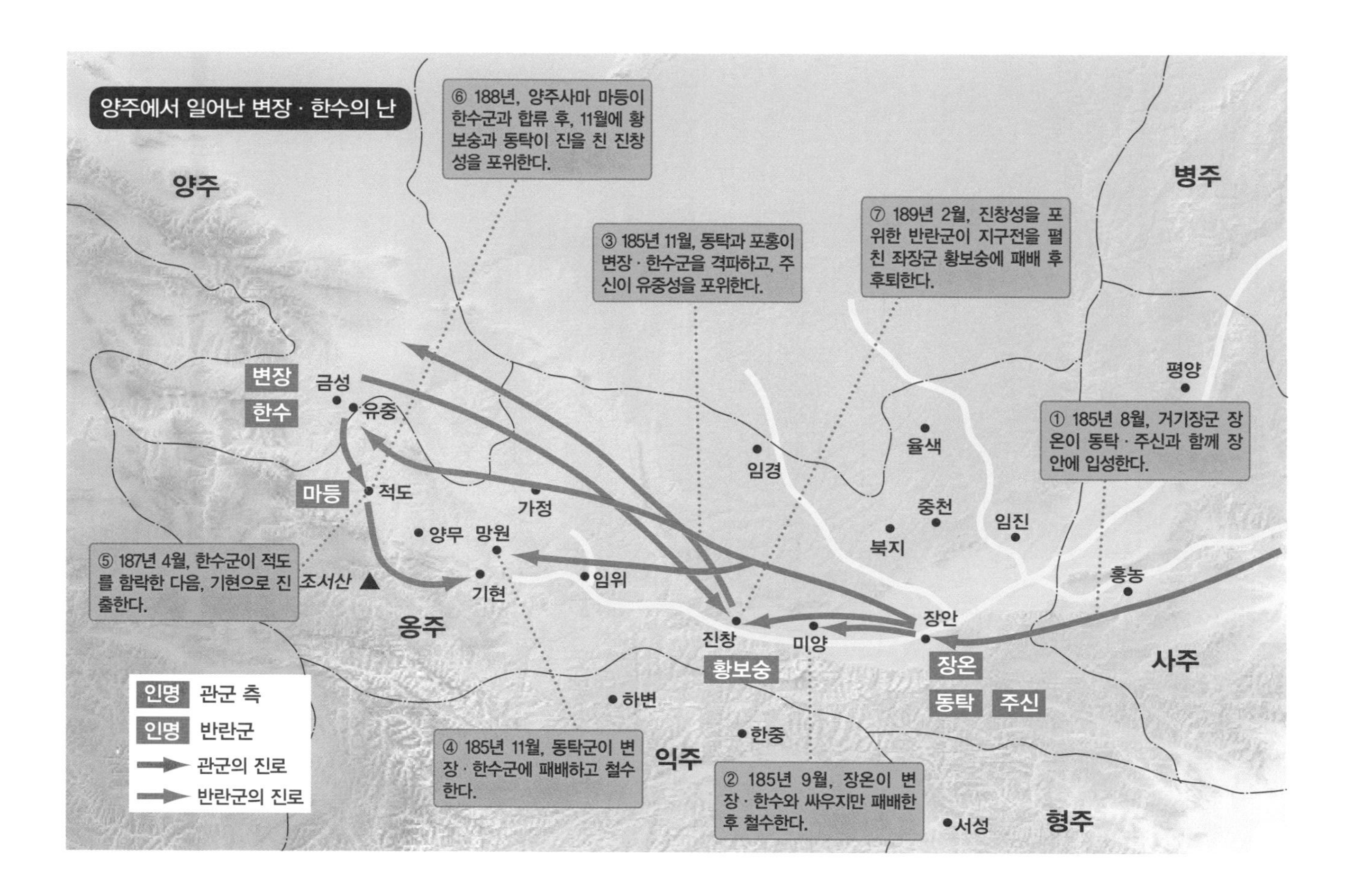
양주에서 일어난 변장 · 한수의 난
⑥ 188년, 양주사마 마등이 한수군과 합류 후, 11월에 황보숭과 동탁이 진을 친 진창성을 포위한다.
⑦ 189년 2월, 진창성을 포위한 반란군이 지구전을 펼친 좌장군 황보숭에 패배 후 후퇴한다.
③ 185년 11월, 동탁과 포홍이 변장 · 한수군을 격파하고, 주신이 유중성을 포위한다.
① 185년 8월, 거기장군 장온이 동탁 · 주신과 함께 장안에 입성한다.
⑤ 187년 4월, 한수군이 적도를 함락한 다음, 기현으로 진출한다.
④ 185년 11월, 동탁군이 변장 · 한수군에 패배하고 철수한다.
② 185년 9월, 장온이 변장 · 한수와 싸우지만 패배한 후 철수한다.
양주
병주
사주
옹주
익주
형주
변장
한수
마등
황보숭
장온
동탁
주신
금성
유중
적도
양무
망원
기현
가정
임위
진창
미양
장안
임경
율색
중천
북지
임진
홍농
평양
하변
한중
서성
조서산
인명 관군 측
인명 반란군
관군의 진로
반란군의 진로

천혜의 요새인 진창성은 한수군이 포위한 채 공격을 감행했지만 좀체 함락되지 않았다. 황보숭은 성 밖에서 포위한 한수군을 공격해야 한다는 동탁의 진언을 물리치고 지구전을 펼치면서 역습의 기회를 기다렸다. 결국 한수군은 진창성을 포위한 지 2개월여 만에 철수를 결정하고 양주로 돌아갔다.

이에 황보숭은 이들을 추격하여 왕국군 병사의 목을 1만여 구나 베는 대승리를 거두었다. 한수가 양주까지 철수한 뒤에는 패배한 책임을 물어 왕국을 살해했다.

십상시를 비롯한 환관 일파와 외척 하진의 대립이 시작

189년 4월, 각지에서 반란이 이어지는 가운데 영제가 세상을 떠났다. 영제에게는 황자가 두 명 있었는데, 이런 상황에서 환관과 외척은 후계자를 둘러싸고 또다시 대립하기 시작했다.

하황후(何皇后, 유변의 생모)의 남동생인 대장군 하진은 영제의 장남 유변(劉辯)을 밀었고, 조정의 권력을 잡은 십상시(十常侍)라 불리는 환관들은 아우인 유협(劉協)을 밀었다. 하진이 억지로 유변을 황제로 즉위시키자 양측의 대립은 더욱 심해져, 하진은 십상시 중 한 명인 건석(蹇碩)을 살해하고 군권을 거의 장악하기에 이르렀다.

신변에 위험을 느낀 십상시는 하황후에게 금은보석을 보내는 등 환심을 사려고 안간힘을 다했다. 그러나 하진은 이에 아랑곳하지 않고 명문 출신의 원소(袁紹)와 함께 환관 주살을 모의하게 되었다. 하진은 하황후에게도 협력을 구했으나, 하황후는 환관에게 동정적이어서 숙청 계획에 응하지 않았다.

그러자 하진은 환관 세력을 무력으로 위압하려고 동탁을 비롯한 병주의 정원(丁原)과 왕광(王匡), 기도위(騎都尉) 포신(鮑信), 원소의 아우인 원술(袁術) 등 무력을 지닌 각지의 세력에게 상경을 촉구했다. 그들은 하진의 부름을 받고 차례로 낙양 근교까지 진군해 왔다.

이러한 상황 속에서 위기감을 느낀 십상시의 장양(張讓)과 단규(段珪)는 거짓 칙서로 하진을 궁중으로 불러들여 살해했다.

이 소식을 전해 들은 원소와 장군들은 분노했다. 성문 밖에서 대기하던 원소·원술은 궁중으로 쳐들어가서 십상시 중 한 명인 조충(趙忠)과 환관파로 보이던 하묘(何苗, 하진의 아우)를 살해하는 등 순식간에 환관 2,000여 명을 학살했다.

장양과 단규는 소제(少帝)인 유변과 훗날 헌제(獻帝)가 되는 유협 형제를 데리고 궁중에서 도망쳤으나 추격군이 황하 부근까지 따라오자 강물에 몸을 던져 죽었다. 이러한 내우외환을 거듭한 끝에 환관과 외척은 모두 자멸하고, 후한 왕조도 실질적으로 멸망의 길을 걸었다.

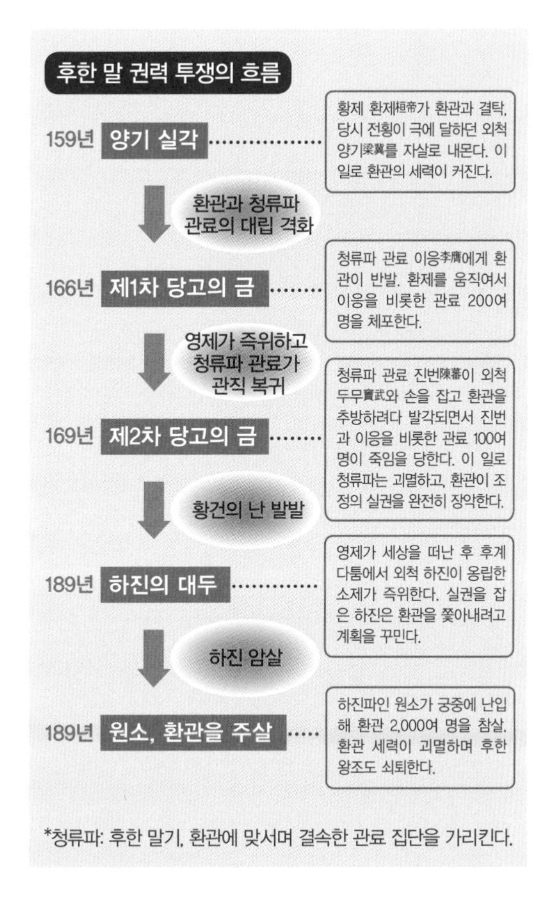

여포를 앞세워 조정의 실권을 장악한 동탁의 공포정치

한수의 난을 진압한 후, 소부(少府)에 임명된 동탁은 황보숭에게 군을 인계하고 귀환하라는 명을 받았으나 근방의 치안 악화를 이유로 거부했다. 다시 병주목에 임명되고 군을 내놓으라고 명령받았으나, 동탁은 이마저도 거부한 채 계속 하동에 주둔해 있었다.

그러다 하진의 격문에 응하여 출진하던 동탁은 도성에서 난이 일어났다는 소식을 듣고는 서둘러 낙양으로 향했다. 낙양 교외에 도착한 동탁은 낙양에서 도망친 유변 일행이 혼란의 소용돌이 한복판에 있다는 소식을 전해 듣고, 황제 일행을 구출한다는 명목으로 도성에 들어갔다.

조정에 기반이 없는 동탁이 도성을 장악하려면 군사력이 필요했다. 그래서 동탁은 제일 먼저 하진의 병사들을 흡수하기로 했다. 동탁은 자신 휘하의 병사가 많은 것처럼 보이려고 4~5일마다 밤이 되면 성 밖으로 병사를 내보냈다가, 이튿날 진태고(陣太鼓, 진중에서 진퇴의 신호로 치던 북-역주)를 울리며 성에 들어오게 했다. 이리하여 하진 휘하에 있던 병사들은 동탁군을 두려워하여 차례차례 동탁에게 투항했다고 한다.

나아가 동탁은 낙양의 치안을 담당하던 정원의 부장 여포(呂布)에게 수하로 들어오면 어떠냐고 넌지시 떠보았다. 동탁의 제안에 응한 여포는 자신이 모시던 정원을 살해하고, 정원 휘하에 있던 병사와 함께 동탁군에 합류했다.

이렇게 해서 동탁은 수도의 군사권을 수중에 넣었다. 조정의 실권을 쥔 동탁은 하황후를 위협하여 소제를 황제의 자리에서 끌어내리고 동생인 유협을 황제의 자리에 즉위시켰다. 그리고 쓸모가 없어진 하황후를 살해하고, 순식간에 조정의 권력을 장악한 채 독재 체제를 구축했다.

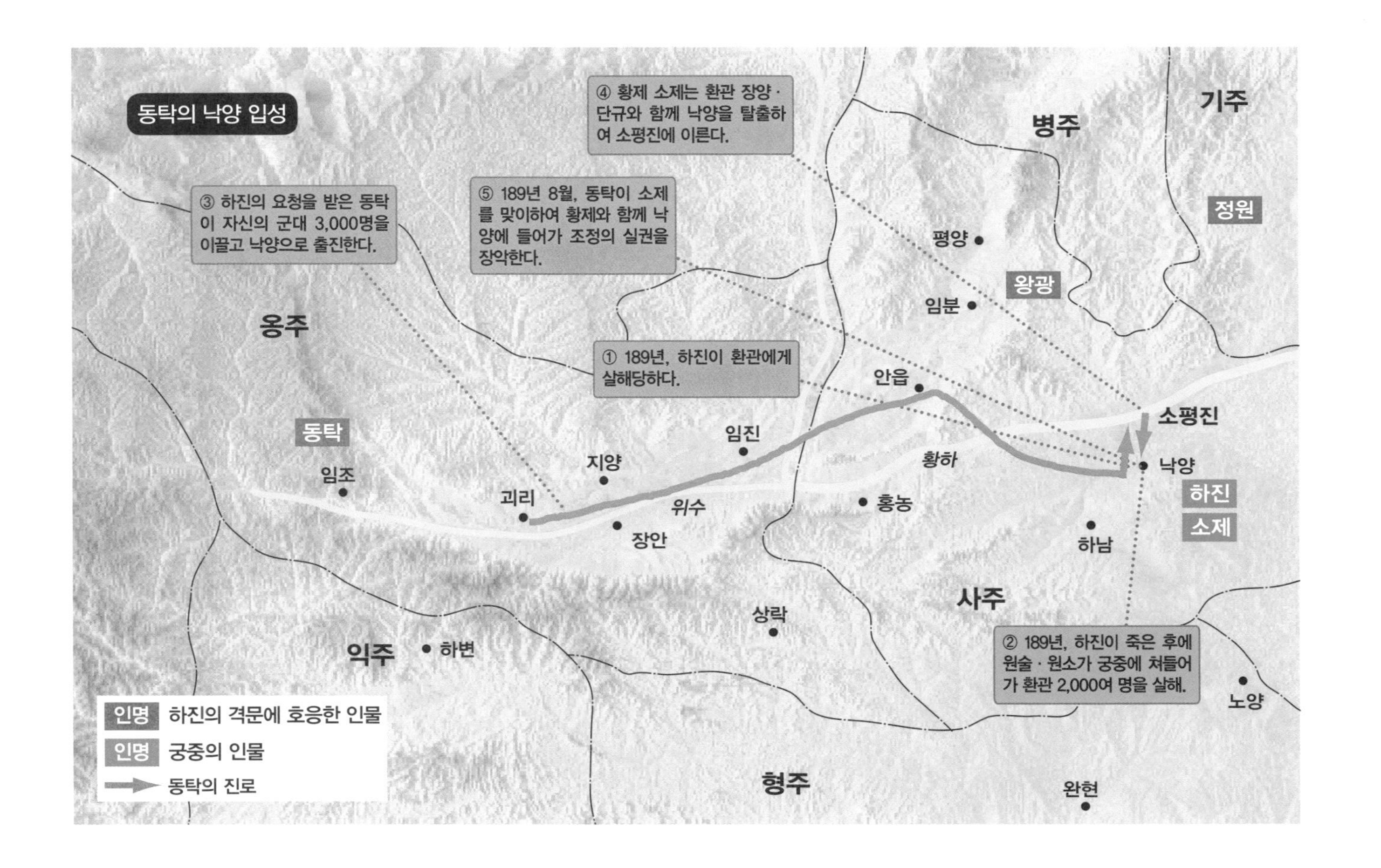
동탁의 낙양 입성
④ 황제 소제는 환관 장양·단규와 함께 낙양을 탈출하여 소평진에 이른다.
③ 하진의 요청을 받은 동탁이 자신의 군대 3,000명을 이끌고 낙양으로 출진한다.
⑤ 189년 8월, 동탁이 소제를 맞이하여 황제와 함께 낙양에 들어가 조정의 실권을 장악한다.
① 189년, 하진이 환관에게 살해당하다.
② 189년, 하진이 죽은 후에 원술·원소가 궁중에 쳐들어가 환관 2,000여 명을 살해.
기주
병주
정원
평양
왕광
임분
옹주
안읍
소평진
동탁
임진
황하
낙양
임조
지양
괴리
위수
홍농
하진
소제
장안
하남
사주
상락
익주
하변
노양
형주
완현
인명 하진의 격문에 호응한 인물
인명 궁중의 인물
동탁의 진로

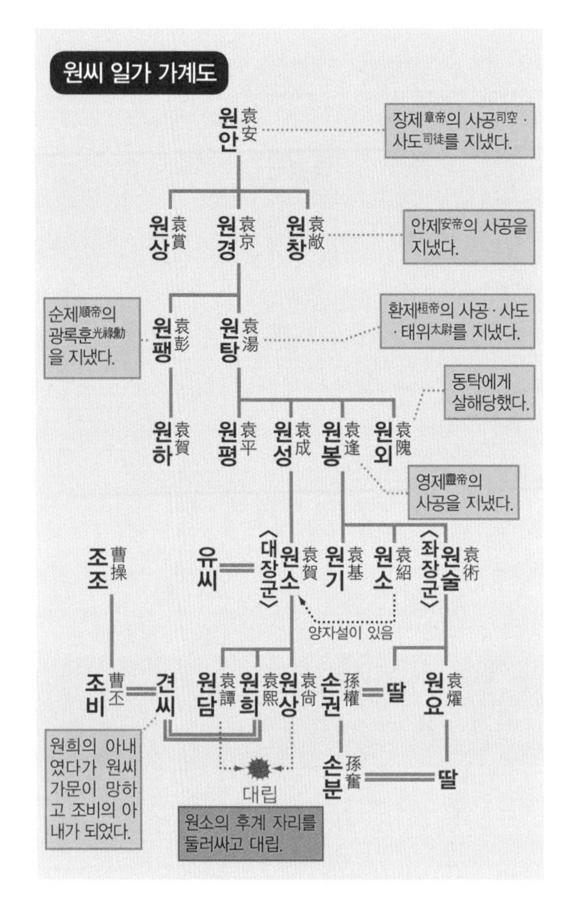

정치가 공백 상태에 놓였다는 거짓말로 단숨에 황실의 중추를 제압한 동탁은 신하 중 최고위인 상국(相國)의 지위에 올랐다. 그리고 자신의 일족을 조정으로 불러들여 고관에 임명해 반항하는 세력들을 철저히 탄압했다.

조정의 실권을 손에 넣은 이후로 동탁은 폭정을 일삼았다. 영제의 능묘를 파헤쳐 금은 등 귀한 재물로 만든 부장품을 찬탈하거나, 마을 축제에 참가한 농민을 닥치는 대로 죽이는 등 온갖 만행을 저질렀다. 동탁의 병사들도 낙양의 부잣집을 습격하여 금품을 빼앗거나 부녀자를 폭행하는 등 무자비한 악행을 저질렀다.

한편으로 동탁은 초야에 묻혀 있던 인재를 발굴하여 군관에 기용하는 등 정치 체제를 정비했는데, 이걸 보면 스스로 제위에 오를 야망이 있는 듯이 보였다. 상황이 이렇게 되자 낙양에 주둔하던 원소 · 원술 · 조조를 비롯한 장군들은 동탁에 대한 기대를 버리고 하나둘 낙양을 빠져나갔다.

인물 클로즈업 동탁

- 자 : 중영(仲穎)
- 생몰년 : 139~192년
- 출신지 : 옹주 농서군
- 관직 : 상국(相國), 태사(太師)

십상시의 난으로 조정의 실권을 장악한 희대의 폭군

젊은 시절부터 무재와 마술에 능하여, 달리는 말 위에서 활대 2개를 달고 좌우 어느 쪽에서도 활을 쏠 수 있었다고 한다.

강족 지방을 방랑하던 시기에는 강족의 족장들과 교우를 맺었는데, 동탁이 농서(隴西)로 돌아온 후에도 족장이 방문하는 등 신뢰 관계가 두터웠다고 한다. 그 후, 동탁은 조정군에 소속되어 활약하면서 중랑장까지 승진했다.

184년의 황건의 난에서는 황건적에게 패하여 면직되었다가 이듬해 봄에 한수군 반란의 진압에 나서 장온과 함께 전투에서 승리했다.

189년에는 십상시의 난을 기회로 삼아 낙양에 입성하여 헌제를 꼭두각시로 옹립하고 조정 내의 실권을 쥐었다. 하지만 이내 폭정을 휘두르며 도읍 사람들을 공포에 빠트렸다.

만년에는 부자의 인연을 맺은 심복 여포에게 배신당한 채, 192년 4월에 암살당했다.

인물 삼국지 열전

유우(劉虞) 〈?~193〉

자는 백안(伯安)이라 하고, 청주 동해(東海)군 담(郯)현 출신이다. 동해공왕(東海恭王) 유강(劉彊)의 5대손으로 종실 사람이다. 188년에 유주목이 되어, 반란을 일으킨 장순 · 장거를 토벌했다. 오환을 비롯한 이민족에게도 선정을 펼쳐서 존경받았다고 한다. 한 황실에 대한 충성심이 깊어서, 원소가 헌제를 대신하여 유우를 제위에 올리려고 모의하자 "이러한 역모에 가담할 수 없다"라며 거절했다. 193년에 유주의 지배권을 놓고 다투었던 공손찬에게 패배하고 무참하게 살해당했다.

한수(韓遂) 〈?~?〉

자는 문약(文約)이라고 한다. 양주 금성(金城)군 출신이다. 황건의 난으로 중앙이 혼란해지자 이를 틈타 양주에서 거병했다. 이후 여러 번 반란을 일으켰다 번번이 진압되는 등 약 30년에 걸쳐 양주 지방에서 반란을 일으켜 후한과 위나라에 위협을 가했다. 211년에는 조조가 관중(關中)에 침공하자 마초(馬超), 양추(楊秋)와 손을 잡고 조조에게 반기를 들었다. 하지만 조조의 계략에 빠져 마초와 사이가 벌어지는 바람에 철수했다. 214년에 다시 거병했으나 하후연(夏侯淵)에게 패했다.

마등(馬騰) 〈?~212〉

자는 수성(壽成)이라 하고 옹주 부풍(扶風)군 사람이다. 후한 왕조 말기 양주에서 한수와 함께 자주 반란을 일으켰다. 동탁이 실권을 쥐자 그를 도왔고, 그 공으로 동탁이 죽은 후 정서장군(征西將軍)에 임명되었다. 하지만 194년에 다시 반란을 일으켰다 패하자 양주로 도망쳤다. 197년에 다시 조정에 들어가 전장군에 임명되어 장안 주변을 다스리기도 했다. 208년, 조조의 간계로 한수와의 사이가 험악해지자 벼슬길에 올라 가족과 함께 업현(鄴縣)으로 이주했다. 나중에 아들 마초가 조조에게 반란을 일으키는 바람에 일족과 함께 살해당했다.

하진(何進) 〈?~212〉

자는 수고(遂高)라 하고 형주 남양(南陽)군 완(宛)현 출신으로, 후한 왕조의 혼란기에 실력자로 부상했다. 친누이 하씨가 영제의 황후가 되자 외척으로 권력을 휘두른다. 황건의 난이 일어나자 군을 지휘하지 못하는 환관들의 지지를 받아 대장군에 취임했다. 실권을 쥔 하진은 원소 등의 호족과 청류파 관료를 등용하면서 차츰 반환관파가 되어 환관의 숙청에 앞장서게 되었다. 하지만 환관 일파에게 선수를 빼앗기고 궁중에서 암살당했다.

190~191
반동탁 연합군의 대열에
조조와 손견이 앞장서다

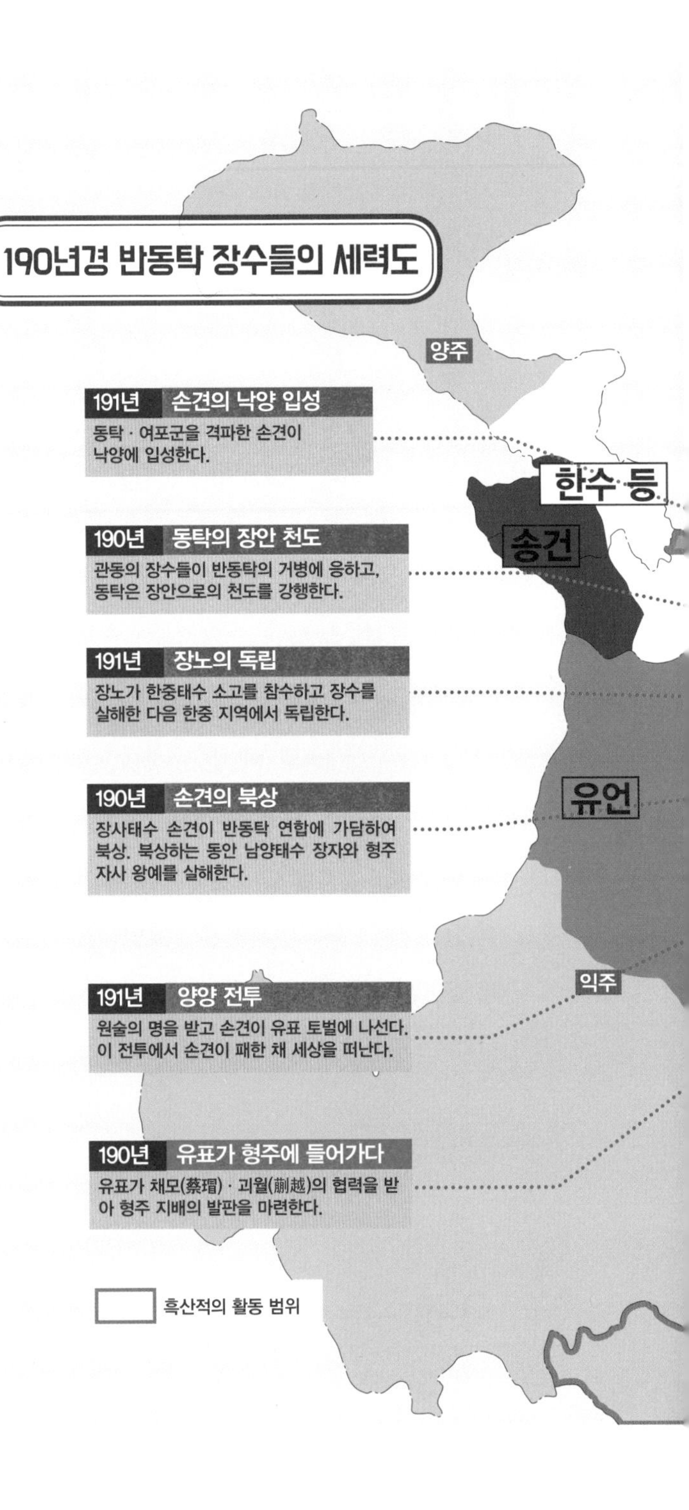
190년경 반동탁 장수들의 세력도
양주
191년 손견의 낙양 입성
동탁 · 여포군을 격파한 손견이
낙양에 입성한다.
190년 동탁의 장안 천도
관동의 장수들이 반동탁의 거병에 응하고,
동탁은 장안으로의 천도를 강행한다.
191년 장노의 독립
장노가 한중태수 소고를 참수하고 장수를
살해한 다음 한중 지역에서 독립한다.
190년 손견의 북상
장사태수 손견이 반동탁 연합에 가담하여
북상. 북상하는 동안 남양태수 장자와 형주
자사 왕예를 살해한다.
191년 양양 전투
원술의 명을 받고 손견이 유표 토벌에 나선다.
이 전투에서 손견이 패한 채 세상을 떠난다.
190년 유표가 형주에 들어가다
유표가 채모(蔡瑁) · 괴월(蒯越)의 협력을 받
아 형주 지배의 발판을 마련한다.
흑산적의 활동 범위
한수 등
송건
유언
익주

190년 원소의 거병
원소가 동탁에게 등을 돌리고 거병. 관동의 장수들과 연합하여 반동탁 연합의 맹주가 된다.
191년 원소의 기주 탈취
원소가 기주자사 한복을 위협하여 손쉽게 기주를 손에 넣는다.
190년 공손탁의 독립
요동 지역의 공손탁이 스스로 요동태수 평주목이라 칭하고 후한에서 독립한다.
191년 청주의 황건 잔당이 봉기
청주의 황건적 잔당이 봉기하고, 발해군을 습격했지만 공손찬이 이를 진압한다.
191년 공손찬의 기주 침공
유주의 공손찬이 기주에 침공하여 한복을 압박하는 등 지배권을 놓고 원소와 대립.
190년 여양 전투
흉노의 선우 어부라가 장양을 붙잡고 여양에서 경지군을 무찌른다.
190년 백파적의 침공
병주 백파곡에서 활동하던 백파적이 연주 동군에 난입한다.
191년 흑산적의 침공
흑산적의 우독, 백요, 휴고가 십여만 명의 병사를 인솔하여 위군, 동군에 밀고 들어가 태수 왕굉을 격파한다.
190년 장막의 거병
장막이 아우 장초와 함께 동탁에 반기를 들고 거병. 원유 · 교모가 호응하여 반동탁 진영을 형성한다.
공손탁
유주
공손찬
유우
원소
정원
병주
기주
청주
한복
공융
연주
옹주
동탁
사주
서주
도겸
황완
예주
조욱
장노
원술
설례
왕랑
유표
형주
양주
손견
이주
교주
사섭

조조를 비롯한 장수들이 거병하자 동탁은 장안으로 천도

190년, 공포정치로 수도 낙양을 억압하고 정치를 농단하던 동탁과 그 일당의 행태를 더는 두고 보지 못한 관동(함곡관(函谷關) 동쪽)의 장수들이 들고일어났다. 동탁이 주변 장수들의 동태를 눈치채지 못한 것은 아니었다. 원소를 발해태수(渤海太守), 원술을 후장군(後將軍), 조조를 효기교위(驍騎校尉)에 임명하는 등 그들에 대한 회유책을 썼다.

하지만 그들은 동탁이 제위에 오르려는 야망을 노골적으로 드러내자 일제히 반발했다. 그것은 한(漢) 왕조를 흠모하는 마음에서만이 아니라 '정통성'이 없는 동탁에 대한 거부감에서 비롯된 것이리라.

먼저 낙양에서 탈출한 조조가 동탁을 토벌하기 위하여 약 5,000명의 병사를 모아 예주에서 거병했다. 또 진류(陳留)에 있던 장막(張邈)이 아우인 장초(張超)와 함께 반동탁을 내세우며 거병하자, 산양(山陽)의 원유(袁遺)와 동군(東郡)의 교모(橋瑁)가 호응했다.

발해태수 원소 또한 동탁에게 이반하며 관동의 모든 장수와 연합해 반동탁 연합을 결성했다. 원소가 반동탁 동맹의 맹주가 되었지만 장막은 사사건건 원소와 대립하며 불편한 관계를 유지했다.

반동탁군에는 이들 외에도 손견(孫堅), 왕광, 한복(韓馥), 유대(劉岱), 포신 등 각지의 태수와 자사가 대거 참가했다.

반동탁 연합군의 결성을 알게 된 동탁은 190년 2월, 낙양을 버리고 장안(長安)으로 도읍을 옮겼다. 옹주 농서군 출신인 동탁에게는 양주와 더 가까운 장안이 거동하기에 더 유리했기 때문이다. 장안이 과거 한 왕조의 도읍이었던 사정도 있었다. 동탁은 장안의 동쪽에 요새를 쌓는 등 수비를 굳건히

했다. 심복 곽사(郭汜)에게 장안의 수비를 맡긴 동탁은 군대와 함께 낙양에 머물며 궁궐과 도성에 불을 지르는 등 온갖 패악을 저질렀다.

조조가 맨 먼저 출병했으나 형양 전투에서 동탁군에게 패배

반동탁 연합군이 낙양을 포위하자 동탁을 토벌할 시기가 무르익은 것처럼 보였다. 하지만 집결한 장수들은 누구도 먼저 군대를 움직이려고 하지 않았다. 동탁의 압도적인 군사력이 두렵기도 했지만 그보다 서로 견제하는 마음이 컸기 때문이다.

조조만이 동탁 토벌을 위해 군사를 일으켜야 한다고 주장했다. 하지만 여포와 서영(徐榮) 등의 정예 부대가 모여 있는 동탁군을 상대로 선봉에 나서

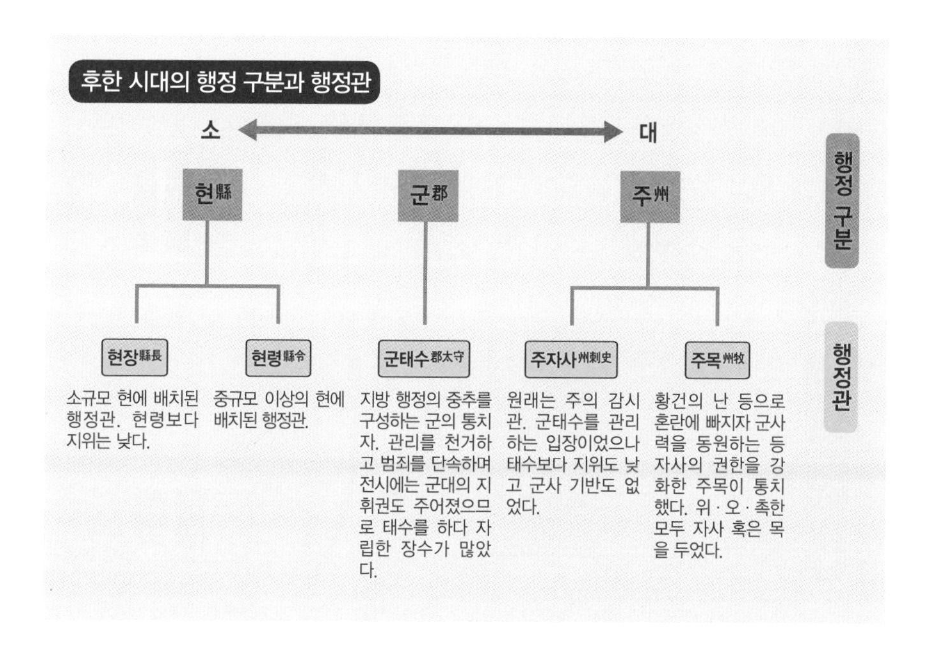

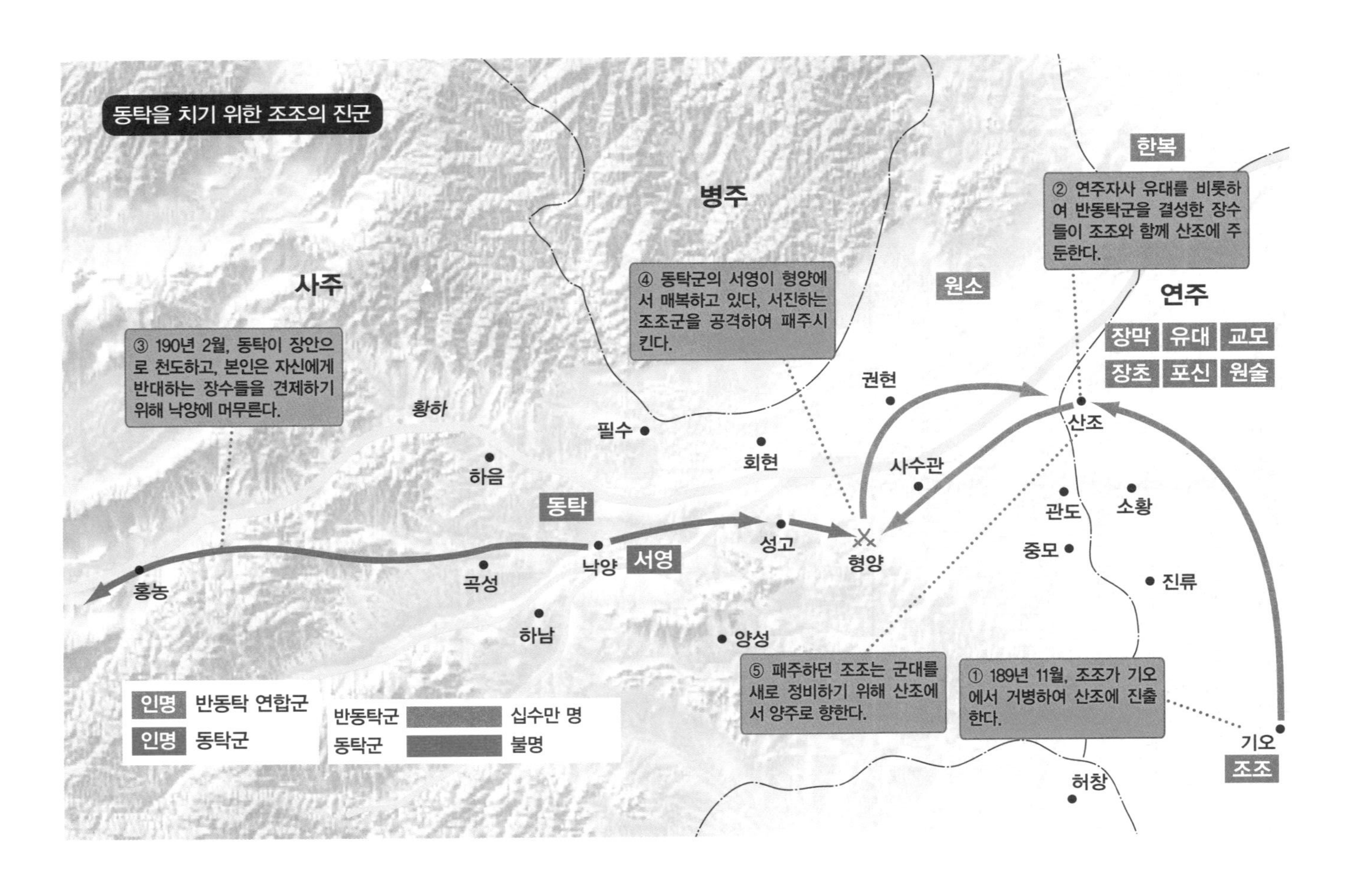

동탁을 치기 위한 조조의 진군
병주
사주
③ 190년 2월, 동탁이 장안으로 천도하고, 본인은 자신에게 반대하는 장수들을 견제하기 위해 낙양에 머무른다.
④ 동탁군의 서영이 형양에서 매복하고 있다. 서진하는 조조군을 공격하여 패주시킨다.
원소
한복
② 연주자사 유대를 비롯하여 반동탁군을 결성한 장수들이 조조와 함께 산조에 주둔한다.
연주
장막
유대
교모
장초
포신
원술
황하
필수
권현
산조
하음
회현
사수관
관도
소황
동탁
성고
형양
중모
낙양
서영
홍농
곡성
진류
하남
양성
⑤ 패주하던 조조는 군대를 새로 정비하기 위해 산조에서 양주로 향한다.
① 189년 11월, 조조가 기오에서 거병하여 산조에 진출한다.
인명 반동탁 연합군
인명 동탁군
반동탁군 십수만 명
동탁군 불명
기오
조조
허창

려는 장군은 아무도 없었다. 조조는 하는 수 없이 자신의 병사와 자신의 의견에 찬동한 제후의 병사 일부를 인솔하여 출진할 수밖에 없었다. 조조가 이끄는 군대는 낙양을 향하는 도중에 형양(滎陽)의 변수(汴水)에서 동탁의 수하인 서영의 대부대와 전투를 벌였으나 패배한다. 많은 병사를 잃은 조조는 일단 양주로 가서 황건적 잔당을 토벌하면서 전열을 가다듬었다. 새로운 인재를 받아들이고 병사를 조련하는데, 이는 훗날 조조가 천하를 호령할 힘의 근거가 된다.

이렇게 동탁군과 반동탁군이 대치하면서 조정의 혼란은 극에 달했고, 전국 각지에서 도적 떼가 날뛰고 제후들이 군사를 일으키는 등 군웅할거의 시대로 접어들기 시작한다. 조정이 불안정한 상태에서 관군의 통제력이 어수선한 틈을 타서 백파적이 연주 동군을 습격하고, 유주의 요동군에서는 공손탁이 스스로 요동태수 평주목으로 칭하며 독립한다.

손견이 동탁과 여포를 물리치고 낙양에 입성한다

낙양을 목표로 장사에서 북상하던 손견은 도중에 형주자사 왕예(王叡)와 남양태수 장자(張咨)를 살해하고, 191년 초에는 노양(魯陽)까지 진군하며 원술과 합류했다. 손견이 이끄는 군대의 사기는 하늘을 찌를 듯 높아 2월에는 낙양에서 그리 멀지 않은 양현(梁県)까지 진격했으나 동탁의 부장 서영의 맹공을 받고 무참히 깨진다. 하지만 손견은 포기하지 않고 뿔뿔이 흩어진 군사를 모아서 다시 북진한다.

동탁은 화웅(華雄)과 여포를 장수로 내세워 손견에게 맞섰다. 이에 손견이

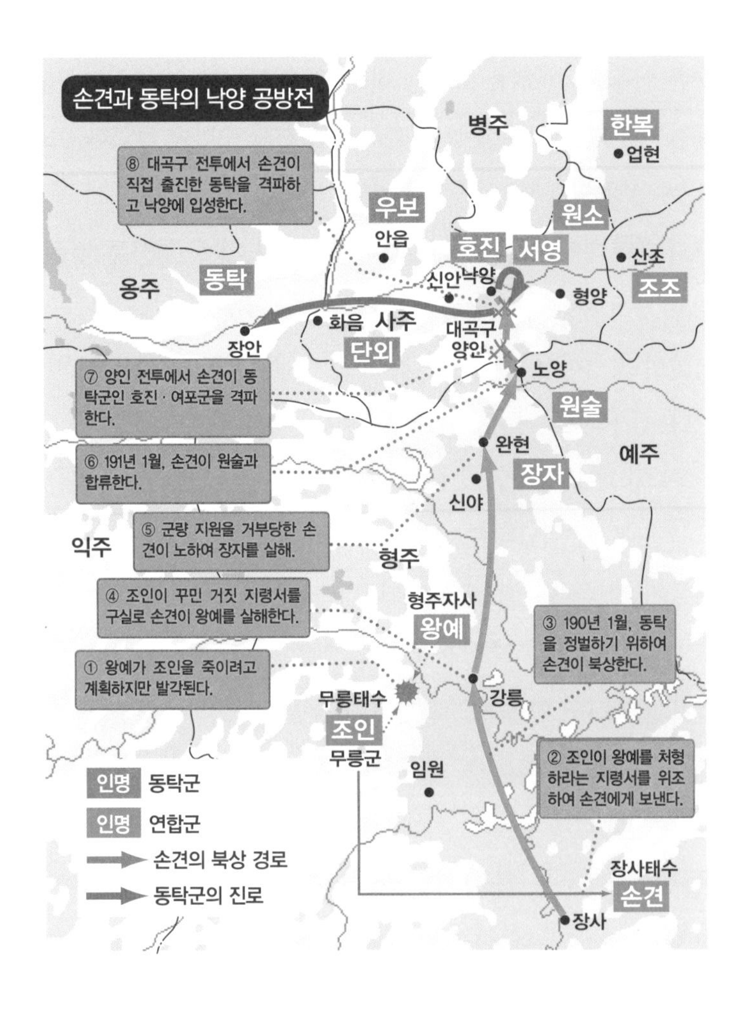

진두에 서서 화웅의 목을 베고, 대곡구(大谷口)로 진군하여 직접 출진한 동탁을 무찌른다. 그리고 도주하는 동탁군을 추격하여 낙양에 거의 이르렀다. 그러나 손견을 의심한 원술은 낙양 진입을 막기 위해 식량 보급을 중단했다. 이에 손견이 양인에서 노양까지 직접 달려가 원술의 의심을 풀었다.

손견이 대곡구로 진군하기 직전, 그 용맹함에 두려움을 느낀 동탁은 손견의 자제를 자사와 태수로 임명한다는 조건으로 화친을 제안하지만 거절당한다. 더는 내놓을 카드가 없어진 동탁은 몸소 출진했다가 패주하고, 낙양을 지키던 여포까지 손견에게 패하자 결국 낙양을 포기하고 장안으로 철수한다.

그리고 4월, 마침내 손견이 낙양에 입성한다. 하지만 낙양은 동탁의 폭정으로 황폐할 대로 황폐해져 있었다. 손견은 동탁이 마구 훼손한 종묘와 파헤친 능을 바로잡은 후에 노양으로 돌아가 그곳에 주둔했다.

반동탁 연합이 동탁을 완전히 토벌하지 못했으나 승리를 거둔 것은 사실이다. 하지만 교모가 유대에게 죽임을 당하고, 한복이 원소에게 협박받고 기주를 빼앗기는 등 연합군 장수들 사이에 불협화음이 일어났다.

기주 땅의 지배권을 둘러싸고 공손찬과 원소가 대립 시작

형제 사이(형인 원소가 서얼이라는 설)인 원소와 원술의 대립도 표면화되었다. 191년 초, 연합군의 맹주인 원소는 명망 있는 유우를 새 황제로 옹립하고자 했지만 원술은 유우 옹립에 반대하면서 서로 등을 돌렸다. 이 무렵 반동탁 연합군이 붕괴되면서 원술이 공손찬과 결탁하자, 이에 맞서 원소가 형주의 유표(劉表)와 손을 잡았다. 이에 원술은 낙양에서 돌아온 손견을 내세워 유표를 토벌하기로 결심했다.

번성(樊城)과 등현(鄧縣)에서 유표군을 무찌른 손견은 유표가 주둔한 양양(襄陽)을 포위했다. 하지만 그는 유표의 부장 황조(黃祖)를 쫓아 산에 들어갔다가 역습을 당하여 어이없이 세상을 떠나고 말았다. 대장을 잃은 손견군은 유표군의 공격을 받고 뿔뿔이 흩어져서 원술군이 있는 곳으로 돌아왔다.

원소가 한복에게서 무혈로 빼앗은 기주 땅은 유주의 군웅 공손찬도 노리

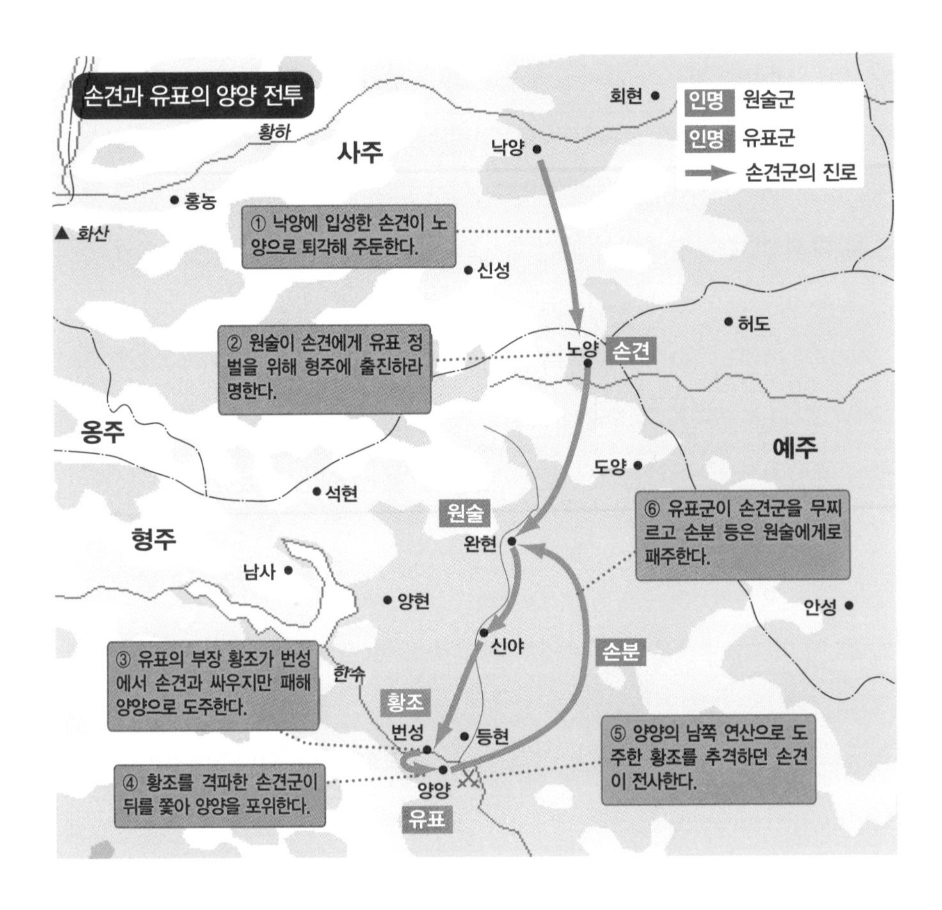

던 곳이었다. 공손찬은 191년에 발해를 침공한 청주의 황건 잔당 30만 명을 겨우 2만 명의 보병과 기병으로 격퇴하며 기주 일대의 맹주로 명성을 날리고 있었다. 공손찬은 원소와 대립하고 있던 사촌 동생 공손월(公孫越)을 파견하여 원술과 우호 관계를 맺었다.

원술은 손견(孫堅)과 공손월을 파견해 원소의 세력권 내에 있던 양성(陽城)을 공략하기 위해 출진했다. 이때 공손월이 동행했다가 이 전투에서 그만 전사한다.

공손찬은 공손월의 죽음이 원소 탓이라며 원소를 비난하는 격문을 발표하고 기주를 침공한다. 주 내에 있는 태수와 현령에게도 동참을 호소했다.

이에 원소는 휘하에 있던 공손찬의 사촌 아우 공손범(公孫範)을 발해군에 파견하여 공손찬과 우호 관계를 맺으려 시도했다. 하지만 공손범은 발해군에 도착하자마자 원소에게 등을 돌리고 공손찬군에 들어갔다. 이렇게 해서 기주를 사이에 두고 원소와 공손찬이라는 맹장의 치열한 쟁탈전이 벌어지게 된다.

한편, 공손찬은 유주에서 유우와도 격렬하게 싸우고 있었다. 따라서 하북 방면은 당장이라도 전쟁이 일어날 듯한 긴박한 분위기가 감돌면서 군웅 사이의 대전을 예고하고 있었다.

또 익주에서는 익주목에 부임한 후 독립할 기회를 노리던 유언(劉焉)이 191년 장노(張魯)와 장수(張脩)에게 한중(漢中)태수 소고(蘇固)를 토벌하라 명했다.

하지만 장노는 소고를 토벌한 후에도 한중에 남아 장수를 살해하고, 오두미도(伍斗米道, 중국 후한 말에 장릉(張陵)이 창시한 도교의 교단을 가리킨다-역주)를 일으켜 한중에서 독립했다. 그 후, 장노는 25년 동안이나 독립 왕국으로서 한중을 지배하게 된다.

인물 삼국지 열전

장막(張邈) 〈?~195〉

자는 맹탁(孟卓)이라고 하며 연주 동평(東平)군 수장(壽張)현 사람. 190년에 원소와 함께 반동탁 연합을 결성했다. 원소의 오만을 질책했다가 원소에게 죽을 뻔했으나, 조조의 도움으로 간신히 목숨을 구한다. 이후 조조가 연주목이 되었을 때는 그를 수행했고, 서주에 침공했을 때는 연주의 빈자리를 맡을 정도로 신뢰받았다. 하지만 원소와의 관계로 조조를 불신하게 되면서, 여포와 함께 조조에게 반기를 들었다가 패한다.

공융(孔融) 〈153~208〉

자는 문거(文擧)라고 하며 예주 노국(魯國) 곡부(曲阜) 사람. 공자(孔子)의 20세손이라고 한다. 하진에게 인정받고 벼슬길에 올라 호분중랑장(虎賁中郎將)에 임명되었다.

반동탁 진영에 이름을 올리지만 특별히 한 것도 없이 얼마 후 조조의 수하로 들어간다. 하지만 조조의 정책과 언행을 비판하다 조조의 눈 밖에 나서, 조조가 형주에 침공한 208년에 출군 도중 처자와 함께 조조에게 죽임을 당했다.

한복(韓馥) 〈?~?〉

예주 영천(潁川)군 출신, 자는 문절(文節)이라고 한다. 어사중승(御史中丞)으로 벼슬길에 올라서 동탁 정권하에 기주목이 된다. 190년에 발해태수인 원소가 동탁에게 반기를 들고 거병하자 호응, 원소와 함께 유우를 황제로 옹립하려다 유우가 거절하는 바람에 실패한다. 191년에 기주를 탈취하려는 원소의 음모에 넘어가 아무런 저항도 하지 못한 채 기주를 고스란히 바친다. 그 후 장막에게 몸을 맡겼으나, 얼마 지나지 않아 스스로 목숨을 끊었다고 한다.

포신(鮑信) 〈152~192〉

연주 태산(泰山)군 평양(平陽)현 사람으로 한 왕조의 명문가 출신이다. 조조가 동탁 타도를 내걸고 거병하자 제일 먼저 호응했다. 거병 초기에 포신은 조조를 "불세출의 책략으로 영웅을 통솔하여 난을 평정할 인물이다"라고 평하고 물심양면으로 도왔다. 192년에 연주자사 유대가 황건의 잔당에게 죽임을 당한 후, 조조를 연주로 불러들여 조조가 비약하는 계기를 마련한다. 하지만 포신 자신은 황건 잔당과의 전투에서 전사했다.

192~193
폭군 동탁이 죽자,
군웅할거 시대가 도래

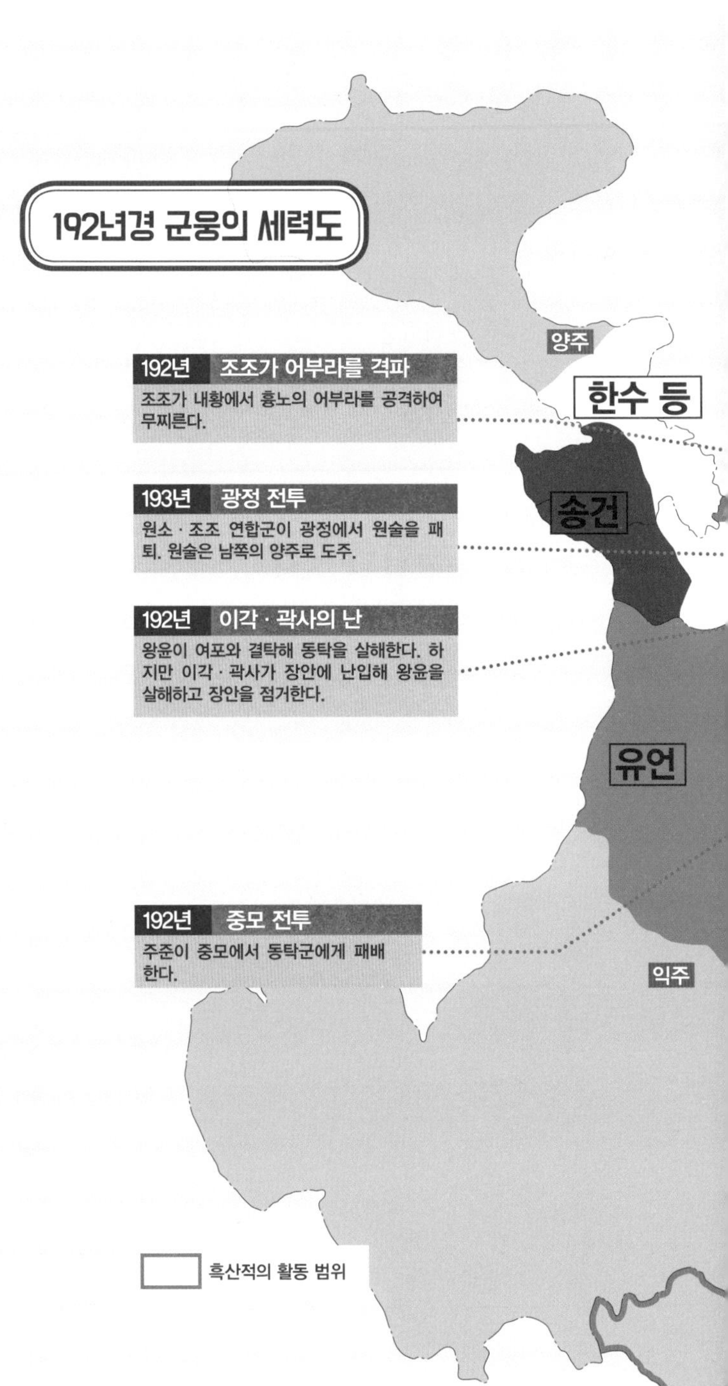
192년경 군웅의 세력도
양주
한수 등
192년 조조가 어부라를 격파
조조가 내황에서 흉노의 어부라를 공격하여 무찌른다.
송건
193년 광정 전투
원소 · 조조 연합군이 광정에서 원술을 패퇴. 원술은 남쪽의 양주로 도주.
192년 이각 · 곽사의 난
왕윤이 여포와 결탁해 동탁을 살해한다. 하지만 이각 · 곽사가 장안에 난입해 왕윤을 살해하고 장안을 점거한다.
유언
192년 중모 전투
주준이 중모에서 동탁군에게 패배한다.
익주
흑산적의 활동 범위

193년 거용성 전투
유주자사 유우와 공손찬이 거용성에서 무력 충돌. 공손찬이 유우를 붙잡아 살해한다.
192년 조조가 흑산적을 진압
조조가 흑산적의 본거지를 공격하여 우독·휴고의 군대를 무찌른다.
공손탁
192년 계교 전투
원소와 공손찬이 계교에서 격돌. 원소군의 압승으로 공손찬은 기주를 포기한다.
유주
공손찬
유우
원소
병주
기주
192년 청주 황건군의 난
청주 제북국에서 황건의 잔당이 거병하자 조조가 이들을 진압한다.
청주
공융
192년 수장 전투
청주 황건 잔당이 연주에 난입하자 유대가 수장현에서 토벌에 나섰으나 패하고 세상을 떠난다.
조조
동탁
옹주
사주
연주
서주
도겸
193년 조조의 서주 침공
연주에 침공한 도겸에게 대항해 조조는 서주에 침공, 수만 명을 살해한다.
예주
장노
원술
193년 궐선의 반란
하비군에서 궐선이 천자를 자처하며 거병하지만 도겸이 진압한다.
유표
형주
왕랑
양주
193년 원술의 수춘 점거
조조에게 패한 원술이 양주자사 진온을 죽이고 수춘을 점거한다.
이주
교주
사섭

사도 왕윤이 여포를 자기편으로 끌어들여 동탁을 암살했다

192년 4월, 동탁의 암살과 함께 후한의 역사가 크게 출렁거렸다.

장안으로 도읍을 옮긴 동탁 정권은 이미 썩을 대로 썩어 있었다. 하지만 동탁 및 동탁 휘하에 있는 심복 장수들은 정권을 탈취하는 동안 거의 정치에 관여하지 않았다.

그래서 조정의 실무는 그전과 다름없이 관료가 맡아서 하고 있었다. 또한 환관과 외척이 동시에 무너지면서 영제 시대에 '당고의 금'으로 조정에서 쫓겨났던 '청류파'라 불리는 관료 집단이 동탁을 도우면서 부활했다.

그들은 군사력으로 둘째가라면 서러운 동탁에게 칼을 겨누지는 못했지만, 그의 휘하에서 일하는 것을 내심 부끄럽게 여기고 있었다. 동탁의 부하들이 마음대로 백성의 재산을 빼앗고 부녀자를 겁탈하고, 형벌을 내리는 통에 관료들의 목숨도 파리 목숨이나 마찬가지였다. 그래서 궁중의 관료들이 폭군 동탁을 주살하기 위하여 각지의 장수들을 규합하며 움직이기 시작했다.

이 계획의 중심에는 사도 왕윤(王允)이 있었다. 왕윤은 동탁의 호위무사처럼 늘 곁에 있던 여포를 눈여겨보았다. 여포는 동탁과 부자의 연을 맺었다고는 하나 오랫동안 동탁을 섬긴 심복은 아니었고, 과거에 주인이던 정원을 배신하고 죽인 전과도 있었기 때문이다. 왕윤은 고향이 가깝다는 실낱같은 연줄에 기대어 여포에게 접근한 후, 교묘한 말로 꾀어 여포를 한패로 만드는데 성공했다.

왕윤은 황제의 쾌차를 축하한다는 구실로 동탁을 궁중으로 불러낸다. 장안 궁성의 문 앞에 도착한 동탁은 달려드는 여포의 일당들 손에 맥없이 목숨을 잃었다. 이리하여 한나라를 파괴한 난세의 효웅 동탁은 역사적 역할을 다

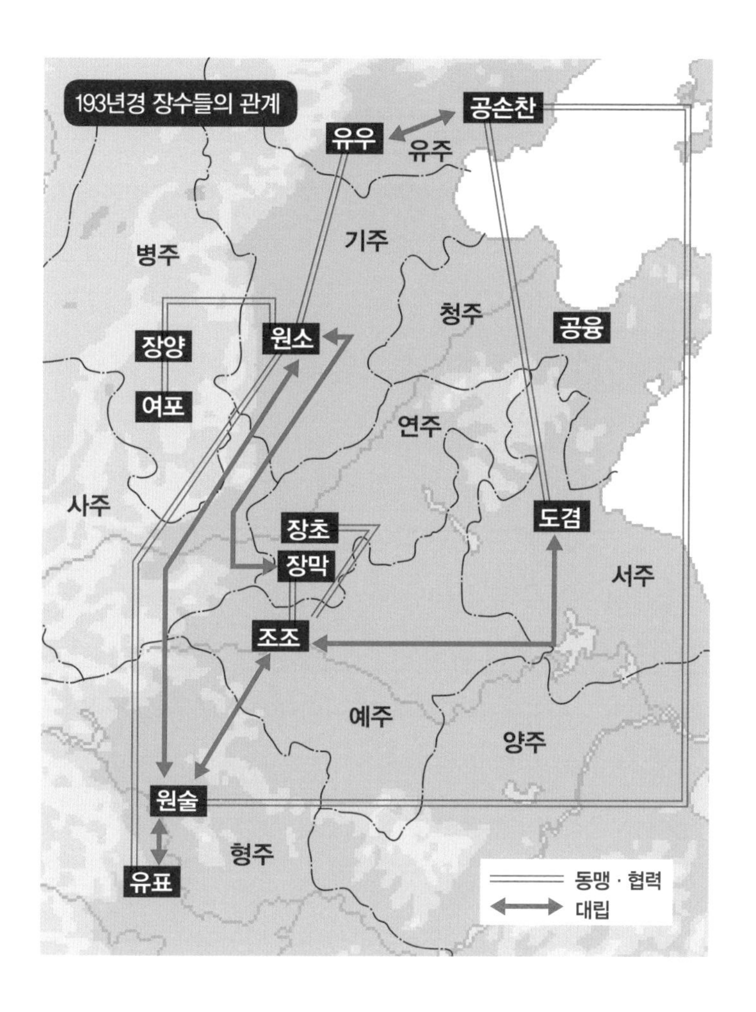

하고 무대에서 내려간다.

이각과 곽사가 장안에 침공해 왕윤을 죽이고 여포는 도주

폭정을 휘두르던 동탁의 죽음으로 장안에 평화가 찾아왔느냐 하면 그렇지 않다.

동탁이 암살되었을 때, 동탁의 유력 부장이었던 이각(李傕)과 곽사, 장제(張濟)는 진류(연주) · 영천(예주) 방면으로 출진 중이어서 장안에 없었다. 동탁이 죽었다는 소식을 들은 곽사와 이각, 장제는 그대로 양주로 도망치려고 했다.

그런데 동료 가후(賈詡)가 장안을 공격하라고 진언하는 게 아닌가! "실패하더라도 도망치면 그만이잖소"라는 가후의 말에 이각과 곽사는 마음을 바꿔 잔당을 통합한 후 장안으로 쳐들어갔다. 장안성을 포위했을 때는 번조(樊稠) · 이몽(李蒙)도 합류하여 10만 넘는 대군을 이루었다고 한다.

아무리 천하의 여포라 한들 10만 명의 대군을 어찌 당하랴. 장안성은 순식간에 함락되고 성내의 관료와 백성이 1만 명 넘게 죽임을 당했다. 여포가 도망가기를 권했지만 왕윤은 죽기를 청해 이각에게 가족과 함께 몰살당했다.

그 후 장안에서 겨우 몸만 탈출한 여포는 원술 · 원소에게 몸을 의탁하려 하지만 냉대를 당하고, 결국 사주 하내군의 장양(張楊)에게 몸을 맡기게 된다.

이렇게 해서 장안의 실권은 이각과 곽사에게 넘어갔다. 하지만 그들이 동탁 못지않은 폭군이었던 탓에 장안은 다시 폭정의 소용돌이에 휘말리게 된다.

계교에서 원소에게 참패한 공손찬이 유주목 유우를 참살

한편, 191년에 기주에 침공하여 원소군을 위압했던 공손찬은 192년 봄에 기주의 계교(界橋)에 진출하며 드디어 원소와의 정면대결에 나선다.

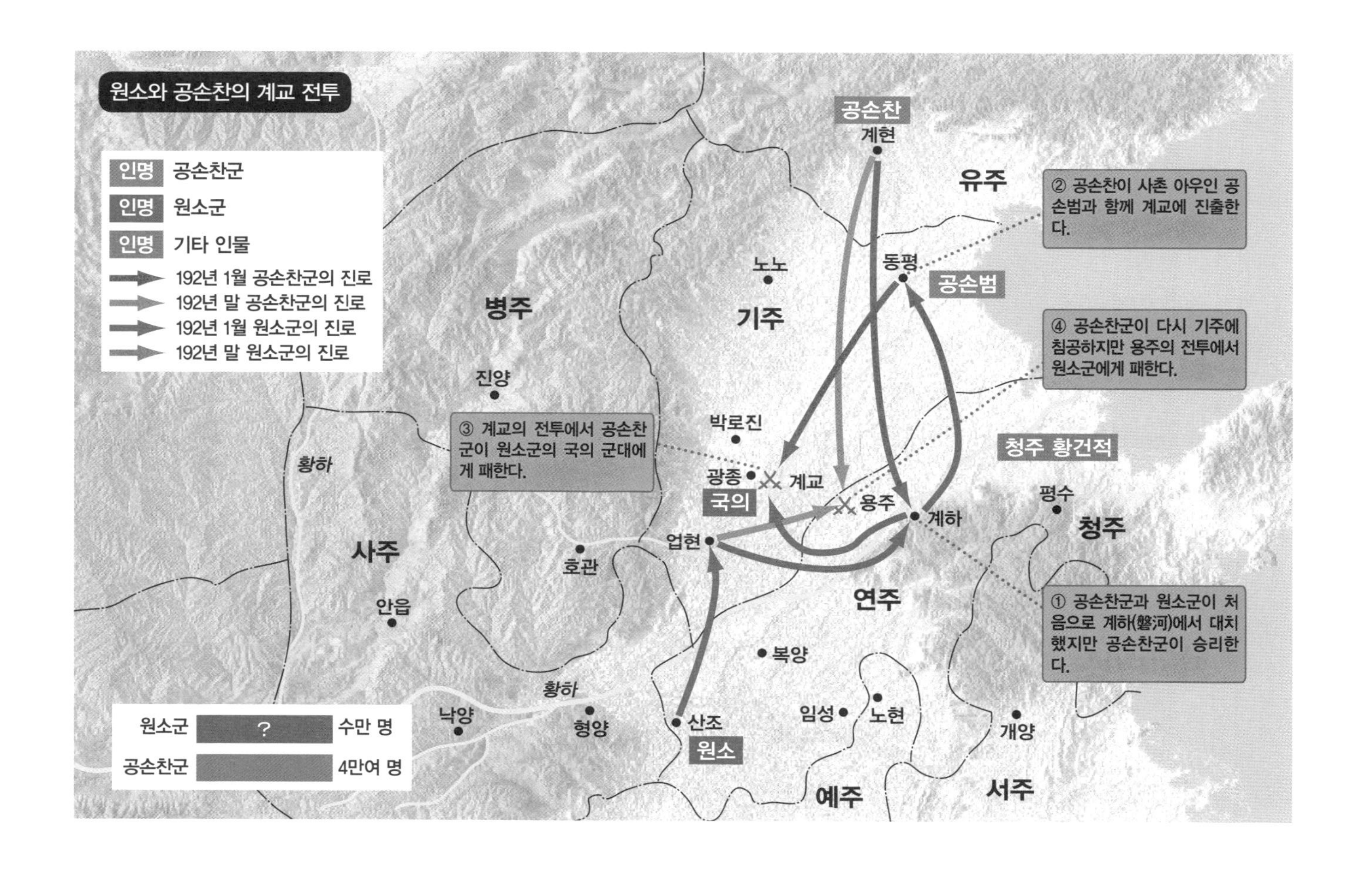

원소와 공손찬의 계교 전투
인명 공손찬군
인명 원소군
인명 기타 인물
192년 1월 공손찬군의 진로
192년 말 공손찬군의 진로
192년 1월 원소군의 진로
192년 말 원소군의 진로
① 공손찬군과 원소군이 처음으로 계하(磐河)에서 대치했지만 공손찬군이 승리한다.
② 공손찬이 사촌 아우인 공손범과 함께 계교에 진출한다.
③ 계교의 전투에서 공손찬군이 원소군의 국의 군대에게 패한다.
④ 공손찬군이 다시 기주에 침공하지만 용주의 전투에서 원소군에게 패한다.
공손찬
계현
유주
동평
공손범
노노
기주
병주
진양
박로진
광종
계교
국의
용주
계하
청주 황건적
평수
청주
업현
호관
사주
안읍
황하
연주
복양
임성
노현
산조
원소
낙양
형양
개양
예주
서주
원소군 ? 수만 명
공손찬군 4만여 명

이에 원소군은 북방 이민족의 전법에 정통한 국의(麴義)군을 선봉에 내세웠다. 국의는 강족과 전투를 벌이며 기병 전법까지 숙지하고 있어, 기병대를 군의 핵심으로 삼는 공손찬군을 상대하기에는 최적의 인물이었기 때문이다. 과연 원소군과 교전한 공손찬군은 기주자사 엄강(嚴綱)이 목숨을 잃는 등 참패를 당한다.

본진이 패하고 퇴각하던 공손찬은 원소가 이끄는 소규모 부대와 격돌하지만, 국의의 지원을 받은 원소에게 궤멸당한다. 본거지 계현(薊縣)으로 돌아간 공손찬은 연말에 다시 기주를 침공했다가 원소군에게 패하자 결국 기주 침공을 포기하게 된다.

공손찬에게는 평생의 라이벌이라 할 수 있는 또 한 명의 인물이 있다. 바로 유주목으로 재임하던 유우다. 이민족의 움직임이 활발했던 유주에서 두 사람은 이민족을 대하는 자세가 판이하게 달랐다. 유우가 이민족에게 선정을 베풀어 스스로 굴복하게 했다면, 무용으로 알려진 공손찬은 이민족을 토벌하는 데 앞장서 그들에게 '백마장군(白馬將軍)'으로 불릴 정도로 공포의 대상이었다.

그리고 193년, 결국 두 사람은 정면으로 충돌했다. 유우가 10만 명의 병사를 이끌고 자신의 군령을 따르지 않는 공손찬을 정벌하기 위해 나선 것이다. 하지만 전투 경험이 거의 없었던 유우는 백전노장 공손찬의 상대가 되지 못했다. 유우가 자신을 공격하러 나섰다는 정보를 입수한 공손찬은 불과 수백 명의 군대를 이끌고, 유우군의 진지를 향해 바람을 이용한 화공으로 기습 공격해 크게 무찔렀다.

공손찬에게 사로잡힌 유우가 참살을 당하자, 그를 따르던 이민족과 한족 무리들은 대거 원소 진영에 가담했다. 유우를 처형한 공손찬은 유주를 거의 손아귀에 넣었으나, 유우와 좋은 관계를 맺었던 원소와는 한바탕 격돌이 더욱 불가피해졌다.

원술은 공손찬과 연합하고, 원소는 유표와 손잡고 골육상쟁

그 무렵, 원술은 부하들에게 유표 토벌을 명하면서 동시에 원소와도 자웅을 겨루고 있었다. 그는 원소를 협공하기 위하여 유주의 공손찬과 손을 잡았다. 이에 공손찬은 곧 휘하에 있는 유비(劉備)를 청주 고당(高唐)으로 출진시키고, 선경(單經)을 청주 평원에 파견했다. 또 동맹을 맺은 서주의 도겸(陶謙)에게는 연주 발간(發干)에 침공하라고 요청하며 원소에게 압력을 가했다.

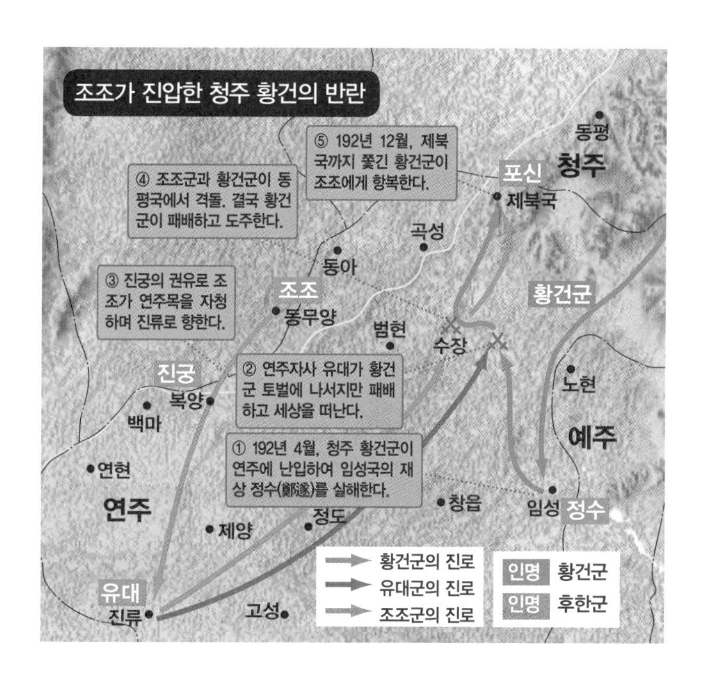

원술 · 공손찬 연합에 맞선 원소는 조조와 함께 이들 군대를 단번에 물리쳤다. 이 무렵 조조는 원소 휘하에서 연주목에 올라 청주의 황건 잔당과 사투를 벌이고 있었다. 청주의 황건군은 수십만 명의 대군으로 강대한 세력을 형성하고 있어 사기도 높고 강했다.

조조는 황건 토벌에 앞장선 포신이 전사하는 등 희생이 있었지만, 그들을 굴복시키고 자군에 흡수하는 데 성공했다. 그리고 이들에게 '청주병(青州兵)'이라는 이름을 지어준다. 이후로 이들은 조조군의 일원으로 타군에게는 큰 위협이 되었다.

또 192년, 지난해에 동군태수 왕굉(王肱)을 무찌른 흑산적 우독(于毒)의 군대가 조조의 거점인 동무양(東武陽)을 공격한다. 이에 조조는 우독의 거점이던 흑산을 급습했고, 놀란 우독이 퇴각하는 길목에 매복해 있다가 우독군을 무찔렀다. 우독은 흑산적의 무장이지만 원래는 장연과는 다른 계통이다. 우독의 흑산적을 무찌르고 돌아온 조조는 이번에는 내황(內黃)에 있던 흉노의 어부라를 공격하여 승리를 거두는 수훈을 올렸다.

하지만 흑산적은 그 후에도 활동을 멈추지 않아서, 192년에는 원소 소속의 위군 주둔 부대와 연대하여 반란을 일으킨다. 그리고 원소의 거점인 업현에 쳐들어가서 위군태수 율성(栗成)까지 살해하며 기세를 올린다. 하지만 귀환한 원소군에게 패한 후로는 세력이 급격히 쇠퇴했다.

원술을 패퇴시킨 조조가 원소의 최대 라이벌로 바뀐다

한편, 원술은 근거지인 남양(南陽)을 포기하고 병사와 물자를 총동

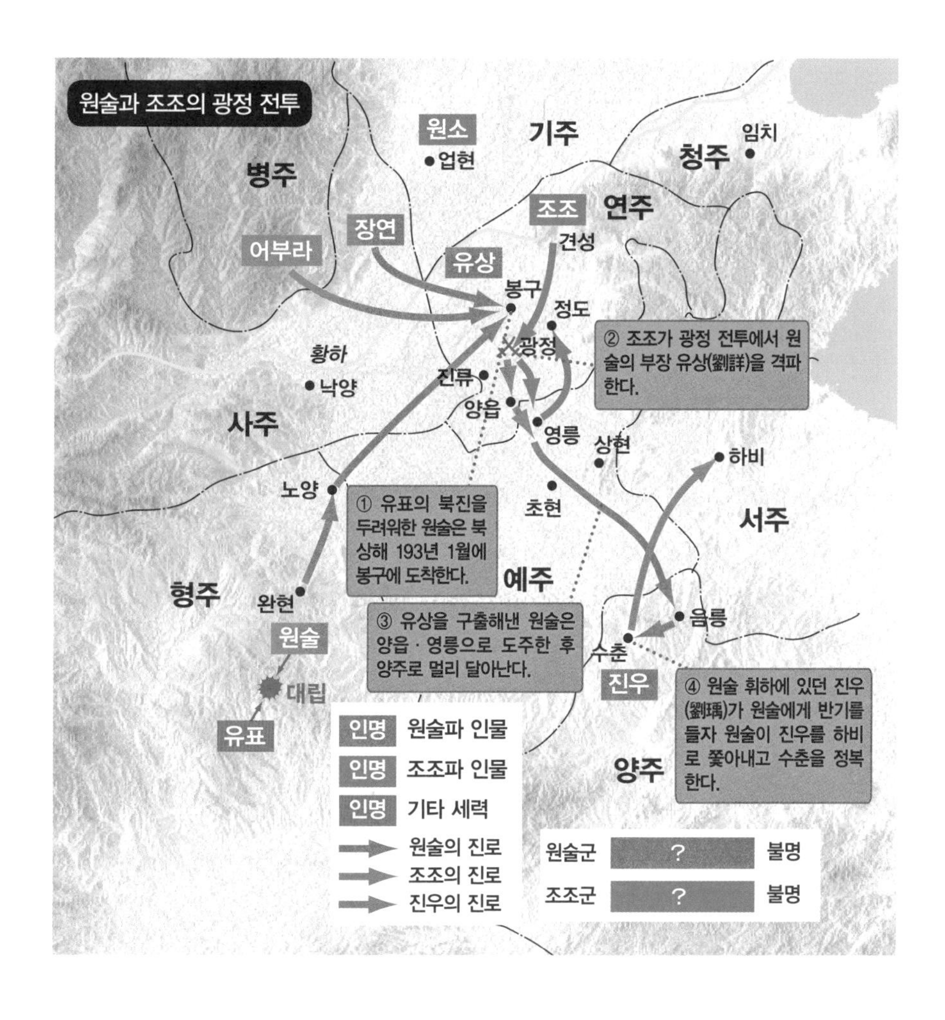

원하여 원소 토벌에 나선다. 그의 첫 번째 목표는 조조를 쓰러트리고 연주를 거점으로 삼는 것이었다.

원술은 원소와 손을 잡은 형주의 유표에게 보급로를 끊기는 곤란한 상황에서도 흑산적과 흉노의 협력을 얻어 진군을 계속한다. 하지만 이 무렵, 원소에게 몸을 의탁하고 있던 여포가 지난번에 원술에게 냉대받은 것을 잊지 않고 흑산적의 수령 장연과 싸워 그의 군대를 해산시켜버렸다.

원술은 그런 어려움을 헤치고 가까스로 연주에 도착했지만 이미 청주병을 편입한 조조군이 광정 땅에서 압도적인 기세로 원술군을 추격해 왔다. 원술은 봉구(封丘)까지 퇴각했으나 조조는 추격을 멈추지 않았다. 봉구가 포위되자 이번에는 양읍(襄邑)으로 도망치지만 이곳에서도 조조에게 패한다. 원술이 다시 영릉(寧陵) · 구강(九江)으로 도주하자 조조는 그제야 추격을 포기한다.

이 패전으로 인해 원술은 겨우 최소한의 군세를 유지할 뿐, 그때까지 누리던 권세를 거의 잃었다. 한편, 원소는 최대의 라이벌이었던 원술을 밀어내는 데 성공했으나, 이 전투로 두각을 나타낸 이는 조조였다.

이후 원소의 라이벌은 청주병을 이끄는 조조로 바뀐다.

인물 클로즈업 원술

- 자 : 공로(公路)
- 생몰년 : ? ~ 199년
- 출신지 : 예주 여남군
- 관직 : 후장군, 남양태수

황제를 자처해 몰락을 재촉한 명문가 출신의 야심가

원술이 원소의 이복동생이라는 설도 있는데, 어쨌건 명문가의 적통이라는 의식은 원술의 뇌리에서 떠난 적이 없어서 결국에는 황제를 자처하는 등 폭주하게 된다.

훗날 조조와 손권, 유비도 위 · 오 · 촉한을 세우고 황제를 자처했으나, 세 사람 모두 그 나름대로 대의명분이 있었다. 하지만 사서에 따르면, 원술은 오로지 자신의 정치적 욕망을 실현하기 위해 스스로 황제에 오른 것이어서 주변의 누구도 인정하지 않았다. 당연히 다른 장수들이 상대해주지 않았고, 스스로 방탕한 생활을 즐겨 백성의 생활을 피폐하게 했다.

그뿐인가, 오만방자한 행동으로 순식간에 인심이 떠났다. 원소도 그처럼 명문가 출신임을 내세운 장수였으나, 원소에게는 목숨을 맡길 정도로 충성한 부장이 몇 명이나 있었다. 하지만 원술은 휘하에 있던 부장에게 몸을 맡기려 해도 거부당할 정도로 인망을 잃었다.

인물 삼국지 열전

공손탁(公孫度) 〈?~204〉

자는 승제(升濟)라고 하며, 유주 요동군 양평(襄平)현 사람이다. 후한 왕조에서 벼슬길에 올라 기주자사까지 올랐고, 동탁 정권하에서는 요동태수에 임명되었다. 반동탁 연합이 군사를 일으켜 중원이 혼란에 빠지자, 돌연 192년에 스스로 요동태수 평주목이라 칭하며 요동군에서 독립했다. 조조가 패권을 잡자 무위장군(武威將軍)에 임명되었으나 "요동의 왕에게 이 무슨 망발인가!"라고 노하며 인수(印綬, 벼슬에 임명될 때 임금에게서 받는 신분이나 벼슬의 등급을 나타내는 관인(官印)을 몸에 차는 끈–역주)를 무기고에 처박아버렸다고 한다.

왕윤(王允) 〈136~192〉

자는 자사(子師)라고 하며, 병주 태원(太原)군 출신이다. 후한 왕조에서 고속 승진하며 당대의 명재상으로 이름을 떨친다. 정권을 찬탈한 동탁도 명성이 높은 그를 건드리지 못하고 사도에 임명하여 정무를 보게 했다. 그 후 동탁의 심한 폭정을 견디지 못하고 동탁의 측근이었던 여포를 꼬드겨 결국 동탁을 암살한다. 하지만 왕윤 정권이 자리를 잡기도 전에 동탁의 부장 이각에게 장안을 포위당하고, 그의 손에 가족과 함께 죽임을 당한다.

곽사(郭汜) 〈?~197〉

동탁 휘하에 있던 부장으로 동탁에게 중용되었다. 동탁이 세상을 떠난 후에는 동료 이각과 함께 장안에 난입해, 동탁을 암살한 왕윤을 살해하고 실권을 빼앗는다. 하지만 머지않아 이각과 반목하게 되어 장안 시가에서 전투를 벌여 장안을 초토화한다. 헌제가 장안에서 탈출하자 이들을 추격하지만 실패한다. 꼭두각시라고는 하나 헌제를 잃은 곽사는 힘을 잃고 미(郿)현으로 도주하지만 결국 부하의 손에 죽는다.

194년경 영웅들의 합종연횡 세력도

194년 장막 · 여포의 난

조조가 서주에 침공한 틈을 타서 장막 · 장초 형제가 여포와 손을 잡고 조조에게 반기를 든다.

195년 헌제의 장안 탈출

동탁 사후에 황폐해진 장안에서 후한 황제 헌제가 탈출. 이듬해, 낙양에 도착한다.

194년 장평관의 전투

유범의 제안에 호응한 마등 · 한수가 장평관에서 곽사 · 번조에게 패한다.

195년 이각과 곽사의 난

이각과 곽사가 대립해 장안 시가에서 전투를 벌이고 장안은 폐허가 된다.

194년 마등 · 한수의 장안 침공

유범이 곽사를 토벌하는 쿠데타를 획책하지만 발각된다. 유범의 제안에 호응한 마등이 장안에 침공한다.

196년 조조의 예주 정벌

조조가 여남 · 영천 양군의 황건 잔당을 항복시키고 예주를 평정한다.

196년 조조의 무평 전투

조조가 무평(武平)을 공격하고, 원술이 임명한 진국상 원사(袁嗣)를 격파한다.

흑산적의 활동 범위

양주

한수 등

송건

유언

익주

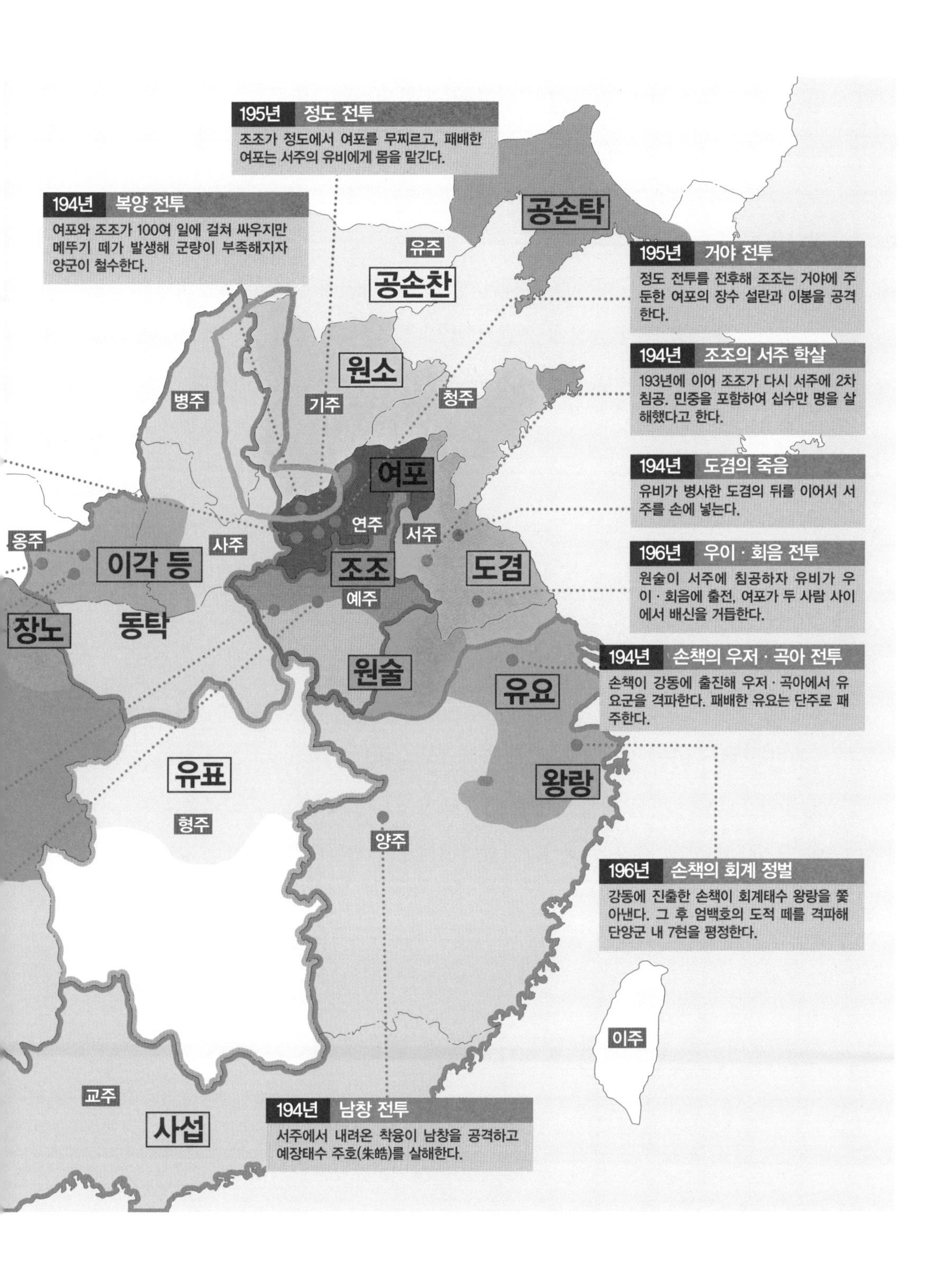

195년 정도 전투
조조가 정도에서 여포를 무찌르고, 패배한 여포는 서주의 유비에게 몸을 맡긴다.
194년 복양 전투
여포와 조조가 100여 일에 걸쳐 싸우지만 메뚜기 떼가 발생해 군량이 부족해지자 양군이 철수한다.
공손탁
유주
공손찬
195년 거야 전투
정도 전투를 전후해 조조는 거야에 주둔한 여포의 장수 설란과 이봉을 공격한다.
194년 조조의 서주 학살
193년에 이어 조조가 다시 서주에 2차 침공. 민중을 포함하여 십수만 명을 살해했다고 한다.
원소
병주
기주
청주
여포
194년 도겸의 죽음
유비가 병사한 도겸의 뒤를 이어서 서주를 손에 넣는다.
연주
서주
옹주
사주
이각 등
조조
도겸
196년 우이 · 회음 전투
원술이 서주에 침공하자 유비가 우이 · 회음에 출전, 여포가 두 사람 사이에서 배신을 거듭한다.
예주
장노
동탁
194년 손책의 우저 · 곡아 전투
손책이 강동에 출진해 우저 · 곡아에서 유요군을 격파한다. 패배한 유요는 단주로 패주한다.
원술
유요
유표
왕랑
형주
양주
196년 손책의 회계 정벌
강동에 진출한 손책이 회계태수 왕랑을 쫓아낸다. 그 후 엄백호의 도적 떼를 격파해 단양군 내 7현을 평정한다.
이주
교주
사섭
194년 남창 전투
서주에서 내려온 착융이 남창을 공격하고 예장태수 주호(朱皓)를 살해한다.

한수와 마등이 거병했다 진압되면서 유언 일가도 몰락

194년 3월, 양주에서는 한수와 마등이 다시 반란의 횃불을 올리고 장안으로 공격해 들어갔다.

그들의 이번 거병은 이각과 곽사의 장안 연합정권에 반대하는 간의대부(諫議大夫) 충소(种邵)의 요청에 응한 것이었다. 그리고 여기에는 영제 때 익주목(益州牧)이었던 유언도 장안의 동태를 살피면서 일부분 관여했다. 장안의 실권을 빼앗으려는 야망을 품고 있던 유언이 이 기회에 숙원을 이루기 위해 아들인 좌중랑장 유범(劉範)을 한수군에 원군으로 보낸 것이다.

하지만 반란군이 장평관(長平觀)까지 진출했을 즈음 계획이 발각되고, 한수군은 이각의 동료 번조군에게 공격을 당한 후 다시 양주로 도망쳤다. 이 전투에서 반란에 가담한 유범은 전사하고, 유언의 또 다른 아들 유탄(劉誕)은 처형되었다. 자신의 야망이 물거품이 되고 두 아들까지 잃은 유언은 실의에 빠져 그해 병사했다. 아들 유장(劉璋)이 아버지 뒤를 이어 익주목이 되었다.

유언 부자가 비참한 최후를 맞은 반면, 반란군의 주역이었던 한수와 마등은 조정으로부터 강등 처분만 받고 별다른 문책은 받지 않았다. 이각과 곽사의 입장에서는 두 사람을 쫓아내기보다 회유하는 편이 이득이라고 판단했기 때문이다.

조조가 서주로 출정하자 장막이 여포와 결탁해 연주를 탈취

조조는 아버지 조숭(曹嵩)이 죽은 193년에 서주를 1차 침공했는데,

《자치통감(資治通鑑)》에 따르면, 그때 전쟁에 패한 채 후퇴하면서 사람들을 닥치는 대로 학살해 원성이 높았다. 194년 여름, 조조는 다시 서주에 침공했다. 이것은 서주를 공략하기 위해서라기보다, 아들이 있는 연주로 피난하던 중 도겸(陶謙) 휘하에 있는 병사에게 죽임을 당한 아버지의 복수라는 측면이 강했다.

조조는 서주에 입성하자마자 현성 다섯 곳을 함락하고, 공손찬을 떠나 도겸에게 의탁하고 있던 유비군과 조표(曹豹)군을 담현(郯縣)에서 격파했다.

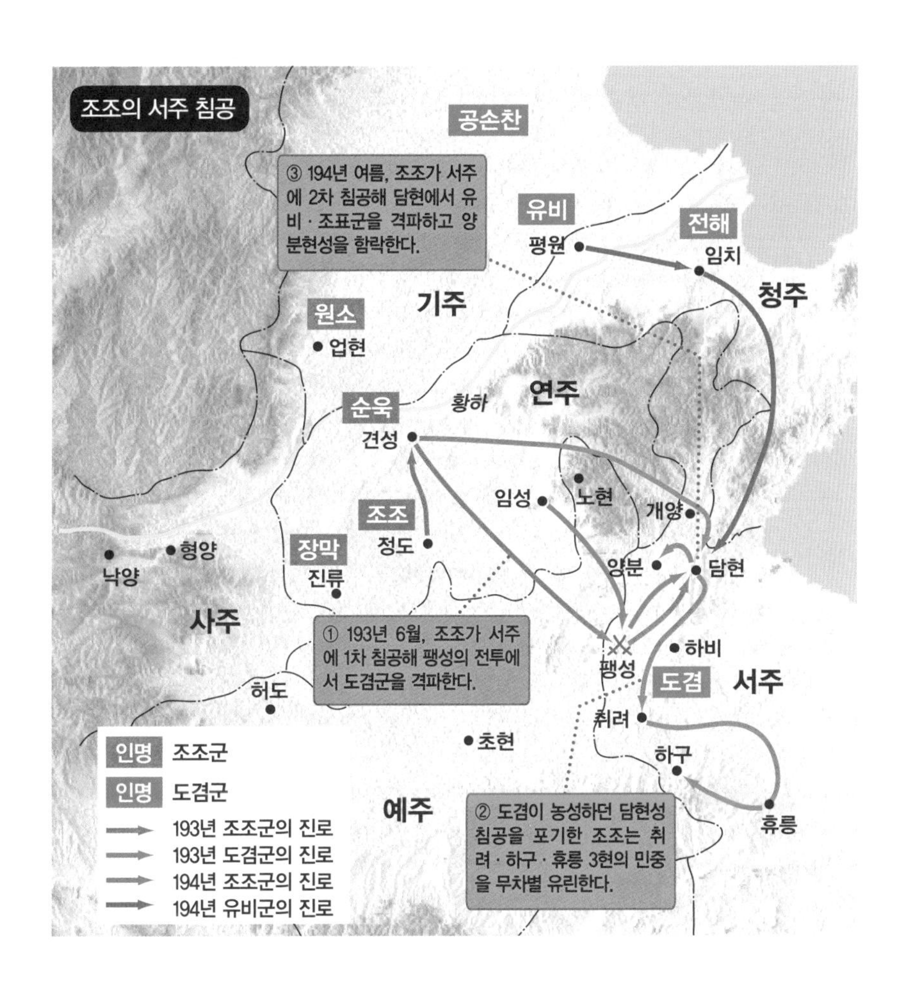

그리고 이어서 양분(襄賁)으로 쳐들어갔다. 조조의 원한은 골수에 사무친 듯, 조조군이 통과한 지방은 전투원만이 아니라 일반 백성도 전부 죽임을 당했을 정도로 철저히 유린되었다.

조조군의 기세에 밀린 도겸은 궁지에 몰려 서주를 버리고 달아나려 했다. 마침 그때, 조조에게 뜻밖의 소식이 날아들었다. 연주를 비운 사이 내정을 맡겼던 친구 장막이 조조에게 반기를 들고 거병했다는 소식이었다.

그 무렵 장막은 반동탁 연합의 맹주였던 원소와의 관계가 악화되어, 원소가 조조에게 장막 토벌을 명할 정도였다. 조조는 원소의 말을 따르지 않은 채 장막과 사이좋게 지냈다. 당시 조조는 자신의 세력을 키우는 중이었다고 하나 기주에서 큰 세력을 이루던 원소 휘하에 있는 일개 부장에 불과했다. 그래서 장막은 언젠가 조조가 원소의 명령에 응해 자신을 공격하는 것은 아닐까 불안해했다.

마침 그때 조조의 부장 진궁(陳宮)이 장막에게, 조조가 서주에 원정을 간 틈에 하내의 장양 밑에서 자리 잡고 있는 여포를 불러들여서 연주를 빼앗자고 진언했다. 아우 장초가 진궁의 방책에 동의하자 장막은 마침내 여포와 함께 반조조의 깃발을 내걸고 군사를 일으켰다.

장막이 거병하자 연주의 호족들도 호응했다. 그들은 원래 조조와 사이가 나빴던 데다, 조조의 서주 학살에 실망해 조조에 대한 불만이 높았다. 그 결과, 정욱(程昱)이 지키는 견성(甄城) · 동아(東阿) · 범현(范縣)을 제외한 모든 군이 장막에게 복종하면서 조조는 연주를 대부분 잃었다.

조조는 곧바로 서주에서 철수해 조인(曹寅) 등과 합류한다. 그리고 견성에서 물러나 복양(濮陽)에 주둔한 여포를 공격했다. 1차 공격에서 여포군에게 패배한 조조가 다시 반격하는 등 일진일퇴의 공방이 100일 넘게 계속되었으

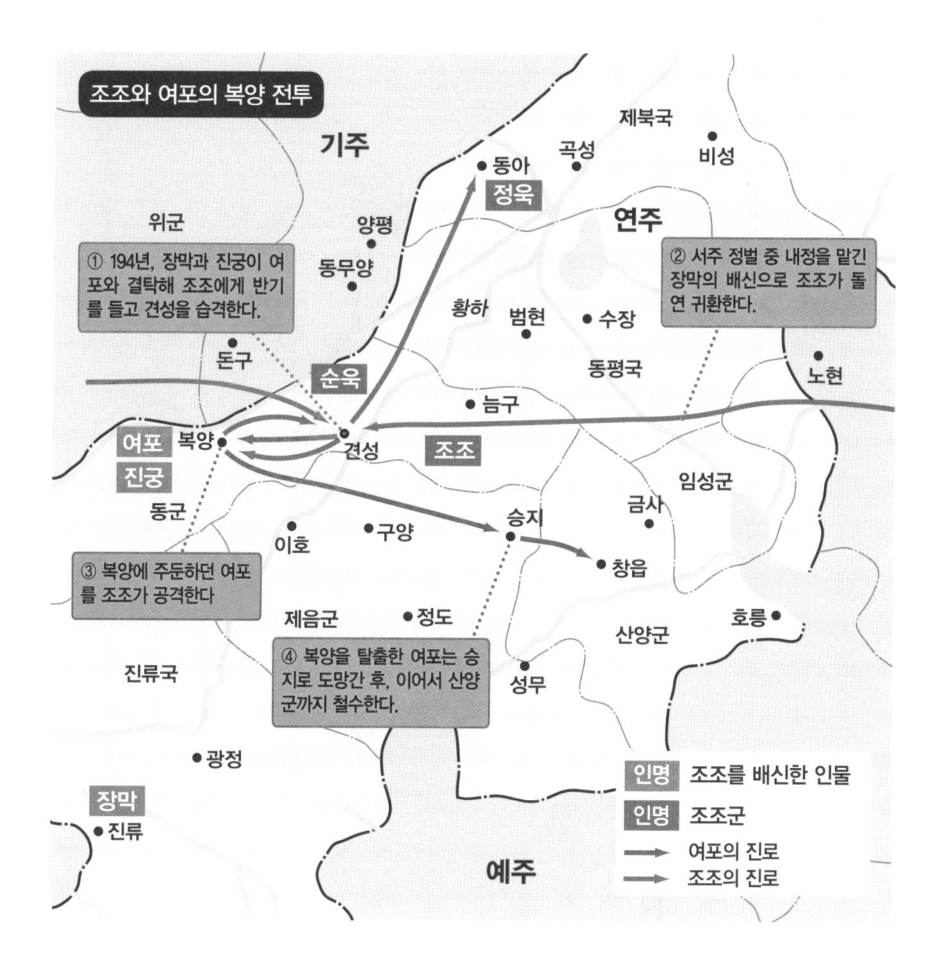

나 메뚜기 떼가 발생해서 군량이 바닥나자 양군 모두 철수했다.

견성에서 군사를 다시 일으킨 조조는 복양성 공략에 성공해 여포는 부랴부랴 승지로 도망한 후 산양군까지 물러난다.

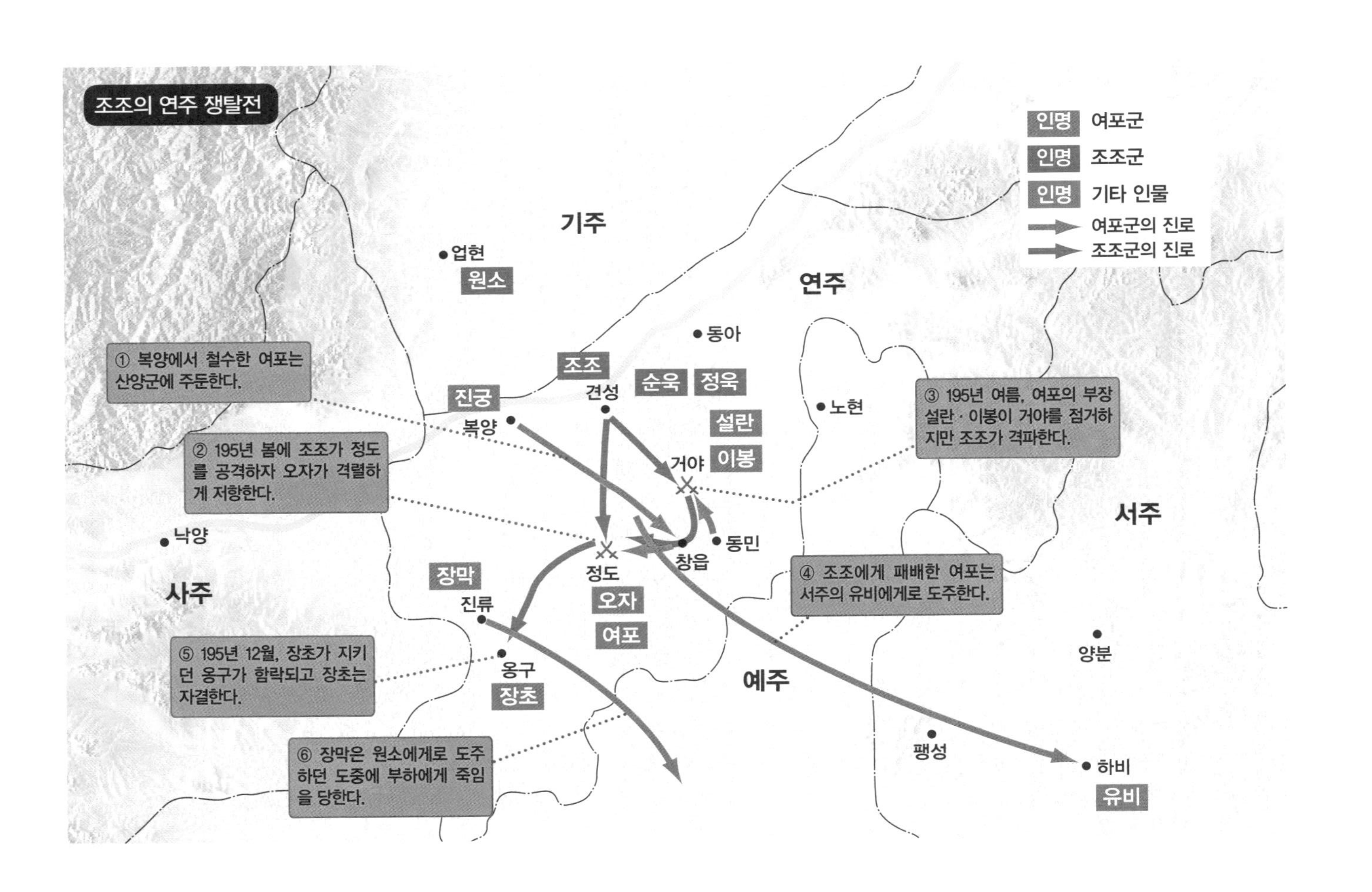
조조의 연주 쟁탈전
인명 여포군
인명 조조군
인명 기타 인물
여포군의 진로
조조군의 진로
기주
연주
서주
예주
사주
업현
원소
동아
노현
조조
견성
순욱
정욱
설란
이봉
거야
동민
창읍
진궁
복양
정도
오자
여포
장막
진류
옹구
장초
낙양
양분
팽성
하비
유비
① 복양에서 철수한 여포는 산양군에 주둔한다.
② 195년 봄에 조조가 정도를 공격하자 오자가 격렬하게 저항한다.
③ 195년 여름, 여포의 부장 설란 · 이봉이 거야를 점거하지만 조조가 격파한다.
④ 조조에게 패배한 여포는 서주의 유비에게로 도주한다.
⑤ 195년 12월, 장초가 지키던 옹구가 함락되고 장초는 자결한다.
⑥ 장막은 원소에게로 도주하던 도중에 부하에게 죽임을 당한다.

도겸이 유비에게 서주를 넘겨주고, 조조는 연주를 다시 장악

도겸은 조조의 철군으로 가까스로 서주를 사수했으나, 194년에 결국 병사했다. 죽음이 임박한 도겸은 유비에게 후사를 맡기라고 유언했다. 그 무렵, 공손찬의 휘하를 벗어나 도겸 밑으로 들어간 유비가 도겸의 두터운 신뢰를 받았기 때문이다.

유비는 거듭 고사했으나 당시 명재상이었던 공융(孔融)과 진등(陳登)의 권유도 있어 유언에 따르기로 했다. 이로써 유비는 서주를 무난히 수중에 넣게 되었다.

복양에서 철수한 조조는 195년 봄, 군대를 정비하고 연주를 탈환하기 위해 정도(定陶)를 공격한다. 군태수 오자(鳴資)가 지키는 성은 수비가 견고하여 좀체 공략하지 못했으나 오자를 지원하러 온 여포군은 공격해 패퇴시킬 수 있었다.

여름이 되자 이번에는 여포군이 반격에 나섰다. 설란(薛蘭)과 이봉(李封)을 거야에 주둔시키고 여포가 지원하러 오지만 조조군에게 참패당한다. 그 후 여포는 다시 조조와 싸우지만 패한다. 장초는 옹구(擁丘)에서 농성을 벌이다 함락되자 자결한다. 원술에게 도움을 요청했던 장막은 도중에 부하의 손에 죽임을 당한다.

여포도 남은 군사를 데리고 기주의 원소에게 의탁을 부탁했지만 거절당한 채 안량의 공격까지 받았다. 여포는 어쩔 수 없이 서주의 유비에게로 도망가고, 조조는 다시 연주를 손에 넣었다. 그리고 그 기세를 몰아 196년 2월에는 여남 · 영천 양군에 있던 황건 잔당을 소탕하며 예주까지 정복했다.

손책이 유요군을 축출한 후, 회계 등 강동 일대를 평정

양주 평정에 나선 원술은 강동 공략에 애를 먹는다. 원술이 수춘(壽春)에서 쫓아낸 유요(劉繇)가 곡아(曲阿)에 진을 치고 원술에게 끝까지 저항했기 때문이다.

여기서 존재를 드러낸 이가 손책(孫策)이었다. 원술 밑에서 숱한 무공을 올리면서도 중용되지 못했던 손책은 결국 원술을 떠나 강동에서 독립하기로 결심한다. 수춘으로 출진한 손책은 남진해 장강의 강기슭에 위치한 역양(歷陽)에 진을 쳤다. 이때 주유(周瑜)가 군사를 이끌고 손책에게 합류한다.

우저(牛渚)에서 유요의 군영을 공략한 손책은 말릉(秣陵)성에서 설례(薛禮)를 격파하고, 해릉(海陵) · 호숙(湖孰)을 지키는 유요의 부장들을 모조리 무찔렀다. 이어서 유요가 지키는 곡아마저 포위하자 유요는 견디지 못하고 단주로 패주한다.

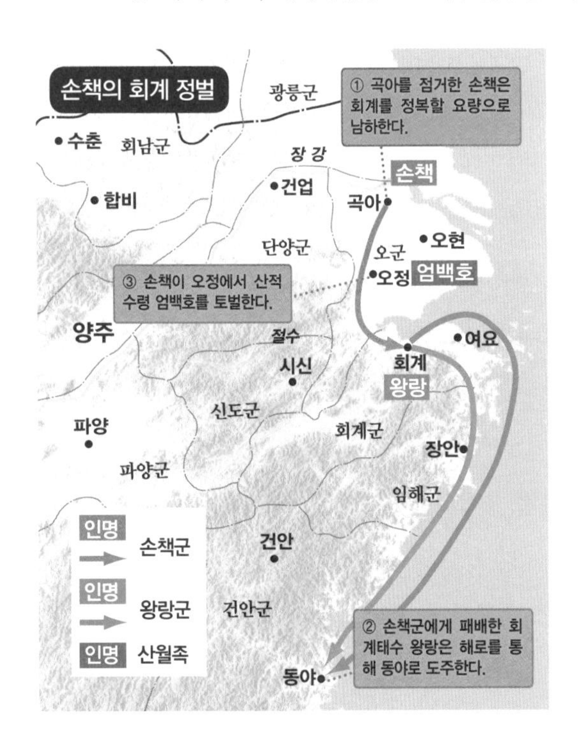

이렇게 해서 손책은 강동 평정을 위한 첫발을 내디뎠다.

곡아를 점거한 손책의 다음 표적은 회계(會稽)였다. 그 무렵, 회계를 다스리던 이는 한나라 황제에 대한 충절을 버리지 않은 회계태수 왕랑(王朗)이었다. 하지만 손책군의 기세에 눌린 왕랑군이 순식간에 와해되자 왕랑은 해로를

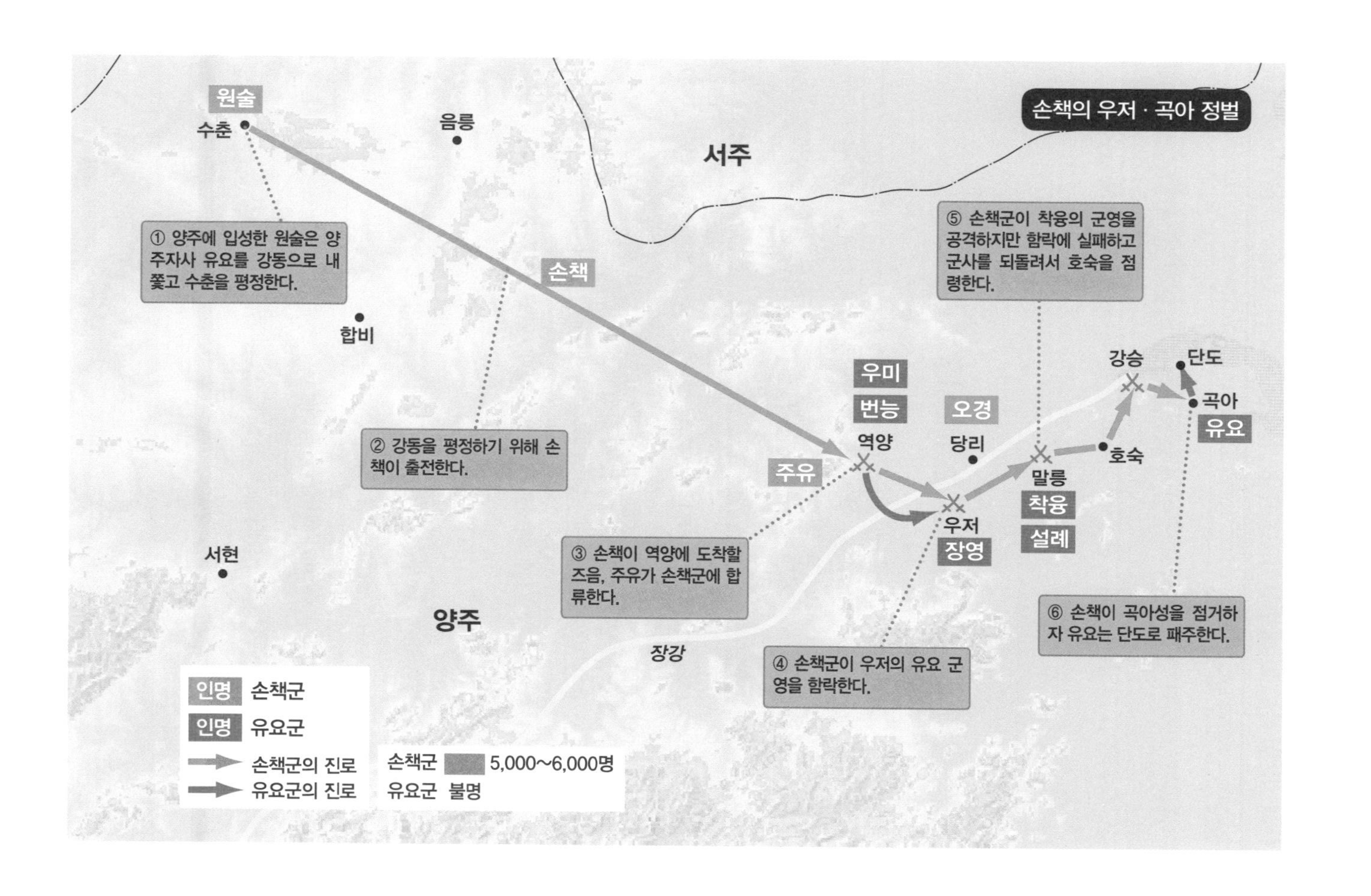

손책의 우저·곡아 정벌
원술
수춘
음릉
서주
합비
서현
양주
손책
주유
우미
번능
역양
오경
당리
우저
장영
말릉
착융
설례
호숙
강승
단도
곡아
유요
장강
① 양주에 입성한 원술은 양주자사 유요를 강동으로 내쫓고 수춘을 평정한다.
② 강동을 평정하기 위해 손책이 출전한다.
③ 손책이 역양에 도착할 즈음, 주유가 손책군에 합류한다.
④ 손책군이 우저의 유요 군영을 함락한다.
⑤ 손책군이 착융의 군영을 공격하지만 함락에 실패하고 군사를 되돌려서 호숙을 점령한다.
⑥ 손책이 곡아성을 점거하자 유요는 단도로 패주한다.
인명 손책군
인명 유요군
손책군의 진로
유요군의 진로
손책군 5,000~6,000명
유요군 불명

통해 동야(東冶)로 패주한다. 손책은 추격을 멈추지 않고 동야까지 왕랑을 쫓아가 항복을 받아냈다.

왕랑을 무찌른 손책은 이어서 엄백호(嚴白虎)를 비롯해 군에 남은 도적 떼를 격파하여, 단양군 내의 7현을 평정하고 강동 일대를 수중에 넣었다.

원술과 손잡은 여포가 유비를 습격해 서주를 빼앗다

손책에게 강동 평정을 맡긴 원술은 도겸이 세상을 떠난 후 혼란해진 틈을 타서 서주에 침공한다. 유비는 우이(盱眙)·회음(淮陰)에 군대를 파견하여 원술의 침공에 대비했다.

한 달이 지나도 유비군의 수비를 뚫지 못한 원술은 조조에게 패한 후 유비에게 몸을 의탁하고 있던 여포에게 내통을 제안했다. 배신이 장기라고도 할 수 있는 여포는 일말의 주저함도 없이 원술에게 돌아서서 유비를 급습하고, 유비의 본거지 하비(下邳)를 빼앗았다. 원술에게도 패한 유비는 해서로 밀려난다.

하지만 원술이 유비를 무찌르면 보내기로 약속한 군량미를 보내지 않자 화가 난 여포는 다시 유비와 손을 잡고 유비를 패현(沛縣)에 주둔시킨다. 여포가 그렇게 한 데는, 유비가 원술에게 패하면 청주 태산군 방면의 호족과 원술이 손잡을 위험이 높아진다는 이유도 있었던 것으로 보인다.

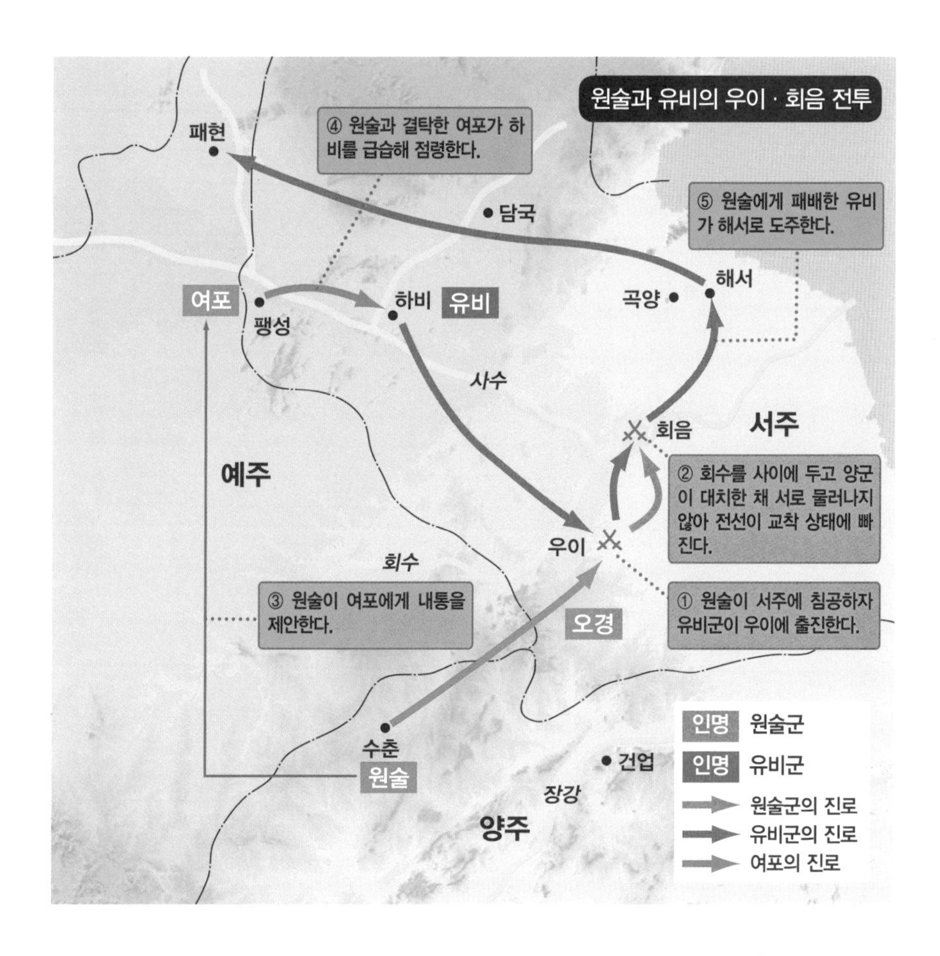

조조가 장안을 탈출한 헌제를 허도에서 맞이하다

그 무렵, 장안에서는 한수 · 마등군을 무찌르고 의기가 하늘을 찌를 듯이 높던 연합정권 내부에 심각한 대립이 일어났다.

195년 2월, 먼저 이각이 번조를 살해했다. 같은 해 3월에는 이각과 곽사가 서로 의견을 고집하다 균열이 생겨서 무력 충돌을 일으킨다. 이각은 헌제

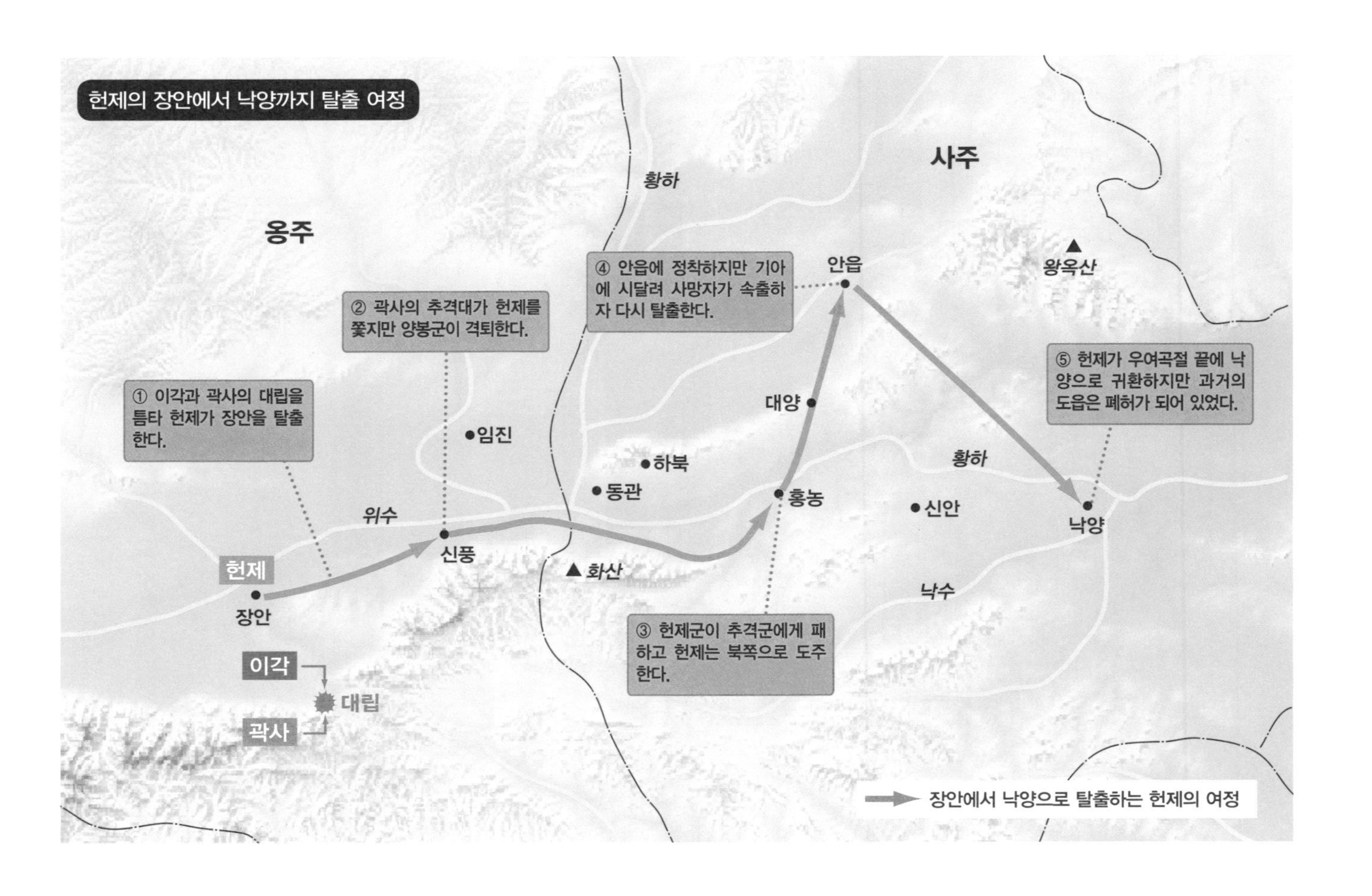
헌제의 장안에서 낙양까지 탈출 여정
옹주
사주
황하
왕옥산
안읍
① 이각과 곽사의 대립을 틈타 헌제가 장안을 탈출한다.
② 곽사의 추격대가 헌제를 쫓지만 양봉군이 격퇴한다.
④ 안읍에 정착하지만 기아에 시달려 사망자가 속출하자 다시 탈출한다.
⑤ 헌제가 우여곡절 끝에 낙양으로 귀환하지만 과거의 도읍은 폐허가 되어 있었다.
임진
대양
하북
동관
홍농
신안
낙양
위수
신풍
헌제
장안
화산
낙수
③ 헌제군이 추격군에게 패하고 헌제는 북쪽으로 도주한다.
이각
대립
곽사
장안에서 낙양으로 탈출하는 헌제의 여정

와 황후를 납치하고 재물을 강탈한 후 궁전에 불을 질렀다. 헌제는 어떻게든 두 사람을 화해시키려고 곽사에게 대신들을 파견했으나, 곽사는 이들을 인질로 삼고 이각에게 대항했다.

이렇게 두 사람은 장안을 무대로 두 달 넘게 교전을 계속했다. 그 결과 백성 수만 명이 희생되었고, 장안은 폐허로 변하다시피 했다. 장안은 수년 동안 이런저런 내란에 시달리느라 인적조차 사라졌다.

후한 왕조 계보

※ ( )의 숫자는 재위 연도
※ ○숫자는 즉위 순서

왕조 말이 되면 어린 황제가 옹립되고, 외척과 환관이 권력을 휘두르면서 정치가 극심한 혼란 속으로 빠져든다.

이런 상황에 넌더리가 난 헌제는 장안을 몰래 빠져나가 낙양으로 향한다. 그를 뒤따르는 이는 동승(董承)과 양봉(楊奉) 등 소수의 측근뿐이었다. 헌제 일행은 양봉이 불러들인 백파적의 도움으로 쫓아오는 이각 · 곽사군을 무찌르고 도피행을 계속했다. 196년, 헌제는 마차까지 잃고 스스로 걷는 고생 끝에 겨우 낙양에 당도했다.

이때 움직인 이가 조조였다. 헌제의 측근 정충(丁沖)에게서 "자네는 정치를 바로잡고 조정을 도우려는 뜻이 있어 보이는군. 지금이 바로 그 시기일세"라는 편지를 받은 조조는 책사 순욱(荀彧)의 권유를 받고 같은 해 9월 자신의 본거지인 허도(許都)에서 헌제를 맞이했다.

인물 클로즈업 여포

- 자 : 봉선(奉先)
- 생몰년 : ?~198년
- 출신지 : 병주 오원군
- 관직 : 좌장군

평생을 배신으로 일관하다 조조에 의해 처형당한다

궁술과 승마술이 뛰어난 무인으로 무용과 완력이 남달랐다고 한다.

여포 하면 제일 먼저 떠오르는 말이 '배신'이다. 오랫동안 모시던 주군 정원을 죽인 것을 시작으로, 부자의 연을 맺을 정도로 돈독한 사이였던 동탁을 암살했고, 서주에 자리 잡은 후에는 유비와 원술 사이를 흔들며 배신을 밥 먹듯 했다.

하비 전투에서 조조에게 패하고 붙잡혔을 때는 조조에게 "당신이 보병을 인솔하고 내가 기병을 통솔할 수 있게 해준다면 천하를 쉽게 얻을 수 있을 것이오"라고 솔깃한 제안을 한다. 이에 조조가 잠시 주저하자, 곁에 있던 유비가 "정원, 동탁의 일을 잊은 겝니까?"라고 진언한다. 조조는 그제야 여포의 처형을 결심했다고 한다.

유비의 말을 듣던 여포는 "이놈이 가장 믿지 못할 인간이오"라고 유비를 노려보았다고 하는데, 과연 이보다 정확한 표현이 있으랴?

인물 삼국지 열전

유언(劉焉) 〈?~194〉

자는 군랑(君郎)이고, 형주 강하(江夏)군 의릉(意陵)현 출신이다. 전한 노공왕(魯恭王)의 후손으로 젊어서 벼슬길에 올랐다. 주자사 대신 주목 자리를 권유받고는 스스로 익주목에 올랐다. 당시 익주에서는 마상이 반란을 일으켰는데, 유언이 부임하자 꼬리를 내렸다.

익주에서 독립을 꿈꾸던 유언은 한중을 진압하기 위해 장노를 파견하지만 뜻을 이루지 못한다. 이어 곽사 암살 계획마저 실패하고 자식들이 죽임을 당하자 실의에 빠진 채 병사했다.

도겸(陶謙) 〈132~194〉

자는 공조(恭祖)라고 하며 양주 단양(丹楊)군 사람이다. 황보숭이 강족 토벌에 나섰을 때 동행해 크게 공을 세웠다. 그 후 서주자사에 임명되자 하비로 가서 서주의 황건군을 무찔렀다.

193년, 조조가 서주를 침공하자 공손찬에게 구원을 요청했는데, 그때 파견된 이가 유비였다. 도겸은 유비를 굳게 신뢰해, 자신이 죽은 후 유비에게 서주를 맡기라는 유언을 남기고 세상을 떠났다.

진궁(陳宮) 〈?~198〉

연주 동(東)군 출신으로 여포의 부장. 원래는 조조의 휘하에 있었다. 198년에 서주에 있던 여포가 조조에게 패하자 진궁도 포로로 잡히는 신세가 되었다. 조조가 "지모란 지모는 다 가졌다 자인하던 자네가 이런 꼴을 당하다니 어찌 된 연유인가?"라고 묻자, 여포를 가리키며 "이자가 내 말을 따르지 않아서 그렇소이다"라고 대답했다. 그 후 결연히 처형장으로 향하는 진궁을 조조는 눈물을 흘리며 떠나보냈다고 한다.

정욱(程昱) 〈?~?〉

자는 중덕(仲德)으로 연주 동(東)군 동아(東阿)현 사람. 192년에 연주목이 된 조조의 부름을 받고 벼슬길에 올랐다. 조조가 연주를 여포에게 빼앗겼을 때, 여러 군의 호족이 여포에게 투항했으나 정욱만은 항복하지 않았다. 그리고 전투가 한창 벌어지던 와중에, 원소가 조조에게 동맹을 제안해왔다. 조조는 받아들이려 했으나 정욱이 간언해 막았다. 조조는 그것을 훗날까지 고맙게 여겼다고 한다.

유요(劉繇) 〈154~195〉

자를 정례(正禮)라 하고, 청주 동래(東萊)군 모평(牟平)현 사람. 제효왕(齊孝王)의 후손으로 한 왕실의 먼 친척에 해당하는 명문 출신이다. 연주자사 유대가 친형이다. 황건의 난으로 중원이 동요하자 전란을 피해 양주로 옮겨 양주자사에 임명된다. 하지만 원술이 회남을 차지하고 있어서 양주에 가지 못하고 장강을 건너 곡아에 주둔했다. 194년에 손책이 곡아를 공격하자, 곡아를 버리고 예장(豫章)으로 도망친다. 그 후 얼마 안 있어 병사했다.

왕랑(王朗) 〈154~228〉

자는 경흥(景興)이고, 청주 동해(東海)군 담(郯)현 사람. 서주자사 도겸에게 발탁되어 회계군태수가 되었다. 손책이 회계를 침공했을 때 이를 막지 못하고 동야까지 도주했으나 손책군이 추격해 오자 항복했다. 손책이 관용을 베풀어 겨우 목숨을 건진다. 훗날 조조의 부름을 받아 관직에 올라 조조 밑에서 승승장구했다. 조조가 세상을 떠난 후에도 조비(曹丕)에게 중용되어 사공(司空)의 지위에까지 올랐다. 단, 후한 말의 《세설신어(世說新語)》 덕행(德行) 편에 따르면, 기량이나 도량이 화흠(華歆)만 못하다는 평가를 받았다.

197~199
원술과 여포가 죽고,
조조와 원소의 패권 경쟁

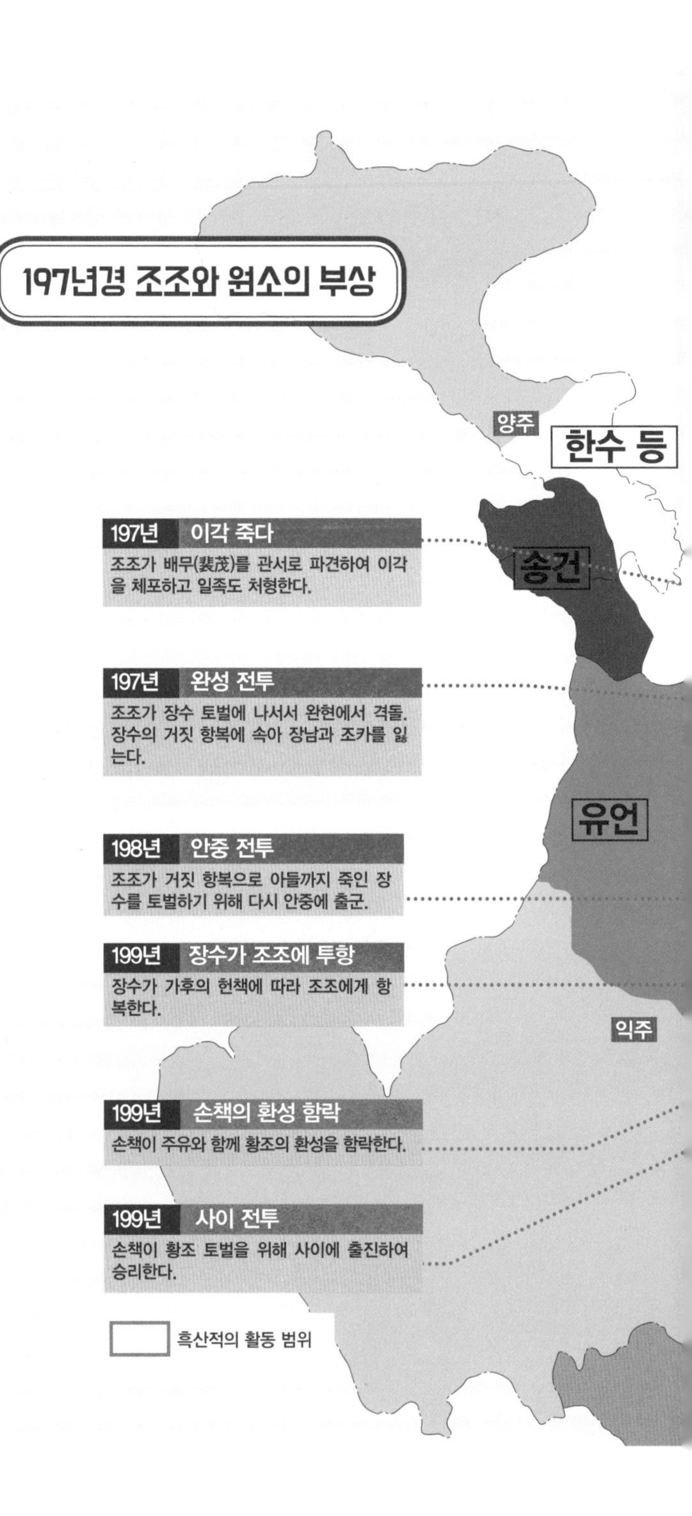
197년경 조조와 원소의 부상
양주
한수 등
송건
유언
익주
197년 이각 죽다
조조가 배무(裴茂)를 관서로 파견하여 이각을 체포하고 일족도 처형한다.
197년 완성 전투
조조가 장수 토벌에 나서서 완현에서 격돌. 장수의 거짓 항복에 속아 장남과 조카를 잃는다.
198년 안중 전투
조조가 거짓 항복으로 아들까지 죽인 장수를 토벌하기 위해 다시 안중에 출군.
199년 장수가 조조에 투항
장수가 가후의 헌책에 따라 조조에게 항복한다.
199년 손책의 환성 함락
손책이 주유와 함께 황조의 환성을 함락한다.
199년 사이 전투
손책이 황조 토벌을 위해 사이에 출진하여 승리한다.
흑산적의 활동 범위

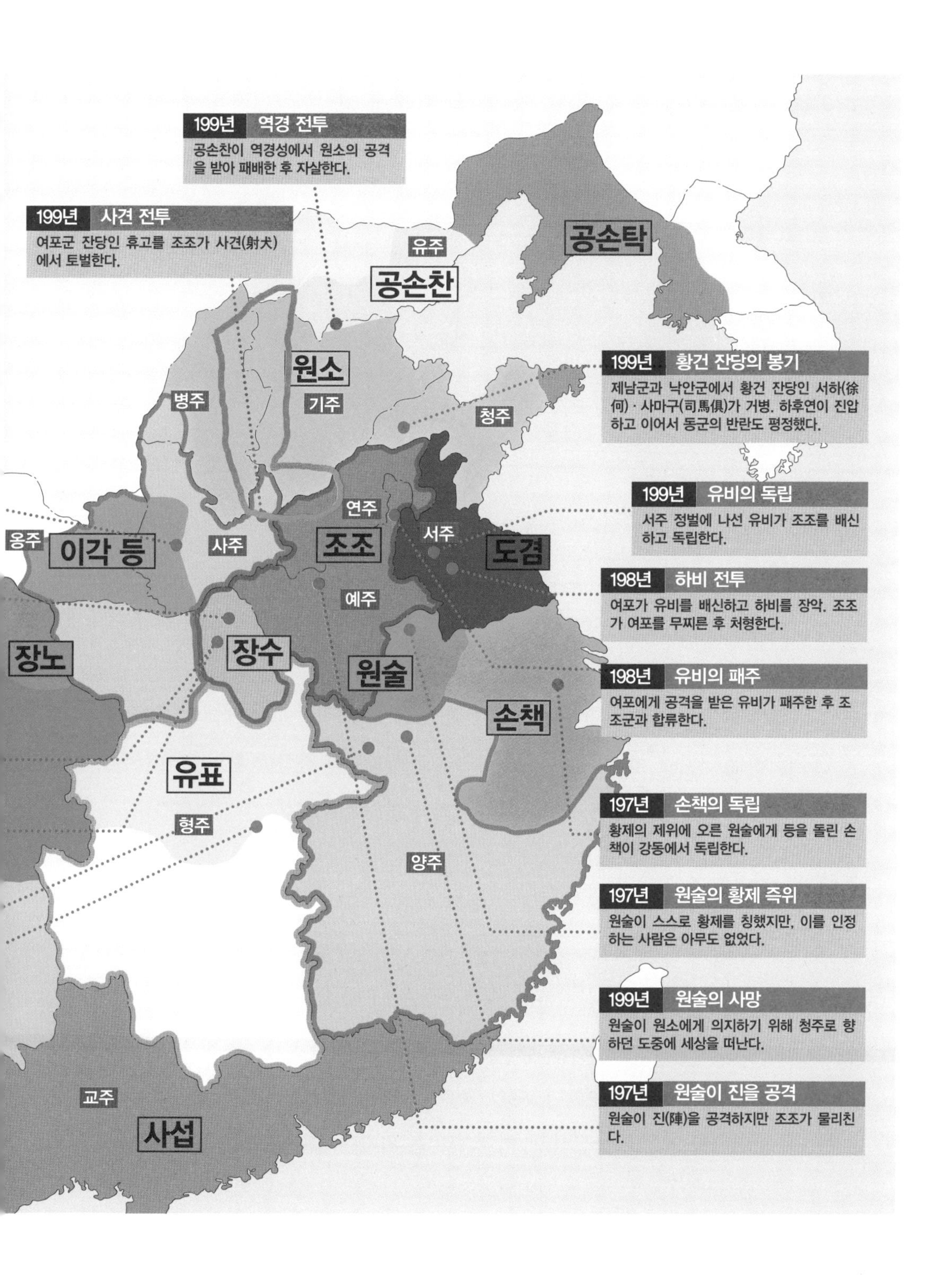

199년 역경 전투
공손찬이 역경성에서 원소의 공격을 받아 패배한 후 자살한다.
199년 사견 전투
여포군 잔당인 휴고를 조조가 사견(射犬)에서 토벌한다.
유주
공손찬
공손탁
원소
병주
기주
199년 황건 잔당의 봉기
제남군과 낙안군에서 황건 잔당인 서하(徐何) · 사마구(司馬俱)가 거병. 하후연이 진압하고 이어서 동군의 반란도 평정했다.
청주
199년 유비의 독립
서주 정벌에 나선 유비가 조조를 배신하고 독립한다.
연주
서주
옹주
이각 등
사주
조조
도겸
198년 하비 전투
여포가 유비를 배신하고 하비를 장악. 조조가 여포를 무찌른 후 처형한다.
예주
장노
장수
원술
198년 유비의 패주
여포에게 공격을 받은 유비가 패주한 후 조조군과 합류한다.
손책
유표
197년 손책의 독립
황제의 제위에 오른 원술에게 등을 돌린 손책이 강동에서 독립한다.
형주
양주
197년 원술의 황제 즉위
원술이 스스로 황제를 칭했지만, 이를 인정하는 사람은 아무도 없었다.
199년 원술의 사망
원술이 원소에게 의지하기 위해 청주로 향하던 도중에 세상을 떠난다.
교주
사섭
197년 원술이 진을 공격
원술이 진(陣)을 공격하지만 조조가 물리친다.

스스로 황제라 칭한 원술이 여포와 조조에게 패한 후 비명횡사

과거의 세력만큼은 아니지만 회남(淮南)에서 여전히 힘을 갖고 있던 원술이 197년에 스스로 황제라 칭하고 '중(仲)' 왕조를 세운다. 하지만 이는 경솔하기 짝이 없는 행위였다. 196년에 이미 조조가 헌제를 옹립하고 새로운 정권을 세운 데다, 원술과 대립하던 원소와 여포가 그를 황제라고 인정해 줄 리 만무했기 때문이다. 게다가 많은 군웅이 제각각 한 왕조의 부흥을 명분으로 내세워 각지에서 세력을 키워가던 터였다.

원술의 휘하에 있던 손책도 이 일을 계기로 원술과 손을 끊고 강동 지역에서 독립하기로 결심했다. 그리고 조조와 손을 잡고 반원술의 기치를 내세웠다.

이에 원술은 여포와 사돈 관계를 맺으려고 했으나 예주 패국(沛國)의 진규(陳珪)·진등(陳登) 부자의 개입으로 뜻을 이루지 못했다.

격노한 원술은 양봉과 한섬(韓暹)과 손을 잡고 가신 장훈(張勳)에게 여포를 공격하라고 명한다. 하지만 진등의 책략에 말려 양봉과 한섬이 여포 측에 붙는 바람에 호현(苦縣) 부근에서 여포군에게 참패하여 장훈만 간신히 퇴각하고 다른 장수는 죽임을 당한다.

장훈이 패배했다는 소식을 들은 조조는 여포·진등·손책에게 관직을 주고 원술을 잡기 위한 포위망을 구축한다. 원술은 그 포위망을 무너트릴 요량으로 서주를 공격하지만 실패하고, 중립을 지키던 예주 진국(陳國)에 구원을 요청한다. 그런데 진국이 이를 단칼에 거절하자 자객을 보내 왕 유총(劉寵)과 재상 낙준(駱俊)을 암살한다. 한편, 원술이 북상한다는 소식을 들은 조조는 직접 병사를 이끌고 출진하고, 이에 원술은 휘하에 있는 장수들을 남겨둔

《정사 삼국지》와 《삼국지연의》의 비교

차주를 벤 자는 관우가 아니라 유비 자신이다

《삼국지연의(三國志演義)》는 중국의 위, 촉한, 오 세 나라의 역사를 바탕으로 전승되어온 이야기들을 14세기에 나관중(羅貫中)이 장회소설(章回小說)의 형식으로 편찬한 장편 역사소설이다. 《삼국지연의》에서는 제갈량(諸葛亮)을 비롯하여 유비와 관우(關羽), 장비(張飛)와 같은 주요 인물을 돋보이게 하려고 인물상이 각색되었다. 199년에 일어난 유비의 서주 공격을 예로 들어보자. 《삼국지연의》에서는 서주를 지키는 차주(車冑)가 조조로부터 유비를 살해하라는 명을 받는데, 그 사실을 안 관우와 장비가 선제공격에 나서 차주를 베어버린다.
하지만 실제로는 차주는 유비를 살해하라는 명령을 받지 않았다. 차주를 벤 것 역시 서주 침공을 단행한 유비 본인이었다. 그런데도 관우와 장비가 죽인 것처럼 쓴 것은 《삼국지연의》에서는 유비가 영웅이어야 하기 때문이다. 차주를 죽인다 해도 명분과 이유가 있어야 했고, 더더구나 인덕이 높다고 알려진 유비가 자기 욕심을 채우기 위해 사람을 살해해서는 안 되었던 것이다.

채 포위망을 뚫고 홀로 빠져나간다.

이리하여 안팎의 지지를 잃은 원술은 이후 쇠퇴 일로를 걷게 된다. 사치스러운 생활과 오랜 전투로 황폐해진 수춘을 버리고 휘하에 있던 뇌박(雷薄)과 진란(陳蘭)에게 의지하려 하지만 거절당하는 수모를 겪은 것이다. 하는 수 없이 원술은 원수지간이던 이복형 원소에게 도움을 청해 원소의 장남 원담(袁譚)에게 몸을 의탁하기로 한다. 원술은 하비를 통해 청주로 가려 했으나 조조가 파견한 유비가 가로막는 바람에 나아가지 못하고 수춘으로 발길을 돌렸다. 199년 6월, 수춘에 도착하기도 전에 강정(江亭) 땅에서 자신의 신세를 한탄하다가 피를 토하며 일생을 마친다. 스스로 황제라 칭한 지 고작 2년 후의 일이었다.

남양의 군웅 장수가 유표와 손잡고 조조와 대립한다

197년 1월, 이각이 장안에 있을 때 조조는 형주 남양군 완현에 거점을 둔 장수(張繡)를 공격했다. 장수는 형주를 침략했다가 전사한 삼촌 장제의 완현 땅과 군대를 물려받았다. 조조는 그런 장수를 공격해 항복을 받아낸다.

그런데 장수는 이를 곧바로 후회하고, 조조에게 반기를 들어 조조의 군영을 급습한다. 불의의 습격을 받은 조조군은 조조의 장남 조앙(曹昂), 조카 조안민(曹安民), 친위부장 전위(典韋)가 전사하는 등 참패를 당한다. 조조는 무음으로 철수한 후 다시 장수를 치려 했으나 장수가 형주목 유표와 손을 잡은 사실을 알고는 하는 수 없이 허도로 귀환한다.

198년 3월, 조조는 다시 장수를 치기 위해 정벌에 나섰다. 장수가 농성을 벌이던 양현을 포위하지만, 유표가 보낸 원군이 배후에 있는 보급로를 공격하자 다시 철수한다. 기세가 오른 장수는 조조를 추격하지만 복병을 심어놓은 조조의 책략에 빠지는 바람에 장수 · 유표 연합군은 완전히 붕괴된다.

조조는 여기서 장수의 숨통을 완전히 끊어놓지는 못했다. 북쪽에 진을 치고 있던 원소의 존재가 더 이상 추격해 들어가는 것을 막았기 때문이다. 하지만 장수와 유표의 세력을 붕괴시키는 데는 성공했다.

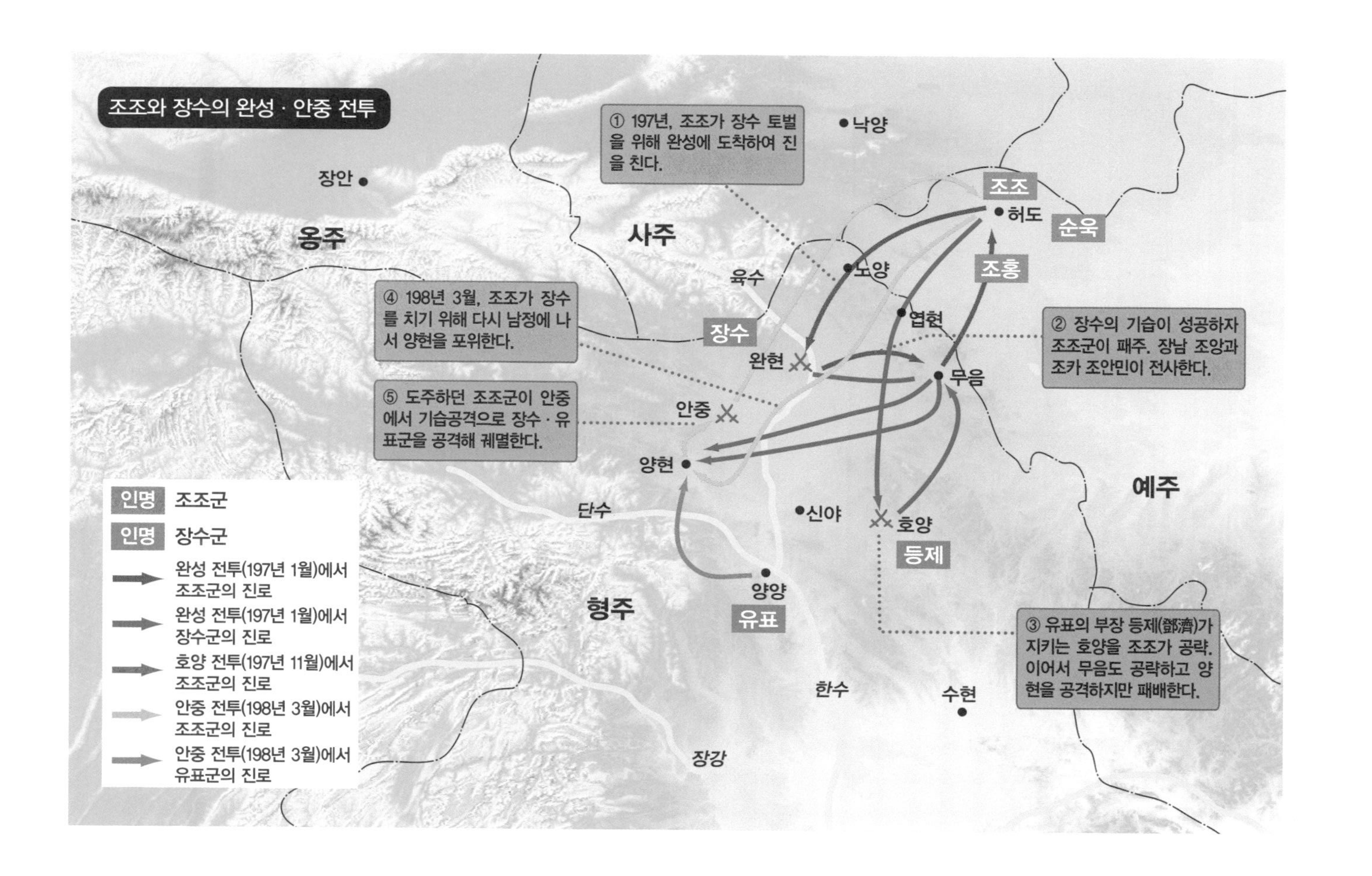
조조와 장수의 완성·안중 전투
① 197년, 조조가 장수 토벌을 위해 완성에 도착하여 진을 친다.
낙양
장안
조조
허도
순욱
옹주
사주
육수
노양
조홍
④ 198년 3월, 조조가 장수를 치기 위해 다시 남정에 나서 양현을 포위한다.
엽현
② 장수의 기습이 성공하자 조조군이 패주. 장남 조앙과 조카 조안민이 전사한다.
장수
완현
무음
⑤ 도주하던 조조군이 안중에서 기습공격으로 장수·유표군을 공격해 궤멸한다.
안중
양현
예주
단수
신야
호양
등제
양양
형주
유표
③ 유표의 부장 등제(鄧濟)가 지키는 호양을 조조가 공략. 이어서 무음도 공략하고 양현을 공격하지만 패배한다.
한수
수현
장강
인명 조조군
인명 장수군
완성 전투(197년 1월)에서 조조군의 진로
완성 전투(197년 1월)에서 장수군의 진로
호양 전투(197년 11월)에서 조조군의 진로
안중 전투(198년 3월)에서 조조군의 진로
안중 전투(198년 3월)에서 유표군의 진로

유비를 지원하는 조조에게 패해 사로잡힌 여포가 처형당한다

198년, 지난해 원술과의 혼담을 깬 여포가 조조의 지원을 받아 자신을 괴롭히는 유비를 치기 위해 다시 원술과 손잡는다. 그리고 예주 패현에 주둔하고 있던 유비를 공격한다. 조조는 하후돈을 원군으로 보내지만 여포군에게 패하고, 유비는 패현에서 도망쳐 조조에게로 간다.

이에 조조는 직접 군을 이끌고 여포 정벌에 나선다. 패주하던 유비군을 받아들여 서주로 쳐들어가서 바로 팽성을 함락하고 여포를 하비로 몰아붙였다. 하비성에서 농성하기로 결심한 여포는 원술에게 원군을 요청하지만 쇠락한 원술에게 도와줄 여력이 있을 리 만무했다. 여포는 이내 고립무원에 빠진다.

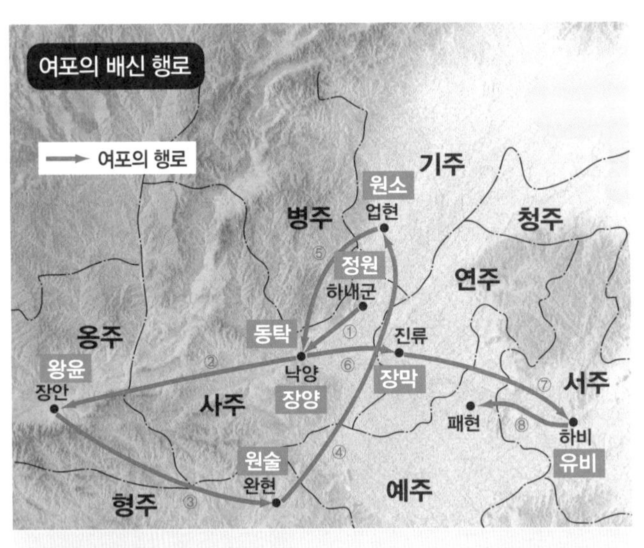

조조는 휘하에 있는 순유(荀攸)·곽가(郭嘉)의 진언에 따라 수공 작전으로 하비성을 공격한다. 이에 여포의 휘하에 있던 후성(侯成)·위속(魏續)·송헌(宋憲)이 진궁과 고순(高順)을 포

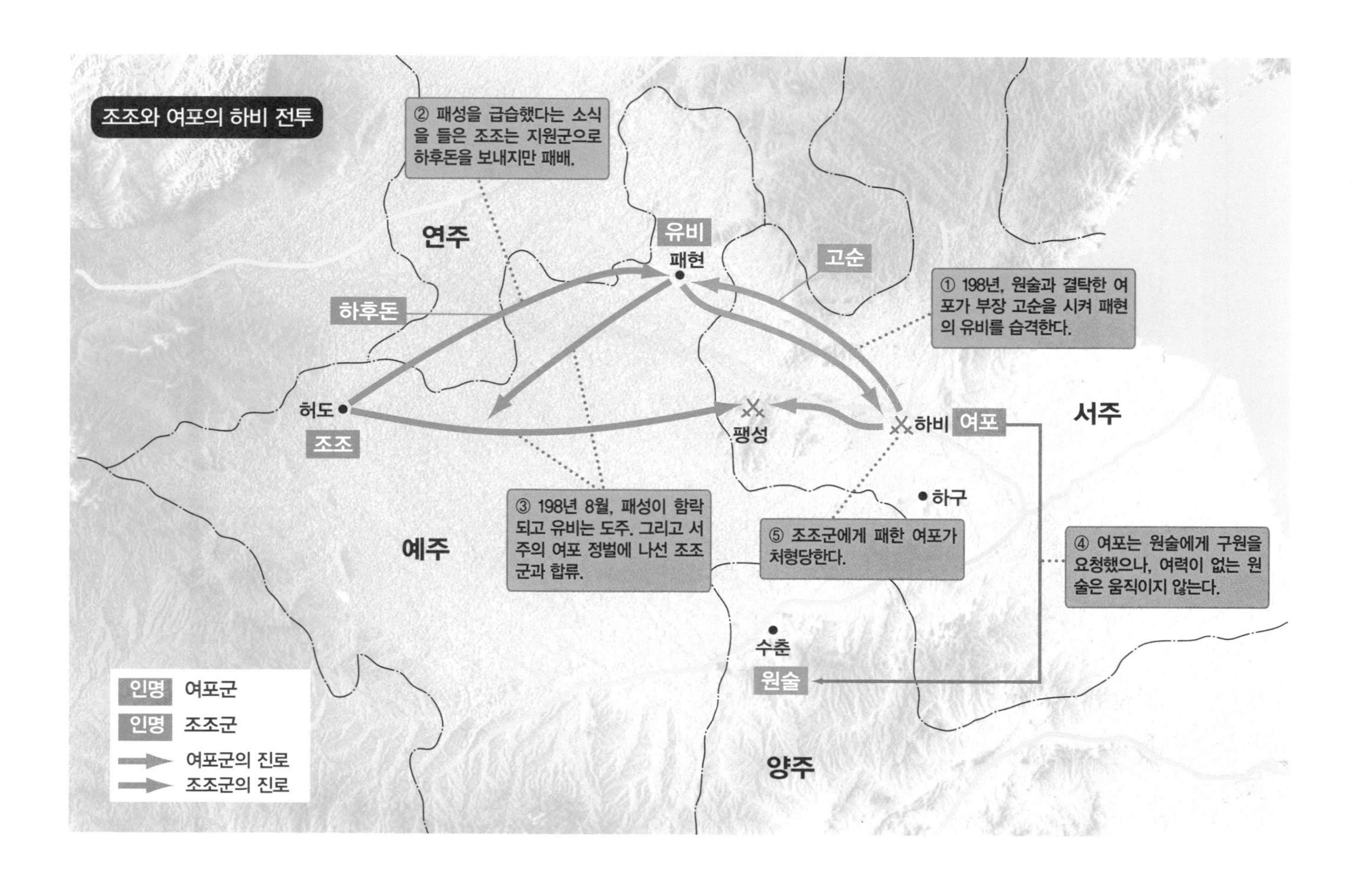

조조와 여포의 하비 전투
② 패성을 급습했다는 소식을 들은 조조는 지원군으로 하후돈을 보내지만 패배.
① 198년, 원술과 결탁한 여포가 부장 고순을 시켜 패현의 유비를 습격한다.
③ 198년 8월, 패성이 함락되고 유비는 도주. 그리고 서주의 여포 정벌에 나선 조조군과 합류.
⑤ 조조군에게 패한 여포가 처형당한다.
④ 여포는 원술에게 구원을 요청했으나, 여력이 없는 원술은 움직이지 않는다.
연주
유비
패현
고순
하후돈
허도
조조
팽성
하비
여포
서주
하구
예주
수춘
원술
양주
인명 여포군
인명 조조군
여포군의 진로
조조군의 진로

박하여 조조에게 투항한다.

여포는 한동안 항전을 계속하지만 중과부적으로 눈물을 머금고 항복하고 진궁 · 고순과 함께 처형당한다. 이때 여포 휘하에 있던 맹장 장료(張遼)만은 사면받고 조조 밑에서 무용을 발휘하게 된다.

여포는 처형 당시 조조에게 "내가 기병을, 전하가 보병을 통솔하면 천하 평정은 누워서 떡 먹기요"라고 제의했다. 여포의 무용과 진궁의 두뇌를 아깝게 여겼던 조조는 처형을 망설였다. 하지만 곁에서 "정원과 동탁을 배신한 예를 보지 못했습니까?"라며 여포를 죽여야 한다는 유비의 진언을 받아들여 결국 두 사람 모두 처형한다.

이렇게 해서 섬기는 주군을 차례로 바꾸며 전란의 시대를 살았던 무장 여포가 영원히 눈을 감았다.

역경 전투에서 공손찬을 토벌한 원소가 하북의 패자로 등장

하북 방면으로 눈을 돌리면 원소와 공손찬의 대립도 차츰 정점으로 치닫고 있었다. 하북 통일을 노리던 원소는 유우를 무찌른 다음, 유주를 지배하던 공손찬을 토벌하기 위해 대군을 이끌고 역경(易京)으로 진군한다.

마침 그 무렵, 유우의 휘하에 있던 자들이 염유(閻柔)를 내세워 반공손찬 세력을 형성하고, 오환 · 선비 등 북방 이민족과 함께 공손찬에게 선전포고를 했다. 원소는 그들과 공동 전선을 펼치며, 농성을 벌이는 공손찬에게 공격을 퍼부었다.

견고하기로 유명한 역경성은 좀체 함락되지 않았다. 하지만 원소는 운제

(雲梯, 성 밖에서 성안을 보기 위해 쓰는 긴 사다리)와 충차(衝車, 성문을 부수기 위해 고안된 차) 등의 병기를 쓰며 공세를 멈추지 않았다.

상황이 심상치 않다고 여긴 공손찬은 흑산적에게 구원을 요청하는 서신을 보내지만, 도중에 그 서신을 입수한 원소가 역으로 이용하는 바람에 큰 패배를 당한다.

공손찬은 목숨만 겨우 건져서 성으로 도망치는데, 원소가 이번에는 지하를 파고 들어가 성안의 누각을 파괴했다. 패배를 깨달은 공손찬은 성내에서 스스로 목숨을 끊었다.

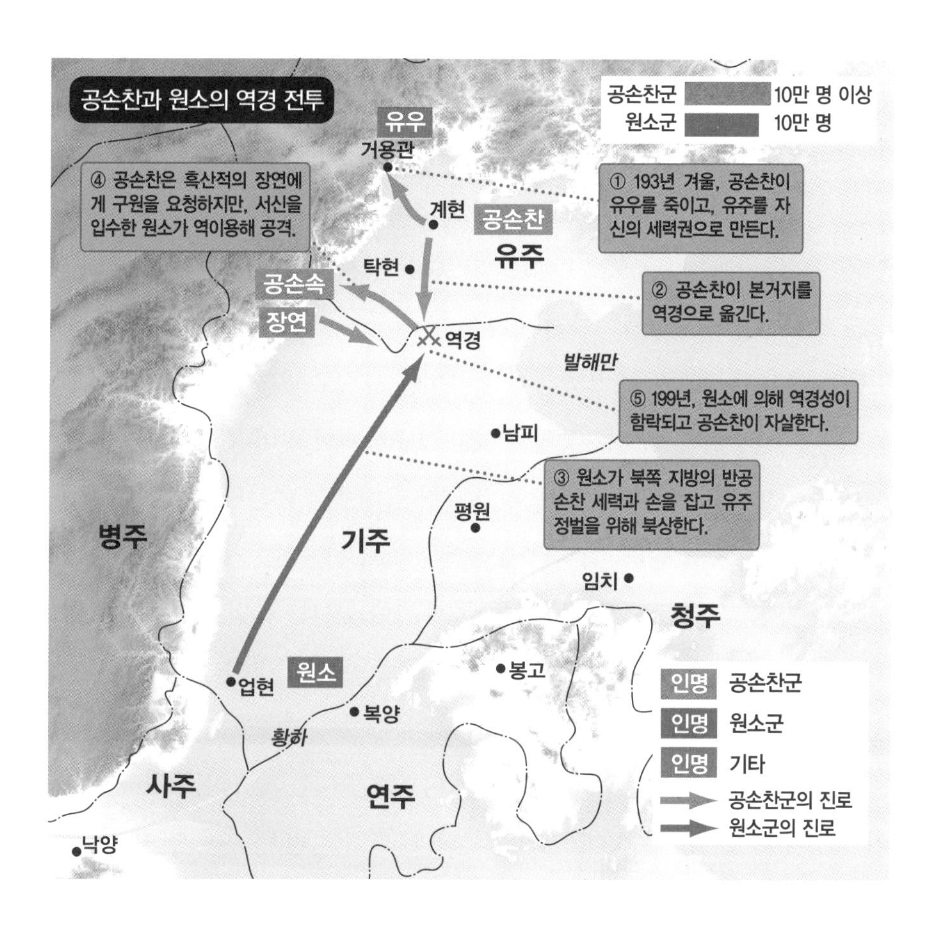

북방 이민족을 포함한 염유군까지 거두어들인 원소는 공손찬을 정벌한 기세를 타서 유주·기주 외에 청주와 병주까지 흡수하여 세력을 크게 확장하고, 비옥한 하북을 중심으로 한 4주를 통일하는 데 성공한다.

원술을 치기 위해 서주로 간 유비가 조조를 배신하고 독립

199년 4월, 여포를 쓰러트린 조조는 하내군에 쳐들어간다. 하내는 낙양에서 가깝고 동서남북 사방으로 길이 통하는 중원의 전략적 요충지였다.

한편, 하내를 다스리던 태수 장양은 하비성의 여포를 지원하기 위해 출진 중 휘하에 있던 양추(楊醜)의 손에 죽었다. 그런 양추도 장양의 부하 휴고(眭固)에게 죽임을 당한다. 그리고 휴고가 원소의 지배하에 들어간 곳을 회복했으나, 조조가 파견한 조인·우금(于禁) 등의 군대에게 패한다. 이로써 하내군은 조조의 손아귀에 들어가게 된다.

한편, 조조는 원술을 토벌하기 위해 유비를 서주로 파견한다. 하지만 유비는 서주를 침공하는 기회를 놓치지 않고 조조에게서 벗어나 독립한다. 서주자사 차주(車冑)를 살해하고 서주를 정복한 유비에게 배신당한 조조는 직접 토벌하기 위해 출진한다. 하지만 공손찬을 쓰러트린 원소가 공격해 들어온다는 소식에 일단은 그쪽을 먼저 견제하기 위해 군사를 돌릴 수밖에 없었다.

그사이, 같은 해 11월에 장수가 조조에게 투항한다. 장수는 아들을 죽인 철천지원수였으나 조조는 그를 환대했다. 북쪽에서 세력을 늘리고 있는 원소와 대치하는 상황에서 후방의 적을 하나라도 줄이는 게 급선무였다. 더욱이 장수가 다스리는 완(宛) 땅은 형주 정복의 거점이 될 터였다. 장수를 비호

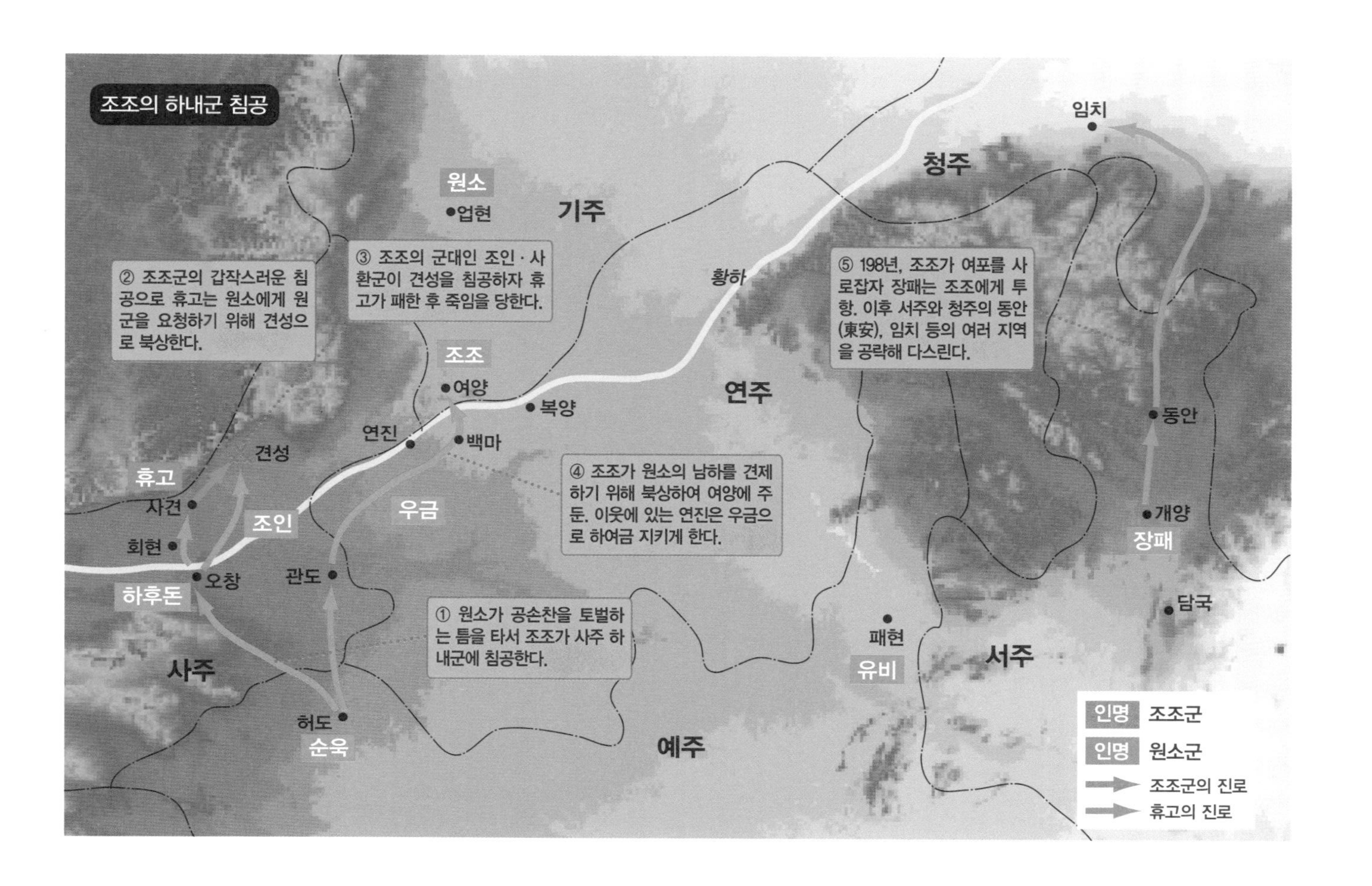

조조의 하내군 침공
원소
업현
기주
청주
임치
황하
연주
② 조조군의 갑작스러운 침공으로 휴고는 원소에게 원군을 요청하기 위해 견성으로 북상한다.
③ 조조의 군대인 조인 · 사환군이 견성을 침공하자 휴고가 패한 후 죽임을 당한다.
⑤ 198년, 조조가 여포를 사로잡자 장패는 조조에게 투항. 이후 서주와 청주의 동안(東安), 임치 등의 여러 지역을 공략해 다스린다.
조조
여양
복양
연진
백마
동안
견성
휴고
사견
조인
우금
회현
④ 조조가 원소의 남하를 견제하기 위해 북상하여 여양에 주둔. 이웃에 있는 연진은 우금으로 하여금 지키게 한다.
개양
장패
오창
하후돈
관도
① 원소가 공손찬을 토벌하는 틈을 타서 조조가 사주 하내군에 침공한다.
패현
유비
담국
서주
사주
허도
순욱
예주
인명 조조군
인명 원소군
조조군의 진로
휴고의 진로

하던 형주의 유표가 원소에게 붙자, 조조는 그 배후에 있는 장사태수 장선(張羨)과 손을 잡고 이를 견제해야만 했다.

손책이 여강군의 유훈과 형주의 황조를 격파하고 강남을 평정

그러면 독립한 손책은 어떻게 되었을까? 그는 199년에 여강(廬江)군의 태수 유훈(劉勳)을 공격한다. 원술의 부하였던 유훈은 원윤(袁胤) 등 원술군의 잔당을 거두고 강남에서 세력을 키우던 군웅이다. 손책이 북쪽으로 세력을 키우기 위해서는 장강 북쪽에 있는 여강군을 반드시 차지해야 했다. 여강군은 남으로는 장강, 북으로는 회수가 천혜의 요새처럼 막아주고 있었다.

손책은 유훈과 거짓 동맹을 맺고 주유와 함께 환성(皖城)을 정복했다. 손책에게 속아 상료(上繚)를 치기 위해 출군했던 유훈은 급히 환성으로 돌아가는 도중에 팽택(彭澤)에서 기다리고 있던 손분(孫賁)과 손보(孫輔) 형제에게 기습 공격을 받고 심양(尋陽)으로 퇴각했다. 그리고 서새산(西塞山)으로 들어가 축성을 한 채 유표에게 원군을 청했다. 유표 휘하의 강하태수 황조의 큰아들 황역(黃射)이 원군으로 달려왔지만 끝내 손책에게 이기지 못하고 패주한다. 손책은 서새산 전투에서 유훈을 무찌르고 원술군 잔당을 흡수했다.

같은 해 말, 손책은 유표 휘하에 있던 황조를 토벌하기 위해 서쪽으로 진출한다. 사이(沙羨)에서 황조와 대치하던 손책은 유표의 원군까지 모조리 쳐부순다. 황조군은 전멸하고 황조만 겨우 도망치는 바람에, 아버지 손견에서 시작된 악연이 나중에 동생 손권까지 이어진다.

이 승리로 손책은 강동에 이어 강남 평정에 성공했다.

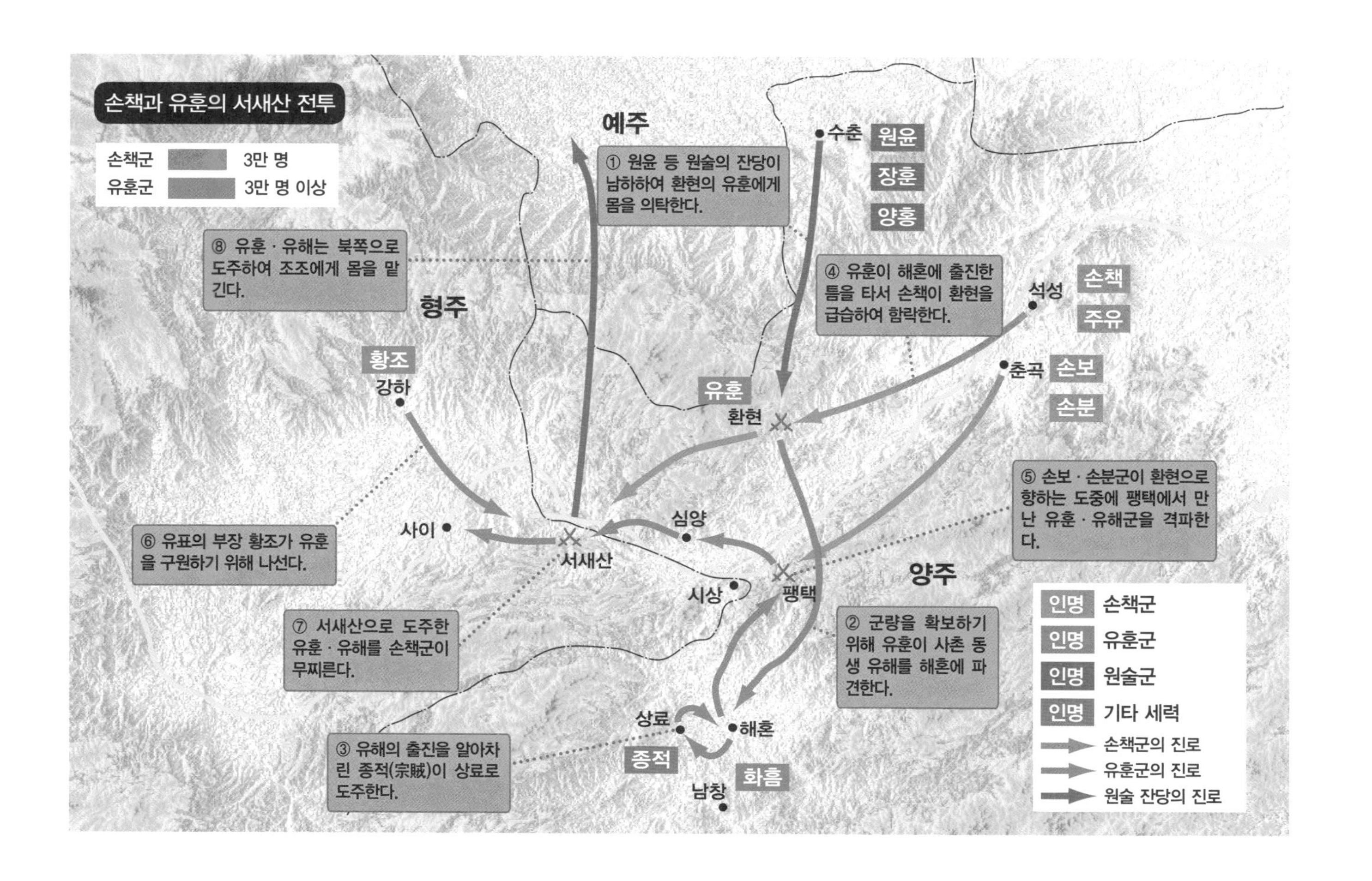
손책과 유훈의 서새산 전투
손책군 3만 명
유훈군 3만 명 이상
예주
① 원윤 등 원술의 잔당이 남하하여 환현의 유훈에게 몸을 의탁한다.
수춘
원윤
장훈
양홍
⑧ 유훈 · 유해는 북쪽으로 도주하여 조조에게 몸을 맡긴다.
④ 유훈이 해혼에 출진한 틈을 타서 손책이 환현을 급습하여 함락한다.
석성
손책
주유
형주
황조
강하
춘곡
손보
손분
유훈
환현
⑤ 손보 · 손분군이 환현으로 향하는 도중에 팽택에서 만난 유훈 · 유해군을 격파한다.
심양
사이
서새산
⑥ 유표의 부장 황조가 유훈을 구원하기 위해 나선다.
양주
시상
팽택
⑦ 서새산으로 도주한 유훈 · 유해를 손책군이 무찌른다.
② 군량을 확보하기 위해 유훈이 사촌 동생 유해를 해혼에 파견한다.
상료
해혼
③ 유해의 출진을 알아차린 종적(宗賊)이 상료로 도주한다.
종적
화흠
남창
인명 손책군
인명 유훈군
인명 원술군
인명 기타 세력
손책군의 진로
유훈군의 진로
원술 잔당의 진로

인물 클로즈업 손책

- 자 : 백부(伯符)
- 생몰년 : 175~200년
- 출신지 : 양주 오군
- 관직 : 토역장군(討逆將軍)

오나라의 기초를 세우고 요절한 손씨 집안의 걸물

손책은 손견의 장남이자 손권의 형으로 젊은 시절부터 무용과 재기가 넘쳤다. 아버지 손견의 옛 부하를 돌려받으려고 원술을 찾아갔을 때, 원술은 "손책과 같은 아들이 있다면 죽어도 아쉬울 게 없을 텐데"라며 인물 됨됨이를 높이 평할 정도로 마음에 들어 했다.

아버지 손견이 죽었을 때, 손책에게는 정보(程普)와 황개(黃蓋) 같은 부장은 있었으나 일정한 지지 기반은 없었다. 그래서 원술 밑에서 무장으로 활약했지만, 원술이 내리막길에 접어들자 결국 강동에서 독립했다.

손책을 만난 사람들은 무인와 백성을 가리지 않고 그를 위해 충성을 바칠 정도로 인망도 두터웠다고 한다. 그런 인물인 만큼 겨우 스물여섯 나이에 요절한 것이 아쉬울 따름이다.

헌제(獻帝) 〈181~234〉

유협(劉協), 자는 백화(伯和)이다. 후한의 12대 마지막 황제. 동탁에 의해 형 소제를 대신하여 즉위했으나, 어차피 꼭두각시라서 실권이 없었다. 그 후 이각군 연합정권의 추대를 받았으나, 꼭두각시 노릇에 염증을 느끼고 장안을 탈출해 죽을 고생하며 낙양에 당도한다. 조조의 환대를 받으며 허도로 옮겼으나 결과적으로 거기에서도 조조에게 이용만 당한다. 조조가 세상을 떠난 후, 조비에게 제위를 양위하고 산양공(山陽公)에 봉해진다. 그와 동시에 400년에 걸친 한 왕조도 막을 내린다.

손견(孫堅) 〈155~191〉

양주 오(吳)군 부춘(富春)현 사람. 손책 · 손권의 아버지로 오나라의 시조와 같은 존재다. 3현의 승(丞)을 역임하지만 황건의 난이 일어나자 주준의 요청을 받아 토벌군에 참가한다. 반동탁의 포위망이 형성되자 참가하여 동탁군을 물리치고 낙양에 입성한다. 동탁이 훼손한 능묘를 다시 안장하고 귀환한다. 원술의 휘하에 들어간 후, 유표를 토벌하기 위해 형주에 들어간 손견은 황조를 무찌르고 양양을 포위한다. 하지만 성 밖의 현산(峴山)에서 혼자서 말을 타고 가다 황조의 병사에게 잡혀 어이없이 죽는다.

장수(張繡) 〈?~207〉

양주 무위(武威)군 조려(祖厲)현 출신. 자는 알려지지 않았다. 동탁을 모시던 숙부 장제(張濟)와 함께 홍농(弘農)에 살았으나, 장안 주변이 정쟁으로 식량이 고갈되자 형주의 양성에 거점을 두고 유표와 손을 잡았다. 197년에 조조가 형주에 침공했을 때는 일단 항복했으나, 곧바로 반기를 들고 양성에 다시 거점을 잡는다. 조조가 관도(官渡)에서 원소와 대치할 때, 심복인 가후의 권유를 받아 조조에게 투항했다. 그 후에는 원담 토벌과 오환 정벌에 참전한다.

곽가(郭嘉) 〈170~207〉

자는 봉효(奉孝)라 하고, 예주 영천(潁川)군 양책(陽翟)현 출신이다. 조조를 섬겼으나 원래는 원소의 휘하에 있었다. 198년에 여포를 토벌할 때 철수하려는 조조에게 여포를 추격하라고 진언한 이가 곽가다. 또 유비가 조조에게서 이반하여 패국(沛國)에서 독립했을 때는 원소의 움직임을 두려워한 장수들이 유비 토벌을 꺼리는 가운데 그만이 유비를 공격하자고 진언했다. 결과는 유비에게 멋지게 승리한다. 그가 죽은 후, 적벽대전에서 패한 조조는 "곽가가 있었더라면" 하고 한탄했다고 한다.

순유(荀攸) 〈157~214〉

자는 공달(公達)이며, 예주 영천(潁川)군 영음(潁阴)현 사람이다. 하진의 부름을 받고 황문시랑(黃門侍郎)이 되었으나, 동탁을 암살하려는 계획이 발각되며 투옥되었다. 동탁이 죽은 후에는 촉군태수에 봉해졌다. 196년에는 조조의 부름을 받고 상서로 임명되어 조조의 참모로 활약했다. 원소의 아들 원담이 조조에게 몸을 의탁하러 왔을 때, 많은 장수들이 유표를 먼저 토벌해야 한다고 진언했으나, 그만이 원씨 형제(원담과 원상)를 공격해야 한다고 주장했다. 그리고 그의 예상대로 원씨 형제를 보란 듯이 무찌른다.

장료(張遼) 〈165~222〉

자는 문원(文遠)이고, 병주 안문(雁門)군 마읍(馬邑)현 출신. 정원을 섬긴 후 동탁 휘하에 들어갔으나, 동탁이 살해당하자 여포에게 붙었다가, 여포가 죽은 후에는 조조 밑으로 들어갔다. 204년부터 원씨 형제 토벌에 참여하여 공을 세우고 도정후(都亭侯)에 봉해졌다. 그 후, 진란(陳蘭) · 매성(梅成)의 반란을 정벌하고, 215년에 합비의 전투에서는 손권을 집요하게 추격하여 거의 잡을 뻔했으나 아깝게 놓친다. 조조가 세상을 떠난 후에도 조비에게 중용되었고, 222년에 오나라 토벌전에 참가한 후 서거했다.

200
관도 전투에서 원소를 격파,
조조가 중원을 장악

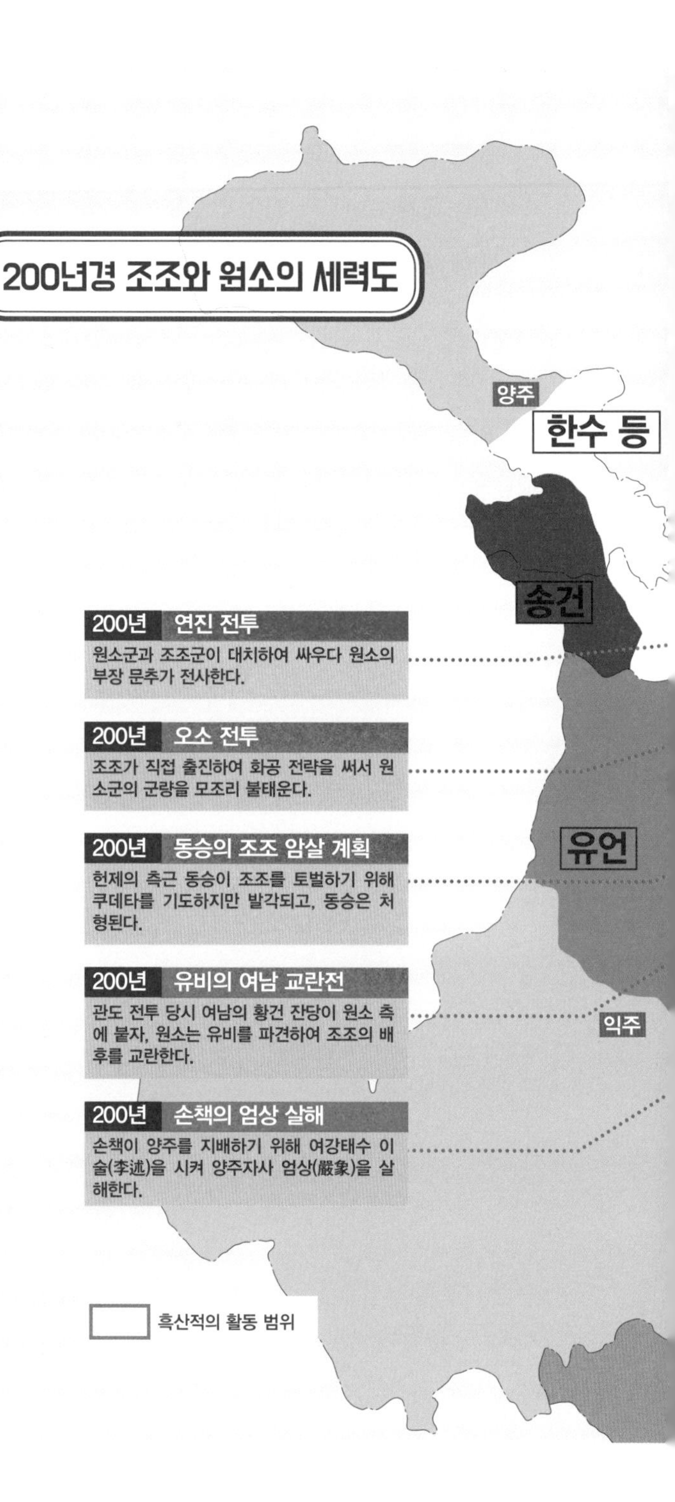

200년경 조조와 원소의 세력도
양주
한수 등
송건
유언
익주
200년 연진 전투
원소군과 조조군이 대치하여 싸우다 원소의 부장 문추가 전사한다.
200년 오소 전투
조조가 직접 출진하여 화공 전략을 써서 원소군의 군량을 모조리 불태운다.
200년 동승의 조조 암살 계획
헌제의 측근 동승이 조조를 토벌하기 위해 쿠데타를 기도하지만 발각되고, 동승은 처형된다.
200년 유비의 여남 교란전
관도 전투 당시 여남의 황건 잔당이 원소 측에 붙자, 원소는 유비를 파견하여 조조의 배후를 교란한다.
200년 손책의 엄상 살해
손책이 양주를 지배하기 위해 여강태수 이술(李述)을 시켜 양주자사 엄상(嚴象)을 살해한다.
흑산적의 활동 범위

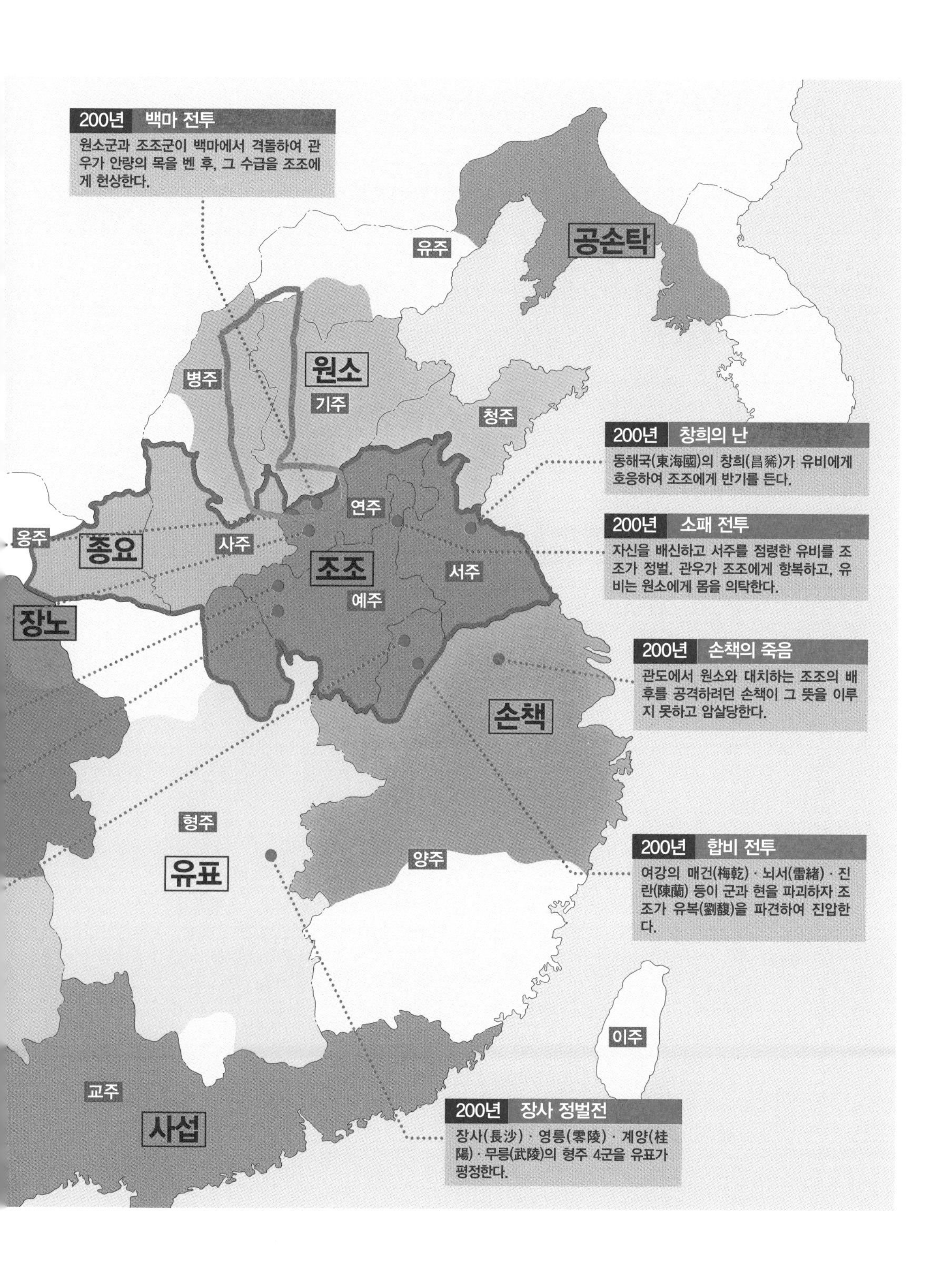
200년 백마 전투
원소군과 조조군이 백마에서 격돌하여 관우가 안량의 목을 벤 후, 그 수급을 조조에게 헌상한다.
유주
공손탁
병주
원소
기주
청주
200년 창희의 난
동해국(東海國)의 창희(昌豨)가 유비에게 호응하여 조조에게 반기를 든다.
연주
옹주
종요
사주
조조
서주
200년 소패 전투
자신을 배신하고 서주를 점령한 유비를 조조가 정벌. 관우가 조조에게 항복하고, 유비는 원소에게 몸을 의탁한다.
예주
장노
200년 손책의 죽음
관도에서 원소와 대치하는 조조의 배후를 공격하려던 손책이 그 뜻을 이루지 못하고 암살당한다.
손책
형주
유표
양주
200년 합비 전투
여강의 매건(梅乾)·뇌서(雷緖)·진란(陳蘭) 등이 군과 현을 파괴하자 조조가 유복(劉馥)을 파견하여 진압한다.
이주
교주
사섭
200년 장사 정벌전
장사(長沙)·영릉(零陵)·계양(桂陽)·무릉(武陵)의 형주 4군을 유표가 평정한다.

조조가 자신의 암살 계획에 가담한 유비의 서주를 침공

200년, 조조가 서주에 있는 유비를 공격했다. 199년에 서주를 토벌하라고 파견한 유비가 조조 자신을 배신했기 때문만은 아니었다. 유비가 헌제의 측근인 동승의 조조 암살 계획에 가담했기 때문이다.

동승은 동태후(영제의 생모)의 조카로, 동태후가 실각했을 때는 동탁에게 접근하여 주군으로 모시며 활약한 인물이다. 그 후에는 이각 · 곽사가 내전을 벌일 때 황제를 측근에서 모시며 장안에서 데리고 나왔다.

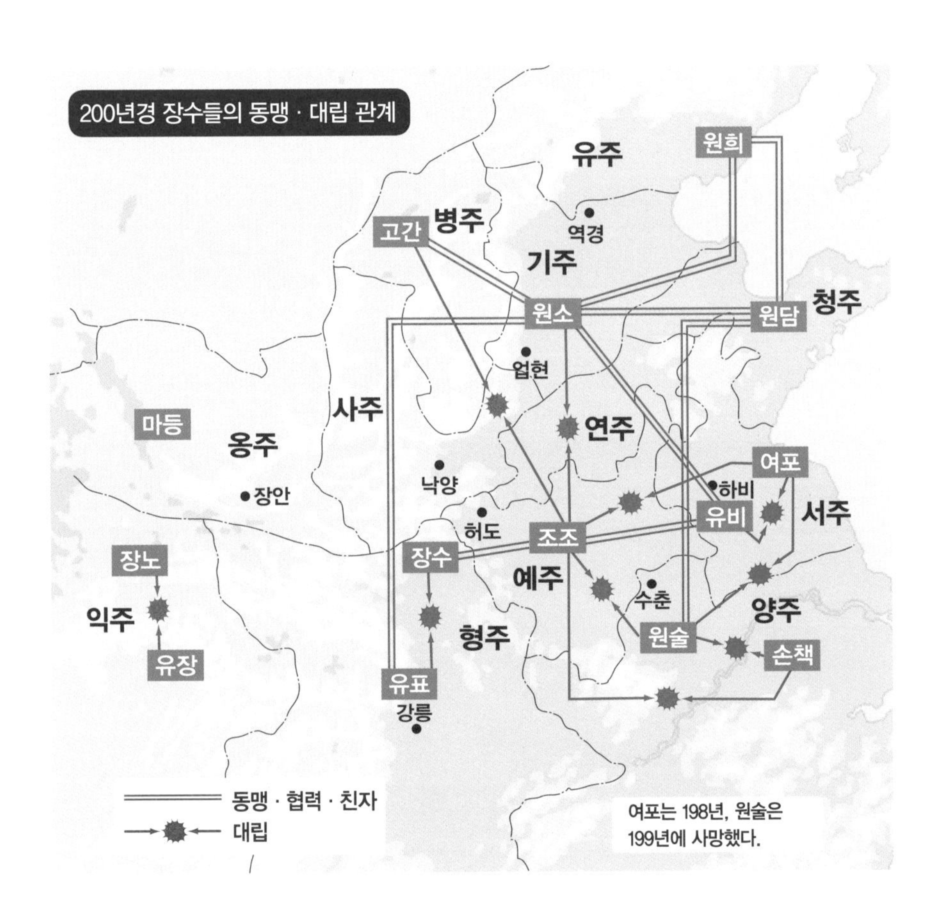

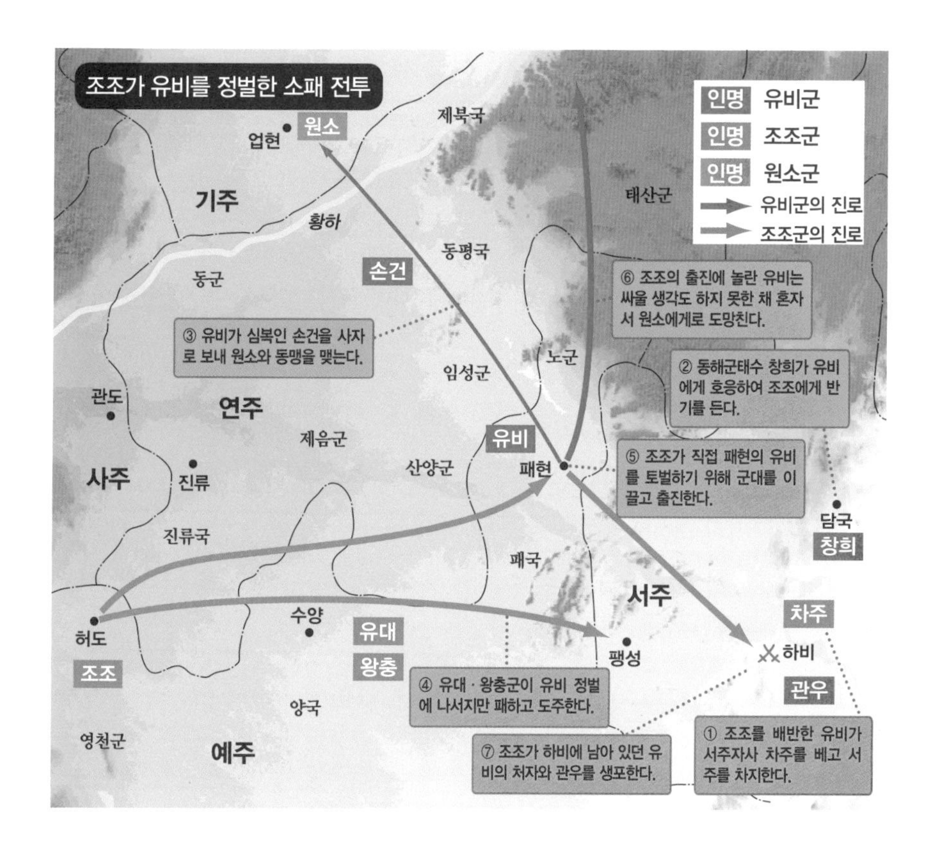

동승의 쿠데타는 오랫동안 꼭두각시로 살아온 자신의 처지를 견디지 못한 헌제의 칙명을 받든 것이었다고 한다. 여기에는 동승을 비롯하여 왕자복(王子服) · 오자란(嗚子蘭) · 충집(种輯) 등이 뜻을 같이했다. 조조를 타도하려는 유비도 이름을 올렸다.

하지만 이 암살 계획은 사전에 조조에게 발각되어, 동승을 비롯한 전원이 사형을 언도받았다. 그 무렵에 유비는 조조의 곁을 떠나 서주에 머물렀는데, 그 이유 중에는 계획이 좌절될지 모른다는 만일의 사태에 대비한 측면도 있었을 것이다.

조조가 유비의 암살 계획 가담을 용서할 수 없었던 것은 헌제를 옹립한 채 후한 왕조의 정통성을 지킨다는 자신의 명분을 정면으로 부정하기 때문이다. 또 스스로 한 왕실의 일족이라 칭하는 유비를 그대로 남겨둔다는 것은 언제나 정통성 시비에 휘말리고 민심이 이반할 수 있는 불씨나 다름없었다.

그럼에도 불구하고 조조에게 이 시기에 서주를 공격하는 것은 일종의 도박이었다. 당시에 조조는 관도(官渡)에 모든 장수들을 주둔시키고 원소와 대치하고 있었기 때문이다. 서주를 치기 위해 동진하는 배후를 원소가 공격하지 않으리라는 보장은 없었다.

그런 상황이라 유비도 설마 조조가 직접 군을 이끌고 오리라고는 생각하지 않았다. 그래서 유비는 조조가 직접 자신을 정벌하기 위해 서주로 진군해 온다는 소식을 접하자 처자와 부하도 버린 채 원소에게로 도망쳐버렸다. 이로써 하비에 고립된 관우(關羽)는 조조에게 항복할 수밖에 없었고, 조조는 피를 한 방울도 흘리지 않고 유비군을 수중에 넣었다.

백마 전투에서 관우가 단신으로 공격해 안량의 목을 벤다

200년 2월, 때는 무르익었다. 원소는 곽도(郭圖)·순우경(淳于瓊)·안량(顔良)을 백마에 파견하여 조조군의 유연(劉延)을 공격하라 지시했다. 그리고 자신은 기주와 연주의 경계에 자리한 여양(黎陽)에 진군하여 황하를 건너려 했다.

이 무렵, 원소군 내부에서는 주전파와 지구전파로 의견이 갈렸으나, 원소는 출격하기로 결단을 내리고 여양의 강 건너에 있는 백마에 군을 파견했다.

이 일로 지구전을 주장하던 전풍(田豊)은 투옥되었고, 저수(沮授)는 지휘하던 부하들을 다른 장수에게 빼앗기는 수모를 당했다.

한편, 원소에 의해 백마를 급습당한 조조는 장료·관우를 이끌고 직접 유연을 구원하기 위해 나섰다. 조조군은 참모 순유의 책략에 따라 연진(延津) 방면의 황하를 건너는 척하며 원소군을 둘로 갈라놓는 데 성공한다. 이제 백마에 남은 원소군 무장은 안량뿐이었다.

맹장이라 알려진 안량에게 맞선 이는 조조의 휘하에 들어간 관우였다. 단

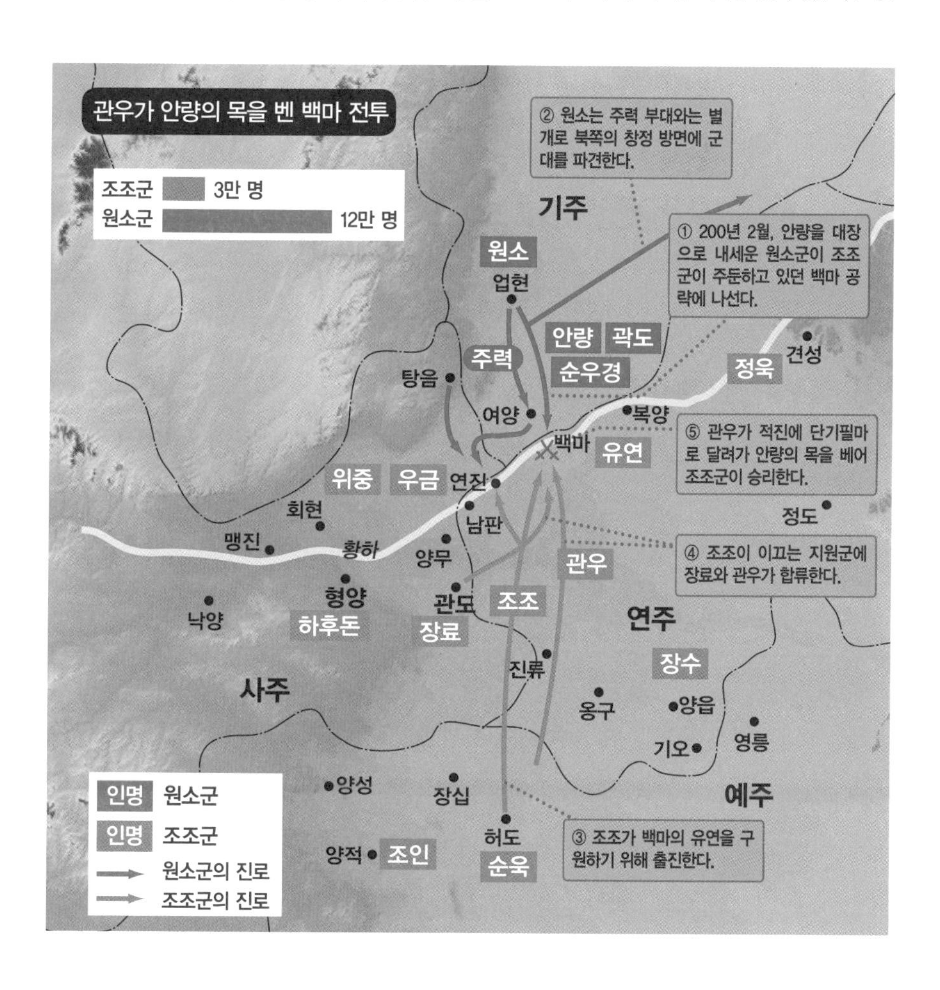

신으로 적진에 쳐들어간 관우는 안량을 죽이고 목을 베어 돌아왔다. 안량을 잃은 원소군은 눈물을 머금고 퇴각했고, 원소 대 조조의 첫 전투는 조조의 완승으로 끝났다.

백마 전투로 전공을 세운 관우에게 조조는 한수정후(漢壽亭侯)의 지위와 함께 많은 재물을 내렸다. 하지만 관우는 안량의 수급(首級)을 선물로 남겨놓고, 원소에게 몸을 의탁하고 있던 유비에게로 도망쳤다. 조조는 이때 참모들이 추격하자고 진언하자, "다 주군을 생각해서 그런 게지. 추격하지 말게" 하고 관우를 놓아주었다고 한다.

관도에서 대치하던 중 유비가 유표와 손잡자고 원소에게 진언

원소군은 백마 전투에서 안량이라는 맹장을 잃었으나 전황이 갑작스럽게 불리해진 것은 아니었다. 원소군의 군세가 조조군의 군세를 훨씬 웃돌았기 때문이다.

원소는 곧장 문추(文醜)와 유비에게 황하를 건너 조조군을 추격하라고 명령했다. 문추 등은 연진의 남쪽에 있는 조조군을 따라잡고 여기에서 조조군과 대치하게 되었다.

조조군은 600명으로, 5,000명의 대군인 원소군에 비하면 압도적으로 불리한 입장이었다. 그래서 조조는 안장을 벗긴 기병대의 말을 전장에 풀어놓은 채 제멋대로 뛰어다니게 해서 병력의 규모를 과장하는 위장 전술을 구사했다. 그리고 백마에서 도착한 경중대(군량을 전선에 수송하는 부대)마저 적군을 유인하는 미끼로 썼다.

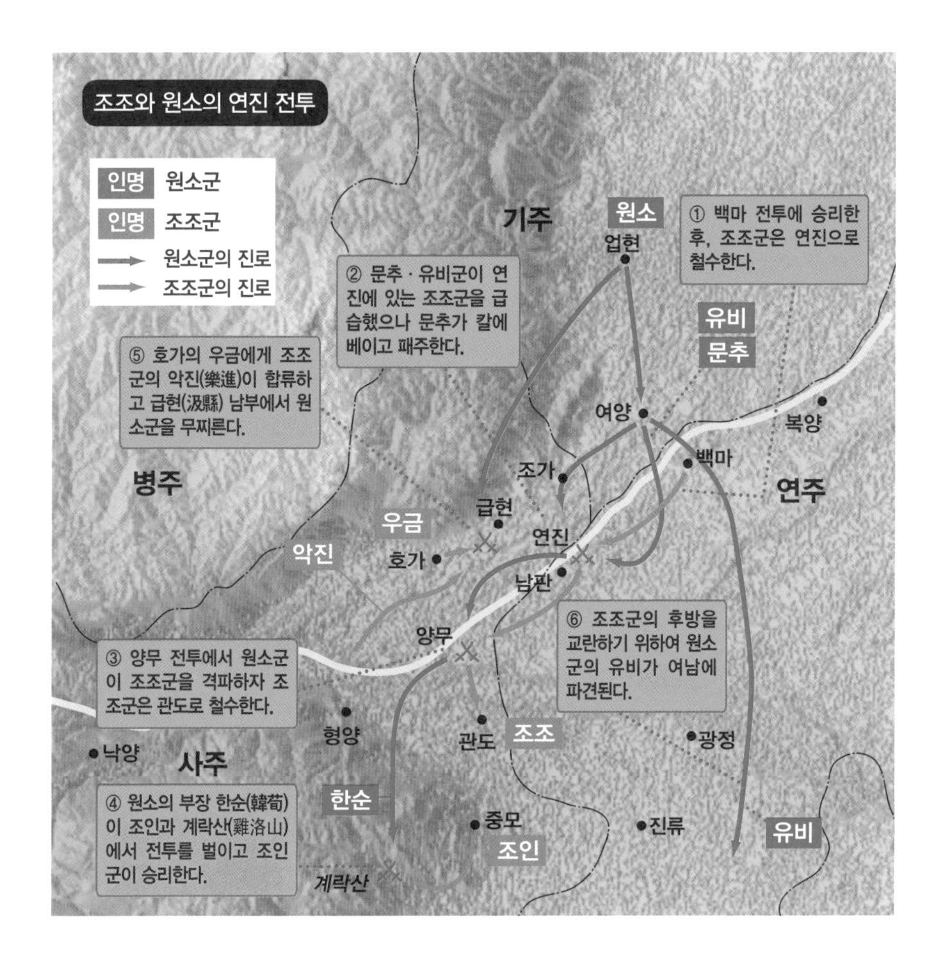

그러자 문추와 유비가 이끄는 병사들이 군량을 약탈하기 시작했다. 조조는 그 틈을 노려 기병에게 말을 타고 적진을 향해 공격하라고 명령했다. 공격 명령을 기다리고 있던 기병들은 단숨에 공격해 들어갔다. 그 결과, 문추는 적군에게 참수당하고, 유비는 목숨을 건진 채 패주했다. 이번 전투에서도 승리의 신은 조조의 손을 들어주었다.

안량과 문추라는 두 맹장을 잃은 원소는 남하하여 양무(陽武)에 머물면서 군을 재정비하기로 했다. 조조 또한 연승했다고 하나 여전히 강한 원소를 끝까지 추격하기는 무리라 여기고 그대로 관도로 돌아갔다.

양군이 관도에서 대치하자 여남군에서 황건의 잔당이던 부장 유벽(劉辟)이 조조에게 반기를 들고 군사를 일으켰다. 원소는 이를 호기라 여기고 조조의 배후를 교란하기 위해 유비를 별동대로 여남군에 파견했다.

그리고 원소의 계획대로 허도의 남쪽에서 호응하는 현이 속출하며 여남 일대가 대혼란에 빠졌다. 이를 간과할 수 없었던 조조는 조인을 여남에 파견했다. 조인군은 유비군을 격파하고, 유비를 따르던 모든 현도 다시 조조에게 복속되었다.

유비는 일단 남은 군대를 이끌고 원소가 주둔하고 있는 양무로 돌아갔다. 그리고 이번에는 원소에게서 벗어나려고, 형주의 유표와 동맹을 맺어 조조에게 맞서자고 진언했다. 그리고 스스로 사자가 되어 유표를 만나겠다고 나섰다. 그러자 원소도 흔쾌히 허락하며 유비를 다시 여남에 보냈다. 여남에 간 유비는 황건 잔당인 공도(共都)를 아군으로 끌어들이고, 여남 각지에서 게릴라전을 펼치며 조조의 배후를 위협했다. 조조도 휘하에 있는 채양(蔡陽)을 파견하지만 도리어 유비에게 토벌당한다.

관도에서 지구전을 펼치던 양군은 각자 군량 확보에 전력투구

그사이 원소는 양무에서 나와 관도를 향해 천천히 진군했다. 조조도 관도에 출진하여 양군이 전투를 벌였으나 원소의 대군 앞에서 철저히 패배를 맛본다. 이에 조조가 관도에서 농성에 들어가고 원소도 관도 앞에 진영을 구축하면서, 양군의 전투는 지구전의 양상을 띠게 된다.

원소는 흙으로 도처에 산을 쌓고 그 위에 망루를 세운 후, 조조 진영을 향해 밤낮을 가리지 않고 화살을 퍼부어댔다. 이에 맞서 조조는 발석차로 망루를 파괴했다. 원소가 굴을 파서 공격하려고 하면 조조는 참호를 파서 대항했다.

장기간에 걸친 지구전의 경우 대군이 소군보다 유리한 법이다. 군량 부족에 시달리던 조조는 본거지인 허도에서 원소를 맞아 싸우려고 퇴각 준비를 시작했다. 조조가 비운 허도를 지키고 있던 순욱이 이를 말린다. 순욱은 자신에게 들어오는 여러 정보를 취합해 분석하고는 승리를 확신했다. 물론 원소군도 군량 보급에 힘들어하고 있다는 사실을 알고 있었다.

지략의 공방이 계속되는 가운데, 조조의 귀에 원소군의 군량 수송 정보가 들어온다. 조조는 부장 서황(徐晃)을 파견하여 원소의 수송 부대를 습격하라고 명했고, 수송 중이던 군량을 불태우는 데 성공한다. 하지만 전투가 장기화되면서 그사이에 원소 측으로 넘어가는 수하들이 다수 발생한다.

원소는 이번에는 순우경을 비롯한 장수 5명을 호위로 붙여 다시 군량을 수송하라 지시한다. 조조도 당연히 이러한 움직임을 읽었으나, 정작 중요한 경중대의 행방을 알지 못한 채 필사적으로 군량 수송에 대한 정보를 입수하려고 노력했다.

오소에서 원소의 보급 부대를 급습한 조조가 관도 전투에서 승리

200년 10월, 그런 조조에게 원소 측에서 투항해 온 자가 있었다. 원소의 참모였던 허유(許攸)이다. 허유는 "원소군의 보급 부대가 오소(烏巢)에

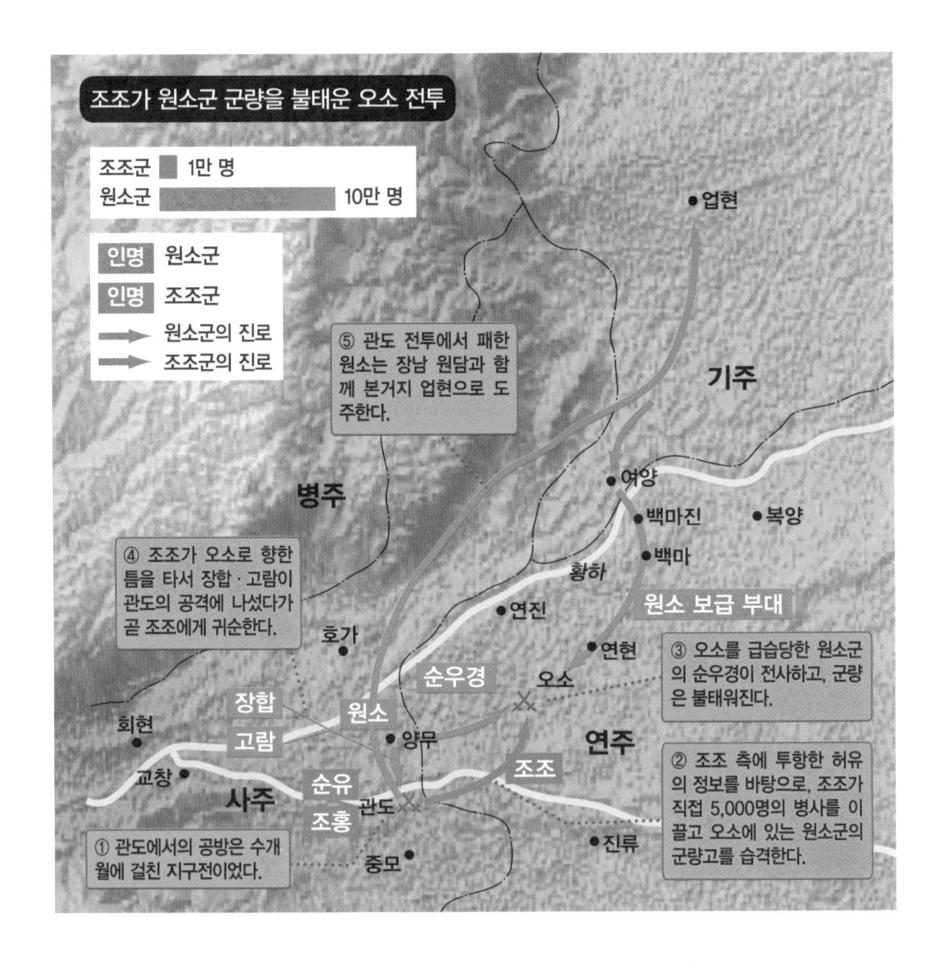

집결해 있다"라는 중요한 사실을 조조에게 알렸다. 적군의 함정이라고 의심하는 가신이 다수였으나, 순유와 가후의 강력한 권유로 조조는 오소에 군대를 보내기로 결정한다.

조조는 관도에 조홍을 남기고 직접 소수정예를 이끌고 야음을 틈타 오소에 침공해 들어갔다. 오소는 순우경이 지키고 있었다. 불의의 습격을 받은 순우경이 곧바로 열세에 몰린 상태에서 원소군 내부에서는 의견 충돌이 일어났다. 당장 오소에 구원군을 보내야 한다는 장합(張郃) · 고람(高覽)과, 조조가 없는 사이에 관도를 함락해야 한다는 곽도가 대립한 것이다.

결국 원소는 절충안을 택했다. 반대 의견을 낸 장합 · 고람에게 5만 명이 넘는 대군을 주면서 관도를 정벌하러 가라고 지시하고, 오소에는 원소의 경기병(輕騎兵)을 원군으로 보낸 것이다.

하지만 조조군의 우세를 뒤집기에는 역부족이었다. 결국 전투에서 패한 순우경은 전사하고, 군량은 모조리 불에 타버리는 참패였다.

한편, 관도를 함락하지 못한 상태에서 그 소식을 접한 장합과 고람은 곽도가 자신들의 책임으로 모략할까 두려워, 한 치의 망설임도 없이 조조 진영에 항복했다. 물론 조조가 비운 사이 관도를 맡고 있던 조홍은 그들의 항복을 흔쾌히 받아들였다.

원소는 백마의 안량을 비롯하여 유력 무장 대부분을 잃는 바람에 조조의 공격을 막지 못한 채 참패를 당했다. 10만여 대군을 잃은 원소는 눈물을 머금고 패주했고, 상대적으로 열세였던 조조는 압승을 거두었다. 이 일련의 전투를 관도 전투라고 한다.

이 패전으로 인해 원소의 세력이 쇠퇴했느냐 하면 그렇지는 않다. 비록 관도 전투에서 패한 채 철수했지만, 원소의 군세가 여전히 강하다는 사실에는 변함이 없었다. 철수하는 원소를 조조가 더 이상 추격하지 않은 것을 보면 알 수 있듯이, 원소는 여전히 막강한 군대를 보유하고 있었다.

하지만 그때까지 압도적으로 불리하던 조조의 군세가 원소의 군세에 견줄 만큼 강력하게 성장한 것은 사실이다. 양군 사이의 힘의 균형이 변화한 것이야말로 관도 전투의 의의라 할 수 있을 것이다.

관도 전투 가상도
원소군
황하
원소군 거점
양무
조조군
관도

여양
백마
오소
원소군의 주요 무장
• 원소
• 안량
• 문추
• 순우경
• 저수
• 곽도
• 봉기
조조군의 주요 무장
• 조조
• 유연
• 서황
• 장료
• 관우
• 곽가
• 순유
• 가후
※ 일러스트는 상상도입니다. 사실을 재현한 것이 아닙니다.

조조의 허도를 공격해 중원을 차지하려던 손책이 암살당하다

한편, 원소와 조조가 천하의 주인을 가리기 위해 자웅을 겨룰 무렵, 손책은 중원에 진출하려고 호시탐탐 기회를 노리고 있었다. 그래서 그즈음 조조의 근거지인 허도를 공격해 헌제를 모시려 했으나 끝내 뜻을 이루지 못했다. 200년 4월에 암살당했기 때문이다.

손책을 죽인 이는 오군태수 허공(許貢)의 식객들이었다. 허공은 파죽의 기세로 날아오르는 손책을 경계하여 도성에 소환하라고 조정에 상소한 인물이다. 그것이 손책에게 발각되어 살해되었는데, 이에 격노한 허공의 식객들이 허공의 복수를 한 것이다.

큰 부상을 입은 손책은 죽음을 앞두고 "군세를 통솔하고 군웅과 자웅을 겨루는 것은 내가 낫지만, 유능한 인재를 등용하여 강동을 지키는 데는 네가 낫다"라며 후사를 아우인 손권에게 맡겼다고 한다. 그 말대로 손권은 허도에 침공하기로 한 계획을 포기하고, 한동안 내정을 튼튼히 하면서 힘을 키우는 데 몰두한다.

인물 클로즈업 **원소**

- 자 : 본초(本初)
- 생몰년 : ? ~ 202년
- 출신지 : 예주 여남군
- 관직 : 대장군, 기주목

조조와 천하의 대세를 겨룬 명문가 출신의 무장

원씨 가문은 4대에 걸쳐 삼공을 배출한 명문가다. 원소는 젊은 시절에는 명문 가문 출신임에도 신분을 따지지 않고 사람들과 어울려 백성들 사이에서도 인기가 높았다고 한다.

원소는 전장에서도 무용이 뛰어났다. 원소가 계교 전투에서 공손찬군의 급습을 받았을 때는 전풍의 비호를 받아 겨우 살아남았다. 전풍이 원소에게 토담 뒤에 숨으라 하자, 그는 투구를 바닥에 내동댕이치며 "싸우다 죽는 것이 남자요. 숨으면서까지 살고 싶지 않소이다!"라고 고함을 쳐서 군대의 사기를 높여 승리했다고 한다.

조조가 이기기 위해서 수단을 가리지 않았다면, 원소는 자기 고집대로 정공법으로 싸움에 임했다. 유비를 치기 위해 서주에 출진한 조조의 배후를 치지 않은 것도 그러한 이유인지도 모른다.

하지만 이러한 생각으로는 승리가 전부인 전란의 시대를 헤쳐 나갈 수 없다. 이것 또한 명문가 출신이라는 오만함에서 비롯된 것은 아니었을까?

인물 삼국지 열전

동승(董承) 〈?~200〉

헌제의 측근으로, 헌제가 장안을 탈출했을 때 온갖 고생을 하며 낙양까지 수행했다. 동승을 크게 신뢰한 헌제는 조조의 손아귀에서 놀아나는 자신의 불우함을 한탄하면서, 동승에게 은밀히 조조를 토벌하라는 밀지를 건넸다. 동승은 유비 등과 함께 면밀히 계획을 짰으나 200년 1월 계획이 발각되는 바람에, 서주로 도망친 유비를 제외하고 이 계획에 참가한 모든 사람이 처형되었다. 자와 출신은 알려지지 않았다.

조인(曹仁) 〈168~223〉

자는 자효(子孝)라 하고, 예주 패국(沛國) 초현(譙縣) 사람. 조조의 사촌 동생으로, 190년에 조조가 동탁을 토벌하기 위해 거병하자 참가했다. 193년에 광정 전투, 같은 해 서주 정벌, 197년의 장수 정벌 등에서 활약했고, 관도 전투에서는 여남군에서 후방을 교란하던 유비를 무찔렀다. 그 후에도 여러 전투에서 공을 세워, 조조가 죽은 후에도 조비에게 중용된다. 하지만 223년 유수구(濡須口) 전투에서 패하고 실의에 빠진 채 급사했다.

안량(顔良) 〈?~200〉

문추와 함께 원소의 부장으로 유명하지만 자도, 출신도 알려지지 않았다. 단, 예주 사람인 것만은 확실한 듯하다. 200년, 관도 전투에서 안량은 곽도와 순우경과 함께 백마에 주둔하던 조조군의 동군태수 유연을 공격했다. 여양에서 백마로 진군한 안량은 백마 전투에서 조조에게 투항한 관우의 칼에 목숨을 잃었다.

문추(文醜) 〈?~200〉

원소의 부장으로 자, 출신 현 모두 알려지지 않았다. 《삼국지연의》에 따르면, 문추는 동료 안량의 적을 토벌하기 위해 출진하여 장료 · 서황의 항복을 받아냈으나 관우에게 역습당하고 전사한다. 《정사 삼국지》에 따르면 조조의 부대가 연진으로 향했을 때, 원소군의 진형이 흐트러지며 기병으로 참전한 문추가 참수당한 것은 사실이다. 하지만 이때 관우는 참전하지 않았다고 한다.

순욱(荀彧) 〈163~212〉

자는 문약(文若)이고, 예주 영천군 영음(潁陰)현 출신이다. 189년에 조정에 진출했으나 중원의 소란을 피해 관직에서 물러났다. 그 후, 조조 밑으로 들어가 조조의 책사로 활약했다. 헌제를 옹립하면서 허도로 도읍을 옮길 때 시기상조라 진언하는 자도 있었으나, 순욱은 "지금 행동하지 않으면 나중에 손을 써봤자 그때는 이미 늦습니다"라고 진언하여 조조의 결단을 촉구했다. 조조가 자진해서 구석(九錫, 천자가 공로가 큰 제후와 대신에게 하사하던 아홉 가지 물품. 거마(車馬), 의복, 악칙(樂則), 주호(朱戶), 납폐(納陛), 호분(虎賁), 궁시(弓矢), 부월(鈇鉞), 울창주(鬱鬯酒)를 뜻한다-역주)을 받으려 했을 때는 반대했다. 한 왕조를 지키려는 순욱과 폐하려는 조조 사이에는 큰 벽이 가로막고 있었다. 순욱이 죽은 후에야 조조는 위공(魏公)에 오를 수 있었다.

201~203
원소가 죽고 원씨 형제는
후계자 다툼으로 자멸

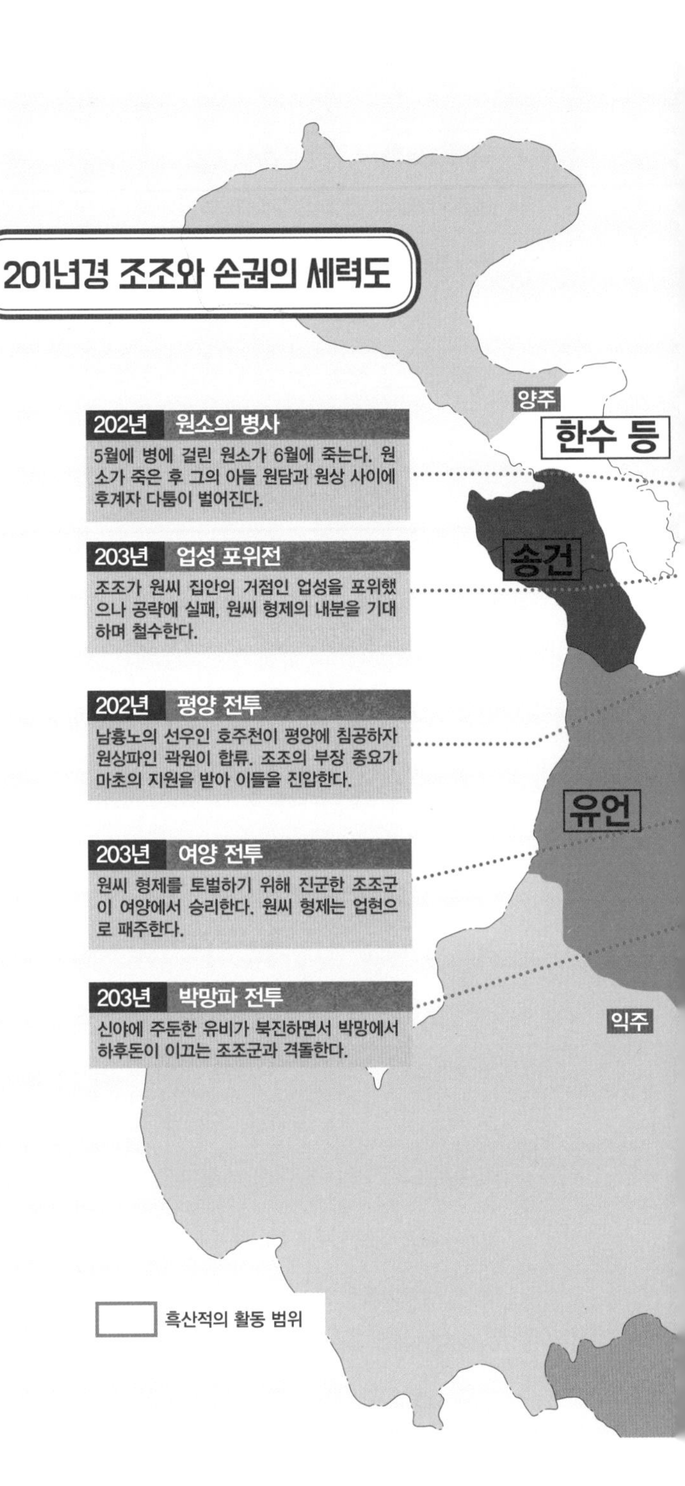
201년경 조조와 손권의 세력도
양주
한수 등
송건
유언
익주
202년 원소의 병사
5월에 병에 걸린 원소가 6월에 죽는다. 원소가 죽은 후 그의 아들 원담과 원상 사이에 후계자 다툼이 벌어진다.
203년 업성 포위전
조조가 원씨 집안의 거점인 업성을 포위했으나 공략에 실패, 원씨 형제의 내분을 기대하며 철수한다.
202년 평양 전투
남흉노의 선우인 호주천이 평양에 침공하자 원상파인 곽원이 합류. 조조의 부장 종요가 마초의 지원을 받아 이들을 진압한다.
203년 여양 전투
원씨 형제를 토벌하기 위해 진군한 조조군이 여양에서 승리한다. 원씨 형제는 업현으로 패주한다.
203년 박망파 전투
신야에 주둔한 유비가 북진하면서 박망에서 하후돈이 이끄는 조조군과 격돌한다.
흑산적의 활동 범위

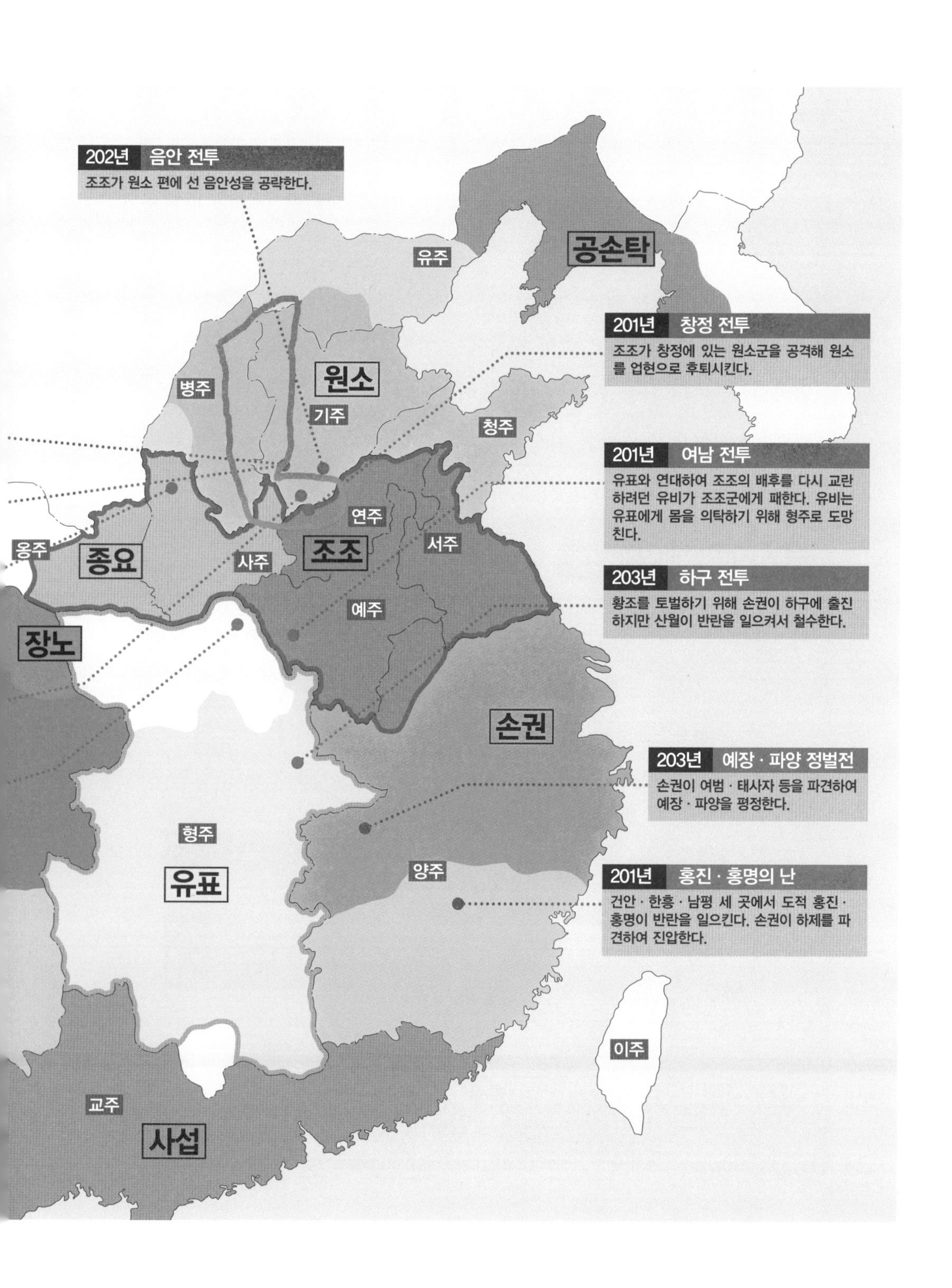
202년 음안 전투
조조가 원소 편에 선 음안성을 공략한다.
201년 창정 전투
조조가 창정에 있는 원소군을 공격해 원소를 업현으로 후퇴시킨다.
201년 여남 전투
유표와 연대하여 조조의 배후를 다시 교란하려던 유비가 조조군에게 패한다. 유비는 유표에게 몸을 의탁하기 위해 형주로 도망친다.
203년 하구 전투
황조를 토벌하기 위해 손권이 하구에 출진하지만 산월이 반란을 일으켜서 철수한다.
203년 예장 · 파양 정벌전
손권이 여범 · 태사자 등을 파견하여 예장 · 파양을 평정한다.
201년 홍진 · 홍명의 난
건안 · 한흥 · 남평 세 곳에서 도적 홍진 · 홍명이 반란을 일으킨다. 손권이 하제를 파견하여 진압한다.
유주
공손탁
병주
원소
기주
청주
연주
서주
옹주
종요
사주
조조
예주
장노
손권
형주
유표
양주
이주
교주
사섭

관도에서 패한 원소는 허도로 귀환, 유비는 유표에게 몸을 의탁

관도 전투에서 승리한 조조는 원소를 추격하여 창정(倉亭) 땅에서 다시 원소군을 공격한다. 관도에서 크게 타격을 입은 원소는 이 추격을 피할 여력이 없어 참패당한 채 본거지인 업현으로 가까스로 도망쳐 귀환한다. 조조가 관도에서 대승했다고 하나 하북에는 여전히 원소의 대군이 대기하고 있었다. 조조는 더 이상 추격하지 않고 허도로 귀환했다.

201년에 업현으로 귀환한 원소는 군을 재정비할 사이도 없이, 관도 전투

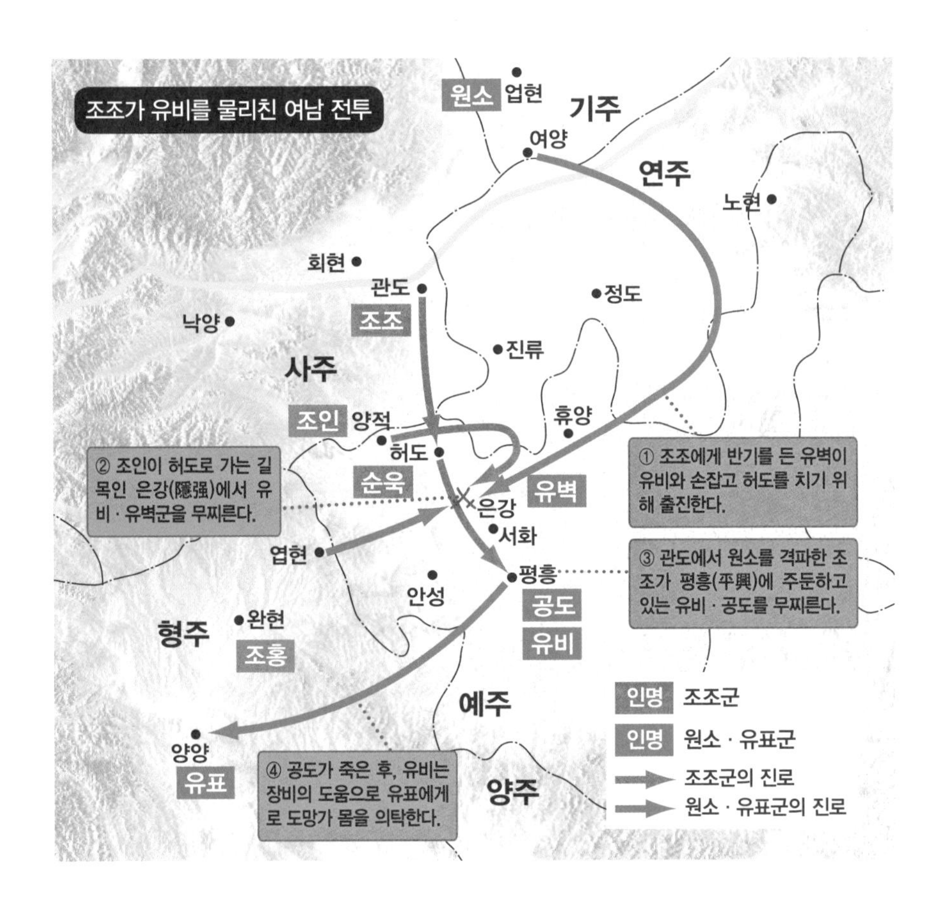

의 혼란을 타고 반기를 든 하북의 반란군을 진압하는 데 쫓기게 된다. 이처럼 하북은 혼란스러운 상황이었지만 조조는 원소를 공격하지 못한다. 힘의 균형이 달라졌다고 해도 여전히 원소는 위협적인 존재였기 때문이다.

그러면 원소가 관도에서 패하기 전에 원소의 휘하를 떠난 유비는 어땠을까? 원소가 철수한 후에도 여남에 남아 활개치고 다녔다. 얼마 동안은 원소가 습격해 오지 않을 거라고 예상한 조조는 이 기회에 유비를 토벌하기로 결심하고 직접 여남으로 출발한다.

조조가 출진했다는 소식을 들은 유비는 지금까지 그래왔던 것처럼 서둘러 도망치고, 함께 싸웠던 공도만이 고립되어 조조군에게 괴멸된다.

유비는 형주의 유표에게 몸을 의탁하기 위해 미축(糜竺)과 손건(孫乾)을 사자로 보낸다. 이에 유표는 유비군을 받아들이고, 형주의 최전선을 방어하라며 신야(新野)성을 내주었다.

원소가 갑자기 죽은 후, 아들 원담과 원상은 후계자 다툼 시작

202년 6월, 관도 전투에서 패하고 연이어 일어나는 반란을 진압하느라 마음고생이 끊이지 않던 원소가 갑작스럽게 병사했다.

하지만 전쟁터를 누비느라 후계자를 정하지 못해 원씨 일가 내부에서 후계자 싸움이 일어난다. 원래 원소는 막내 원상(袁尙)을 후계자로 염두에 두었으나 해결하지 못한 채 세상을 떠났기 때문이다.

대외적으로는 원상이 원씨 일가의 후계자로 낙착되었으나, 실적도 명성도 원소에게 훨씬 미치지 못해 관도 패전의 상처를 회복하기에는 역부족이었다. 나아가 원담과도 사이가 틀어지는 등 문제가 적지 않았다. 곽도와 신평(辛評) 등이 추대한 장자 원담파와, 심배(審配)와 봉기(逢紀) 등이 추대한 막내 원상파로 가신단이 분열되어 권력 투쟁을 벌인다.

원씨 일가에 내부 분열이 일어났다는 소식을 들은 조조는 단숨에 하북 정복을 노리고 같은 해 9월, 기주 여양에 주둔하던 원담을 공격한다. 조조군의 기세에 밀린 원담은 원상에게 원군을 요청했으나, 원상은 자신의 군사를 원담에게 빼앗길까 두려워 방어에 도움이 될 만한 정도의 원군을 보내지 않았다.

그 무렵 북방의 기마민족 흉노가 반란을 일으키고, 사주 평양에 침공해 들어온다. 원상이 조조군의 후방을 교란하기 위한 전략이었다. 조조는 이를 진압하기 위해 시중 종요(鍾繇)를 파견하고, 자신은 원담이 있는 여양을 정벌하기 위해 진군하기로 결정한다.

종요는 이내 평양성을 포위한다. 하지만 성을 함락하기도 전에 하동태수 곽원(郭援)이 원상을 지원하기 위해 원군을 이끌고 달려와 순식간에 열세에 몰린다. 이에 종요는 관중(關中)에 있는 마등을 설득해 원군으로 끌어들이고, 마등은 아들 마초(馬超)에게 1만 명의 군사를 내주고 지원군으로 파견한다.

마초의 지원을 받은 종요군은 흉노 · 곽원 연합군을 무찌르고 곽원의 목을 베어 흉노를 굴복시켰다.

원씨 형제를 토벌한 조조는 형주의 유표를 공략하기 위해 출군

한편 원담은 여양에서 열세에 몰리면서도 간신히 조조군의 침공을 막았다. 하지만 조조가 직접 여양에 진군하자 다시 원상에게 원군을 요청한다. 이번에는 원상도 모른 척하지 않고 직접 군대를 이끌고 여양으로 달려가지만 전황은 달라지지 않았다. 203년 3월, 원상 · 원담군은 조조군의 공세를 물리치지 못한 채 여양성에서 농성에 들어간다.

하지만 이 농성은 조조군의 맹공으로 오래 버티지 못했다. 5월에 여양성이 함락되면서 원상 등은 자신들의 거점인 업현으로 도망치게 된다.

조조는 추격의 고삐를 늦추지 않고 그대로 원상 · 원담이 있는 업현으로

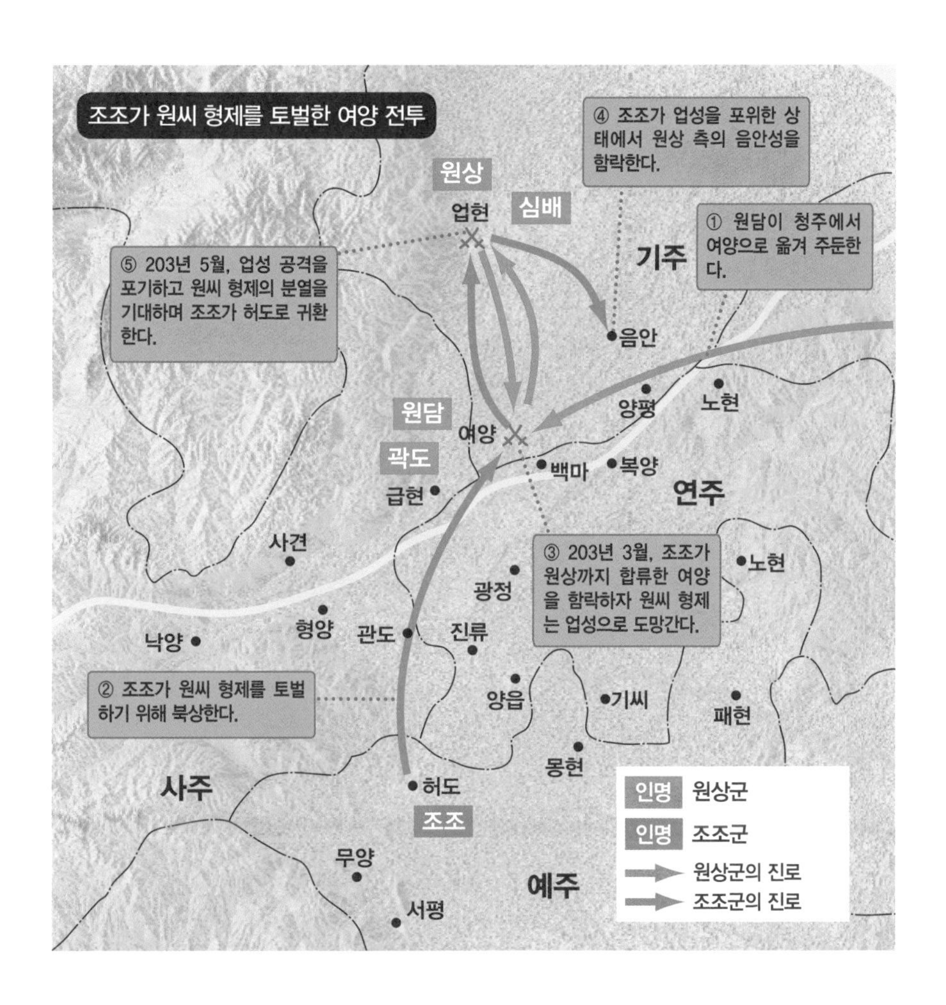

쳐들어간다. 그리고 군량 공급을 차단하기 위해, 업현 주변에 자라던 여문 보리를 전부 베어버렸다. 또 업현과 연대하던 음안(陰安)성을 함락해서 원상 · 원담을 더욱 궁지로 몰아붙였다.

하지만 조조의 진군도 거기까지였다. 원상과 원담의 내분을 기다리자는 곽가의 의견을 받아들인 조조가 휘하에 있던 가신을 여양에 주둔시키고, 자신은 허도로 귀환하기로 결정했기 때문이다.

본거지에 돌아간 조조는 8월에 형주에 있는 유표를 공략하기로 한다. 하북에는 여전히 원씨 일가가 세력을 유지하고 있었으나, 그들은 이제 외부의 침공을 막기에 급급하여 허도를 공격할 여력이 없었다. 그래서 북쪽의 원씨 일가를 봉쇄한 후 남쪽의 유표와 유장, 손권을 견제하기로 마음먹은 것이리라.

원씨 형제가 내분을 일으키고, 결국 원담은 조조에게 투항한다

이후 원상과 원담은 어떻게 되었을까? 조조의 계획대로 내분을 일으키기 시작한다.

하북의 요충지라 할 수 있는 기주의 지배권을 둘러싸고 원상과 원담이 업현의 외곽에서 교전을 벌이며 후계자 싸움을 재연한 것이다. 다만 비공식적이지만 후계자로 알려진 것이 원상이다 보니 원상을 따르는 가신이 압도적으로 많았다.

그런 까닭에 원담은 차츰 열세에 몰리다 결국에는 청주의 평원으로 패주했다. 평원에 도착한 원담은 이때 뜻밖의 행동에 나선다. 조조에게 투항하여 원조를 요청한 것이다. 원소의 책사였다가 후계자 경쟁 때 원담 편에 선 곽

《정사 삼국지》와 《삼국지연의》의 비교

관우가 애용하던 칼은 청룡언월도가 아니다

《삼국지연의》에서는 무장들이 애용하는 무기도 흥밋거리 가운데 하나다. 유비의 자웅일대검(雌雄一對劍, 《삼국지연의》에서 유비가 썼다고 하는 두 자루의 검. 쌍고검(双股剑)으로도 불린다-역주), 장비의 사모(蛇矛), 여포의 방천화극(方天畵戟), 관우의 청룡언월도(靑龍偃月刀)가 그러하다.

하지만 삼국시대 당시에 쓰인 사서에는 이러한 무기가 기록되어 있지 않다. 삼국시대 이후 사용된 무기가 《삼국지연의》에 나왔다고 보는 것이 일반적이다.

관우는 안량과 문추를 베고 오관(五關)을 돌파하는 등 무용담만 해도 부족함이 없다. 그런데 이 모든 무용담이 《삼국지연의》의 창작이다. 하지만 그가 무기를 잘 쓰는 사람이었던 것은 사실로, 정사 《노숙전(魯肅傳)》에도 그러한 내용이 제대로 기록되어 있다.

참고로 적토마(赤兎馬, 여포가 탔던 명마-역주)와 적로마(的盧馬, 유비가 탔던 명마-역주) 등의 말은 정사에서도 그 이름을 볼 수 있다.

도가 조조의 원조를 구하자고 진언했다고 한다.

예상외의 일이라서 조조 측에서도 장수 대부분이 원담과 손잡아서는 안 된다고 반대했다. 하지만 순유의 강력한 권유로 조조는 형주 침공을 일단 멈추고 원상을 공격하기 위해 여양으로 향했다. 그리고 원담을 구출하기 위하여 자신의 군대를 평원으로 진격하게 한다.

203년 10월, 조조가 여양까지 진격해 왔다는 소식을 들은 원상은 평원 포위를 풀고 업현으로 귀환한다. 그리고 그사이 조조군은 원담을 구출한다.

한편, 원상이 평원에서 철수를 결정하자 휘하에 있던 여광(呂曠)과 여상(呂

翔)이 원상에게서 등을 돌린다. 그들은 그대로 평양(平陽)에 남아 주둔했지만 곧바로 조조에게 항복한다. 이로써 조조는 원담만이 아니라 원상군 일부까지 손아귀에 넣게 된다.

손권이 원수 황조를 공격, 유비는 신야에서 조조군을 견제

이윽고 손권은 강하군의 황조를 공격했다. 황조도 완강하게 저항하지만 자신하던 수군이 무너지자 강하성에 들어가 농성을 시작했다.

손권은 황조를 농성까지 할 정도로 몰아붙였으나 끝내 토벌하지 못하고 발길을 돌려야 했다. 장강 남부의 산악 지대에 사는 이민족 산월이 각지에서 반란을 일으켰기 때문이다. 손권은 예장(豫章)까지 돌아가서 파양(鄱陽)에 여범(呂範)을, 낙안에 정보(程普)를, 해혼에 태사자(太史慈)를 파견하여 반란을 진압했다.

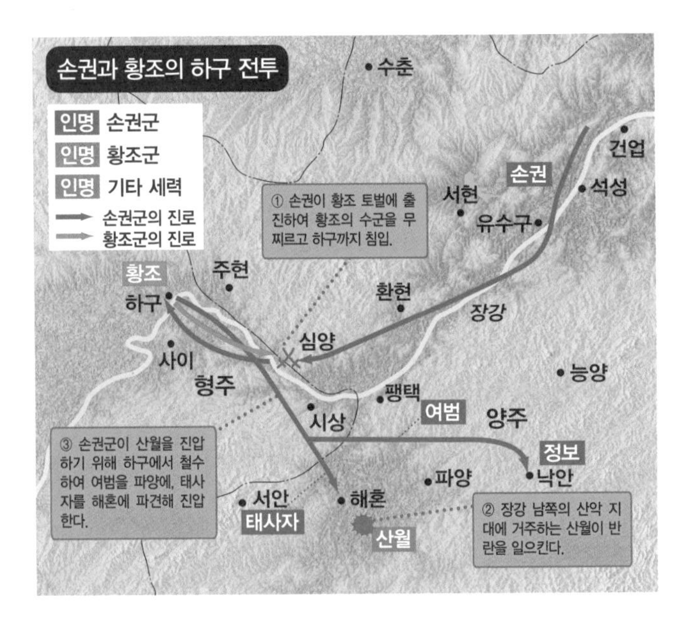

하지만 마음을 놓기에는 일렀다. 이번에는 양주의 건안(建安)·한흥(漢興)·남평(南平)에서 홍진(洪進)과 홍명(洪明)이 대규모 반란을 일

으켰기 때문이다. 여기에는 하제를 보내 진압하는 데 성공했다.

그러나 거듭된 반란은 번번이 북쪽으로 진출하려는 손권의 진군을 가로막았다. 손권은 휘하에 있는 한당(韓當), 주태(周泰), 여몽(呂蒙)을 정세가 불안정한 땅에 파견하여 반란이 일어나지 않도록 진압함으로써 백성들을 안정시키고 내치를 다지는 데 주력한다.

이 무렵, 신야에 주둔하던 유비는 유표의 요청으로 박망(博望) 방면으로 진군한다. 그리고 예주 땅과 멀지 않은 엽현(葉縣)까지 들이닥치자 조조가 하후돈과 이전(李典)을 파견하여 유비군에게 맞서게 했다.

유비군이 기습 공격으로 하후돈군의 진영을 불태우고 퇴각할 때 하후돈이 추격하려 하자, 이전은 복병이 매복해 있을지도 모른다며 진군을 멈추자고 제언한다. 하지만 하후돈은 이전의 진언을 무시하고 그대로 병사를 이끌고 진격하지만 결국 유비군의 복병에게 공격당한 채 패퇴한다.

하지만 유비군도 이전이 구원군을 끌고 공격해오자 끝까지 추격하지 않고 물러났다. 이 전투를 박망파(博望坡) 전투라고 하는데, 굳이 따지면 양군의 소규모 충돌에 불과했다.

인물 클로즈업 관우

- 자 : 운장(雲長)
- 생몰년 : ?~219년
- 출신지 : 사주 하동군
- 관직 : 전장군, 한수정후

평생 유비에게 의리를 지키며 전쟁터를 누빈 용장

《삼국지연의》에서 가장 매력적으로 그려진 이가 관우이다. 평생 배신자의 삶을 산 여포와 달리 일생을 '의리(義)'를 지키기 위해 산 용장이다.

사서에 보면, 관우는 유비가 거병한 이래 줄곧 그의 밑에서 일했으나, 유비와는 부하와 주군 이상의 관계였다. 같은 침상에서 잤다고 하니 형제와 다름없는 사이였으리라. 그래서인지 관우는 죽을 때까지 유비를 따랐다.

관우는 용맹한 무장이었던 터라 무용과 관련된 일화도 숱하게 많다. 하지만 "병사 1만에 맞먹는다"라고 손꼽을 정도의 무인이었던 반면, "맹장으로서 자신의 명성을 과신해 앞뒤 안 가리고 저돌적으로 나서는 통에 종종 병사를 잃었다"라는 평가도 받는다.

219년, 관우는 위나라 번성(樊城)을 공격했으나, 형세가 불리한 상황에서 유비의 원군이 때맞춰 나타나지 않아 전사했다. 앞뒤 안 가리고 저돌적으로 나서는 성격이 그의 죽음을 앞당긴 것이다.

인물 삼국지 열전

원상(袁尙) 〈?~207〉

자는 현보(顯甫)이고, 예주 여남(汝南)군 여양(汝陽)현 사람으로 원소의 막내아들이다. 원소에게는 그 외에도 원담, 원희(袁熙) 등의 자식이 있었는데, 원상은 어린 시절부터 총명하여 원소의 총애를 받았다. 그래서 원소가 죽자 장남 원담과 후계자 자리를 두고 다투었고, 원상이 후계자가 된 후에도 원담과 계속해서 대립했다. 조조가 원담과 결탁하여 본거지 업성을 공격하자 패주해 둘째 형 원희에게 몸을 피한다. 하지만 유주 전투에서도 패하자, 몸을 의탁했던 공손강에게 죽임을 당한다.

원담(袁譚) 〈?~205〉

자는 현사(顯思)라고 하며, 예주 여남(汝南)군 여양(汝陽)현 사람. 원소의 장남으로, 청주자사 공융을 추방하는 등 원소가 청주를 평정하는 데 공을 세웠다. 하지만 원소의 후계자 자리를 둘러싸고 막내아우 원상과 격렬하게 다투는 바람에 원씨 집안이 몰락하는 원인을 제공한다. 원상에게 대항하기 위해 조조와 손을 잡는다. 하지만 조조가 원상을 공격하는 틈을 노려 원상의 옛 영토를 탐내다가 조조의 역린을 건드린 탓에 남피 전투에서 살해당한다.

204~206
원담의 전사와 원상의 도망,
조조가 하북을 통일

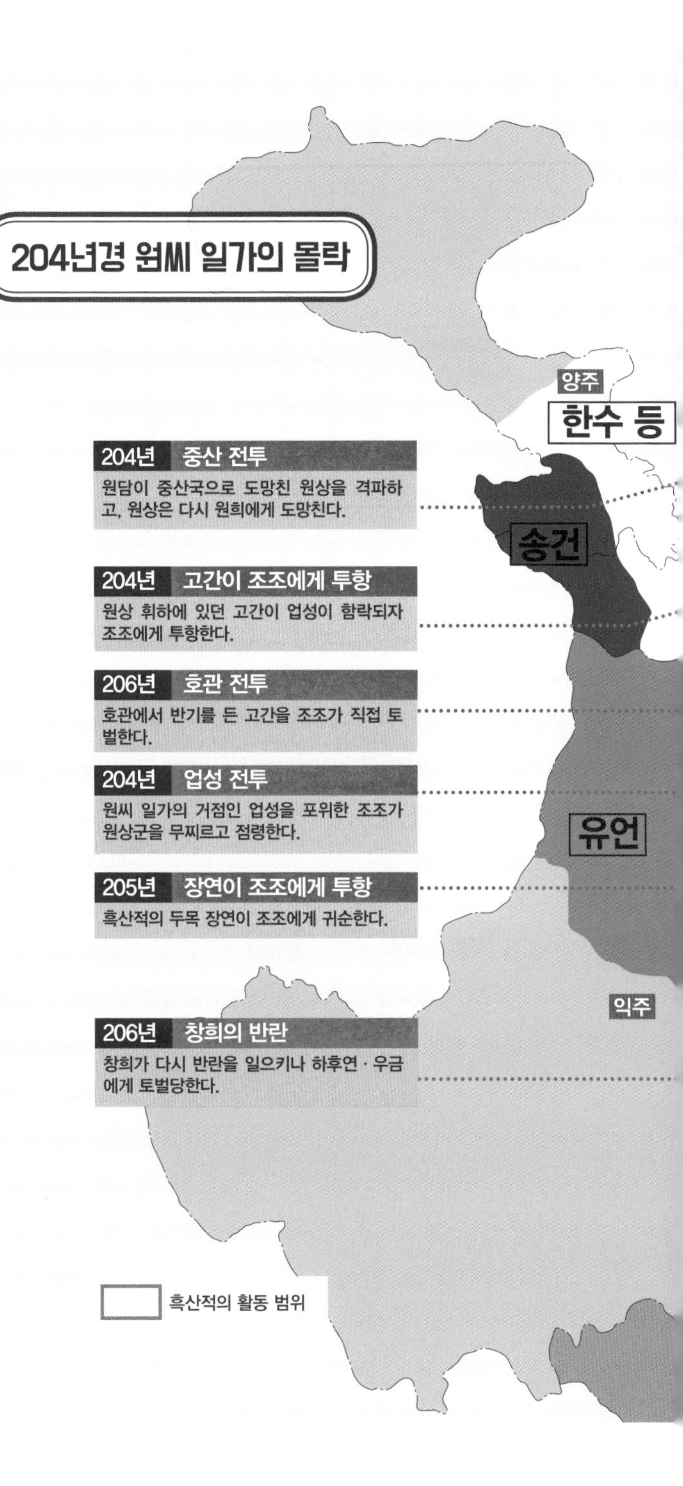
204년경 원씨 일가의 몰락
양주
한수 등
204년 중산 전투
원담이 중산국으로 도망친 원상을 격파하고, 원상은 다시 원희에게 도망친다.
송건
204년 고간이 조조에게 투항
원상 휘하에 있던 고간이 업성이 함락되자 조조에게 투항한다.
206년 호관 전투
호관에서 반기를 든 고간을 조조가 직접 토벌한다.
204년 업성 전투
원씨 일가의 거점인 업성을 포위한 조조가 원상군을 무찌르고 점령한다.
유언
205년 장연이 조조에게 투항
흑산적의 두목 장연이 조조에게 귀순한다.
익주
206년 창희의 반란
창희가 다시 반란을 일으키나 하후연 · 우금에게 토벌당한다.
흑산적의 활동 범위

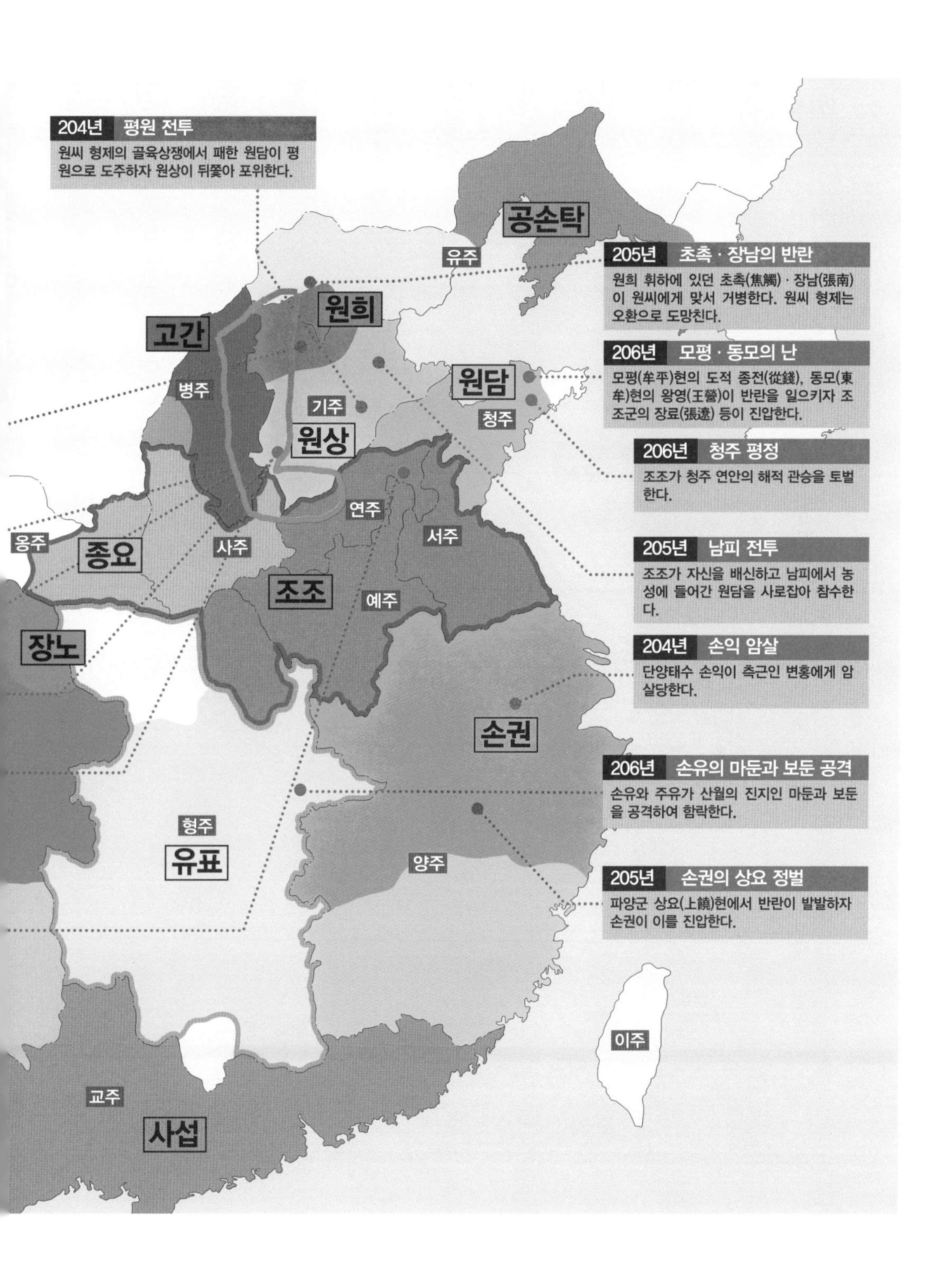
204년 평원 전투
원씨 형제의 골육상쟁에서 패한 원담이 평원으로 도주하자 원상이 뒤쫓아 포위한다.
공손탁
유주
205년 초촉 · 장남의 반란
원희 휘하에 있던 초촉(焦觸) · 장남(張南)이 원씨에게 맞서 거병한다. 원씨 형제는 오환으로 도망친다.
원희
고간
206년 모평 · 동모의 난
모평(牟平)현의 도적 종전(從錢), 동모(東牟)현의 왕영(王營)이 반란을 일으키자 조조군의 장료(張遼) 등이 진압한다.
원담
병주
기주
청주
원상
206년 청주 평정
조조가 청주 연안의 해적 관승을 토벌한다.
연주
서주
옹주
종요
사주
205년 남피 전투
조조가 자신을 배신하고 남피에서 농성에 들어간 원담을 사로잡아 참수한다.
조조
예주
장노
204년 손익 암살
단양태수 손익이 측근인 변홍에게 암살당한다.
손권
206년 손유의 마둔과 보둔 공격
손유와 주유가 산월의 진지인 마둔과 보둔을 공격하여 함락한다.
형주
유표
양주
205년 손권의 상요 정벌
파양군 상요(上饒)현에서 반란이 발발하자 손권이 이를 진압한다.
이주
교주
사섭

원상이 평원의 원담을 공격, 조조는 원상이 비운 업성을 공략

조조가 허도로 귀환하자마자 예상보다 빨리 원씨 형제의 골육상쟁이 발생한다. 원상은 평원으로 패주한 원담을 토벌하기 위해 끝까지 추격한다. 이에 원담은 위기를 벗어나기 위해 조조와 손을 잡는다.

원담이 구원을 요청하자 조조도 병사를 일으키지만 평원에 군사를 보내는

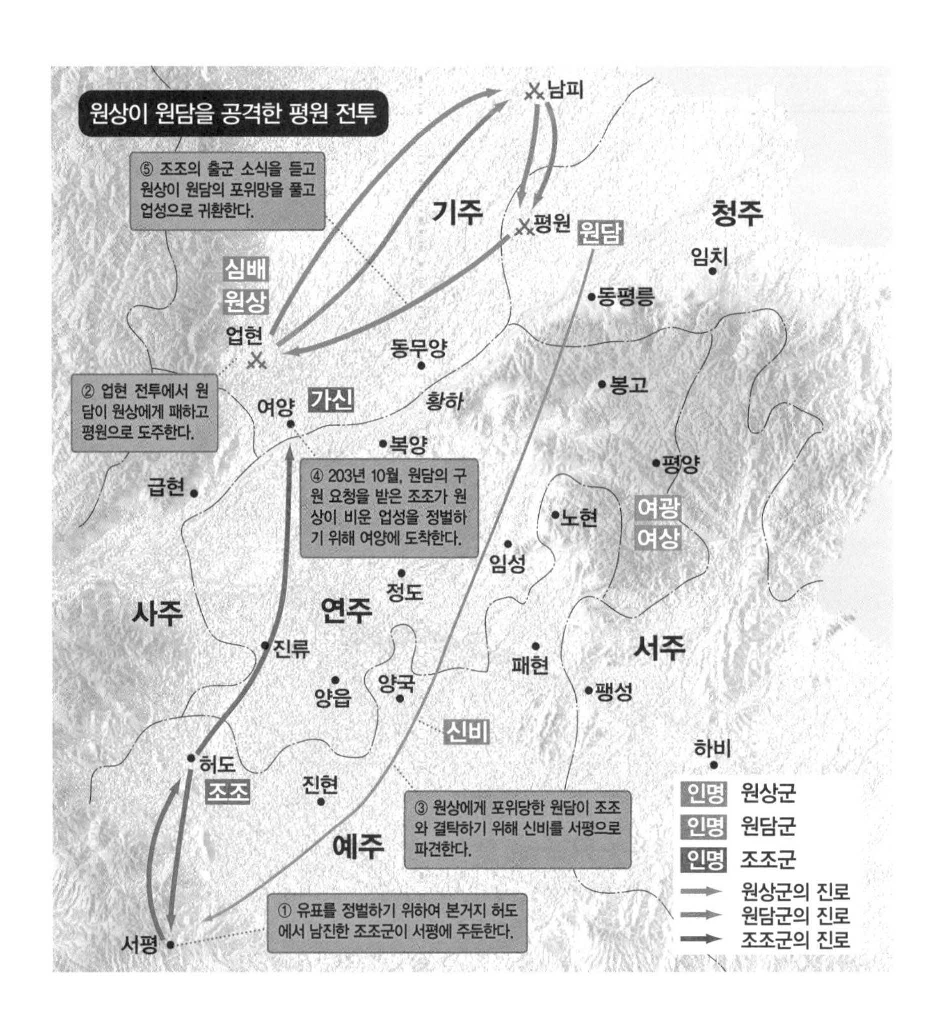

대신, 원상의 본거지인 업현을 함락할 수 있는 좋은 기회로 여기고 직접 정벌에 나선다. 남쪽의 유표를 정벌하려던 계획을 바꾸어 원상이 자리를 비운 업성을 먼저 함락하기로 마음먹은 것이다.

원상이 원담을 토벌하기 위해 평원으로 출군한 사이, 업성은 신뢰하는 심배와 소유(蘇由)가 지키고 있었다. 그런데 믿었던 소유가 원상을 배신하고 조조와 내통한다. 남은 것은 심배뿐이었다. 다행히 심배는 막강한 조조군에 대항해 선전을 거듭하면서 결코 업성의 함락을 허락하지 않았다.

장기전을 각오한 조조는 원상군의 보급로를 끊으려고 했다. 204년 4월, 업성의 서쪽에 있던 모성(毛城)의 윤해(尹楷)를 격파한 후, 병사를 되돌려 감단(邯鄲)을 지키는 저곡(沮鵠)을 공격하여 성을 함락하는 데 성공했다. 외곽을 공략하면서 업성의 포위망을 서서히 좁혀가자 역양(易陽)현의 한범(韓範)과 섭(涉)현의 양기(梁岐)가 조조에게 투항했다.

업현으로 돌아온 조조는 본격적으로 업성을 공략하기 위해 수공 작전을 펼쳤다. 하지만 심배의 결사적인 항전 때문에 업성을 함락하는 데 애를 먹고 있었다.

조조가 업성을 함락하면서 마침내 명문 원씨 일가가 몰락한다

업성이 위급하다는 소식을 들은 원상은 원담의 토벌을 중지하고, 조조군의 배후를 공격하기 위해 업현 인근의 양평정(陽平亭)에 진을 쳤다. 하지만 조조군의 수비는 견고했다. 업성과 양평정의 원상군이 협공을 펼치지만 제대로 공격도 해보지 못한 채 조조군에게 포위된다. 패배를 깨달은 원

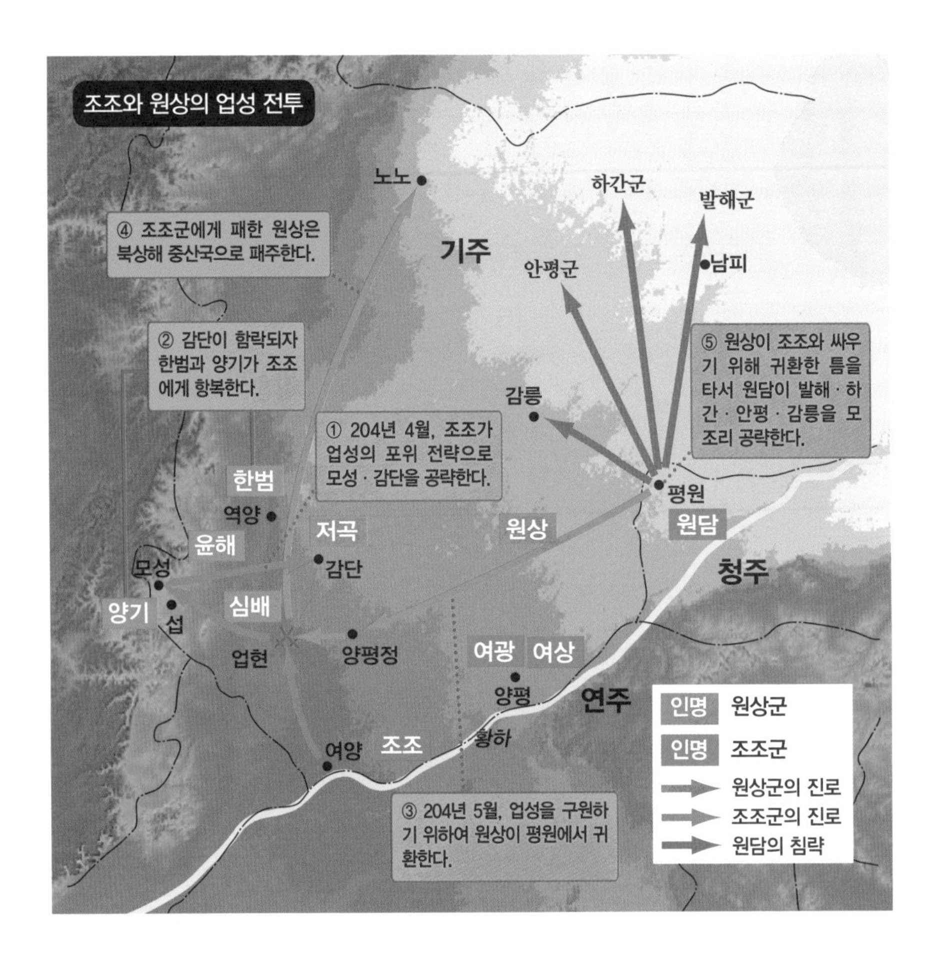

상은 휘하에 있던 진림(陳琳)과 음기(陰夔)를 사자로 보내 항복을 제안하지만 조조는 받아들이지 않는다.

설상가상으로 조조의 공세가 거세지고, 더 이상 버티기가 불가능해지자 원상은 양평정의 진을 풀고 도주한다. 하지만 조조군은 이를 놓치지 않고 끝까지 추격한다. 조조군이 쫓아오자 원상 휘하에 있던 마연(馬延)과 장의(張顗) 등은 전의를 잃고 조조에게 투항한다.

결국 조조군에 의해 원상군은 전멸하고, 전장에서 혼자 간신히 빠져나온 원상은 북쪽에 있는 중산(中山)으로 도주한다.

원상이 도망쳤다는 사실이 알려지자 업성에서 내통하는 자가 속출했고, 성을 버리고 도망치는 자, 조조에게 투항하는 자가 끊이지 않았다. 결국에는 성안에서 농성하던 심배의 조카 심영(審榮)이 조조에게 투항한 후, 업성의 동문을 열어젖히고 조조군을 성안으로 들여보냈다.

그래도 심배는 항복하지 않고 마지막까지 완강하게 항전을 계속했다. 하지만 군세가 중과부적이라 더는 버티지 못하고 붙잡혔다. 조조는 출군한 지 6개월 만에 겨우 업성을 함락할 수 있었다.

남피 전투에서 원담을 죽인 조조가 기주의 새 맹주로 등장

한편 원담은 조조가 원상과 격전을 벌이는 틈에 감릉(甘陵) · 안평(安平) · 발해 · 하간(河間) 등 원상의 영토를 빼앗아 조조에게서 독립하려 했다. 원상이 다스리던 옛 영토를 손에 넣은 후, 도주한 원상을 따라 북상하면서 중산에 침공해 들어갔다.

이에 원상은 둘째 형인 원희(袁熙)가 있는 유주의 고안(故安)까지 도주했고, 원담은 원상의 옛 군사도 병합하는 데 성공했다.

이러한 원담의 행동을 조조도 보고만 있을 수는 없었다. 204년 말, 조조는 원담을 토벌하기 위하여 평원에 군사를 보냈다. 당황한 원담은 평원을 버리고 북상하여 남피(南皮)로 이동했다. 평원에 무혈 입성한 조조는 그곳을 거점으로 하여 주변의 모든 현을 평정하고, 자신을 배신한 원담을 공격할 기회를 엿보면서 세월을 보냈다.

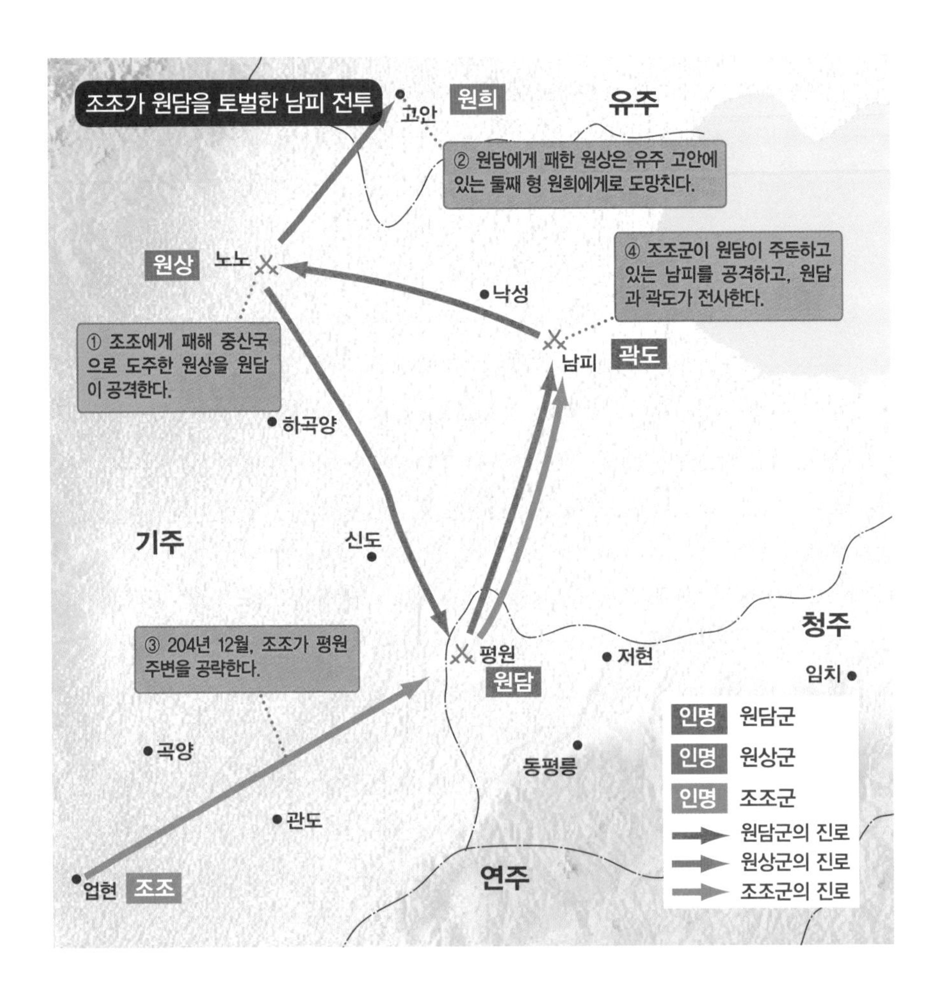

205년 1월, 조조는 원담이 주둔하고 있는 남피를 정벌하기 위해 군사를 파견했다. 원담도 처음에는 결사적으로 저항했으나, 조조군의 공세를 버티지 못하고 사로잡힌 후 처자와 함께 참수형에 처해졌다. 심복 곽도도 죽음을 피할 수 없었다.

이 전투로 원씨 세력은 기주 땅에서 완전히 추방되고, 조조가 기주의 새로운 맹주로 자리 잡았다.

원소의 조카 고간이 병주에서 조조에게 반기를 들었다가 처형

205년 4월이 되자 유주의 흑산적 수령 장연이 조조에게 항복을 선언했다. 조조는 장연에게 평북장군이라는 지위를 내리고, 즉시 전력감인 그의 휘하에 있던 부하들을 몽땅 조조군에 편입했다. 조조의 세력은 점점 더 거대해졌다.

같은 해 12월, 조조가 유주에서 이민족(오환)과 싸우는 틈에 병주에서 고간(高幹)이 조조에게 반기를 들고 호관(壺關)을 점거했다. 그는 원래 원소의 조카로, 업성이 함락되자마자 조조에게 항복했다가, 조조가 오환을 토벌하러 간 틈에 반란을 일으킨 것이다.

이에 조조는 이전과 악진(樂進)을 진압 부대로 보냈으나 호관의 방비가 예상보다 견고하여 좀처럼 함락하지 못했다. 그사이에 하내군의 장성(張晟), 홍농(弘農)군의 장염(張琰), 하동군의 위고(衛固)와 범선(范先) 등 사주의 호족들이 고간에게 호응하며 반란의 규모가 커졌다.

206년 3월, 평정한 지 얼마 안 된 기주에서도 행여나 반란군에게 동조하는 자들이 등장할까 우려한 조조는 마침내 직접 대군을 이끌고 병주로 향했다. 고간은 흉노의 선우 호주천(呼廚泉)에게 원군을 요청했으나, 호주천은 고간이 조조에게 대적하기는 불가능하다고 판단하고 거절했다.

고간은 자력으로 항전하지만 6월에 호관이 함락되자, 형주로 도주하는 도중에 조조군에게 붙잡혀서 처형당한다. 이렇게 해서 조조는 병주도 평정하는 데 성공한다.

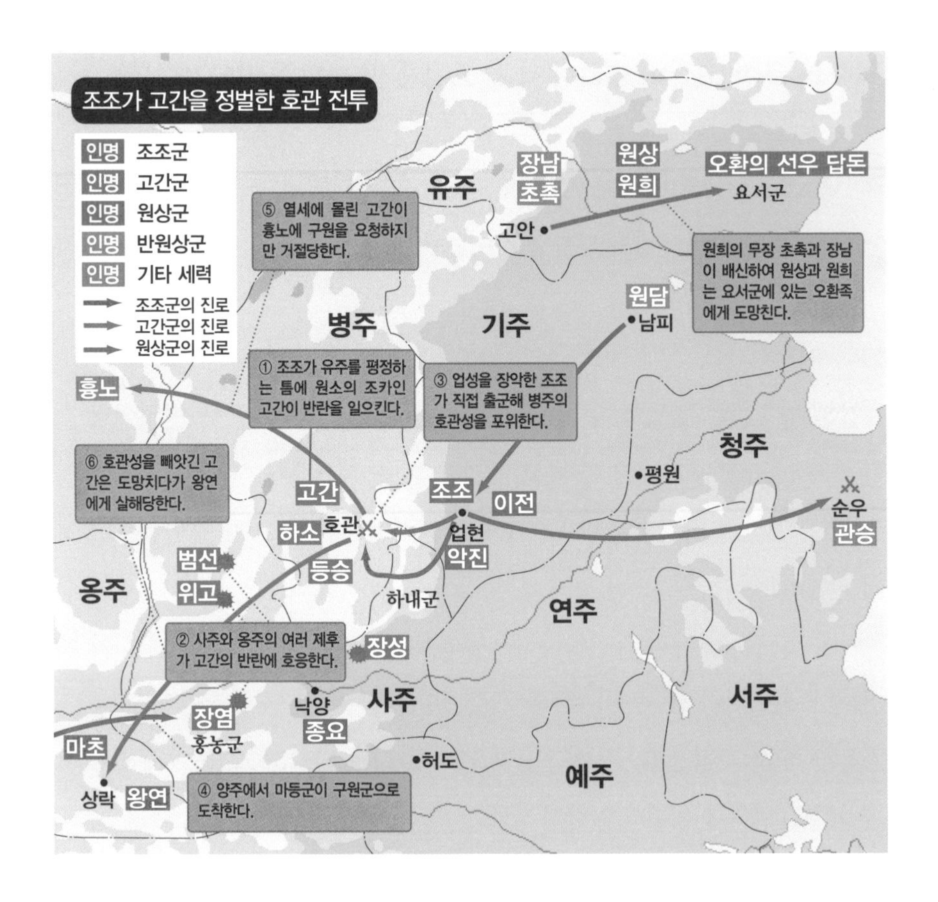

남방 정벌에 나선 손권, 해적을 토벌해 청주를 평정한 조조

산월의 반란으로 골머리를 앓던 손권은 한시라도 빨리 그들을 평정할 필요가 있었다. 하북을 통일하면 조조가 자신을 치러 남하해 올 것이 뻔했기 때문이다. 그래서 손권은 206년에 산월을 토벌할 요량으로 손유(孫瑜)·주유 등을 그쪽에 진군시킨다.

손유와 주유는 산월의 진지 중 마둔(麻屯)과 보둔(保屯)을 공략하고, 그 병사 중 약 1만 명을 포로로 잡았다. 그런데 이러한 손권의 움직임에 경계심을 느낀 자가 있었다. 바로 유표였다. 그는 즉시 손권과 인연이 깊은 강하태수 황조에게 손권을 견제하라고 명령했다.

황조는 휘하에 있던 등룡(鄧龍)에게 병사를 주고 시상(柴桑)을 침공하라 명했다. 그러자 여기에 맞서 바로 직전에 산월을 토벌한 주유가 나섰다.

양군은 시상에서 충돌했으나 등룡군은 주유군의 기세에 눌려 눈물을 머금고 철퇴한다. 하지만 강하로 퇴각하는 도중에 적에게 붙잡힌다. 손유가 궁정(宮亭)에 주둔하며 주변 지역을 경계하고 있었기 때문이다.

한편 조조는 원상군을 더 이상 추격하지 않고, 청주에 있는 관승(管承)을 토벌하기 위해 동쪽으로 향했다. 관승은 원담에게 소속된 해적이었다. 조조는 순우(淳于)에 본진을 두고 해적을 토벌하기 위하여 악진과 이전을 보낸다. 악진과 이전은 전투할 때마다 선봉을 맡는, 조조의 신뢰가 두터운 부장이었다. 이번에는 조조가 직접 출진하지 않았으나 악진 · 이전군의 활약으로 관승군은 괴멸한 채 동해의 섬으로 뿔뿔이 흩어진다.

조조는 전후 처리로 동해군의 양분, 담(郯), 척(戚)의 모든 현을 낭야(琅邪)에 편입하고 창로(昌慮)군을 폐지한다. 이렇게 해서 조조는 청주마저 평정했다. 이제 남은 우환은 북방의 오환과 결탁한 원상과 원희뿐이었다.

조조는 먼저 그들을 칠 포석으로 유주에 운하를 만들었다. 유주 내륙에서 수로를 열어 병사와 물자를 운반하기 위해서였다. 다만 유주는 추위가 혹독하기로 유명한 땅이라 조조도 선불리 출군에 나서지는 못했다.

그 무렵 조조는 북쪽만이 아니라 남쪽에 대한 견제도 잊지 않았다. 206년부터 이듬해 207년까지 악진의 부대를 형주로 보내 유표 세력권에서 멀지 않은 양적(陽翟)에 주둔시킨다.

인물 클로즈업

유표

- 자 : 경승(景升)
- 생몰년 : 142~208년
- 출신지 : 연주 산양군
- 관직 : 형주목

명문가의 청류파 관료였던 유표가 난세의 호걸로 등장

'강하팔준(江夏八俊, 형주목이었던 유표를 중심으로 한 청류파 인사들을 일컫는 말이다-역주)'으로 불린 명문 출신의 청류파 관료였던 유표는 '당고의 금'에 연루되어 이미 동시대에 명성을 떨쳤다. 하지만 유표는 단순히 문치주의에 빠진 유약한 지식인만은 아니었다. 유표가 형주목에 임명되고 재임하던 당시, 형주는 각 지역에서 호족이 할거하고 태수와 현령이 독자적인 군사력을 보유하는 등 혼란의 한복판에 있었다. 유표는 부임하자마자 먼저 입맛 당기는 제안으로 호족들을 불러 모아서 모조리 살해하고 그들의 군병을 빼앗았다. 그리고 부름에 응하지 않은 자들은 군사를 파견하여 복종시키는 방식으로 형주를 일거에 평정했다.
유표가 형주를 평정한 이후, 형주에 학교가 열리고 많은 지식인과 학자가 이주하는 등, 혼란하던 상황이 거짓말처럼 안정을 되찾았다고 한다.

심배(審配) 〈?~207〉

자는 정남(正南)이며, 기주 위군(魏郡) 출신이다. 처음에 한수 밑에서 벼슬길에 오르지만, 원소가 기주를 수중에 넣자 원소의 심복이 된다. 원소가 죽은 후 일어난 원씨 일가의 후계자 싸움에서는 원상 편에 섰고, 조조가 업성에 공격해 들어왔을 때는 철저히 항전하여 성을 지켰다. 하지만 주군인 원상이 북으로 도주하면서 업성은 끝내 함락된다. 조조도 그의 자세를 높이 평가했다고 한다.

주태(周泰) 〈?~?〉

자는 유평(幼平)이라고 하고, 양주 구강(九江)군 하채(下蔡) 출신의 오나라 부장. 196년에 손책이 회계태수가 되었을 때 이미 그의 휘하에 있었다. 203년의 황조 토벌, 208년의 적벽대전, 217년의 유수구 전투 등에서 공을 세워 평로장군(平虜將軍)에 임명되었다. 손권 역시 주태를 중용하여, 다른 부장이 비천한 출신의 주태에게 복종하지 않을까 봐 염려하여 주연을 베풀며 감쌌다고 한다.

고간(高幹) 〈?~204〉

자는 원재(元才)이고, 연주 진류(陳留)군 사람. 원상 · 원담 형제의 사촌이다. 199년에 병주자사에 임명되어 병주 통치를 맡는 등 원소의 신임을 받았다. 원소가 죽은 후 일어난 후계자 싸움에서는 원상 편을 들었고, 조조가 업성을 공격했을 때는 관서 방면에서 군사를 일으켜 원상을 도왔다. 업성이 함락된 후에는 조조에게 항복하고 그대로 병주자사로 임명되었으나, 모반을 일으켰다가 살해당했다.

184~206년 이민족의 동향 1

군웅과 합종연횡하며 삼국의 전란에 개입

…

《삼국지》에서 빠져서는 안 되는 것이 이민족의 동향이다. 역대 중국 왕조로부터 침략을 당했거나 아니면 침략했던 이민족은 '삼국지' 시대에도 주요국들과 끊임없이 전쟁하면서 많은 영향을 주고받았다. 삼국지의 군웅할거 시대에 어떤 민족이 어떤 지역에서 어떤 활약을 펼쳤는지 살펴보려 한다.

먼저 이 책에 등장하는 이민족이 2세기 중반까지 어떤 활약을 펼쳤는지 개요부터 설명하겠다.

(글 · 미츠다 타카시)

흉노-전국시대에 강성했다가 1세기 말에 멸망

전국시대의 진(秦) · 조(趙) · 연(燕)나라는 장성을 쌓고 북방에서 강대해진 흉노를 방어했으나, 시황제가 중원을 통일한 후에는 진나라와 동호(東胡) · 월지(月氏)의 압박을 받고 잠시 쇠퇴했다.

그 후, 모돈(冒頓) 선우가 등장하여 동호 · 월지, 그리고 유방(劉邦)을 무찌르는 등 최전성기를 구가한다. 하지만 기원전 1세기, 한 무제가 통치하던 전한 시대에 위청(衛青) · 곽거병(霍去病)에게 패하고 동서로 분열된다. 이후 동흉노가 전한과 함께 서흉노를 멸망시킨다.

1세기에는 동흉노도 남북으로 분열된다. 남흉노는 후한에 복속된 후, 후한의 북쪽 변방에 정착하며 살다, 후한 말에 동란이 일어나자 다시 움직이기 시작한다. 하지만 북흉노가 남흉노의 공격을 받고 선우도 선비에 살해당하면서 1세기 말에 멸망한다.

오환 · 선비-동호의 후예로 오환산의 오환, 선비산의 선비로 구분

춘추시대부터 진(秦)나라 대까지 번영을 누리다 흉노의 모돈 선우에 의해 멸망한 동호의 후예다. 오환산으로 도주한 사람들이 오환족, 선비산으로 도주한 사람들이 선비족이 되었다고 한다.

오환은 원래 흉노에 복종했다가 후한 초기에 흉노가 쇠퇴하자 흉노를 막남(漠南)에서 쫓아낸다. 그 후 많은 오환이 유주에 정착하여 살았는데, 58년과 109년에 각각 반란을 일으켰다가 진압되었다. 하지만 그 과정에서도 조금씩 세력을 늘려갔다.

오환과 풍속이 같았던 선비는 모돈 선우에게 패한 후, 요동의 국경 너머로 도망쳤다. 선비도 오환과 마찬가지로 후한 초기에 남북으로 분열되어 싸우던 흉노가 쇠퇴한 틈에 강대해졌다. 2세기 단석괴(檀石槐)가 지도자에 오르며 강성함을 자랑했으나 그가 죽자 혼란에 빠졌다.

강-중원에 살다가 서북의 산악으로 이주한 티베트계 사람들

강은 은허(殷墟, 중국 하남성에 있는 옛 은나라 유적-역주)에서 출토된 갑골문자에도 이름이 나오는 유목민이다. 원래는 중원 지역에서 살았으나 차츰 서북 방면의 산악 지대로 이주하여 살던 티베트계 사람들이다. 모돈 선우가 등장했을 때는 흉노에 복종했으나, 흉노에 내분이 일어나자 한나라 땅에 이주하여 살았다. 하지만 그전부터 한나라에 살던 사람들과 알력과 다툼이 잦아서 후한 시대에도 자주 반란을 일으켰다.

저-서북 방면의 저지대에서 거주하던 티베트계 사람들

춘추전국시대부터 기록에 등장한 저는 저지대에서 농사를 짓고 물고기를 잡던 사람들로, 강과 마찬가지로 티베트계 사람들이다. 전설상의 개이자 시조이기도 한 반호(盤瓠)의 후예이다. 지금의 섬서(陝西)와 감숙(甘肅), 사천(四川)의 경계에 자리한 산골짜기에서 살았으며, 전한 이후 전저도(湔氐道)와 전저도(甸氐道) 등 저족 이주구가 설치되자 그곳에서 살았다. 하지만 한 무제 시대에 익주가 생기고 무도(武都)군이 설치되면서 평지에 살던 사람들까지 산골짜기로 쫓겨나는 통에 그 후로 자주 반란을 일으켰다.

산월-장강 중하류 이남의 산악 지대에 살던 사람들

산월은 후한부터 기록에 등장하며, 장강 중하류 이남의 산악 지대에 살던 사람들이다. 춘추전국시대에 중원과는 다른 문화를 가진 백월(百越)이라 불리던 사람들 중에서 오나라와 월나라를 건국한 사람들이 등장한다. 그런데 후한이 되면 한족을 포함해 월국의 후예를 비롯한 소수민족이 거주하는 이 지역 사람들을 하나로 뭉뚱그려 산월이라고 부르게 된다. 169년에 단양군의 산월이 군태수를 습격하고 나서 자주 반란을 일으켰다.

만-장강 유역의 형주 남부 지역에 살던 사람들

《후한서》〈남만서남이열전〉에는 장강 유역에 사는 만에 대해서 소개한다. 앞서 나오는 반호를 시조로 하는 반호만, 흙으로 만든 배를 띄워서 군주가 되었고, 사후에 혼백이 백호가 되었다고 하는 늠군(廩君)을 기리는 파군남군만(巴郡南郡蠻), 늠군의 화신인 백호를 퇴치했다고 하여 유방의 관중 평정의 선봉이 되기도 한 판순만이(板楯蠻夷, 등나무로 만든 방패를 들고 싸우는 만)를 꼽을 수 있다(그 외에도 교지군에 살던 만이가 기록되어 있다).

반호만은 발상지인 무릉을 중심으로 형주 남부에 살았는데, 사는 지역에 따라 무릉만(武陵蠻) · 장사만(長沙蠻) · 영릉만(零陵蠻) · 계양만(桂陽蠻)으로 불리며 자주 반란을 일으켰다.

파군남군만은 파군과 남군(촉한의 건평군)의 산골짜기에 살던 만인데, 후한 초기 · 중기에 반란을 일으키다 일부가 강하군으로 강제 이주당했다. 강하군으로 강제 이주한 만은 거병했다가 진압되곤 했는데, 180년에 노강(盧江)군의 도적과 결탁하여 수년이나 노략질을 하다 후한 말기에 여강태수 육강(陸康)에게 진압되었다.

판순만은 전한에는 한군의 선봉에 나섰고, 후한 이후에도 군태수가 출진할 때 함께 참전했으나 환제가 제위에 오른 후부터 자주 반란을 일으켰다. 전한에서는 조세 감면의 혜택을 주었지만, 후한에서는 국가 재정 수입의 증대를 노리고 조세 제도상의 우대 조치를 취소했기 때문이다.

서남이 - 익주 방면의 한족을 제외한 이민족을 통칭

서남이(西南夷)는 현재 사천 남부에서 운남(雲南) · 귀주(貴州)를 중심으로 살던 한족을 제외한 나머지 민족을 가리킨다. '야랑자대(夜郎自大, 자기 분수를 모르고 위세 부리는 것을 가리키는 말로 쓰인다-역주)'란 말로 잘 알려진 야랑과 전(滇), 애뢰(哀牢)뿐만 아니라 익주의 서북방(청해 방면)에서 이주해 온 강과 저도 포함되며, 이들은 각자 나라를 세웠다.

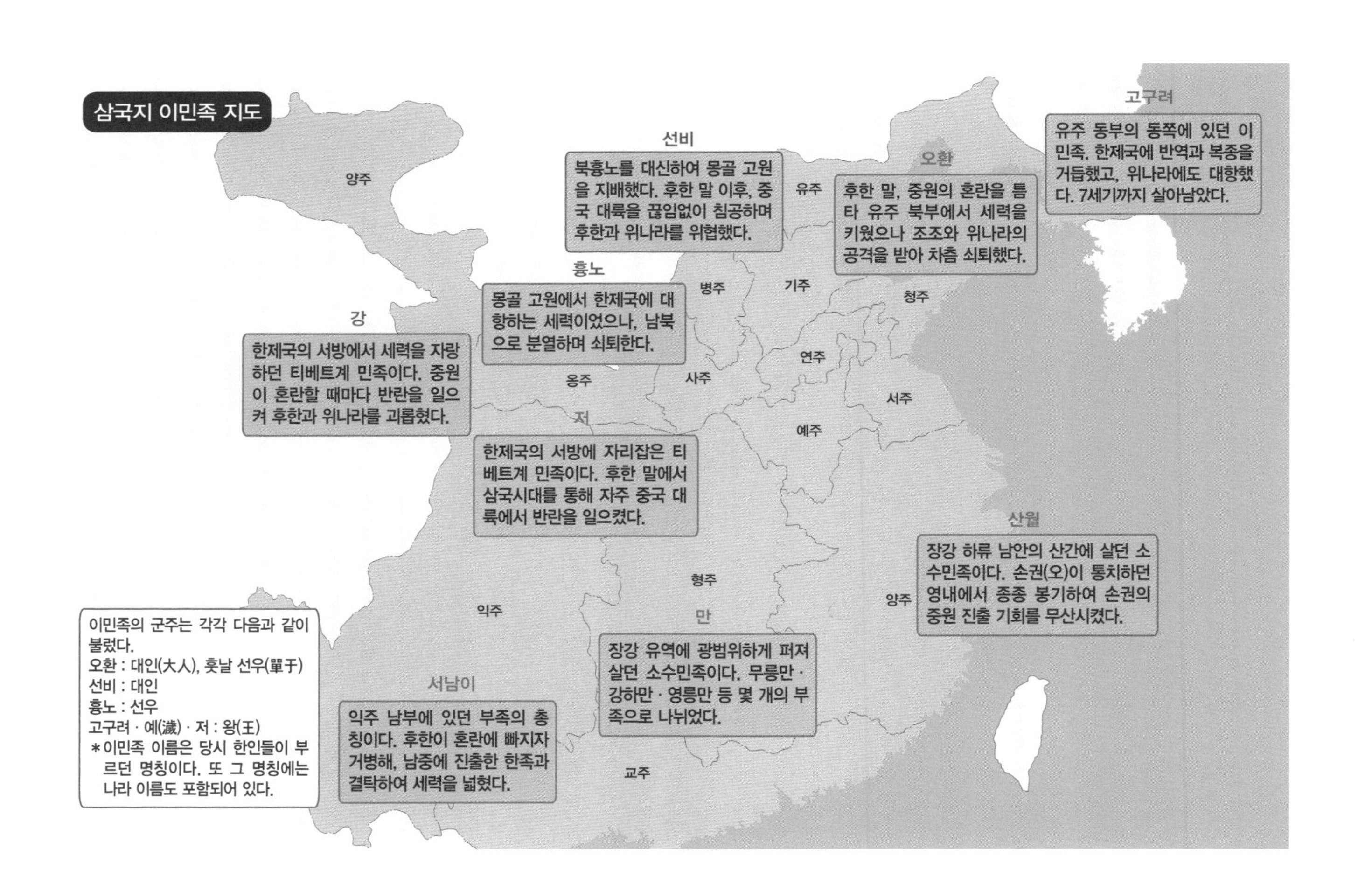
삼국지 이민족 지도
양주
선비
북흉노를 대신하여 몽골 고원을 지배했다. 후한 말 이후, 중국 대륙을 끊임없이 침공하며 후한과 위나라를 위협했다.
유주
오환
후한 말, 중원의 혼란을 틈타 유주 북부에서 세력을 키웠으나 조조와 위나라의 공격을 받아 차츰 쇠퇴했다.
고구려
유주 동부의 동쪽에 있던 이민족. 한제국에 반역과 복종을 거듭했고, 위나라에도 대항했다. 7세기까지 살아남았다.
흉노
몽골 고원에서 한제국에 대항하는 세력이었으나, 남북으로 분열하며 쇠퇴한다.
병주
기주
청주
강
한제국의 서방에서 세력을 자랑하던 티베트계 민족이다. 중원이 혼란할 때마다 반란을 일으켜 후한과 위나라를 괴롭혔다.
연주
옹주
사주
서주
저
예주
한제국의 서방에 자리잡은 티베트계 민족이다. 후한 말에서 삼국시대를 통해 자주 중국 대륙에서 반란을 일으켰다.
산월
장강 하류 남안의 산간에 살던 소수민족이다. 손권(오)이 통치하던 영내에서 종종 봉기하여 손권의 중원 진출 기회를 무산시켰다.
형주
익주
양주
만
장강 유역에 광범위하게 퍼져 살던 소수민족이다. 무릉만 · 강하만 · 영릉만 등 몇 개의 부족으로 나뉘었다.
서남이
익주 남부에 있던 부족의 총칭이다. 후한이 혼란에 빠지자 거병해, 남중에 진출한 한족과 결탁하여 세력을 넓혔다.
교주
이민족의 군주는 각각 다음과 같이 불렸다.
오환 : 대인(大人), 훗날 선우(單于)
선비 : 대인
흉노 : 선우
고구려 · 예(濊) · 저 : 왕(王)
* 이민족 이름은 당시 한인들이 부르던 명칭이다. 또 그 명칭에는 나라 이름도 포함되어 있다.

전한 시대에 한 무제는 서방으로 이어지는 교통로를 확보하기 위해 익주군을 설치했다. 하지만 곤명에서 격렬하게 저항하는 바람에, 명제가 통치하던 후한에 들어와서야 겨우 운남 서부에 한나라의 지배권이 미쳤다. 그런데 전한 시대 이후 서쪽 방면으로 실크로드가 개척되고, 한나라 사람들이 이들을 수탈하는 통에 자주 반란을 일으키면서 서남이에 대한 한나라의 태도는 소극적이 되었다.

예맥-중국 동북 지역에서 한반도에 걸쳐 살던 사람들

예(濊)와 맥(貊)은 주(周)나라 대부터 기록에 있다. 현재의 중국 동북 지역에서 한반도에 걸쳐 살던 사람들로 예맥, 부여(夫余), 고구려(高句麗), 옥저(沃沮)로 나뉘어 있었다고 한다. 전한 무제 시대 이후에는 임둔(臨屯)군 · 현도(玄菟)군에 속했고, 나중에 낙랑(樂浪)군의 지배를 받았다.

후한 시대가 되면 변경에 군(郡)이 사라지고 예맥 등을 비롯한 이민족 수장들이 제후로 봉해진다. 광무제(光武帝)가 다스리던 시절에는 부여의 왕도 황제에게 조공을 바쳤다. 122년에는 부여가 현도군을 구하고, 고구려와 마한(馬韓) · 예맥을 무찔렀다고 한다. 훗날 예맥과 옥저는 고구려에 복속되었다. 또 한반도 남부에는 마한 · 변한(弁韓) · 진한(辰韓)으로 나뉘어 한을 구성했다.

고구려 · 왜-요동 동쪽과 한반도 북부의 고구려와, 일본 열도의 왜

고구려는 요동의 동쪽에서 한반도의 북부에 걸쳐 있었는데, 그 명칭은 전한 무제 시대에 설치된 현도군의 현 이름(고구려현)에서 유래한다. 훗날 현도군에 살던 한족(맥계라고도 한다)을 몰아낸 고구려족 사람들이 건국했다고 추정한다. 후한 광무제에게서 왕에 봉해졌으나, 2세기에 들어서면 어느 때는 요동 · 현도 · 낙랑 · 대방(帶方)군에 침공했다가 또 어느 때는 조공하는 등 일관된 정책을 펴지 않았다. 그러다 169년, 현도태수 경림(耿臨)이 고구려를 토벌하며 일부가 현도군에 복속되었다.

왜(倭)는 오늘날의 일본 열도에 살던 사람들을 칭한다. 전한 시대부터 100여 개의 집락으로 나뉘어 살았고, 중국에 공물을 바쳤다. 작은 나라들이 분립하던 상황에서 2세기 중반에 큰 전란이 계속되자 남자 왕으로는 이를 수습하기 어렵다고 여기고 여왕 히미코(卑弥呼)를 옹립하여 야마타이국(邪馬臺國) 연합을 성립했다.

후한 말 황건의 난 이후 주변 이민족들의 움직임도 활발

황건의 난 이후 주변 이민족의 움직임도 활발해진다. 그래서 여기에서는 본문에 나오지 않는 내용을 중심으로 하여 이민족의 동향과 삼국의 정책을 설명하려 한다. 먼저 184~189년에 동탁이 정권을 잡기까지의 동향을 정리해보자.

서북 방면에서는 184년 겨울에 황중의종호(湟中義從胡)의 북궁백옥(北宮伯玉), 선령강, 변장과 한수 등이 군사를 일으켰다. 185년 3월에는 북궁백옥 등이 삼보(三輔, 장안 주변의 관중 지역을 가리킨다)에 침공했는데, 황보숭도 이들을 대적하지 못하여 결국 장온이 파견되어 격파했다.

유중(楡中)에서는 북궁백옥을 포위하던 주신(周慎)과 선령강을 동탁이 공격하여 처음에는 고전했으나 185년 11월에 진압했다. 187년 4월에는 한수가 다시 거병하고 마등 · 왕국도 이에 호응했으나 이듬해 11월에 왕국이 패하자 분열했다. 188년 11월에는 왕국이 진창을 포위했으나 황보숭이 구원

고구려 시대에 그려진 것으로 추정되는 수렵도 벽화.

에 나서, 189년 2월에 이들을 격퇴했다.

북방에서는 남흉노와도 손잡을 가능성이 있던 흑산적이 185년 2월에 거병했다. 187년 12월에는 휴도각호(休屠各胡)가 배반하고, 188년 1월에 서하에 침공했다. 188년 2월과 9월에는 백파적이 남흉노와 함께 하동에 침공했다.

선비는 185년과 186년 12월에 유주 · 병주에 침공했다. 또 187년 6월에는 북방의 유주 어양군에서 오환과도 손을 잡은 장순이 군사를 일으켰다. 이로 말미암아 오환이 통합되며 강대해졌으나, 유우의 회유책으로 장순이 살해되면서 반란이 진압되었다.

남방에서는 186년 10월에 무릉만이 거병했다. 188년에는 파군의 판순만도 반란을 일으켰다가 진압되었다.

주의할 점은 189년에 정권을 잡은 동탁의 휘하에도 강족의 병사가 있었다는 사실이다. 동탁이 정권을 잡은 후인 189년 10월부터 남흉노와 손잡을 가능성이 높은 백파적이 하동에 침공했다. 이듬해 190년 1월에는 동군에도 침공했다.

삼국시대를 주도한 군웅과 주변 이민족의 관계

189년부터 190년에 걸쳐 공손탁이 요동에 들어가 바다 건너 산동 반도 북연안까지 접수하며 독립했다. 이로써 공손탁은 '발해 만의 지중해'를 지배하게 되면서 동쪽으로는 고구려, 북쪽으로는 오환까지 공격하여 점차 세력을 확대했다.

비슷한 시기에 남방의 교지 방면에서는 이 지역에 터를 잡고 살던 남월(南越) 사람들을 비롯한 이민족을 지배하던 사섭(士燮) 정권이 사실상 독립한 세력으로 존재했다.

191~192년에 걸쳐 흑산적이 위군 · 동군에 침공하자 조조는 급히 동군으로 달려가 흑산적과 남흉노의 선우이자 후한에 망명한 어부라를 무찔렀다. 또 192년 3월, 기주의 업현에서는 원소의 예비 부대가 반란을 일으키고 흑산적과 결탁했는데, 이 또한 동탁 세력이 배경에 있던 것으로 보인다.

191년에는 장노가 유언으로부터 한중을 공략하라는 명을 받았으나 그대로 한중에 눌러앉아 도교의 일파인 오두미도 교단을 조직했다고 한다. 이때 중추가 된 조직이 판순만이었다.

194년 8월에는 풍익(馮翊)의 강족이 반란을 일으키자 곽사 · 번조가 이들을 무찔렀다. 195년에 원래는 조정에서 녹을 먹던 신하들이 백파적과 연합하여 동탁의 전 부하들을 따돌리고 장안을 탈출해 낙양으로 돌아갔다. 이때 백파적 출신인 한섬과 함께 헌제를 낙양까지 모시고 간 사람이 흉노 출신인 거비(去卑, 어부라의 숙부)이다. 그 후, 거비는 허도로 거처를 옮겼다가 하동으로 돌아갔는데, 이때 조조와 연합한 것으로 보인다.

또 손책이 강동을 평정하려던 무렵, 원술이 이를 두려워하여 단양에 있던 산월의 종사(宗師)와 내통하여 손책에게 타격을 주려고 했으나 도리어 손책에게 토벌당했다. 하지만 손권이 정권을 잡은 후에도 200년에 부춘(富春)의 산민(山民)이 반란을 일으키는 등 자주 반란을 일으키며 손권을 괴롭혔다.

204년, 공손탁은 조조가 파견한 낙랑태수 양무(涼茂)가 부임하지 못하게 막았는데, 이 일로 그가 낙랑군도 지배하고 있었음이 밝혀졌다. 나아가 공손탁은 조조가 원정 간 틈을 타 방비가 허술해진 업현을 공격하려고 했으나 양무의 설득으로 포기했다. 이보다 전에는 조조가 상소하여 공손탁을 무위장군 영녕향후로 봉했으나, "나는 요동의 황이다. 영녕 따위가 뭐라고!"라고 분노하며 인수를 무기고에 처넣었다고 한다.

공손탁이 세상을 뜨고 아들 공손강이 뒤를 이었다. 공손강은 한(韓)과 예(濊)를 토벌하여, 한으로 유입되던 지역 사람들을 자신의 지배권으로 받아들였다. 이 일이 있은 후, 한과 왜는 대방군에 속하게 되었다고 한다. 또한 그는 고구려를 토벌했고, 오환에서는 선우의 인수를 하사하려다 실패했다.

2장

207~220

적벽대전과 삼국시대의 개막

207~208
조조의 적벽대전 참패,
유비의 삼국지 무대 등장

208년경 적벽대전과 유비의 등장
양주
한수 등
송건
유장
익주
207년 유비의 삼고초려
유비가 삼고의 예를 갖추고 제갈량을 자신의 군사로 맞이한다.
208년 8월 유종이 조조에게 항복
조조가 형주 토벌에 나서자 유표의 후계자 유종은 조조에게 투항한다.
208년 장판 전투
번성을 탈출한 유비군이 장판에서 조조군에게 대패한다.
208년 손권군의 강릉 포위전
손권군의 주유가 조인이 지키는 강릉을 포위하여 1년에 걸쳐 대치한다.
208년 유비의 형주 남부 정복전
적벽대전에서 조조군을 물리친 후, 유비가 장강 이남의 형주 4군을 정복하기 위해 나선다.

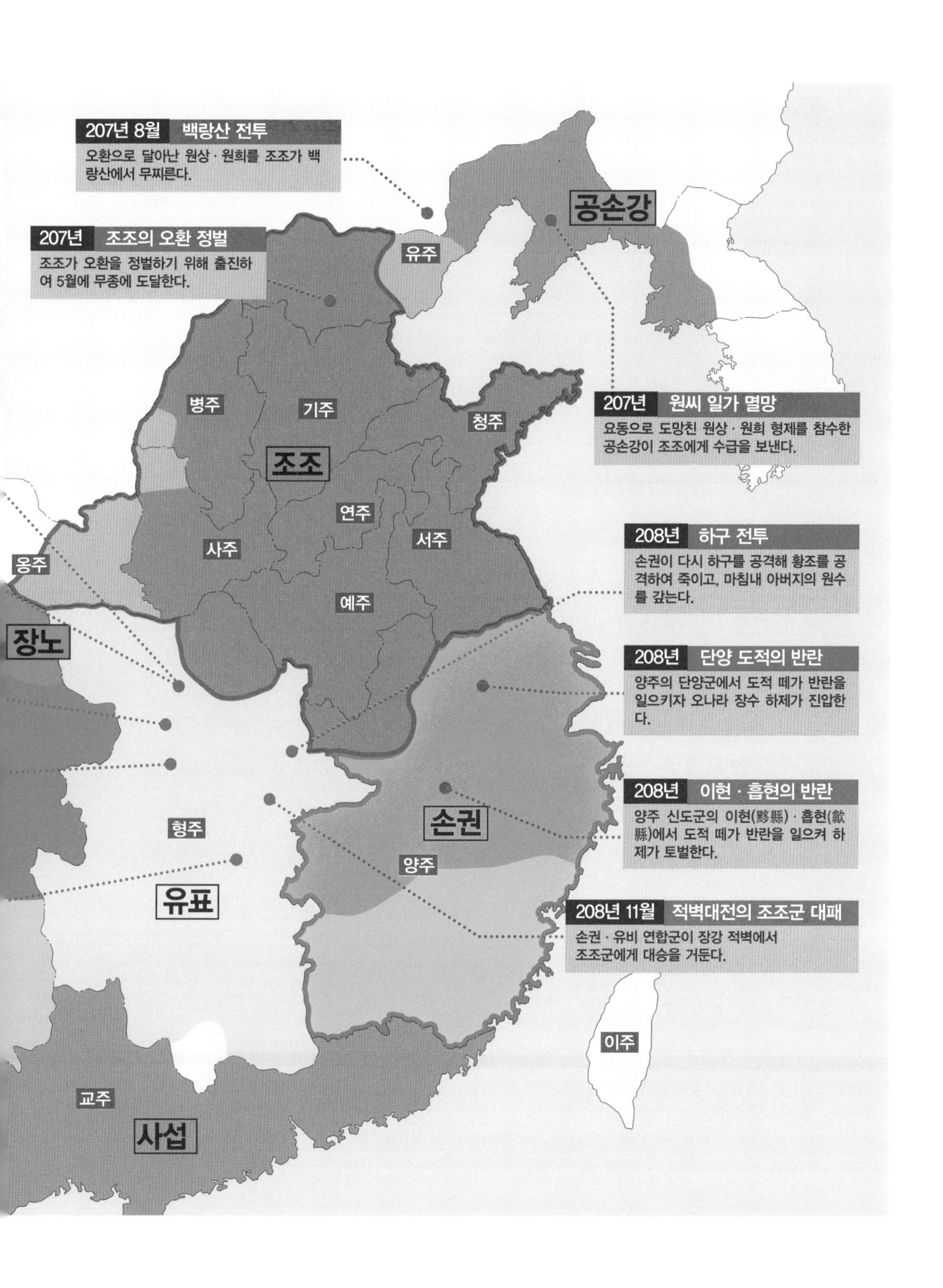
207년 8월 백랑산 전투
오환으로 달아난 원상 · 원희를 조조가 백랑산에서 무찌른다.
207년 조조의 오환 정벌
조조가 오환을 정벌하기 위해 출진하여 5월에 무종에 도달한다.
공손강
유주
병주
기주
청주
조조
207년 원씨 일가 멸망
요동으로 도망친 원상 · 원희 형제를 참수한 공손강이 조조에게 수급을 보낸다.
연주
서주
사주
옹주
208년 하구 전투
손권이 다시 하구를 공격해 황조를 공격하여 죽이고, 마침내 아버지의 원수를 갚는다.
예주
장노
208년 단양 도적의 반란
양주의 단양군에서 도적 떼가 반란을 일으키자 오나라 장수 하제가 진압한다.
208년 이현 · 흡현의 반란
양주 신도군의 이현(黟縣) · 흡현(歙縣)에서 도적 떼가 반란을 일으켜 하제가 토벌한다.
형주
손권
양주
유표
208년 11월 적벽대전의 조조군 대패
손권 · 유비 연합군이 장강 적벽에서 조조군에게 대승을 거둔다.
이주
교주
사섭

공손강이 조조에게 원희 · 원상의 수급을 헌상해 원씨 가문 멸망

원상은 유주 고안에 있던 원희에게 도주하지만, 여기서도 원희의 부장에게 배신당하는 수모를 당한다. 결국 원희 · 원상은 오환의 선우 답돈(蹋頓)에게 몸을 맡기려 요서군까지 달아났다.

207년, 조조는 오환 땅으로 도망친 원희 · 원상을 쫓아 다시 유주로 출진한다. 이에 유주의 요서 · 요동 · 우북평(右北平)을 다스리던 오환은 병주의 안문(雁門)을 점거하고, 조조와의 대결에 앞서 방어 태세를 단단히 했다.

하지만 조조 진영에서는 오환이 머나먼 혹한의 땅이고, 또 형주의 유표 · 유비의 동향도 신경이 쓰인다며, 다수가 오환을 토벌하는 원정에 반대 의견을 제시했다. 하지만 원정을 유일하게 지지하던 곽가가 "유표는 의심이 많아 유비를 중용하지 않을 겁니다"라는 의견을 내자 이를 받아들이고 원정을 단행했다.

조조군은 동북부 지역의 해안로를 거슬러 올라가 5월에 유주 무종(無終)에 도착했다. 하지만 7월에 대홍수가 일어나는 통에 진군이 불가능해졌다. 난처한 상황에 처한 조조군 앞에, 이전에 유우의 휘하에 있던 전주(田疇)가 돕겠다고 나섰다. 조조군은 전주의 안내를 받아 깊은 산속을 진군하며 오환의 본거지인 유성(柳城)으로 향했다. 조조군의 진군을 알아차린 원희 · 원상은 답돈과 요서의 선우 누반(樓班), 우북평의 선우 능신저지(能臣抵之)와 함께 조조군에게 맞서 싸우기 위해 기병 부대만 수만 명을 이끌고 출진했다.

그리고 8월, 양군은 백랑산(白狼山)에서 만나 결전을 벌인다. 본거지에서 벌어진 전투에 사기충천한 오환의 군대에 조조군은 열세에 몰렸지만, 조조군 제일의 기병대장 장료(張遼)가 적진에 돌격하여 답돈을 베고 오환군을 붕괴시켰다.

하는 수 없이 패주하게 된 원상 · 원희는 요동에서 거의 독립적인 세력을 유지하던 공손강에게 몸을 의탁하기 위해 도망친다. 하지만 조조의 후환을 두려워한 공손강은 원희 · 원상을 살해하고, 그들의 수급을 조조에게 보냈다. 이렇게 해서 사세삼공(四世三公, 4대에 걸쳐 다섯 명의 삼공을 배출했다는 뜻이다-역주)의 원씨 가문은 멸망한다. 조조는 이 전투 승리의 결과로 20만 명이나 되는 오환의 군대를 자군에 흡수하면서 세력을 더욱 확장했다.

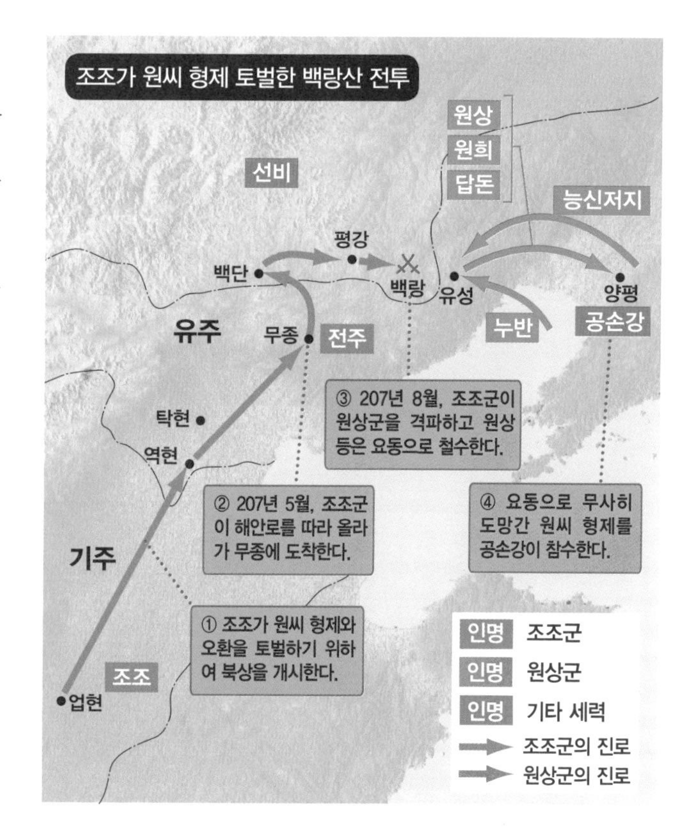

군사 제갈량을 품에 안고, 유비가 삼국지 무대에 오르다

《삼국지》를 논할 때 빼놓을 수 없는 인물이 제갈량(諸葛亮)이다. 그가 유비의 휘하에 들어간 것이 마침 이 무렵이다. 유비가 형주에 머물면서도 유표의 가신이 되지도 못한 채 겉돌던 시기이다. 이때 유표가 천하의 주인이 될 수 없다고 생각한 양양(襄陽)의 명사들이 유비에게 관심을 보이기 시작한다.

유비야말로 왕실의 일족으로서 한 왕조의 부흥을 감당할 수 있는 대의명분을 가진 적임자로 판단한 것이다. 그리고 백성의 마음을 얻을 줄 알고, 게다가 조조마저도 인정한 천하의 영웅 가운데 하나가 아니겠는가.

당시 유비의 참모로 활약하던 서서(徐庶, 나중에 자신의 어머니를 인질로 잡아간 조조에게 투항)가 제갈량을 와룡(臥龍)에 비유하며 적극적으로 천거한다. 삼고의 예로 초빙한 제갈량은 유비에게 '천하삼분지계'를 주장한다. 평생을 마상(馬上)에서 천하를 누빈 유비는 이때 처음으로 전략을 손에 넣었다고 할 수 있다.

단, 유비가 제갈량을 인정한 이유가 천하삼분지계가 아니라 형주의 병력 증강안이었다고 하는 설도 있다. 당시 형주에는 전란을 피해 도망쳐 온 유랑민이 많았는데, 그들은 징병을 면하기 위해 호적에 들어가지 않았다. 이는 중원으로 진출하려는 적극성이 결여된 유표에게 원인이 있었는지도 모른다. 어쨌든 제갈량은 그들을 호적에 편입하여 병력을 증강하자고 제의했다.

손권이 아버지 손견을 죽인 불구대천의 원수 황조를 토벌하다

한편 208년, 강동의 손권은 다시 황조를 토벌하기 위하여 군사를 일으켰다. 황조와 도독 소비(蘇飛)의 머리를 넣을 상자까지 준비했다고 하니 필승을 다짐한 출정이었으리라.

손권군은 선봉에 선 능통(凌統)군이 장석(張碩)이 이끄는 수군을 괴멸하며 서전을 장식했다. 그리고 더 나아가 몽충(蒙衝, 적함에 돌진하여 선체를 부수는 대형 전함)을 연결한 사슬을 끊고, 적군의 요새를 무너트리며 기세를 올렸다.

몽충 돌파에 놀란 황조는 부장 진취(陳就)가 이끄는 수군을 출동시키지만, 하늘을 찌를 듯한 손권군의 기세를 막을 수는 없었다. 여기에 여몽이 진취의 수급을 들어 올리자, 손권군은 거칠 것 없이 하구의 황조 본진으로 돌격해 들어갔다.

최후의 방어선인 수군을 잃은 황조는 성을 버리고 달아나지만, 도중에 풍칙(馮則)이라는 하급 병사에게 붙잡혀 살해당했다. 통상 이러한 하급 병사의 무

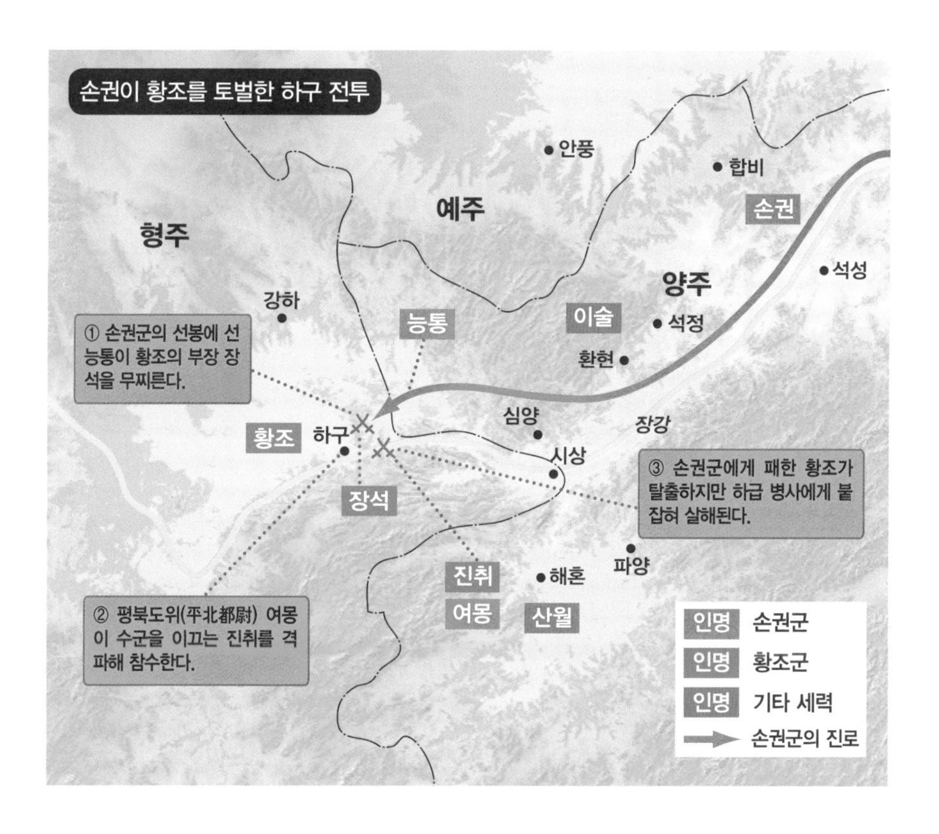

훈은 직속상관의 공이 되지만, 황조에 한해서는 풍칙의 이름이 기록에 남아 있다. 오나라에서 황조가 얼마나 증오의 대상이었는지 엿볼 수 있는 대목이다.

황조 토벌에 성공한 손권은 그해 단양 · 이 · 흡 등 각 현에서 봉기한 산월을 하제로 하여금 토벌하게 하고 강동 일대에 자신의 영향력을 확대했다.

조조가 형주 토벌에 나서자, 유비는 손권과 손잡기 위해 강남행

원씨 일가를 멸망시키고 유주에서 업현으로 귀환한 조조는 208년 1월, 삼공(三公, 중국, 한국, 일본 등의 동아시아 국가에서 근대 이전에 3개의 최고위 재상의 직위를 나타냈던 말로, 중국 주(周)의 관제에서 비롯되었다-역주)을 폐지하고 승상(丞相)과 어사대부(御史大夫, 전한 대에 승상에 버금가는 벼슬로, 후에 이름을 대사공으로 바꾸었다가 후한 대에 사공이 된 벼슬이다. 다만 조조 대에는 실권이 없었다고 한다-역주)를 설치했다. 6월에는 스스로 승상의 자리에 오르며 독재 체제를 확고히 했다. 이로써 이름뿐인 황제(헌제)는 점점 더 조조의 지령 발급기 같은 존재로 전락하고 말았다.

이렇게 해서 내정을 정비한 조조는 같은 해 7월, 형주를 정복하기로 결심하고 곧장 남방으로 향한다. 그런데 도중에 공격해야 할 상대인 유표가 세상을 떠나고, 유표의 뒤를 이어 장자인 유기(劉琦)가 아니라 어머니가 다른 차남 유종(劉琮)이 형주목에 오른다.

유종은 조조와의 개전을 외쳤으나 토착 호족인 채모(蔡瑁)와 괴월(蒯越), 장윤(張允) 등의 반대를 이기지 못하고 조조에게 무조건 항복한다. 호족들의

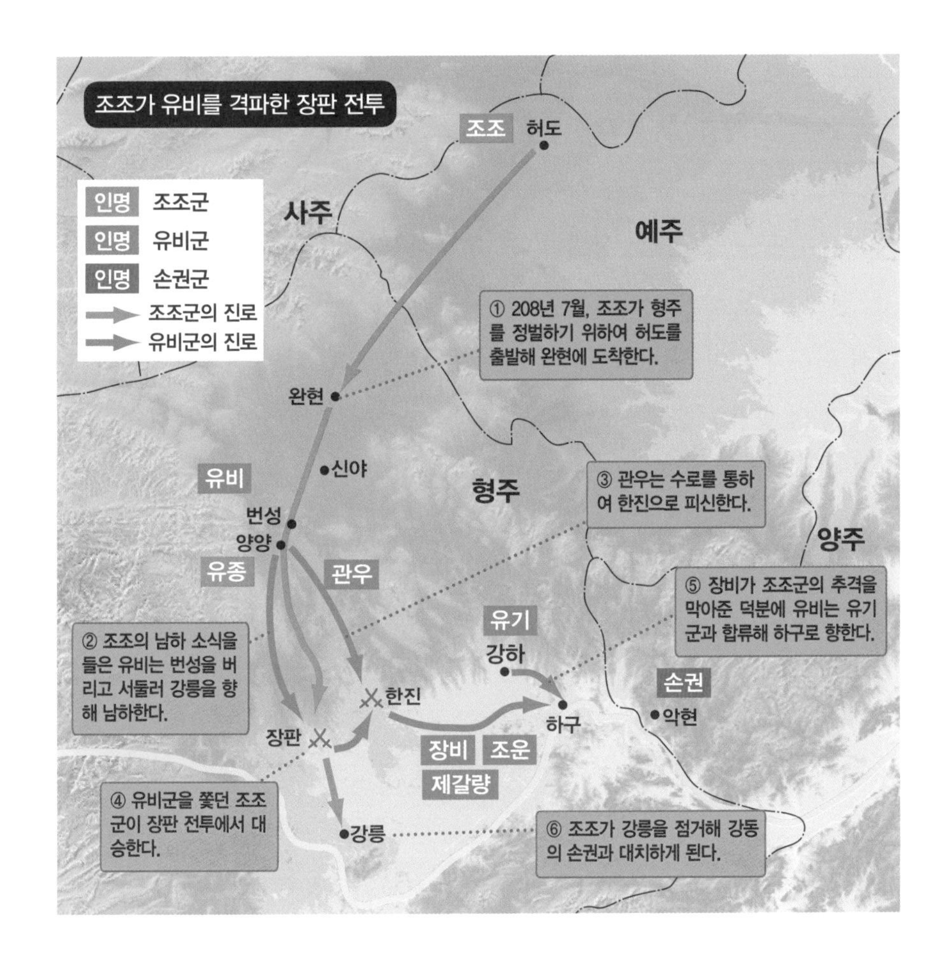

입장에서는 주군이 유종이 되든 조조가 되든 자신들의 지위와 권익만 지킬 수 있으면 그만이었다. 그런 의미에서 유표에게는 정황상 복종할 가치가 있었으나, 유종에게까지 목숨을 바칠 이유가 없었던 것이다.

이때 유표 아래서 번성에 주둔해 있던 유비는 조조가 형주를 침공했다는 소식을 듣자마자 번성을 버리고 남쪽 강릉(江陵)으로 서둘러 퇴각했다.

유비는 조조가 침공하는 도중에 양양을 점거한 후 자신을 쫓아올 거라고 방심했다. 하지만 보급까지 미루며 양양에 도착한 조조는 유비가 양양을 통과했다는 보고를 듣고는, 뒷일을 후임에게 맡기고 직접 5,000명의 군사를 이끌고 서둘러 유비를 추격했다.

후퇴하는 유비군 진영은 유비를 흠모하여 따라온 백성까지 합쳐 10만 명이 넘는 대규모 집단으로 움직이고 있었다. 따라서 진군이 더딜 수밖에 없었고, 결국 장판(長阪)에서 조조군에게 따라잡히고 말았다. 그러자 유비는 또다시 처자식을 버리고 도망쳤다. 얼마 안 되는 병사로 후방을 잘 막아낸 장비(張飛)의 활약 덕분에 구사일생으로 살아난 유비는, 1만여 명의 병사를 이끌고 달려온 유기와 합류하여 하구로 진군한다.

유비군과 동행하던 민간인 대부분을 포로로 잡은 조조는 그대로 강릉을 점거하고 마침내 강동의 손권과 대치하게 된다.

조조가 적벽대전에서 손권과 유비에게 패한 후 삼국정립 시작

그 무렵, 손권은 시상에 머물고 있었다. 이때 유종의 항복으로 강릉이 정복되었다는 소식을 들은 손권 진영 내에서는 조조에게 항복하자는 의견이 대세였다.

영내에는 여전히 산월이 통제 불능의 상태에서 날뛰는 데다, 앞서 투항한 형주의 호족들이 조조에게 후한 대접을 받았다는 소식에 손권 진영 내 토착 호족들이 일제히 투항을 요구한 것이다. 원래 손권군은 지배층 다수가 호족과 사대부로 구성되어 있어 진영 내에서 그들의 의견을 무시할 수 없었다.

이에 반해 주전파 노숙(魯肅)과 주유는 싸우자는 입장이었다. 유비가 장판에서 대패했다는 소식을 들은 노숙은 급히 유비와 만나 동맹을 맺고 제갈량

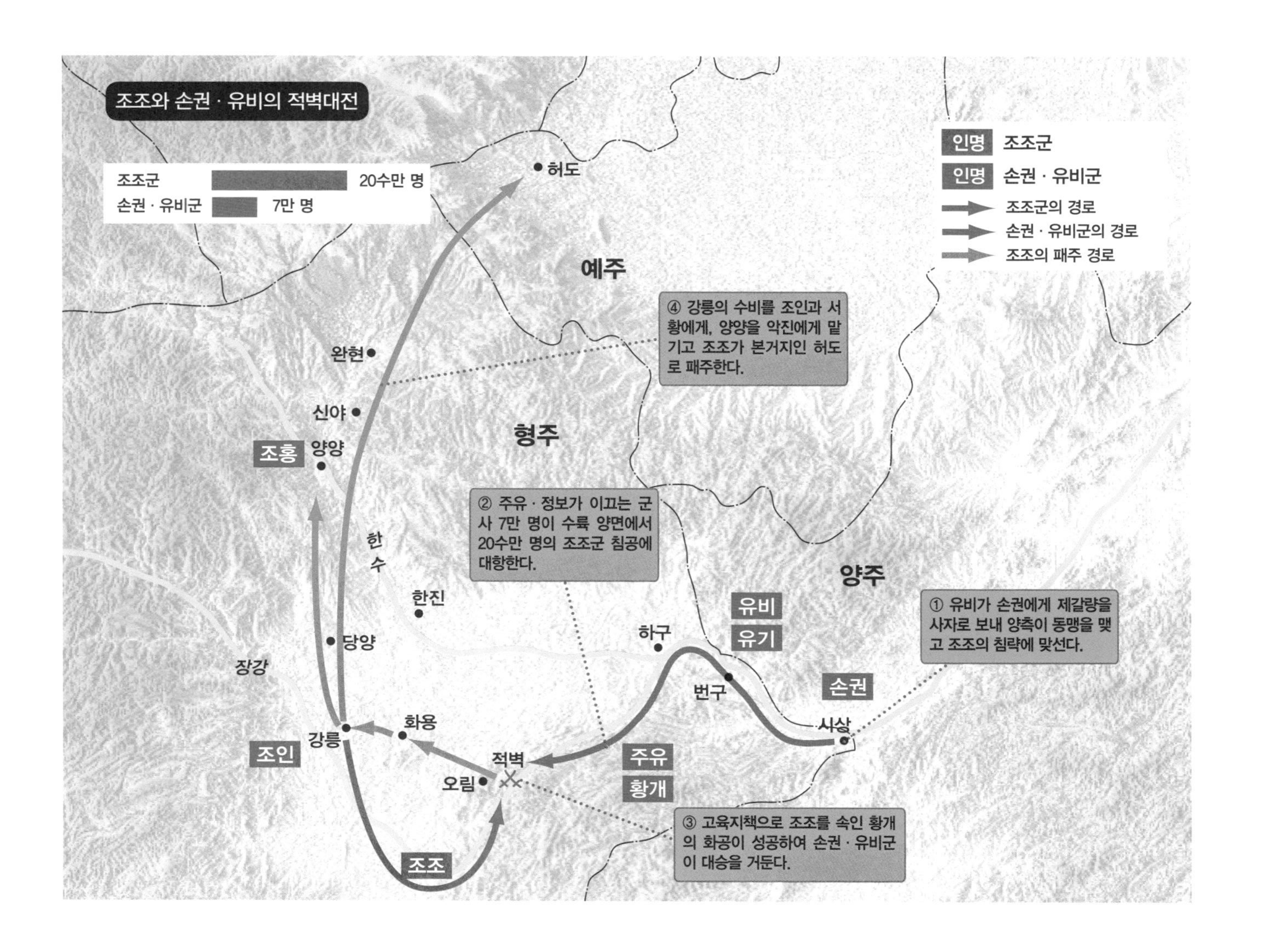
조조와 손권 · 유비의 적벽대전
조조군 20수만 명
손권 · 유비군 7만 명
인명 조조군
인명 손권 · 유비군
조조군의 경로
손권 · 유비군의 경로
조조의 패주 경로
허도
예주
형주
양주
완현
신야
조홍
양양
한수
한진
당양
장강
강릉
조인
화용
오림
적벽
조조
하구
번구
유비
유기
손권
시상
주유
황개
④ 강릉의 수비를 조인과 서황에게, 양양을 악진에게 맡기고 조조가 본거지인 허도로 패주한다.
② 주유 · 정보가 이끄는 군사 7만 명이 수륙 양면에서 20수만 명의 조조군 침공에 대항한다.
① 유비가 손권에게 제갈량을 사자로 보내 양측이 동맹을 맺고 조조의 침략에 맞선다.
③ 고육지책으로 조조를 속인 황개의 화공이 성공하여 손권 · 유비군이 대승을 거둔다.

적벽대전의 가상도
유비군
장판
강릉
조조군
오림
장강

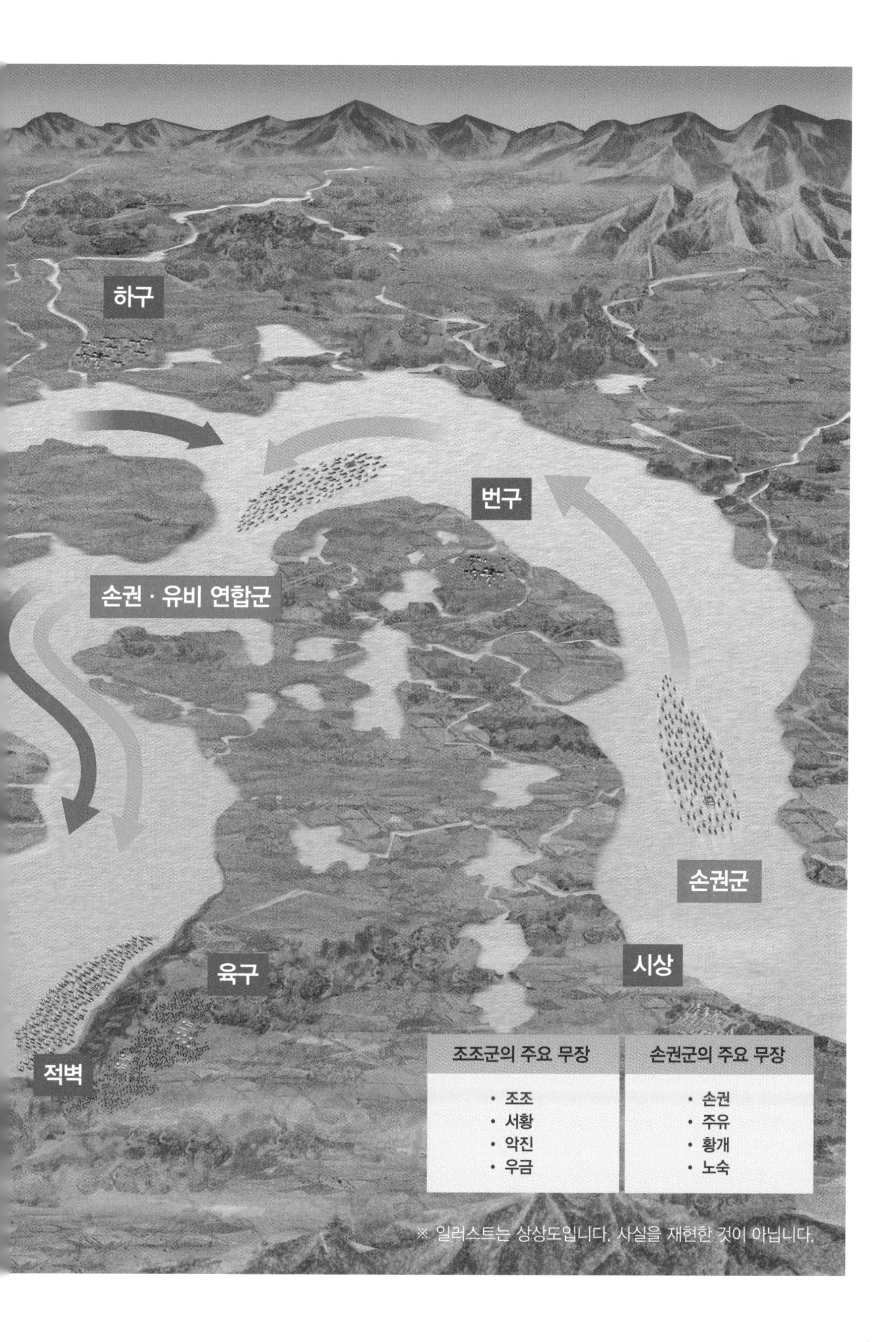
하구
번구
손권 · 유비 연합군
손권군
시상
육구
적벽
조조군의 주요 무장
• 조조
• 서황
• 악진
• 우금
손권군의 주요 무장
• 손권
• 주유
• 황개
• 노숙
※ 일러스트는 상상도입니다. 사실을 재현한 것이 아닙니다.

을 손권에게 소개했다. 그리고 유비와 연합하여 조조를 물리칠 책략을 손권에게 진언했다. 아마도 그는 무모한 전쟁을 하려는 게 아니라 자신들에게 승기가 있다고 판단했던 것 같다.

조조군이 수십만 명을 헤아리는 대군이라고 하나 지금까지의 강행군으로 지칠 대로 지쳐 있었다. 게다가 새로 가담한 형주병은 조조가 믿고 함께 전투를 치를 만한 군사들이 아니었다. 또 조조군에는 북방 출신의 무인이 많아서 수전에 익숙하지 않았고, 한수 · 마초 등이 여전히 책동하는 등 서북 방면의 배후도 그리 안정된 정세는 아니었다.

노숙은 파양군에서 달려와 열변을 토하던 주유를 거들어 손권을 설득했다. 결국 손권은 주유 등의 의견을 받아들여 개전을 결정했다. 이렇게 해서 적벽대전(赤壁大戰)은 급물살을 타게 된다.

208년 10월, 수로를 통해 육구(陸口)로 가서 손권 진영을 단숨에 쳐부수려고 벼르던 조조군도 출격을 개시해 양군은 마침내 적벽에서 조우한다.

《오지(嗚志)》(중국 진나라 진수(陳壽)가 펴낸 《삼국지》의 하나. 오나라의 역사를 기술한 것으로, 본기 없이 20열전으로 나누었다-역주) 및 그 주석에 따르면, 손권의 부장 황개는 밀집해 있는 조조군의 함대에 화공 작전을 쓰자고 진언한다. 그리고 주유도 그 제안에 찬성한다. 조조에게 거짓 투항서를 보낸 황개는 함대 수십 척에 화공을 전개할 준비를 하고 조조군을 향해 진군한다.

조조는 황개가 자신을 속인 줄도 모르고 그를 신용하여, 불타는 배가 돌진하는 것을 보고도 막으려 하지 않았다. 결국 조조군의 선단은 화염에 휩싸여 모조리 타버렸고, 강가의 육지에 포진해 있던 진영까지도 불똥이 튀어 불바다로 변하고 말았다. 조조군의 참패였다.

거기에 주유군이 조조군 진영으로 상륙하여 토벌에 나서자 조조는 혼비백

산하여 강릉으로 패주했다. 이렇게 해서 조조의 강동 정벌은 참담한 실패로 끝났다. 적벽대전의 승리로 손권은 강남의 대부분을 차지했고, 유비도 형주의 일부분을 차지해 촉한의 기틀을 마련했다.

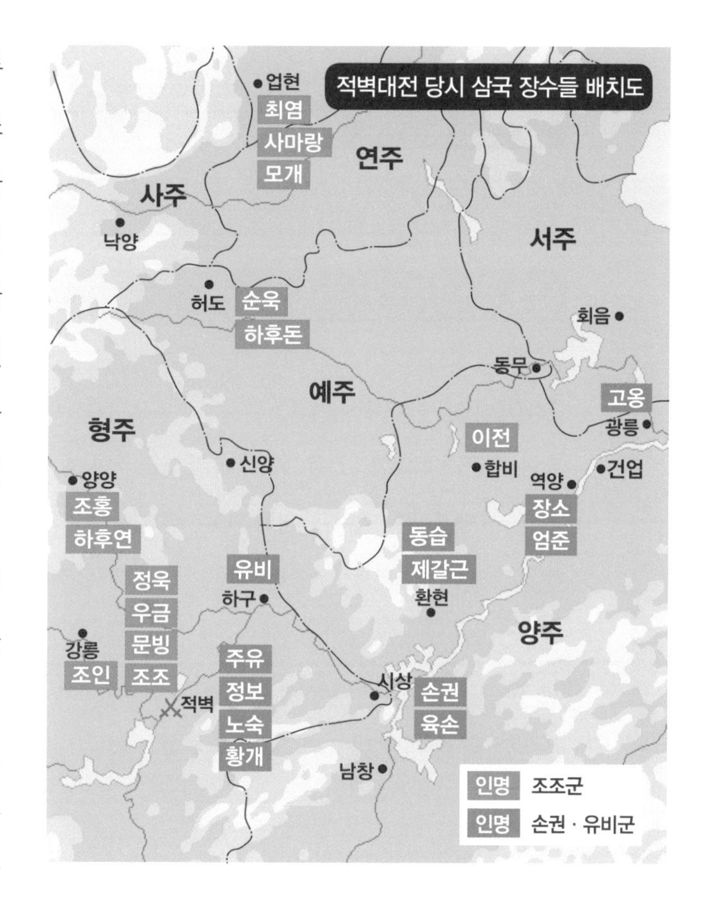

그때, 유비는 적벽의 후방 번구(樊口)에서 관우를 비롯한 2,000여 명의 군사와 함께 포진해 있었다. 하지만 전투에 참가하지 않고 전황만 지켜보았다고 한다. 아마도 손권군이 불리해졌다면 도망치려고 했을 것이다. 그 결과, 유비군은 아무 피해도 입지 않았고, 시대는 제갈량의 예언대로 삼국정립으로 서서히 움직이기 시작했다.

인물 삼국지 열전

전주(田疇) 〈169~214〉

자는 자태(子泰)이고, 유주 우북평(右北平)군 무종(無終)현 사람. 젊어서 유우를 모셨다. 헌제에 대한 절개를 지키겠다는 유우의 뜻을 전할 사자로 발탁되어 조정에 상소를 올리고 답신을 받았다. 하지만 전주가 유주로 돌아갔을 때, 유우는 이미 공손찬에게 죽임을 당한 후였다.

그 후, 공손찬에게 투항하지 않고 서무산(徐無山)에 들어가 원소 · 원상의 부름에도 응하지 않았다. 207년에 조조가 오환 토벌에 나섰을 때 조조의 길 안내를 해주었다.

주유(周瑜) 〈175~210〉

자는 공근(公瑾)이고, 양주(楊州) 여강(廬江)군 서(舒)현 사람. 한때 원술 밑에 있었으나, 198년에 손책이 강동 정벌에 나섰을 때 손책군에 합류했다. 손책이 사망한 후에도 손권에게 중용되었다. 적벽대전에서는 항복해야 한다는 다수의 의견을 물리치고 개전을 주장하여 조조군을 격퇴했다.

형주에서 익주까지 정복하여 조조와 대치하는 천하이분지계를 손권에게 제안한 책략가다. 그리고 210년, 익주를 침공하기 위하여 강릉에서 출병 준비를 하던 도중, 서른여섯 살의 젊은 나이에 요절했다.

황개(黃蓋) 〈?~215〉

자는 공복(公覆)이며, 형주 영릉(零陵)군 천릉(泉陵)현 사람이다. 190년에 손견이 동탁 타도를 내걸고 거병하자 여기에 참가했다. 오나라는 산월과 도적의 반란으로 골머리를 앓고 있었는데, 그들을 진압할 때마다 장수로 맨 선두에 섰다고 한다. 적벽대전에서는 조조와 내통하는 척하며 조조를 속이고, 조조 진영에 배를 대고 불을 놓는 화공으로 조조군을 괴멸하는 큰 전공을 세웠다.

노숙(魯肅) 〈172~217〉

자는 자경(子敬)이고, 서주 임회(臨淮)군 동성(東城)현 사람이다. 조조가 서주를 학살할 때, 난을 피해 남하하여 원술을 섬기다가 주유를 따라 손권을 섬겼다. 주유를 돕는 일이라면 사재를 아끼지 않는 등 호기로운 성격에다 머리도 명석해 손권의 신임을 받았다.

적벽대전이 일어났을 때, 주변의 반대를 물리치고 주유와 함께 손권에게 유비와의 동맹을 권하여 조조를 격퇴하는 데 큰 공을 세운다. 주유가 세상을 뜬 후에도 오나라의 외교를 맡는 등 손권에게 절대적인 신뢰를 받았다.

공손강(公孫康) 〈?~?〉

스스로 요동태수에 오른 공손탁의 아들. 아버지와 마찬가지로 스스로 요동태수에 오른 듯하다. 207년에 백랑산 전투, 유성 전투에서 연패한 원상 · 원희 형제가 마지막에 몸을 의탁한 이가 공손강이었다.

하지만 조조를 적으로 돌리는 것이 어리석은 짓임을 알았던 공손강은 원씨 형제의 목을 베어 조조에게 보냈다. 그 공적으로 좌장군 · 양평태수에 봉해졌으나 끝까지 요동에서의 독립을 유지했다.

209~211
유비가 형주에서 독립,
조조와 손권이 대립 시작

209년경 삼국정립의 세력도
209년 장맹의 난
무위태수 장맹(張猛)이 반란을 일으켜서 옹주자사 감단상(邯鄲商)을 살해한다. 양주종사 방육(龐淯)이 장맹을 암살하려다 실패하자, 이듬해 한수가 토벌에 나선 후 장맹이 자결한다.
211년 마초의 난
마초가 강족을 비롯한 이민족을 자기편으로 끌어들이고 다시 조조에게 반기를 든다.
211년 임경 전투
마초에게 호응해 반란을 일으킨 양추가 조조군에게 항복한다.
211년 동관 전투
조조의 관중 침공에 반발해 지역 호족들이 반란을 일으키지만 진압된다.
211년 유비의 익주 점령
익주의 유장이 한중에 있는 장노의 침략에 대비하기 위하여 유비를 익주로 불러들인다.
210년 사섭이 손권에게 귀순
교주에서 세력을 떨치던 사섭이 손권에게 신하로서 복종을 맹세한다.
양주
송건
유장
익주

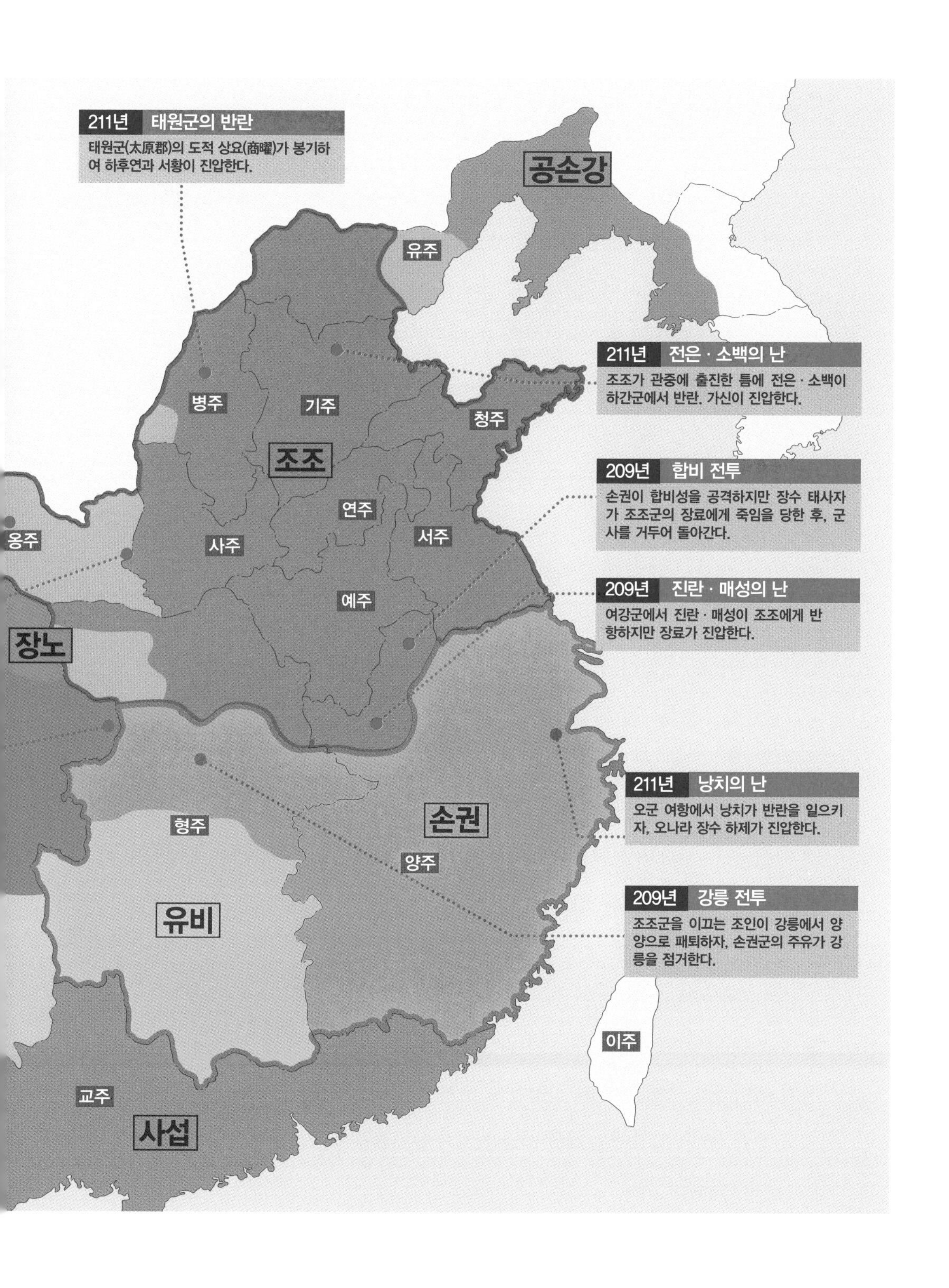

211년 태원군의 반란
태원군(太原郡)의 도적 상요(商曜)가 봉기하여 하후연과 서황이 진압한다.
공손강
유주
병주
기주
청주
조조
연주
서주
사주
옹주
예주
장노
211년 전은 · 소백의 난
조조가 관중에 출진한 틈에 전은 · 소백이 하간군에서 반란. 가신이 진압한다.
209년 합비 전투
손권이 합비성을 공격하지만 장수 태사자가 조조군의 장료에게 죽임을 당한 후, 군사를 거두어 돌아간다.
209년 진란 · 매성의 난
여강군에서 진란 · 매성이 조조에게 반항하지만 장료가 진압한다.
211년 낭치의 난
오군 여항에서 낭치가 반란을 일으키자, 오나라 장수 하제가 진압한다.
손권
형주
양주
유비
209년 강릉 전투
조조군을 이끄는 조인이 강릉에서 양양으로 패퇴하자, 손권군의 주유가 강릉을 점거한다.
이주
교주
사섭

주유가 강릉을 공격하자 1년을 버티던 조인이 양양으로 퇴각

적벽대전에서 대패한 조조는 강릉으로 패주한 후, 조인과 서황을 강릉에 남겨두고 악진에게 양양 수비를 맡긴 채 허도로 귀환한다.

한편, 조조를 추격하여 형주의 남군까지 진격해 온 주유군은 거점 강릉을 지키던 조인군과 장강을 사이에 두고 대치한다. 이때 손권의 부장 감녕(甘寧)이 장강 상류의 방비가 허술한 것을 눈치채고 상류 지역의 이릉(夷陵)에 침공하여 이 땅을 빼앗는다.

이릉이 함락되었다는 급보를 들은 조인은 구원군을 파견하여 이릉을 포위하라 명한다. 이때 주유가 이끄는 구원군도 이릉에 도착해 협공하는 바람에 조인군은 무참히 깨지고 패주한다.

승전의 기세를 탄 주유는 장강을 건너 강릉성을 함락하려고 공격해 들어갔다. 조인군도 맞받아 공격했으나 강릉성은 순식간에 포위되고 말았다.

그 후, 양군은 일진일퇴를 거듭하며 전투를 지속했으나, 모두 좀처럼 전세를 압도하지 못한 채 교착 상태에 빠졌다. 그리고 약 1년이 지나 보급에 어려움을 겪던 조인은 강릉을 포기하기로 결정하고 양양으로 철군한다. 이렇게 해서 주유는 강릉 점거에 성공한다. 이후 자신은 익주에 침공하고 마초와 연합해 장안에 진출하는 한편, 손권이 동쪽에서 북상해 조조를 협공한다는 게 주유의 책략이었다.

적벽대전 이후로 주유가 남부에서 고투를 벌이는 동안, 손권은 기세를 타고 조조의 영토인 합비와 구강에 침공해 들어갔다. 하지만 수전을 벌였던 장강의 적벽과는 달리 합비와 구강은 수비가 견고하여 끝내 정벌에 실패한다.

그 무렵, 한중 지방에는 오두미도(도교의 한 종파)의 장노가 활개를 치고 있

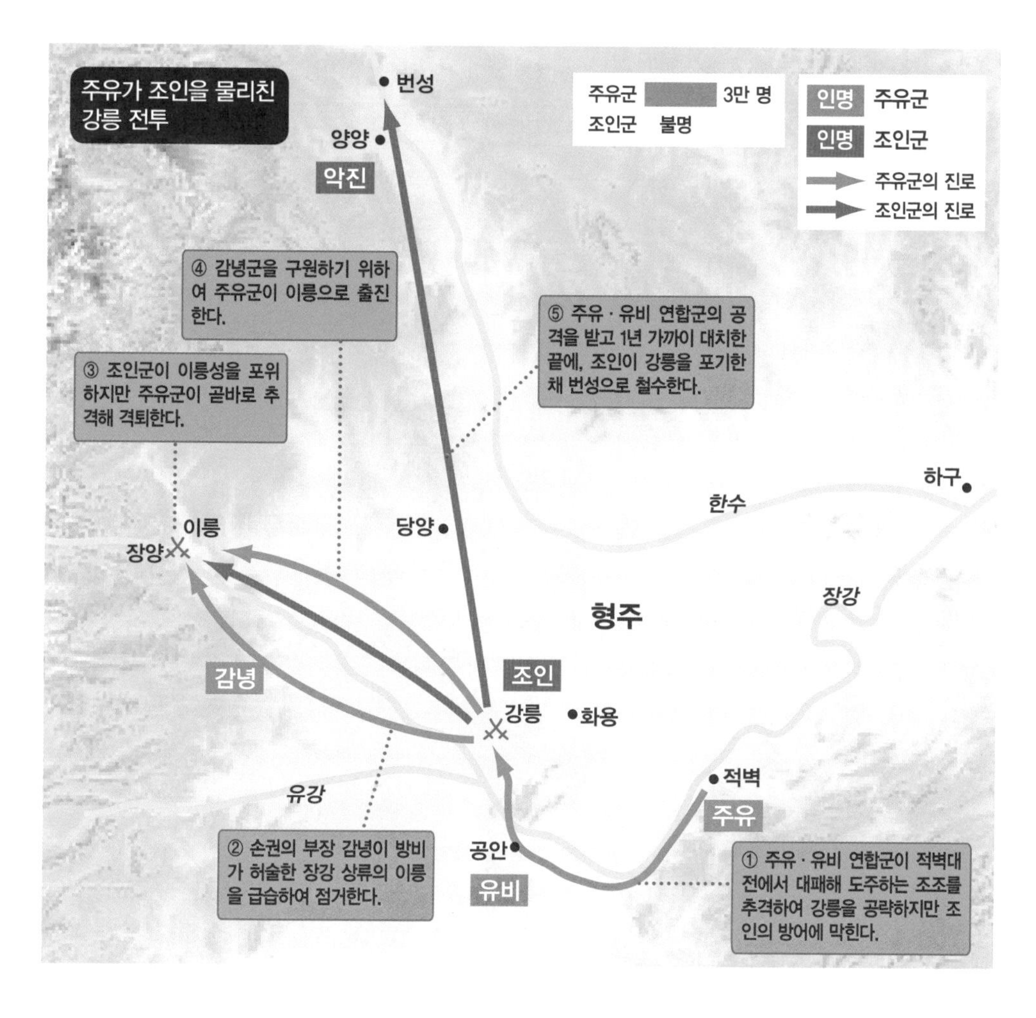

었다. 그가 익주로 침공해 오자 유장 진영은 난리가 났다.

이러한 정세를 바탕으로 주유는 익주와 한중을 흡수하여 중국 남부를 제압한 후, 조조와 자웅을 겨루는 천하이분지계를 실현하자고 손권에게 진언했다. 또 유비에게도 익주 토벌에 협력을 요청했으나, 유비는 유비대로 익주를 노리고 있었으므로 완곡히 거절했다.

그런데 전투 준비를 한창 하는 도중에 주유가 병에 걸려 사망했다. 주유는 후임으로 노숙을 추천했으나, 노숙은 주유와 달리 천하삼분지계를 진언하는 입장이었으므로 익주 침공은 실현되지 못했다.

유비가 형주의 강남 4군을 평정해 천하삼분지계의 초석을 놓다

적벽대전 이후, 유기와 함께 형주 남부에 주둔한 유비는 장사 · 무릉(武陵) · 계양(桂陽) · 영릉(零陵)의 4군을 평정했다. 그 후 유기가 병사하자 유비는 스스로 형주목에 올라, 형주 남부를 근거지로 하여 독립을 위한 첫걸음을 내딛는다. 이른바 제갈량이 제안한 천하삼분지계를 실행하기 위한 준비인 셈이다. 하지만 유비가 형주의 강남 4군을 평정했다고 해도 형주 남부는 여전히 손권의 영토였고, 유비는 손권에게 그 땅을 빌려서 다스리는 모양새였다.

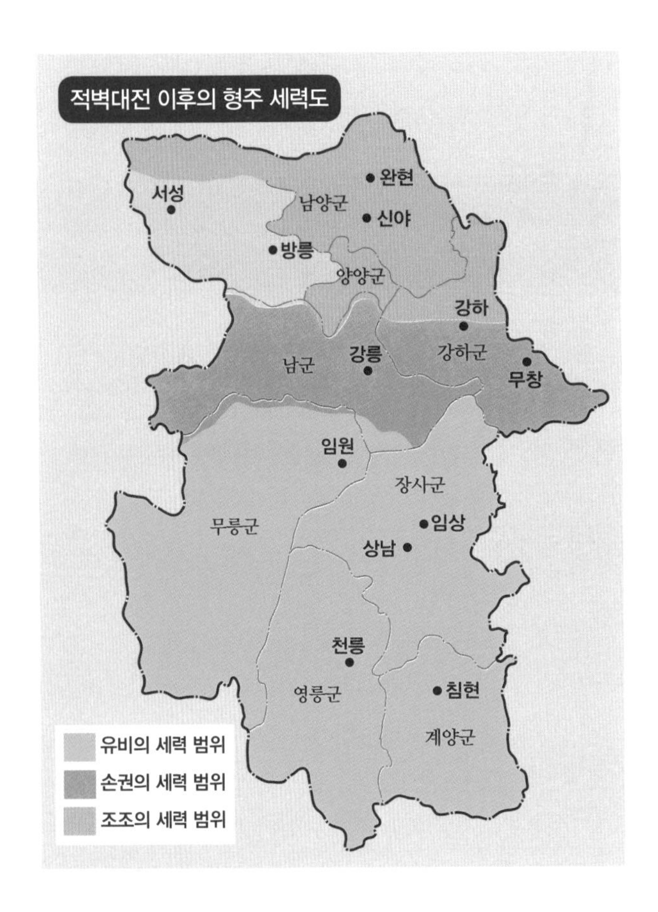

손권은 훗날 유비에게 형주를 빌려준 것이 "실수였다"라고 말했다. 자신이 적

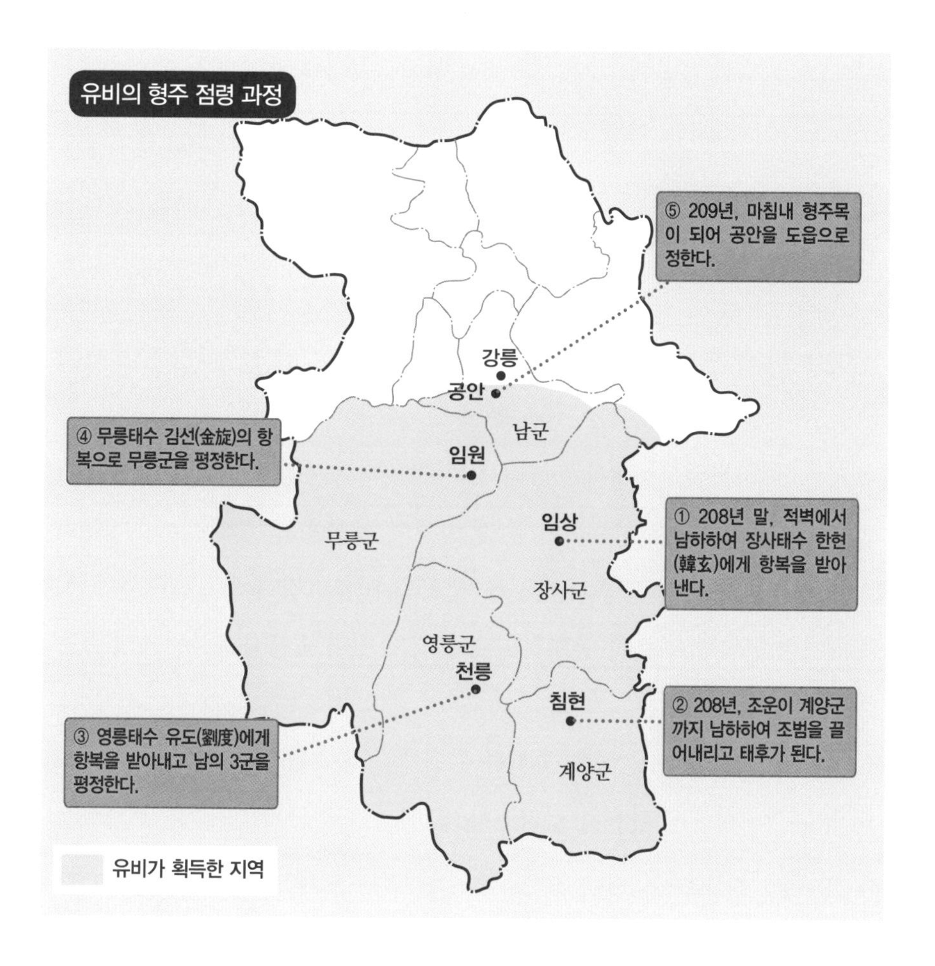

벽에서 대승했다 한들, 한나라 황제를 옹립하고 유주·기주·연주·청주·병주·예주·서주의 하북 지방을 다스리던 조조가 당대 유일한 실력자임에는 변함이 없었기 때문이다. 당시 손권으로서는 국력도 부족하여, 유비와 대립각을 세우기보다는 빌려준다는 형식을 취하며 유비를 회유하는 수밖에는 없었다.

이 무렵 삼고초려로 제갈량을 책사로 곁에 두었고, 적벽대전의 승리로 만방에 이름을 떨쳤기 때문인지 유비 곁으로 유력한 인재가 속속 모여들었다.

황충(黃忠), 위연(魏延), 마량(馬良), 방통(龐統) 등 당대의 이름 높은 명사들이 진영에 들어왔다. 또 여강군의 호족 뇌서(雷緖)가 수만 명의 병사를 이끌고 귀순했다.

조조가 인재 등용의 길을 열고, 관중의 한수와 마초 정벌에 나서다

비록 적벽대전에서는 졌다 하나 조조는 조조였다. 약 반년 후인 209년 7월에는 합비까지 진주하여 손권 진영의 북상을 성공적으로 견제했다. 그리고 210년 봄, '구현령(求賢令)'을 발포하여 내정 강화에도 진력한다. '구현령'이란 능력만 있으면 인격적으로 문제가 있어도 등용한다는 조조 식의 인재 등용법이다.

조조는 여태까지도 능력을 중시하여 인재를 등용해왔으나 천하를 호령하게 되면서 영향력이 완전히 달라졌다. 그때까지 후한에서는 기본적으로 유교 사상을 기준으로 인재를 등용했다. 물론 유교 사상에만 근거한 것은 아니었으나 유교적 기준에 맞으면 인재로 중용되었다. 그런데 조조가 이 관습을 깨트린 것이다.

한중 지방에 자리 잡은 장노의 세력을 조조도 눈여겨보고 있었다. 211년 3월, 조조는 장노를 토벌하기 위하여 종요를 보내고 원군으로 하후연을 합류시킨다. 이러한 조조의 움직임에 민감하게 반응한 것은 장노가 아니라 관중(關中, 함곡관(函谷關)·산관(散關)·농관(隴關)·무관(武關)·소관(蕭關)으로 둘러싸인 장안을 중심으로 하는 지역)에 할거하던 한수·마초 등의 호족이었다. 그들은 조조의 출병 목적이 장노 토벌이 아니라 자신들 관중의 호족 토벌에 있음

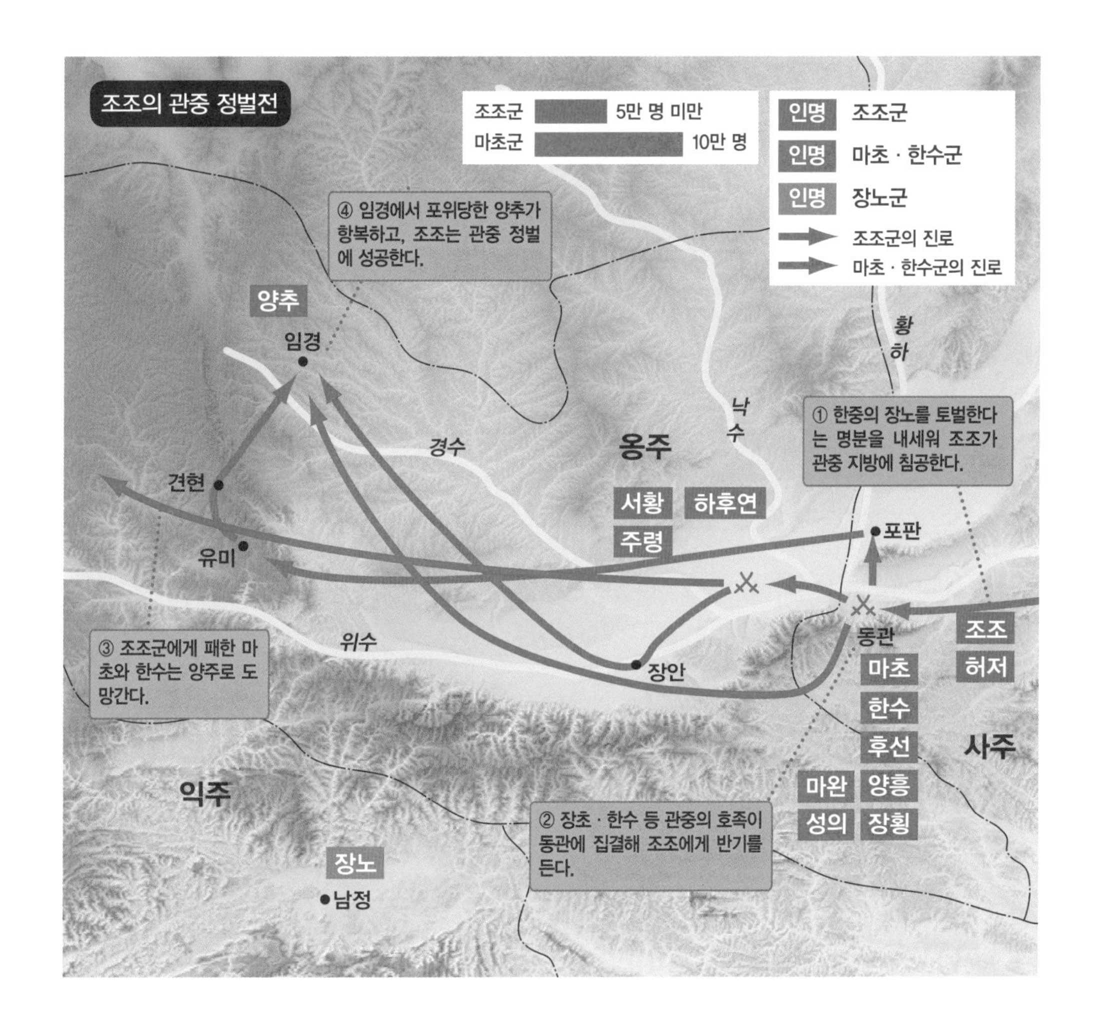

을 간파했다.

한수와 마초는 후선(侯選) · 정은(程銀) · 양추(楊秋) · 장횡(張橫) · 양흥(梁興) · 성의(成宜) · 마완(馬玩) 등 관중의 장군들을 모조리 호출하여 조조에게 일제히 반기를 든다. 그리고 장안의 동쪽 동관에 방위 거점을 세우기 시작한다. 조조는 이를 관중을 평정할 호기로 여기고 조인을 동관으로 보내 반란군의 움직임에 서둘러 대응한다.

7월이 되자 조조는 마초와 대치하기 위해, 업현의 빈자리를 아들 조비(曹丕)에게 맡긴 채 직접 군대를 이끌고 동관을 정벌하려고 출군한다. 조조는 동관에 도착하자마자 가후가 진언한 이간책을 써서 한수와 마초 사이를 갈라놓는 데 성공했다. 관중 연합군은 원래부터 구심점이 없이 모여 있던 터라 제대로 된 전투 한 번 치르지 못하고 맥없이 붕괴되었다. 결국 마초와 한수는 양주로 도주하고, 성의와 이감(李堪)은 전사했고, 양추는 안정(安定)으로 도망간다.

하후연에게 장안의 수비를 맡긴 조조는 마초 등을 추격하고 임경을 포위하여 양추에게 항복을 받아내는 데 성공한다. 조조는 한중을 평정하기 전 관중 정벌을 마무리한다. 하지만 조조가 관중에서 사투를 벌이는 틈에 기주 하간군에서 전은(田銀)과 소백(蘇伯)이 반란을 일으킨다. 반란은 가신과 조인이 진압하지만 조조의 기반도 여전히 안정된 것은 아니었다.

장노와 조조에게 위협을 느낀 유장이 유비를 익주로 불러들이다

한중의 장노가 세력을 늘리는 동시에 조조가 관중을 평정하자, 익주의 유장이 위기감을 느끼고 형주의 유비에게 원군을 요청한다. 유장은 휘하에 있던 장송(長松)의 진언에 따라 법정(法正)에게 4,000명의 병력을 주고 유비를 맞이하라며 보낸 것이다.

그런데 이것은 장송과 법정의 책략이었다. 두 사람은 유장이 자신들이 모실 주군의 그릇이 아니라고 판단하고, 유장을 대신하여 유비를 익주의 지배자로 옹립하려고 계획을 꾸몄다. 유장은 장송의 진언을 끝까지 반대한 황권

《삼국지》에서 탄생한 사자성어

수어지교–제갈량은 물, 유비는 물고기에 비유

유비가 제갈량을 삼고초려의 예로 맞이하면서 유비와 제갈량의 밀월이 시작된다. 하지만 유비가 거병한 이래 중신으로서 목숨을 함께했다는 자부심이 있던 관우와 장비는 이 일이 마냥 달갑지만은 않았다.
두 사람은 유비가 제갈량을 군사로 모신 것에 대한 불만을 터트렸다. 이를 들은 유비는 관우와 장비에게 "나에게 공명이 있다는 것은 물고기가 물을 만난 것과 같네. 바라건대 제군은 다시는 그런 말 말아주게(孤之有孔明 猶魚之有水也 願諸君勿復言)"라고 당부했다고 한다. 수어지교(水魚之交)는 여기에서 유래한 말이다. 제갈량을 물, 자신을 물고기에 비유하여 제갈량이라는 인물이 자신에게 얼마나 소중한 존재인지를 설명한 것이다.
정사에서는 그 이야기를 들은 두 사람이 "당장에 불평을 그만두었다"라고 기록되어 있으나, 두 사람의 불만이 해소되었는지는 확실하지 않다.

(黃權)과 왕루(王累)를 좌천시키는 등 그들의 배신을 전혀 경계하지 않는다.

유비에게는 시기적절한 때에 들어온 아주 좋은 제안이었다. 적벽대전 이후에 조조와 손권이 천하의 패권을 손에 쥐기 위해 나름대로 동분서주하는 중이었다. 유비 진영에서도 손권에게 '빌린' 형주 땅만으로는 마음을 놓을 수 없는 것이 현실이었다. 익주만 손에 넣으면 제갈량의 '천하삼분지계'가 어느 정도 현실이 된다. 조조와 손권과 비교하여 인재도 땅도 적은 유비에게는 더할 나위 없는 요청이었다.

법정의 제안을 흔쾌히 수락한 유비는 장노를 토벌한다는 명분을 내세워 수만 명의 병사를 이끌고 직접 익주로 출진한다.

삼국지에 등장하는 주인공들

인물 삼국지 열전

서황(徐晃) 〈?~227〉

사주 하동(河東)군 양현(楊縣) 출신으로, 자는 공명(公明)이라고 한다. 원래 헌제 측근인 양봉의 부장으로, 헌제가 장안을 탈출하여 낙양에 도착했을 때 조조에게 귀순하라고 양봉에게 진언한다. 그 후 196년에 양봉이 조조에게 토벌당하자 조조의 휘하에 들어갔다.

관도 전투에서 문추를 무찌르는 전공을 세운 후에는 늘 전장을 누볐다. 조조가 한중을 정복하자 하후연과 함께 한중의 수비를 맡았고, 219년 번성 전투에서는 관우를 격파했다.

장비(張飛) 〈?~221〉

자는 익덕(益德)이고, 출신은 유비와 같은 유주 탁군(涿郡)이다. 젊은 시절부터 관우와 함께 유비를 섬겼는데, 유비와는 주종 관계를 넘어선 관계였다고 한다. 196년에 중랑장에 임명되었고, 208년 적벽대전 후에는 정로장군(征虜將軍), 의도태수(宜都太守)에 임명되어 남군을 다스렸다. 214년에는 익주 공략전에서도 눈부신 활약을 했다.

유비가 오나라에 침공했을 때, 관우의 원수를 갚기 위해 장비도 출병을 명받았으나 그 직전에 부하에게 살해당했다.

마량(馬良) 〈187~222〉

자는 계상(季常)이고, 형주 양양(襄陽)군 의성(宜城)현 출신으로 마속(馬謖)의 형이다. 208년에 유비가 형주의 남부 4군을 지배했을 때, 유비의 휘하로 들어간다. 214년, 성도 공략전을 전개하던 유비를 구하기 위해 제갈량 등이 익주에 들어갔을 때 마량은 관우와 함께 형주에 남았다.

그 후, 익주를 정복한 유비의 부름을 받아 성도에 입성했고, 유비가 오나라를 침공했을 때는 침공전에서 만이를 귀순시키는 데 성공했다. 이릉 전투에서 전사했다.

하후연(夏侯淵) 〈?~219〉

자는 묘재(妙才)이고, 하후돈의 사촌 동생이다. "전군교위(典軍校尉) 하후연, 3일에 5백 리, 6일에 천 리를 간다"라는 말이 있듯이 즉전즉결의 기습 전술이 그의 특기였다.

서방 평정과 방위를 담당했고, 마초 · 한수 · 송건 토벌에 공을 세웠다. 강족과 저족을 진압하는 전투에서는 최전선에서 싸웠다. 유비가 양평관을 공격해 왔을 때, 유비군의 계략에 빠져 황충에게 살해당했다.

212~214
조조가 위왕에 즉위,
유비는 익주를 손에 넣다

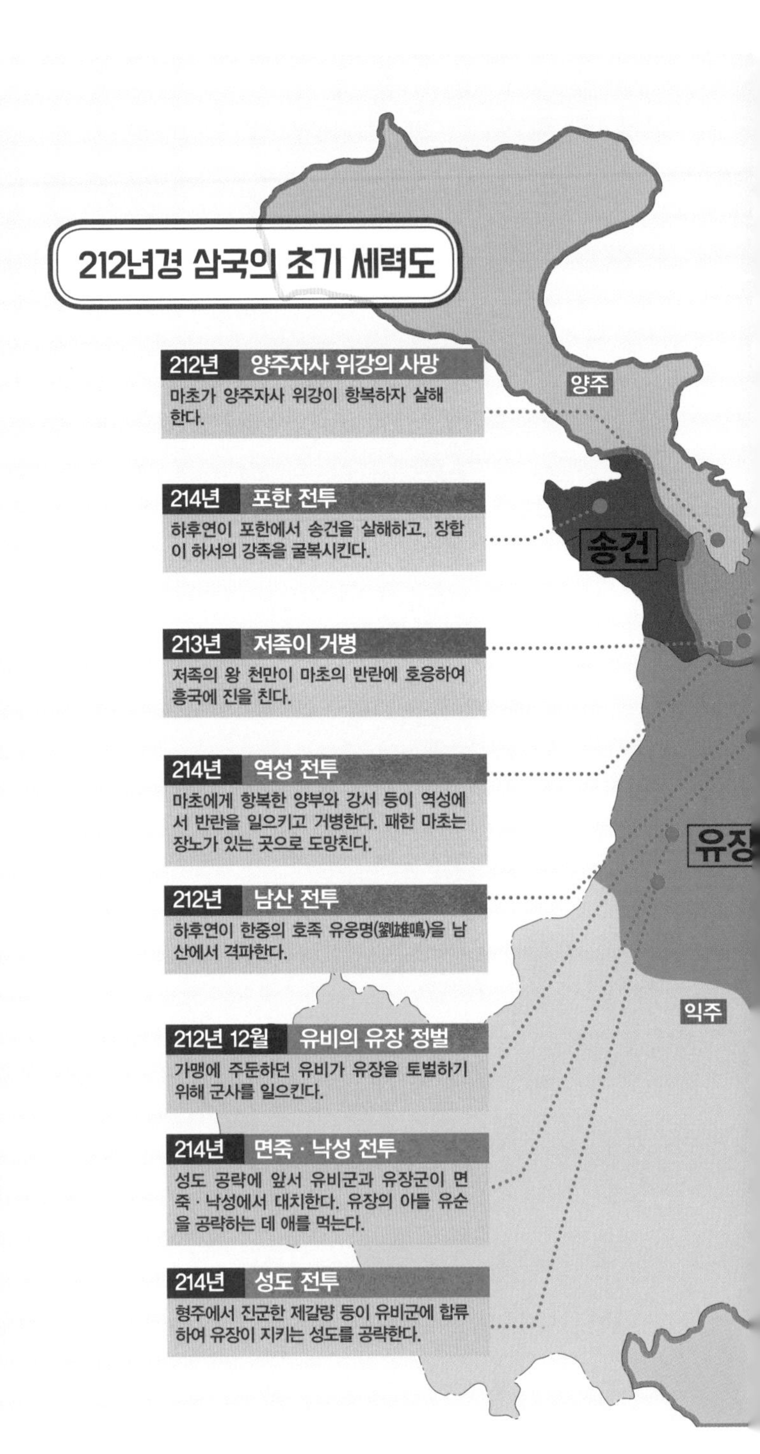
212년경 삼국의 초기 세력도
212년 양주자사 위강의 사망
마초가 양주자사 위강이 항복하자 살해한다.
214년 포한 전투
하후연이 포한에서 송건을 살해하고, 장합이 하서의 강족을 굴복시킨다.
213년 저족이 거병
저족의 왕 천만이 마초의 반란에 호응하여 흥국에 진을 친다.
214년 역성 전투
마초에게 항복한 양부와 강서 등이 역성에서 반란을 일으키고 거병한다. 패한 마초는 장노가 있는 곳으로 도망친다.
212년 남산 전투
하후연이 한중의 호족 유웅명(劉雄鳴)을 남산에서 격파한다.
212년 12월 유비의 유장 정벌
가맹에 주둔하던 유비가 유장을 토벌하기 위해 군사를 일으킨다.
214년 면죽 · 낙성 전투
성도 공략에 앞서 유비군과 유장군이 면죽 · 낙성에서 대치한다. 유장의 아들 유순을 공략하는 데 애를 먹는다.
214년 성도 전투
형주에서 진군한 제갈량 등이 유비군에 합류하여 유장이 지키는 성도를 공략한다.
양주
송건
유장
익주

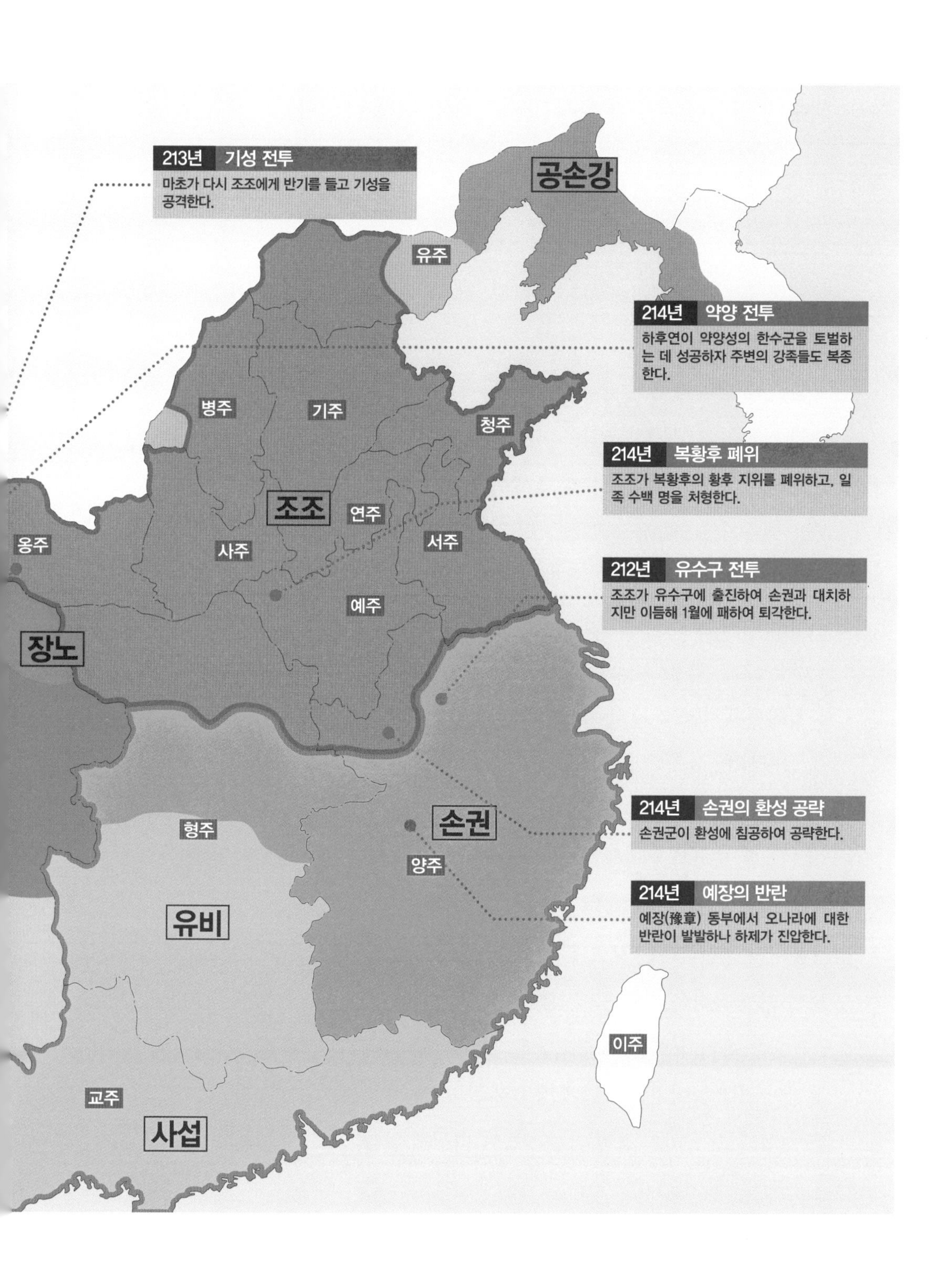
213년 기성 전투
마초가 다시 조조에게 반기를 들고 기성을 공격한다.
공손강
유주
214년 약양 전투
하후연이 약양성의 한수군을 토벌하는 데 성공하자 주변의 강족들도 복종한다.
병주
기주
청주
214년 복황후 폐위
조조가 복황후의 황후 지위를 폐위하고, 일족 수백 명을 처형한다.
조조
연주
옹주
사주
서주
212년 유수구 전투
조조가 유수구에 출진하여 손권과 대치하지만 이듬해 1월에 패하여 퇴각한다.
예주
장노
214년 손권의 환성 공략
손권군이 환성에 침공하여 공략한다.
손권
형주
양주
214년 예장의 반란
예장(豫章) 동부에서 오나라에 대한 반란이 발발하나 하제가 진압한다.
유비
이주
교주
사섭

익주에 입성한 유비가 유장을 타도하기 위해 나선다

212년에 손권은 말릉을 건업(建業)으로 개명하고, 이곳을 본거지로 삼았다. 그리고 천연 성벽을 자랑하는 석두(石頭)에 성을 쌓고, 건업으로 들어가는 수로의 최전선에 있는 유수구(濡須口)에도 성채를 쌓아 조조의 남정에 대비했다.

한편, 유장의 부름에 응해 익주에 들어간 유비는 한중의 장노를 토벌하기 위해 성도(成都) 북쪽에 있는 가맹(葭萌)으로 병사를 전진시켰다. 이에 유장은 유비의 호의를 의심하지 않고 병사를 빌려주었을 뿐만 아니라, 가맹과 가까운 백수관(白水關)을 지키는 군의 지휘권까지 내주었다.

하지만 유비는 이런저런 핑계로 가맹에 머물기만 할 뿐, 장노 토벌에는 나서려고 하지 않았다. 당연히 유장을 공격할 타이밍을 노렸기 때문이다.

바로 그때, 조조가 남하하여 손권군과 대치하자 손권이 유비에게 원군을 요청해왔다. 유비는 한중의 장노는 내버려 둔 채 손권에게 지원군을 보내기로 결정하고, 유장에게 1만 명의 원군과 군량을 요청했다.

유장은 1년 가까이 가맹에 머물며 장노를 토벌하기는커녕 되려 자기 백성의 인심을 장악한 유비를 그제야 겨우 불신하기 시작한다. 그래서 유비가 요청한 병사의 절반만 보냈다.

유비가 출진한다는 보고를 받은 장송은 놀랐다. 여기서 유비가 익주를 떠나면 기껏 유장을 쫓아내려는 음모가 수포로 돌아가기 때문이다.

장송은 유비가 마음을 바꿔야 한다는 서신을 보냈다. 그런데 이것이 그만 유장의 귀에 들어가는 바람에 장송과 유비의 계략이 발각된다. 이 일로 장송은 처형되고, 유비는 결국 익주 정벌에 나서게 된다.

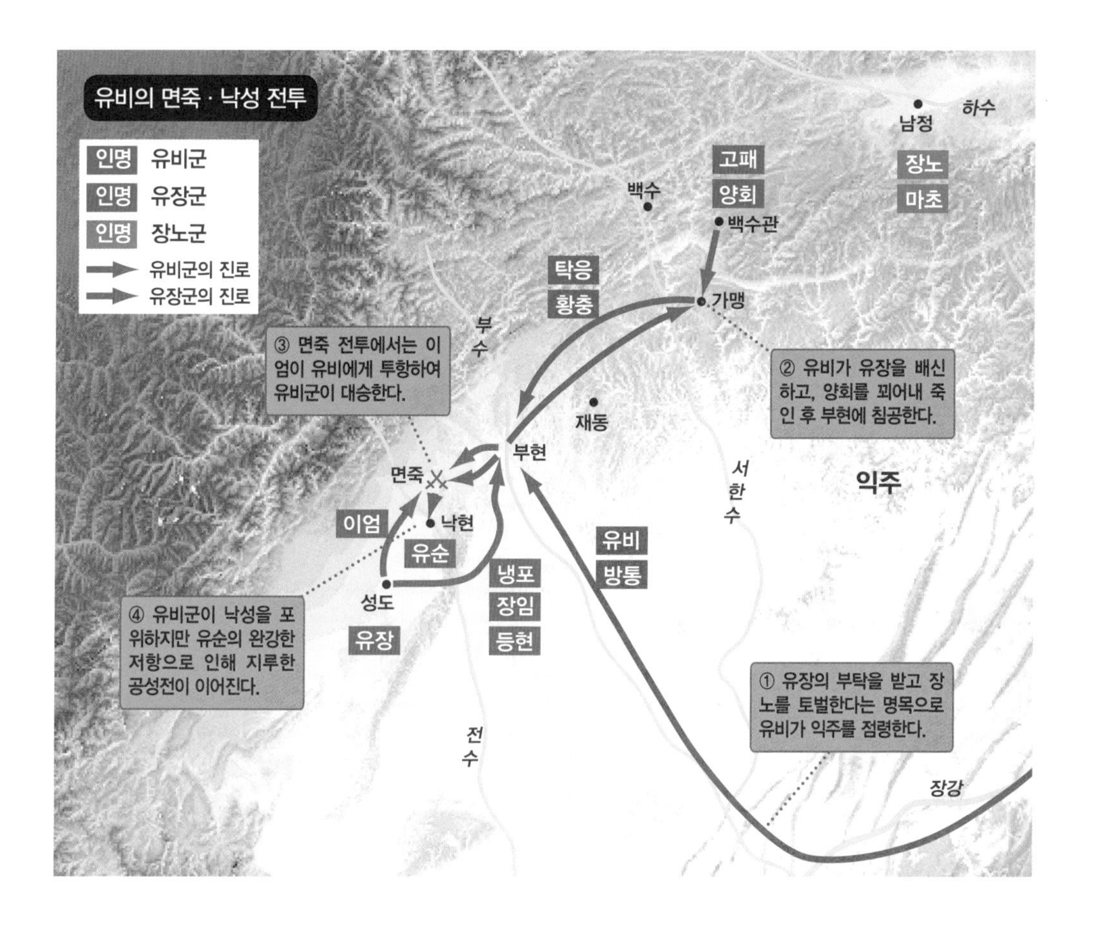

212년 말, 유비는 성도로 출군하기에 앞서 북쪽의 백수관을 지키는 유장 휘하에 있는 양회(楊懷)를 꾀어내 토벌한다. 그리고 남쪽으로 군사를 보내 부성(涪城)을 함락하고 이곳을 본거지로 삼았다.

이에 유장은 유괴(劉璝) · 냉포(冷苞) · 장임(張任) · 등현(鄧賢) 등을 내보냈지만, 실전 경험이 차이가 나서인지 유장군은 차례로 패하고 면죽(綿竹)까지 철수한다. 추격하는 유비를 막기 위하여 유장은 부장 이엄(李嚴)을 파견하지만, 이엄은 군사를 이끌고 유비에게 투항한다.

전력적으로도 우위에 선 유비는 수하의 장수를 분산하여 익주의 모든 현을 진압하고, 유장의 아들 유순(劉循)이 지키는 낙성(雒城)을 포위했다. 하지만 낙성의 수비는 생각보다 견고했고, 유순 또한 분전하는 바람에 유비군은 낙성을 포위한 채 해를 보내게 된다.

조조가 유수구에서 손권에게 패퇴, 마초가 양주에서 다시 거병

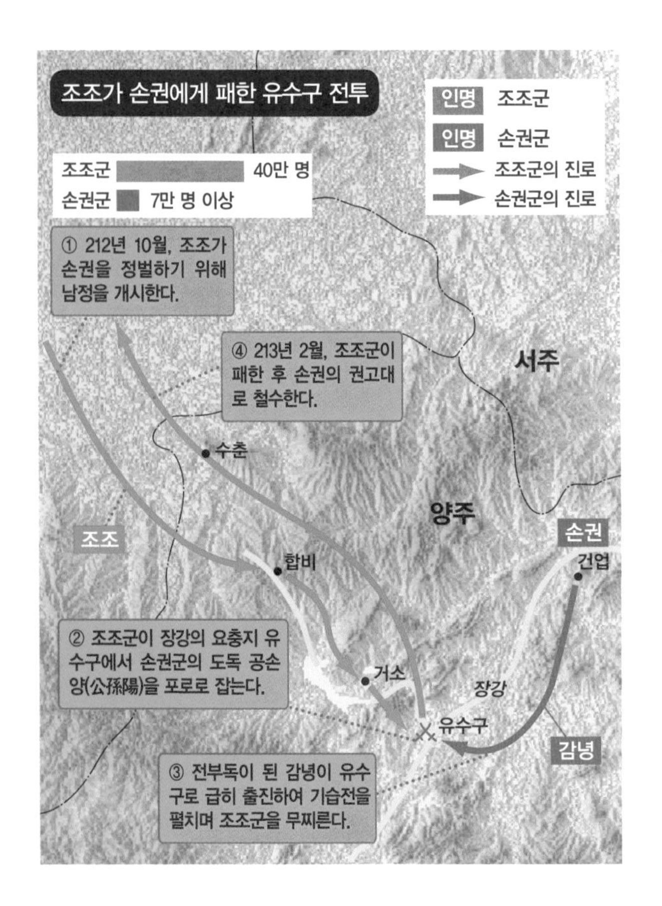

한편 손권을 치기 위해 남진한 조조는 213년 1월에 유수구까지 병사를 진군시켜, 유수구를 지키고 있던 손권군을 쳐부쉈다. 손권은 예상과 달리 유비에게서 원군을 얻지 못하자 7만 명의 군대를 유수구에 파견했다. 그리고 용장으로 유명한 감녕에게 기습 공격을 명령한다. 100명 남짓한 정예 부대를 지휘한 감녕은 조조 진영을 야습하여 일단 성과를 거뒀다.

하지만 이후 양군의 교착 상태가 지속되자, 봄철의 홍수 시기라면서 손권이 조조에게 철수를 권고한다. 이에 포위한 지 1개월여 후 승산이 없다고 판단한 조조는 병사를 데리고 회군했다.

조조가 유수구에서 손권과 대치하고 있을 무렵, 관중에서 양주로 도주한 마초가 재기를 노리고 군사를 일으켰다. 마초의 거병은 양주 일대에 사는 이민족의 마음을 사로잡아 각 군현이 호응했으나, 양주자사 위강(韋康)이 지키는 기성(冀城)만은 응하지 않았다. 그래서 친분이 있던 한중의 지배자 장노에게 원군을 얻은 마초는 1만 명이 넘는 병력으로 기성을 포위했다.

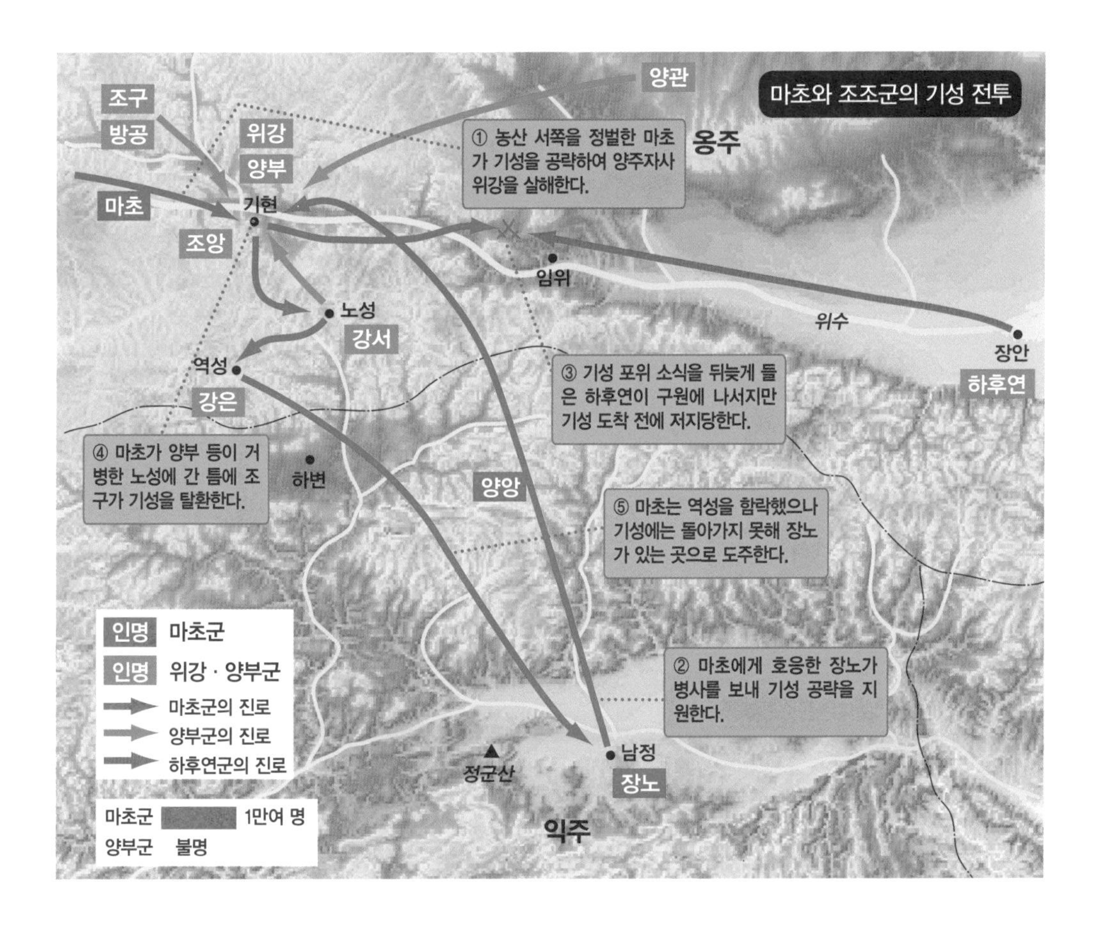

위강은 부장 양부(楊阜)와 함께 반년가량 저항했으나, 장안에 주둔하던 하후연에게서 원군이 오지 않자 결국 성문을 열고 마초에게 끌려나와 살해당했다.

위강이 살해당하자 양부는 마초에게 복수하기로 결심하고 사촌 동생 강서(姜敍)와 함께 계획을 짜서 안정(安定)군의 양관(梁寬)과 남안(南安)군의 조구(趙衢) · 방공(龐恭)과 결탁하여 214년 9월에 노성(鹵城)에서 거병했다.

마초는 양부 등이 병사를 일으켰다는 소식을 듣고 직접 군대를 인솔하여 노성을 향해 출전했다. 그 틈에 조구와 양관 등은 기성을 탈환해 성문을 닫은 채 마초의 처자를 처형했다. 기성을 빼앗긴 채 갈 곳을 잃은 마초는 장노에게로 도망쳤다.

성도를 지키던 유장이 항복하고, 유비가 익주를 손에 넣다

유비는 형주의 빈자리를 맡긴 제갈량에게 원군을 요청하고 자신은 낙성을 포위했다. 이에 제갈량은 장비와 조운(趙雲)을 인솔하여 직접 익주로 출진했다. 그들은 장강을 거슬러 올라가 강주(江州)를 수비하던 엄안(嚴顔)군을 격파하고, 장비만 거기서 곧바로 파서(巴西)군으로 향한다. 성도를 협공하기 위해 육지로 북상하는 제갈량과 헤어진 조운은 다시 장강을 거슬러 올라가 성도로 진군했다.

유비는 여름이 돼서야 겨우 낙성을 함락할 수 있었다. 포위전을 펼치는 사이 적군의 화살에 안타깝게도 방통을 잃었다. 먼저 백수관을 함락한 후에 성도를 치자는 것은 바로 방통의 책략이었다. 유비는 방통의 말대로 유장의 본

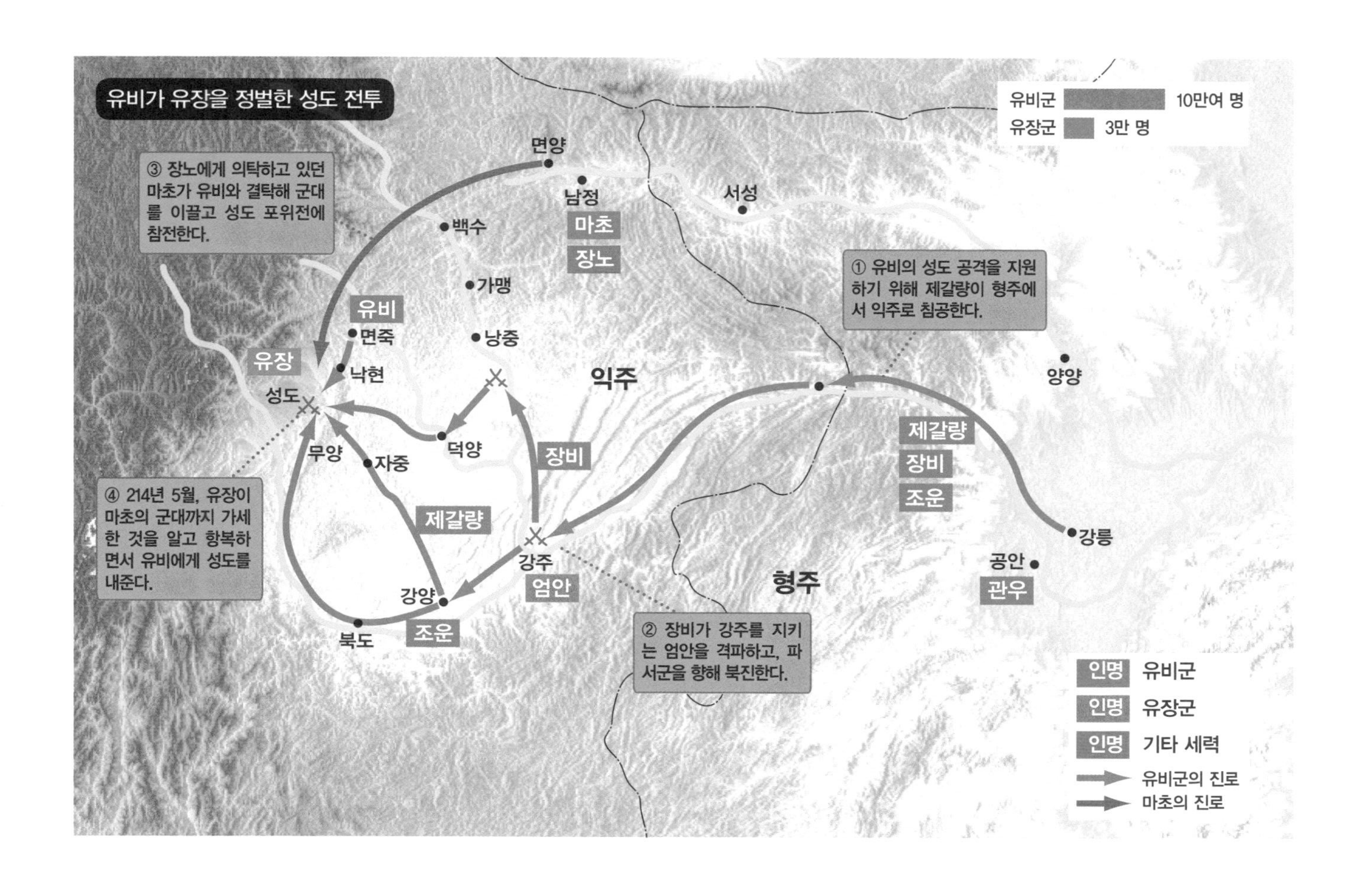

유비가 유장을 정벌한 성도 전투
유비군 10만여 명
유장군 3만 명
③ 장노에게 의탁하고 있던 마초가 유비와 결탁해 군대를 이끌고 성도 포위전에 참전한다.
① 유비의 성도 공격을 지원하기 위해 제갈량이 형주에서 익주로 침공한다.
④ 214년 5월, 유장이 마초의 군대까지 가세한 것을 알고 항복하면서 유비에게 성도를 내준다.
② 장비가 강주를 지키는 엄안을 격파하고, 파서군을 향해 북진한다.
면양
남정
서성
마초
장노
백수
가맹
유비
면죽
낭중
유장
낙현
성도
익주
양양
덕양
무양
자중
장비
제갈량
장비
조운
제갈량
강주
엄안
강양
북도
조운
강릉
공안
관우
형주
인명 유비군
인명 유장군
인명 기타 세력
유비군의 진로
마초의 진로

《정사 삼국지》와 《삼국지연의》의 비교

방통은 낙봉파에서 죽지 않았다!

중국의 사천(四川)성 덕양(德陽)시에는 낙봉파(落鳳坡)라는 땅이 있다. 거기에는 방통의 묘가 있는데, 그는 제갈량과 함께 유비 밑에서 활약하며 성도 정벌의 책략을 제안한 책사로 유명하다. 그래서인지 《삼국지연의》에서는 그가 죽는 장면도 드라마틱하게 묘사되었다.

간단히 말해서 익주를 정벌하러 가는 유비를 방통이 수행했을 때 낙봉파를 지나가다 '봉황이 떨어지다니, 봉추(봉황의 새끼라는 뜻)라 불리던 자신에게 불길한 장소'라고 말하는 장면이 나온다. 그리고 그 후, 바로 그 장소에서 적이 쏜 화살에 맞아 죽는다.

하지만 방통이 낙봉파에서 죽었다는 역사적 근거는 없다. 사료에는 방통이 낙성 전투에서 적군으로부터 날아온 화살에 맞아 세상을 떠났다고만 기록되어 있다.

거지인 성도를 포위한 후, 뒤늦게 합류한 제갈량군과 조운군과 합세해 단숨에 쳐들어갔다.

한편 성도를 지키기 위해 농성에 들어간 유장 진영은 여느 때보다 사기가 높았다. 병력 · 군량도 1년분은 너끈히 확보된 상태였고, 관민의 결속도 단단하여 결사의 항전 태세를 갖추고 있었다. 그런데 마침 그때 장노에게 도주했던 마초가 군대를 이끌고 유비군에 합류했다는 급보가 날아들었다.

서쪽 방면 일대에서 무용으로 이름을 떨치던 마초의 참전에 유장은 결국 패배를 예견하고, "부자 2대, 20여 년간 익주를 통치했으나 백성에게 선정을 베풀지 못했다. 특히 근래 3년간은 전쟁으로 너무 많은 희생을 강요했구나. 여기서 더 고생시킬 수는 없다"라며 직접 성문을 열고 유비에게 항복을 선언했다.

이렇게 해서 유비는 익주를 손에 넣었다. 마침내 셋방살이를 면하고 명실공히 제후로 독립하게 된 것이다.

조조가 관중 전역을 평정한 후, 마침내 위공의 자리에 오른다

마초는 유비 곁으로 오기 전에 다시 양주를 탈환할 요량으로 저족·강족의 군사와 함께 기산(祁山)을 포위했으나 장안에서 파견 나온 장합과 하후연의 원군에게 급습을 당한 후 그대로 유비에게 달려온 것이다.

마초를 처리한 장합과 하후연은 곧바로 양주를 평정하기 위해 북상하여 한수를 무찔렀다. 그리고 그가 도망친 약양(略陽)성으로 진군했다.

약양성을 지키던 한수군은 실전에 능한 정예군인 데다 성 자체도 견고했다. 그래서 궁리 끝에 하후연은 성 밖에 있는 강족의 본거지를 공격한다. 한수군의 주력 부대가 강족이었기 때문이다. 예상대로 한수군이 강족을 구하기 위해 성 바깥으로 나오자, 이들을 기다리고 있던 하후연은 보란 듯이 단숨에 격파했다. 한수는 다시 서쪽으로 패주했다.

약양성을 공략한 하후연은 흥국(興國)에 군사를 보내서 저왕(氐王) 천만(千万)을 무찌르고 다시 북상하여 고평(高平)·도각(屠各)을 평정한다. 군사를 되돌린 하후연은 서쪽으로 진군하여, 포한(枹罕) 땅 일대에서 스스로 하수평한왕(河首平漢王)이라 칭하고 30년간이나 세력을 휘둘렀던 송건(宋建)을 끌어내렸다. 그리고 주변 지방 호족과 이민족을 모조리 굴복시켰다. 하후연의 활약에 힘입어 조조는 관중 전역을 평정하는 데 성공했다.

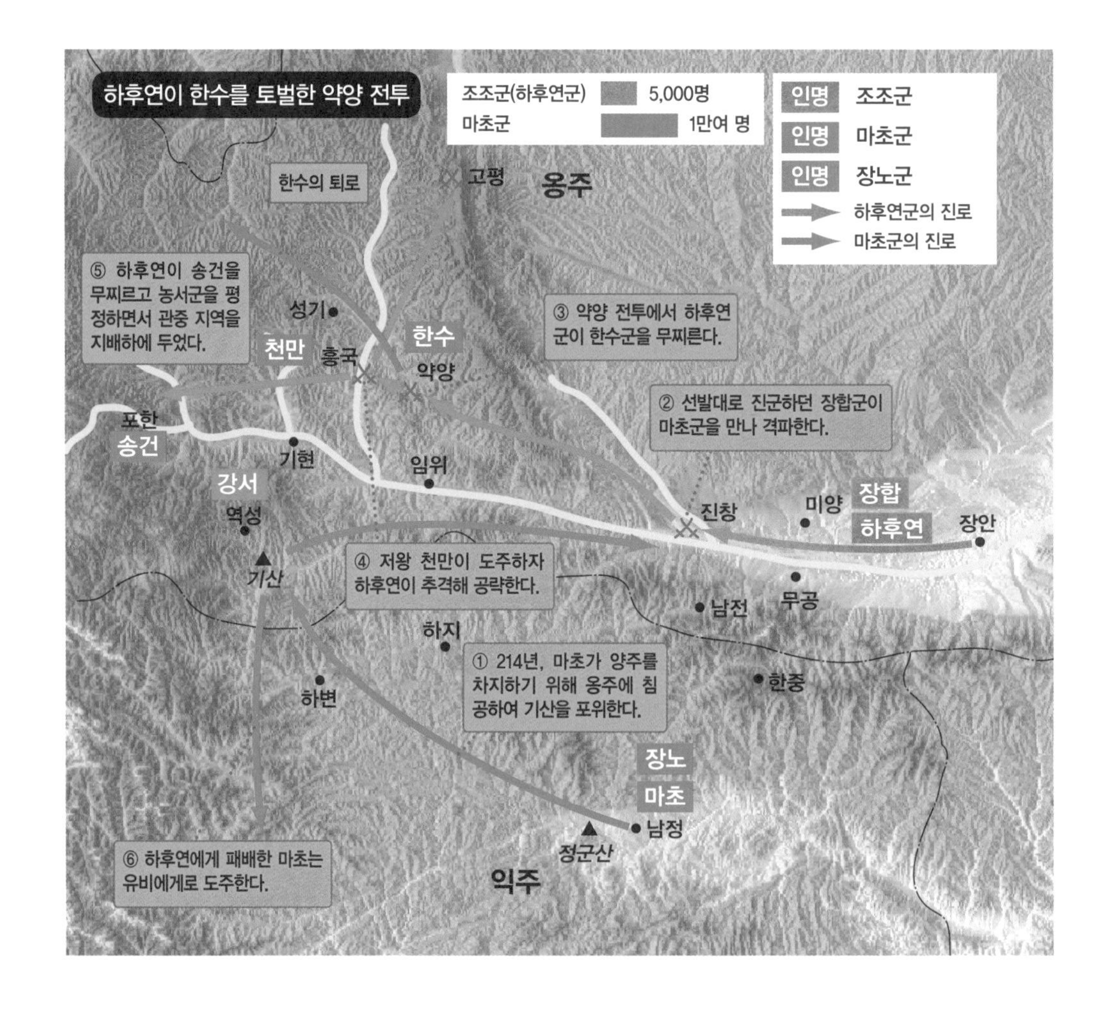

213년 5월 22일, 조조는 헌제에게 구석을 받고 위공(魏公)에 오른다. 그리고 기주 10군을 영유하는 위공국(魏公國)을 건국하고, 11월에는 상서(尙書)·시중(侍中)·육경(六卿)으로 조직을 정비하는 등 국가로서의 기본 체제를 다졌다. 또 조조는 위공이면서 한나라의 승상과 기주목을 겸임했고, 나아가서 승상부·기주목부라는 지위까지 겸하는 등 한제국과 위국 정부를 일체화해서 나라를 통치했다.

여전히 한 왕실이 정식 왕조이긴 했으나, 이 시점부터 한제국과 위국 두 나라가 병립했다고 볼 수 있다.

손권과 하제는 강동에서 일어난 이민족 반란의 진압에 몰두

이제 강동 지방을 다스리던 손권 진영으로 눈을 돌려보자. 마침 이

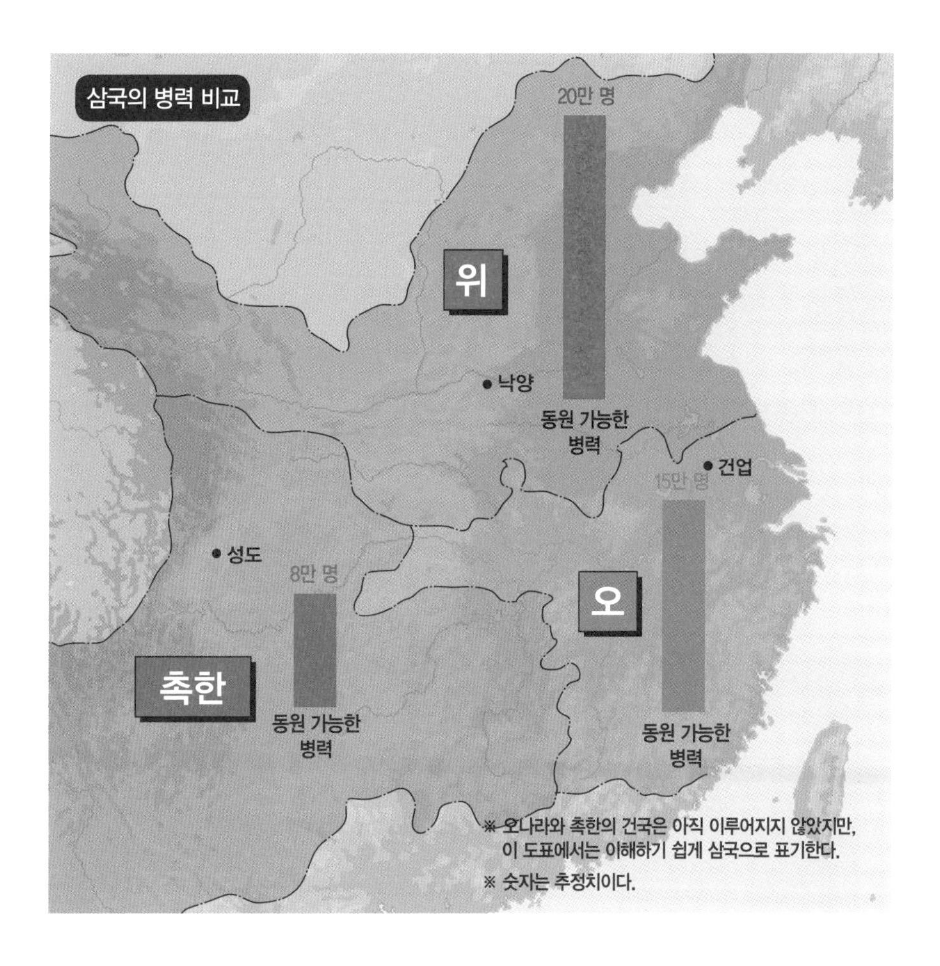

곳에서는 각지에서 반란이 활발하게 일어나고 있었다.

오(嗚)군 여항(餘杭)에서 낭치(郎稚)가 반란을 일으켜 부장 하제가 진압하자, 이번에는 예장군 동부에서 팽재(彭材)가 병사를 일으켰다. 이 또한 하제가 출진하여 진압에 성공했다.

손권은 산월 등의 반란으로 크게 골머리를 썩었다. 그때마다 진압에 공을 세운 것이 하제였다. 그야말로 반란을 진압하는 데 뛰어난 무공을 자랑한 장수였다. 하제군은 어느 전투에서도 늘 호화로운 양질의 무구를 장착하고 전투에 임했다고 한다. 그 호화로운 복장이 적의 사기를 꺾고 전의를 상실하게 한 것이다. 하제는 반란 진압 후에는 반드시 그 땅에 현을 세우고 감시 활동도 게을리하지 않았다. 손권이 외곽에서 강대한 적을 상대하는 동안, 그는 정벌 지역의 반란 분자를 잠재우는 데 몰두했다.

그해 손권은 노숙 등과 환성을 점령하고 조조의 군대를 물리쳤다. 이 소식을 들은 조조는 합비에 병사를 보내지만, 손권군에게 패하고 물러난다. 여기서 합비는 위나라와 손권(오나라)의 국경에 인접해 있는 요충지를 말한다. 앞으로 이 땅을 둘러싸고 두 나라 사이에 쟁탈전이 벌어지게 된다.

인물 클로즈업 조조

- 자 : 맹덕(孟德)
- 생몰년 : 155~220년
- 출신지 : 예주 패국
- 관직 : 승상, 위왕

천의 얼굴을 가진 위의 건국자이자 당대 최고의 지식인

조조의 생애는 전쟁의 연속이었다. 190년에 거병한 이래, 죽기 전 해인 219년까지 30년 동안 거의 한 해도 빠짐없이 출병했으며, 직접 출진하지 않은 시기는 겨우 2년에 불과하다. 손권과 유비가 나이가 들수록 장수들에게 전투를 맡긴 것에 비교하면, 조조는 직접 전쟁터를 누비며 평생을 지냈다. 그야말로 전쟁의 신이었다고 할 수 있다.

한편 능력 중심의 인재를 등용하거나, 적벽에서 참패한 후에는 국내에서 자신의 지위를 확고히 다지는 등 정치가로서도 뛰어난 자질을 보여주었다. 또 후세에 이름을 남길 만큼 뛰어난 시문에 능한 학자이기도 했다. 시인으로서도 재능이 출중할 뿐만 아니라, 서예와 음악 · 바둑 분야에도 정통했다고 한다.

촉한을 정통으로 하는 《삼국지연의》에는 악역으로 등장하지만, 《정사 삼국지》는 조조를 중심으로 다루고 있다. 조조는 천의 얼굴을 가진 당대 최고의 지식인이었다.

인물 삼국지 열전

법정(法正) 〈176~220〉

자는 효직(孝直)으로, 옹주 부풍(扶風)군 미현(郿縣) 사람이다. 익주목 유장을 섬겼으나 "유장은 큰일을 해낼 수 없다"라며 동료 장송과 함께 유비가 익주를 공격하도록 계책을 꾸민다. 유비가 익주를 탈취한 후에는 유비에게 중용되어 뛰어난 지모로 수완을 발휘했다. 죽어서는 유비에게 시호를 받았는데, 유비가 시호를 내린 것은 관우, 장비, 법정 세 사람뿐이었다.

방통(龐統) 〈178~213〉

자는 사원(士元)이고, 형주 양양(襄陽)군 사람이다. 유비가 유표에게 몸을 위탁했을 때, 유비의 휘하에 들어갔다. 와룡(臥龍, 누워 있는 용) 제갈량에 견주어 봉추(鳳雛, 봉황의 새끼라는 뜻)라 불릴 정도로 뛰어난 지모로 명성이 자자했다. 그는 유비가 유장 토벌에 난색을 표하자 익주를 침공해야 한다고 강력히 권유했고, 익주에 입성한 후에도 서둘러 유장을 죽여서 후환을 없애야 한다고 진언했다. 익주 토벌을 결의한 유비를 따라 참전하지만 낙성 포위전이 한창일 때 적진에서 날아온 화살에 맞아 사망한다.

유장(劉璋) 〈?~219〉

자는 계옥(季玉)이고, 익주목 유언의 아들이며, 형과 아버지가 죽은 후 익주목에 오른다. 황건의 잔당인 동주병을 아버지에게 물려받아 통치했는데, 동주병을 관리하지 못해 백성과 대립하기도 했다. 한중의 장노와의 대립이 극에 달하자, 조조가 한중에 침공한 틈에 유비에게 구원을 요청했다. 하지만 휘하에 있던 장송과 법정이 배신하면서 익주를 유비에게 빼앗기고, 손권에게 투항하여 익주목에 임명된다.

이엄(李嚴) 〈?~234〉

자는 정방(正方)이고, 형주 남양(南陽)군 출신이다. 젊은 시절부터 재능을 발휘하여 형주자사 유표 밑에서 일했다. 그 후 유장을 거쳐 유비에게 귀순. 유비 휘하에 들어가서도 재능을 인정받아, 유비가 임종을 앞두고 제갈량과 함께 후사를 맡겼다. 하지만 제갈량이 세 번째로 북벌(北伐)에 나섰을 때 보급을 지체한 사실이 발각되어 평민으로 폐출되었다. 제갈량이 죽은 후 얼마 안 있어 그도 병사했다.

마초(馬超) 〈176~222〉

자는 맹기(孟起), 마등의 아들로 옹주 부풍(扶風)군 무릉(茂陵)현 출신. 중앙 근무를 하게 된 아버지의 뒤를 이어 마등군을 책임지고 관리했다. 한수 등과 연합하여 동관 전투에서 조조와 대치하지만 위나라 장수 가후의 책략에 빠져 대패하고, 한중의 장노에게 몸을 의탁한다. 그 후 양주로 돌아가지만 조조군에게 패한 후, 성도를 공략 중이던 유비에게 귀순한다. 성도 공략과 한중 공략에 참전했고, 유비가 제위에 오른 후에는 표기장군(驃騎將軍)에 임명되며 무관 최고 지위에 오른다.

215~218
조조가 한중을 정복하고,
삼국의 대립이 본격화

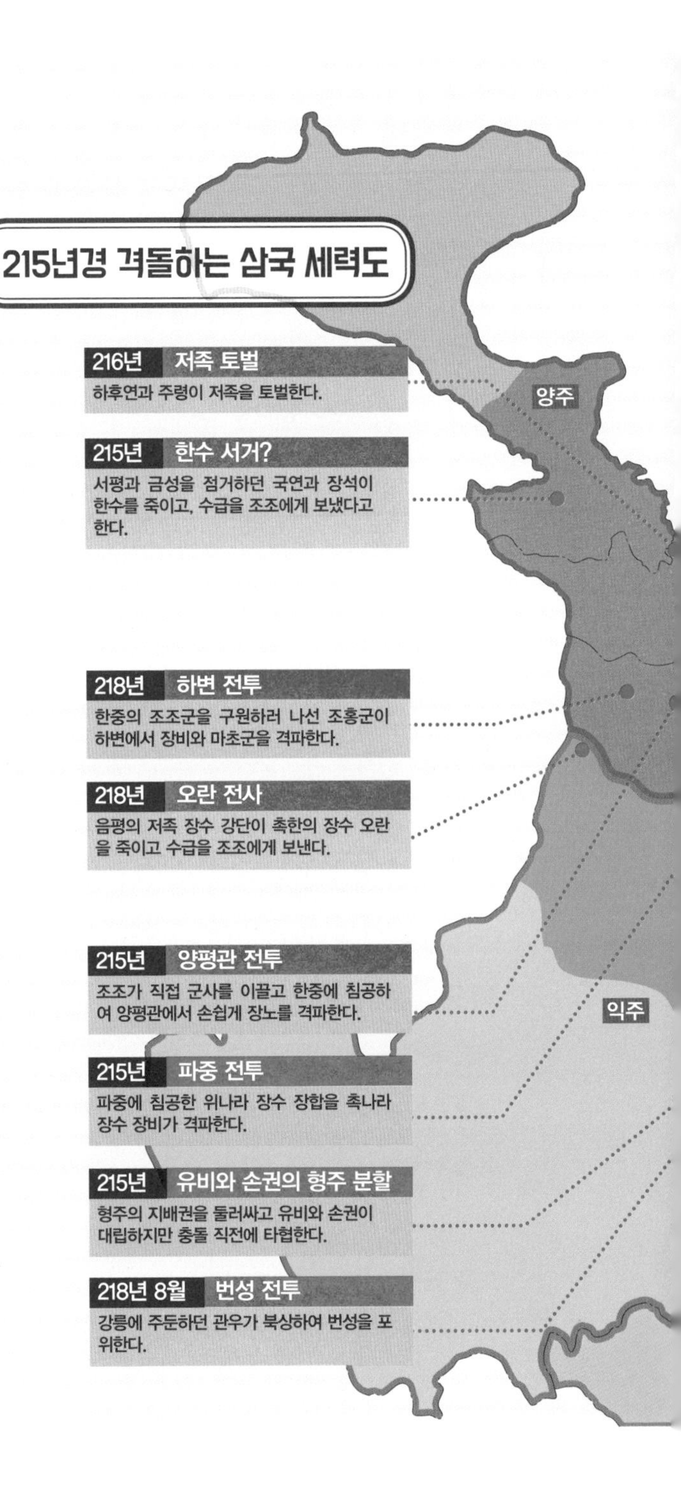
215년경 격돌하는 삼국 세력도
216년 저족 토벌
하후연과 주령이 저족을 토벌한다.
215년 한수 서거?
서평과 금성을 점거하던 국연과 장석이 한수를 죽이고, 수급을 조조에게 보냈다고 한다.
218년 하변 전투
한중의 조조군을 구원하러 나선 조홍군이 하변에서 장비와 마초군을 격파한다.
218년 오란 전사
음평의 저족 장수 강단이 촉한의 장수 오란을 죽이고 수급을 조조에게 보낸다.
215년 양평관 전투
조조가 직접 군사를 이끌고 한중에 침공하여 양평관에서 손쉽게 장노를 격파한다.
215년 파중 전투
파중에 침공한 위나라 장수 장합을 촉나라 장수 장비가 격파한다.
215년 유비와 손권의 형주 분할
형주의 지배권을 둘러싸고 유비와 손권이 대립하지만 충돌 직전에 타협한다.
218년 8월 번성 전투
강릉에 주둔하던 관우가 북상하여 번성을 포위한다.
양주
익주

215년 대군 오환의 혼란
오환왕과 장수 등이 서로 선우라 칭하며 정치를 혼란에 빠트린다. 이에 조조가 배잠(裴潛)을 대군태수로 보내 진정시킨다.
218년 대군 정벌전
조조의 아들 조창이 대군 · 상곡군의 오환 무신저를 정벌한다.
공손강
유주
216년 남흉노가 조조를 방문
남흉노의 선우 호주천이 조조를 방문한다.
216년 5월 위왕에 오른 조조
조조가 헌제의 명으로 위왕에 봉해진다.
병주
기주
청주
218년 1월 조조 토벌 쿠데타
경기 · 금위(金禕) · 위황 등이 조조를 토벌하기 위해 쿠데타를 계획하지만 발각되어 참수된다.
조조
연주
옹주
사주
서주
215년 8월 합비 전투
조조의 한중 침공을 지켜보던 손권이 기회를 놓치지 않고 위나라 영토에 침공하여 합비를 포위한다.
예주
215년 소요진 전투
장료가 합비에서 퇴각하는 손권을 추격해 소요진(逍遙津)에서 격퇴한다.
유비
형주
손권
양주
217년 2차 유수구 전투
조조가 유수구에 출병하지만 오군이 격퇴하면서 장기전에 돌입한다.
이주
216년 우돌의 난
파양에서 우돌이 반란을 일으키나 하제와 육손이 진압한다.
교주
사섭

형주 문제로 손권과 유비가 대립, 조조의 한중 침공으로 다시 화해

손권은 유비의 익주 탈취 소식을 듣고 분노한다. 이전에는 동족이라는 이유로 손권의 익주 침공에 난색을 표하던 장본인이 그 동족을 토벌하고 익주를 빼앗았기 때문이다. 속이 부글부글 끓었을 것이다. 게다가 형주 반환에 전혀 응하지 않은 것도 손권을 화나게 한 요인이 되었다.

215년에 손권은 제갈근(諸葛瑾)을 파견하여, 유비에게 형주를 반환하라고 재차 다그쳤다. 이에 유비는 양주를 빼앗으면 돌려주겠다고 거부했다. 상황이 이렇게 되자 손권도 본격적으로 유비와 대적하게 된다.

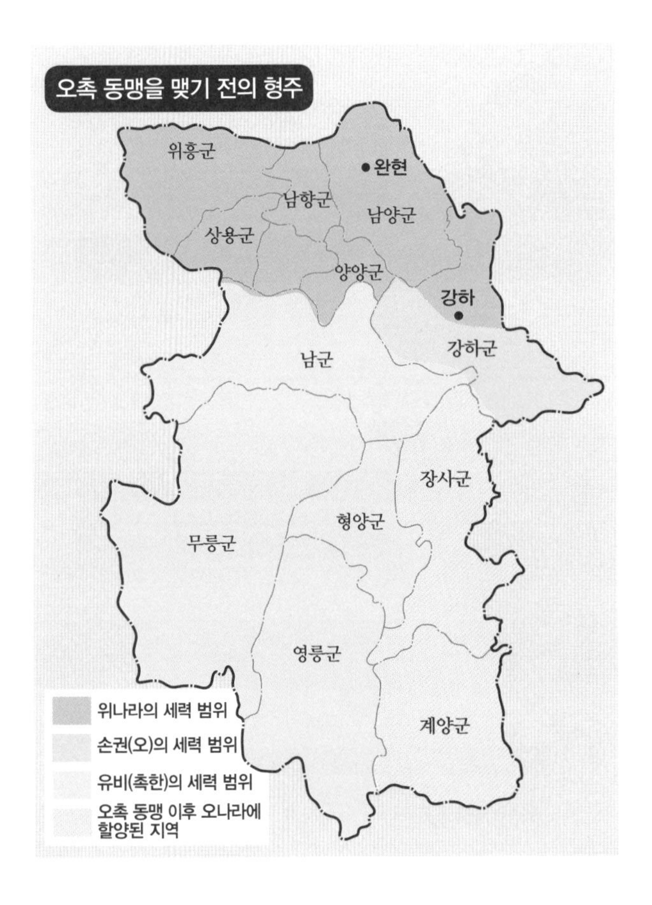

손권은 여몽에게 병사 2만 명을 주고 장사 · 영릉 · 계양의 형주 3군을 공격해 탈취하라고 명한다. 그리고 노숙에게는 1만 명의 병사를 주고 파구(巴丘)에 주둔하여 형주를 지키던 관우를 견제하게 했다. 손권 자신도 육구에 머물렀다. 유비도 공안(公安)에 병사를 진군시키고, 관우에게 3만 명의 병사를 주어

익양(益陽)으로 보냈다.

손권의 입장에서는 익주를 손에 넣은 유비의 세력이 강해지는 것이 두려웠을 것이다. 유비에게는 형주가 '천하삼분지계'를 위해 꼭 필요한 땅이었을 것이고. 그러니 서로 양보할 수 없었으리라.

하지만 조조가 한중에 진군하자 그들은 언제 그랬느냐는 듯이 태도를 바꾸고 화해했다. 한중에 인접한 유비에게 조조의 진군은 사활이 걸린 문제였다. 손권을 적으로 돌릴 상황이 아니었던 것이다. 손권도 지난해 환성을 점거하고 합비에 주둔하던 조조군에게 압박을 받았다. 언제까지나 유비와 대치할 수는 없는 노릇이었다.

양자의 이해가 일치하자 호수를 경계로 하여 유비가 남군 · 영릉 · 무릉 이서를, 손권이 장사 · 강하 · 계양 이동을 지배하기로 합의했다.

장노가 조조에게 항복하고, 위나라가 한중 지역을 손에 넣는다

215년, 마침내 조조는 한중 공략에 나섰다. 주령(朱靈)과 장합을 선봉으로 진창(陳倉)을 나서 양평관(陽平關)에 도착했다. 조조의 대군이 정벌에 나서자 장노는 항복을 고려했으나, 아우 장위(張衛)가 반발하자 그에게 수만 명의 병사를 주고 양평관 수호를 맡겼다.

장위는 휘하에 있는 양앙(楊昂) · 양임(楊任) 등과 분전하여 일단은 조조군을 물리쳤으나, 역전의 장수들이 이끄는 조조군을 감당하기에는 절대적으로 열세였다. 결국 패퇴하고 파중(巴中)으로 도망칠 때, 보물창고를 조조군에게 빼앗기기 싫었던 장수들이 장노에게 창고에 불을 지르자고 진언했다.

이에 장노가 "이 보물은 나라의 것이다"라고 말하고 창고를 봉인한 후 도망쳤다는 일화는 장노의 인물 됨됨이가 범상치 않음을 보여준다.

하지만 장노에게는 이미 조조에게 맞서 싸울 결기가 없었다. 파중으로 도망친 것도 막료 국포(閻圃)가 "바로 붙잡혀서 항복하기보다는 저항하는 자세를 보여야 조조도 후하게 대접해준다"라고 진언했기 때문이다. 항복하라는 조조의 요청을 받아들인 장노는 의도한 대로 진남장군(鎭南將軍)·낭중후

(閬中侯)에 임명되고 1만 호의 봉지를 받았다.

조조가 양평관에서의 일전만으로 한중을 함락하자 인접한 익주의 유비는 동요할 수밖에 없었다. 당시 그는 형주 땅의 반환 문제를 놓고 손권과 사이가 멀어진 데다, 반강제로 빼앗은 익주의 통치도 뜻대로 되지 않았기 때문이다. 당연히 조조군도 이러한 사정을 알고 있었다. 그래서 측근인 유엽(劉曄)과 사마의(司馬懿)는 입을 모아 익주를 공격하라고 진언했다. 하지만 조조는 "인간의 욕망에는 한이 없네. 한중을 얻은 데다 촉까지 얻을 생각은 없어"라고 말한 뒤, 하후연과 장합만 한중에 남겨놓고 위나라로 귀환했다.

유비와 손잡은 손권이 합비 정벌에 나서지만 조조군에게 패퇴

조조의 한중 침공에 위협을 느낀 유비가 손권과의 관계를 개선하기 위해 제갈량과 제갈근 형제의 회담을 열고 형주를 분할하여 통치하기로 타협한 사실은 앞에서 기술한 대로다. 유비와 화해한 손권은 육구에서 병사를 불러들인 후 곧바로 이들을 합비에 보냈다. 조조군이 한중에 간 사이에 합비를 점령하려고 한 것이다. 이때 합비를 지키던 이는 장료 · 악진 · 이전 세 사람이었다. 이들의 병력은 고작 7,000여 명에 불과하여, 10만 명의 손권군과는 병력부터 확연하게 차이가 났다.

한중의 장노를 정벌하러 떠날 때, 조조는 '손권이 오면 장료와 이전은 성을 나가서 싸우고, 악진은 꼼짝 말고 성을 지켜라'라는 명령서를 맡겼다. 그들은 조조의 지시에 따라 적은 병력으로 대군을 상대하지 않으면 안 되었다.

이때 장료와 사이가 나빴던 이전이 "개개의 은원 때문에 신하의 도리를 잊

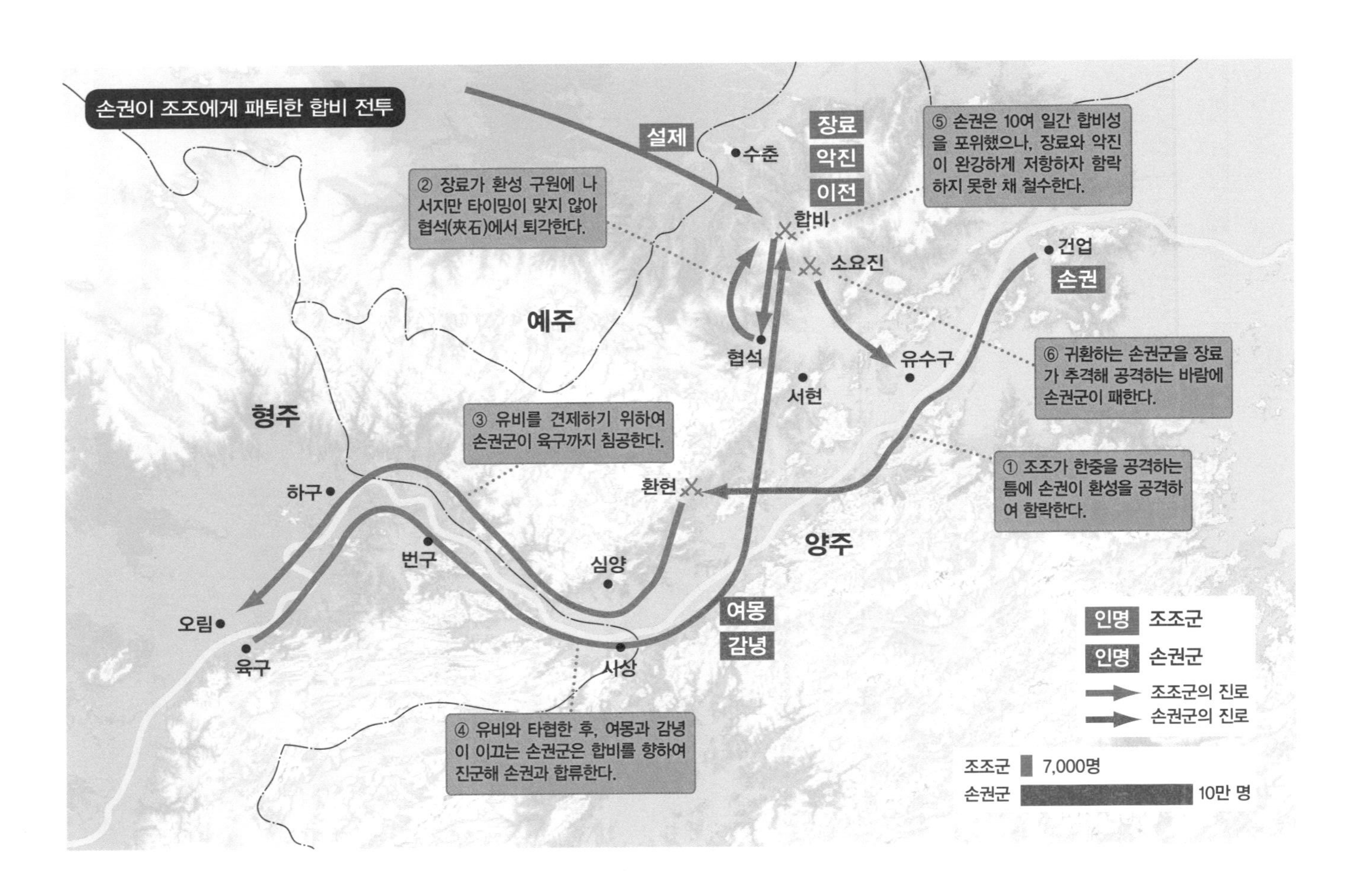
손권이 조조에게 패퇴한 합비 전투
설제
장료
악진
이전
수춘
합비
소요진
② 장료가 환성 구원에 나서지만 타이밍이 맞지 않아 협석(夾石)에서 퇴각한다.
⑤ 손권은 10여 일간 합비성을 포위했으나, 장료와 악진이 완강하게 저항하자 함락하지 못한 채 철수한다.
건업
손권
예주
협석
유수구
서현
⑥ 귀환하는 손권군을 장료가 추격해 공격하는 바람에 손권군이 패한다.
형주
③ 유비를 견제하기 위하여 손권군이 육구까지 침공한다.
① 조조가 한중을 공격하는 틈에 손권이 환성을 공격하여 함락한다.
하구
환현
양주
번구
심양
여몽
감녕
오림
육구
시상
④ 유비와 타협한 후, 여몽과 감녕이 이끄는 손권군은 합비를 향하여 진군해 손권과 합류한다.
인명 조조군
인명 손권군
조조군의 진로
손권군의 진로
조조군 7,000명
손권군 10만 명

어서는 아니 되오"라고 장료에게 화해의 손을 내밀 정도로 그들은 불리한 상황에 처해 있었다. 하지만 무릇 명장이란 궁지에 몰릴 때 진가가 발휘되는 법이다. 세 사람 모두 뛰어난 전투력을 발휘하여 손권군을 패퇴시킨다.

조조가 위왕에 오르고 다시 유수구에서 손권과 대결

216년 5월, 관중을 정복한 조조는 마침내 위나라 왕이 되었다. 고조(=유방(劉邦)) 시대에는 유씨 외에도 왕에 임명된 자가 있었으나, 후한에서는 2대 명제(明帝) 이후 그러한 예가 없었다. 성이 다른 왕이 출현한 것은 실로 오랜만이었다. 조조는 명실공히 최고의 지위에 오른 것이다.

같은 해 10월, 조조는 손권을 토벌하기 위해 다시 유수구로 출진했다. 같은 시기, 오나라에서는 육손(陸遜)이 오랫동안 골치를 썩던 회계(會稽)군의 대사 반림(潘臨)에게 항복을 받아내고 2,000명 이상의 병사를 자군에 편입했다.

또 파양에서 우돌(尤突)이 반란을 일으키자, 단양군에서도 능양(陵陽)·시안(始安)·경현(涇縣)의 3현이 호응하는 대규모 봉기가 일어났다. 하제와 육손이 이를 진압하고, 8,000명의 병사를 자군으로 편입하는 데 성공했다.

유수구에서 대치하던 조조군과 손권군은 서로 결정적인 승기를 잡지 못한 채 교착 상태를 이어갔다. 이에 217년에 손권이 먼저 조조에게 사자를 보내 화평을 제안한다. 감당하기 힘든 조조군과 대치하면서 아까운 전력을 허비할 수는 없는 노릇이었다. 동병상련의 심정이었던 조조도 이 제안에 응하여 하후돈을 거소(居巢)에 남겨두고 군사를 퇴각시킨다. 손권도 유수구에 주태

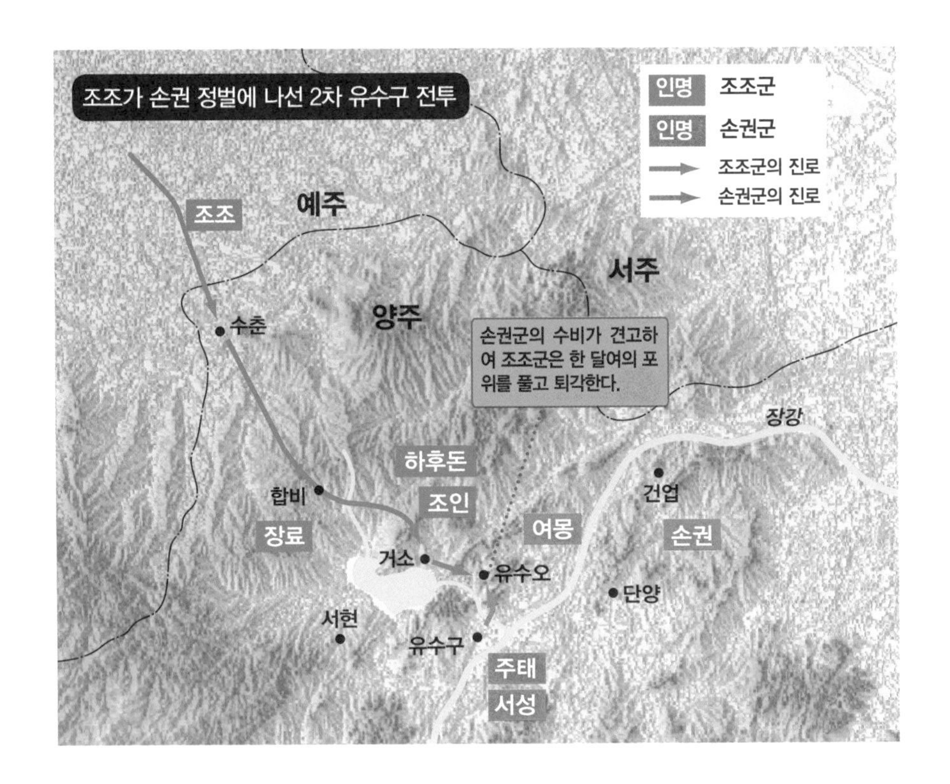

만 남기고 물러났다.

손권은 필시 형주의 대(對)유비전을 염두에 두고 있었을 것이다. 그해 오나라에서는 친유비파인 노숙이 세상을 떠나고, 후임으로 반유비파의 선봉장이던 여몽(呂蒙)이 임명되었기 때문이다. 손권은 유비와 동맹 관계였음에도 형주 탈환의 야심을 포기하지 않았음을 보여준다.

이러한 손권 진영의 정세 변화에 대해 유비 진영은 전혀 손을 쓰지 않았다. 어쩌면 유비는 조조가 평정한 한중을 노리고 있었기 때문에 손권은 안중에도 없었는지도 모른다. 나중에 드러난 일이기는 하지만 형주 주변의 방어를 관우에게만 맡긴 것이 유비 측의 큰 실책이었다.

조조가 지배하는 한중을 뺏기 위해 유비가 양평관으로 출진

217년, 한중을 정복한 조조에게 맞서 유비는 한중을 공략하기로 하고 무도(武都)군 하변(下辨)에 부장 오란(嗚蘭) · 뇌동(雷銅) 등을 파견했다. 양평관에는 직접 출진하여 이곳을 점거했다.

이때 한중 일대는 하후연과 장합이 지키고 있었다. 유비군이 하변에 진주한다는 보고를 받은 조조는 조홍과 조휴(曹休)에게 5만 명의 병사를 주고 한중으로 원군을 보냈다. 이에 유비는 장비와 마초를 하변 서북에 있는 고산

《삼국지》에서 탄생한 사자성어

오하아몽-무학인 채 진보하지 않는 사람

오하아몽(吳下阿蒙)을 직역하면 '오군에 있을 때의 여몽'이라는 의미이다. 무학인 채 진보하지 않는 자를 뜻하며, 손책 · 손권을 섬긴 오나라의 장군 여몽을 가리킨다.
무용만 특출났던 여몽에게 어느 날, 손권이 지략도 기르라며 독서를 권한다. 여몽은 그 말을 듣고 학문을 길러서 지용을 겸비한 무장이 되었고, 나중에 노숙의 후임으로 오나라를 이끌었다.
무용에 뛰어난 여몽(=아몽阿蒙)밖에 몰랐던 노숙이 수년 후에 만났을 때, 여몽의 치밀한 지략에 놀라 "오군에 있을 때의 여몽이 아니구려(非復吳下阿蒙)"라고 칭찬했다고 한다.
참고로 이에 대하여 여몽이 "선비는 헤어진 지 3일이면 눈을 비비고 서로를 보지요(士別三日, 卽更刮目相待)"라고 대답했는데, 이 일화에서 훌륭한 인물은 늘 진보한다는 비유로 '괄목상대(刮目相對, 눈을 비비고 상대방을 대한다는 뜻으로, 상대방의 학식이나 재주가 갑자기 몰라볼 정도로 나아졌음을 이르는 말이다-역주)'라는 말이 쓰이게 되었다.

(固山)에 보내 조홍군의 배후를 치려고 했다.

여기서 조홍군은 하변으로 가느냐 고산으로 가느냐를 두고 중신들끼리 의견이 갈린다. 그러자 조휴는 "장비가 보란 듯이 고산에 들어간 것은 양동 작전이오. 진심으로 우리 군과 겨룰 생각은 없을 거요"라고 주장했다. 이에 조홍은 원래 계획대로 하변에 병사를 보내 오란 · 뇌동을 토벌한다. 그리고 하변에서 아군이 패퇴했다는 소식을 접한 장비군은 퇴로를 차단당하기 전 서둘러 퇴각한다.

한중 공방전의 전초전이 된 하변 전투는 조조 진영의 압승이었다. 하지만 유비는 여전히 대군과 함께 양평관에 주둔하며 한중 정복을 포기하지 않았다. 이때 한중에서 철수한 마초 · 장비 등도 양평관에 합류한다. 이에 질세라 조조도 직접 출진하여 9월에 장안에 도착한다. 이렇게 해서 한중을 둘러싸고 조조군과 유비군이 대치하는 상태가 계속되었다.

조조와 유비가 한중에서 대치하던 218년 1월, 위나라에서는 쿠데타가 계획되고 있었다.

태의령 길본(吉本)이 소부(少府) 경기(耿紀)와 사직(司直) 위황(韋晃) 등을 꼬드겨서 헌제를 옹립하려 한 것이다. 그리고 유비에게 구원을 요청하여 위나라를 공격하자고 모의한 것이다. 당시 조조가 업현으로 가 자리를 비운 터라 이를 호기로 본 것이다.

하지만 조조가 비운 허도의 빈자리를 지키고 있던 왕필(王必)이 영천군의 엄광(嚴匡)과 함께 길본을 토벌하며 쿠데타는 어이없이 실패로 끝났다.

같은 시기, 북방의 유주 대군(代郡)에서 오환의 대규모 반란이 일어났다. 조조는 아들 조창(曹彰)과 전예(田豫)를 파견하여 진압에 나섰다.

조창군은 북상하여 탁군(涿郡)의 역수(易水) 북쪽에 주둔했으나, 그곳에서

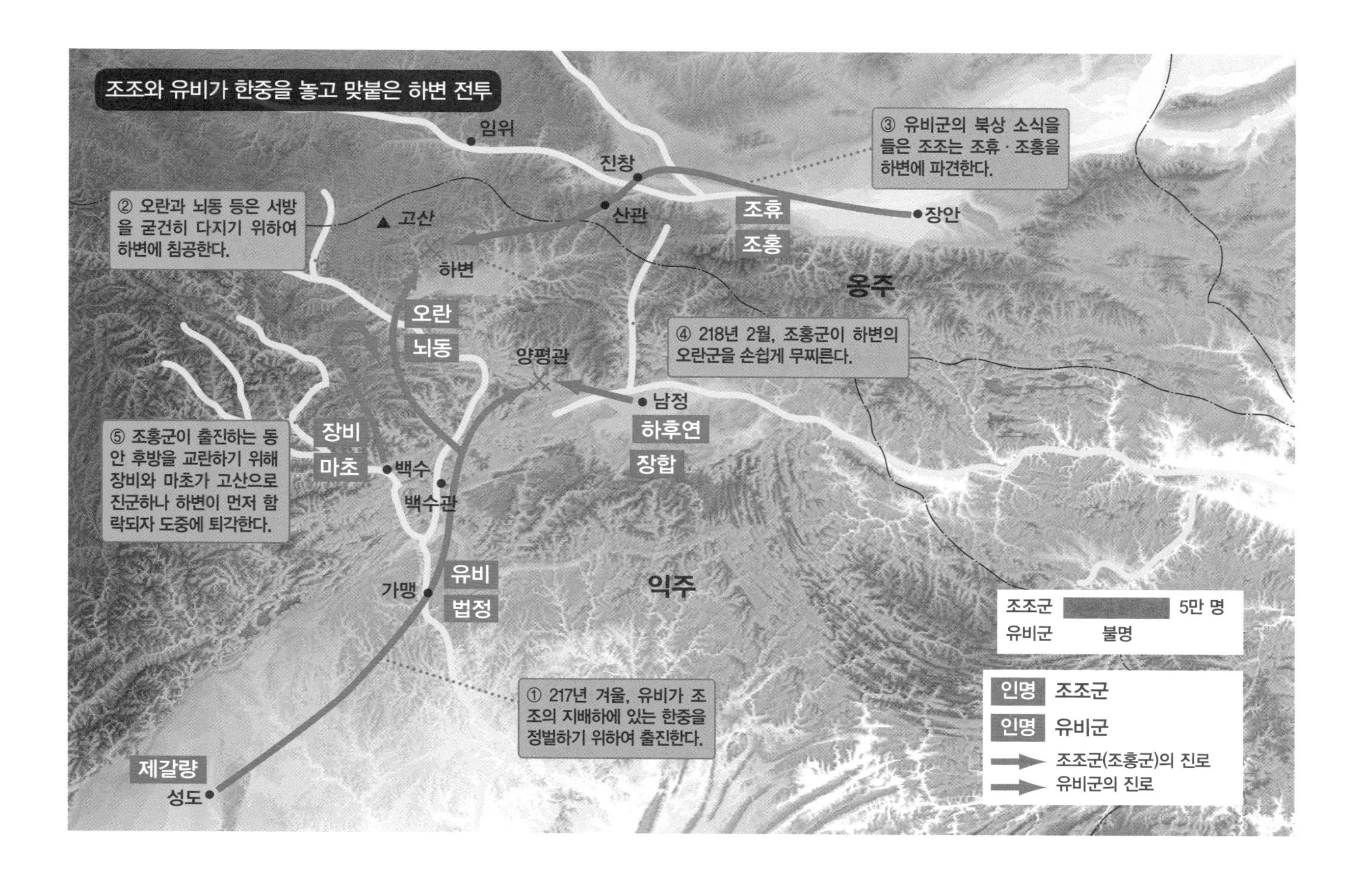

조조와 유비가 한중을 놓고 맞붙은 하변 전투
① 217년 겨울, 유비가 조조의 지배하에 있는 한중을 정벌하기 위하여 출진한다.
② 오란과 뇌동 등은 서방을 굳건히 다지기 위하여 하변에 침공한다.
③ 유비군의 북상 소식을 들은 조조는 조휴·조홍을 하변에 파견한다.
④ 218년 2월, 조홍군이 하변의 오란군을 손쉽게 무찌른다.
⑤ 조홍군이 출진하는 동안 후방을 교란하기 위해 장비와 마초가 고산으로 진군하나 하변이 먼저 함락되자 도중에 퇴각한다.
임위
진창
산관
장안
고산
하변
옹주
양평관
남정
백수
백수관
가맹
익주
성도
조휴
조홍
오란
뇌동
하후연
장합
장비
마초
유비
법정
제갈량
조조군 5만 명
유비군 불명
인명 조조군
인명 유비군
조조군(조홍군)의 진로
유비군의 진로

오환의 기병대에게 기습 공격을 받았다. 하지만 전예의 지략과 조창의 무예로 물리친 다음에 후퇴하는 오환을 필사적으로 추격했다. 조창은 대군에서 200리나 떨어진 상건(桑乾)까지 쫓아가서 오환을 완전히 짓밟았다. 그 방식이 얼마나 잔인했는지, 수급과 포로만 천수백 구에 달했다고 한다.

이 전투를 곁에서 지켜보던 선비의 수령 가비능(軻比能)은 조창의 정벌 방식에 두려움을 느끼고 싸우기도 전에 항복을 선언했다. 조조는 이 승리로 북방 전체를 평정하는 데 성공한다.

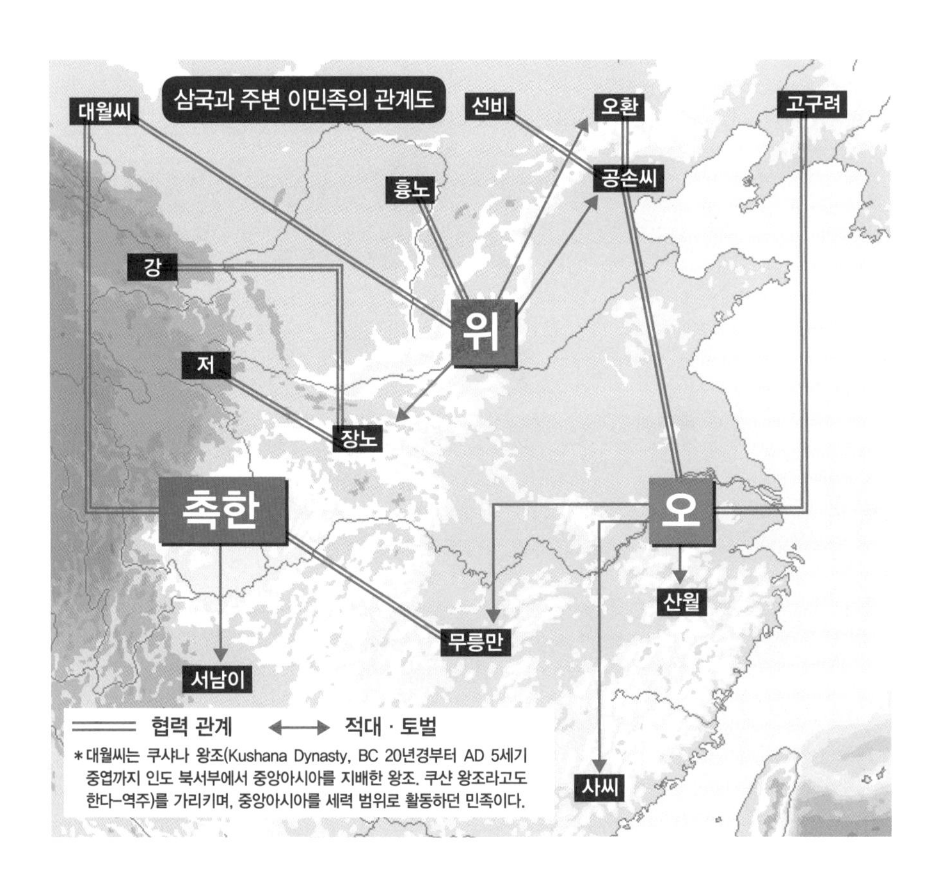

인물 삼국지 열전

제갈근(諸葛瑾) 〈175~241〉

자는 자유(子瑜)라 하고, 서주 낭야(琅邪)군 양도(陽都)현 출신이다. 제갈량의 형으로 손권을 섬겼다. 문관 성향으로 위군에게 공격당한 주연(朱然)을 구출할 때 임기응변책을 취하지 않아서 손권의 불만을 샀다.

하지만 평소 신뢰가 두터워서, 오촉 동맹에 금이 갔을 때 제갈근이 유비와 내통한다는 소문이 났으나 손권은 "자유공은 결코 나를 배신하지 않네"라며 전혀 개의치 않았다고 한다.

주령(朱靈) 〈?~?〉

자는 문박(文博)이고, 기주 청하(淸河)군 고당(高唐)현 사람. 원소의 휘하로서 공손찬에게 붙은 무장을 토벌하기 위하여 참전했을 때, 주령의 가족은 공손찬에게 인질로 잡혀 있었다.

이를 빌미로 공손찬이 투항을 권유했지만, 주령은 "모름지기 장부(사내)란 한번 세상에 나오면 집을 생각하지 않는 법이오"라며 전투에서 물러서지 않았다. 결국 적군을 물리쳤으나 가족은 몰살당했다고 한다. 그 후 위나라에서 조조, 조비, 조예(曹叡)를 위해 일했다.

장합(張郃) 〈?~231〉

자는 준예(儁乂)이고, 기주 하간(河間)군 사람. 원래는 원소를 섬겼으나 관도 전투에서 원소가 패하자 조조에게 투항했다. 전투에서 전략과 전술을 구사하는 상황 판단이 뛰어났고, 무용도 예사롭지 않았다. 조조의 신임도 두터워서 동관 전투에서 분전하여 무공을 세웠다. 제갈량의 북벌에 맞서 늘 전선에서 활약했으나 목문에서 전사했다.

장노(張魯) 〈?~?〉

자는 공기(公祺)이고, 예주 패국(沛國) 풍현(豐縣) 사람. 원래 익주의 유언을 섬겼다. 독의사마에 임명되어 장수와 함께 한중을 공격하라는 명을 받고 한중에 가서 소고를 토벌했다. 그 후 장수를 살해하고 병사를 빼앗아서 그대로 독립했다. 도교 오두미도를 이끌면서 교단에 들어온 기부를 착복하지 않고 선정을 베풀었으므로 백성에게 두터운 신망을 얻었다고 한다. 215년, 조조의 공격을 받아 항복했다.

이전(李典) 〈?~?〉

자는 만성(曼成)이고, 연주 산양(山陽)군 거야(鉅野)현 사람. 아버지의 군을 이어받아 관도 전투에서 조조의 후방 지원을 맡았다. 그 후 악진과 함께 단골로 선봉을 맡았는데, 포로장군(捕虜將軍) · 파로장군(破虜將軍)으로 승진한 것을 보면 조조로부터 두터운 신임을 받았던 것 같다.

215년, 손권이 합비를 공격하자 앙숙이던 장료와 화해하고, 사자가 포효하듯 맹렬한 기세로 활약하여 손권군을 격파했다. 학문을 좋아하고 공적에 관심이 없었던 탓에 영지는 겨우 3백 호에 그쳤다고 한다.

조홍(曹洪) 〈?~232〉

자는 자렴(子廉)이며, 조조의 사촌 동생이다. 조조가 활약하던 시절부터 전투에 참가한 고참 무장이다. 조조가 동탁 휘하에 있는 서영에게 패하자 "천하에는 내가 없어도 상관없지만 당신이 없으면 안 되오"라고 조조에게 말을 양보하여 조조가 난관을 피할 수 있게 해주었다.

관도 전투에서는 장합과 고람의 맹공을 막고, 여포 토벌과 형주 공략에도 무훈을 세웠다. 또 217년에 하변 전투에서는 장비 · 마초군을 무찔렀다. 조조의 뒤를 이은 조비 · 조예 대에 표기장군까지 오른다.

219~220
《삼국지》의 영웅인
조조와 관우가 눈감다

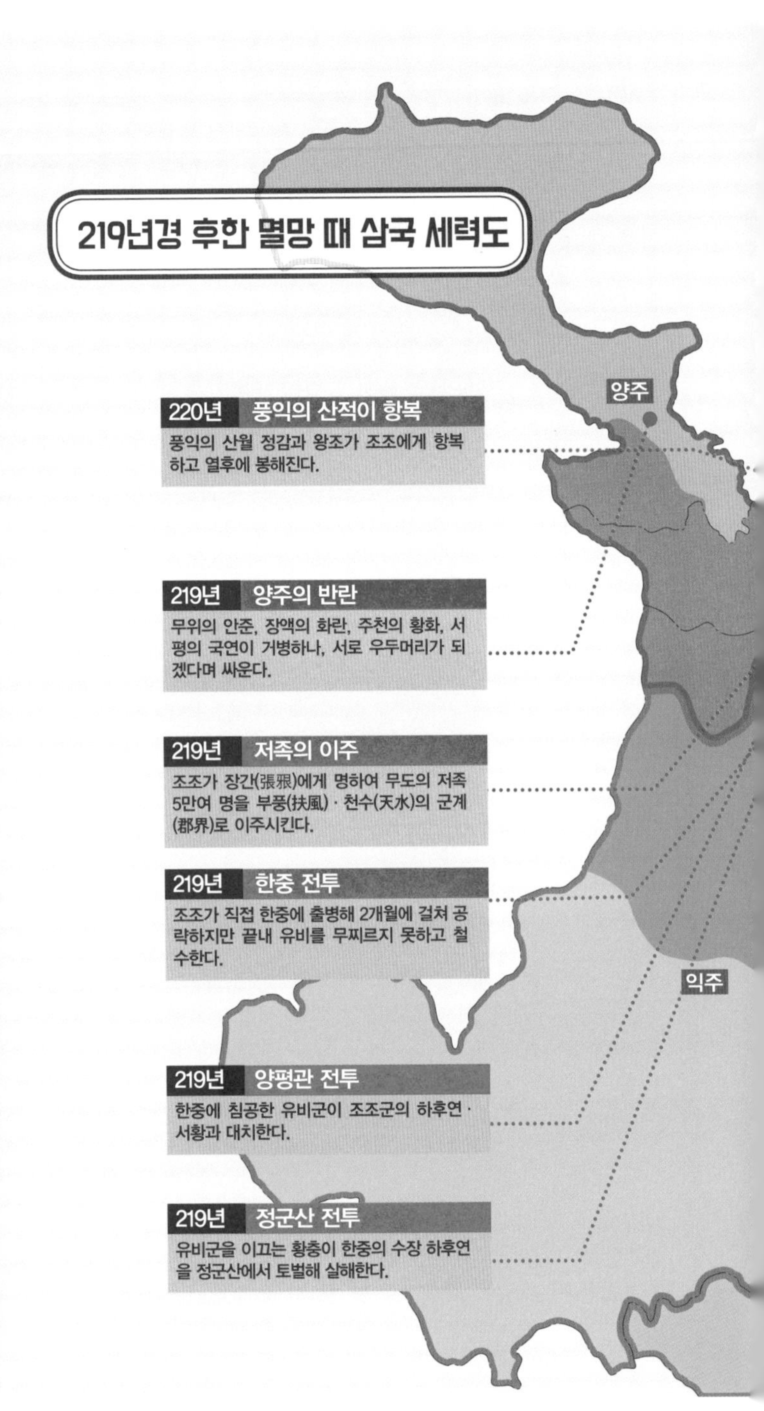

219년경 후한 멸망 때 삼국 세력도
양주
익주
220년 풍익의 산적이 항복
풍익의 산월 정감과 왕조가 조조에게 항복하고 열후에 봉해진다.
219년 양주의 반란
무위의 안준, 장액의 화란, 주천의 황화, 서평의 국연이 거병하나, 서로 우두머리가 되겠다며 싸운다.
219년 저족의 이주
조조가 장간(張邪)에게 명하여 무도의 저족 5만여 명을 부풍(扶風)·천수(天水)의 군계(郡界)로 이주시킨다.
219년 한중 전투
조조가 직접 한중에 출병해 2개월에 걸쳐 공략하지만 끝내 유비를 무찌르지 못하고 철수한다.
219년 양평관 전투
한중에 침공한 유비군이 조조군의 하후연·서황과 대치한다.
219년 정군산 전투
유비군을 이끄는 황충이 한중의 수장 하후연을 정군산에서 토벌해 살해한다.

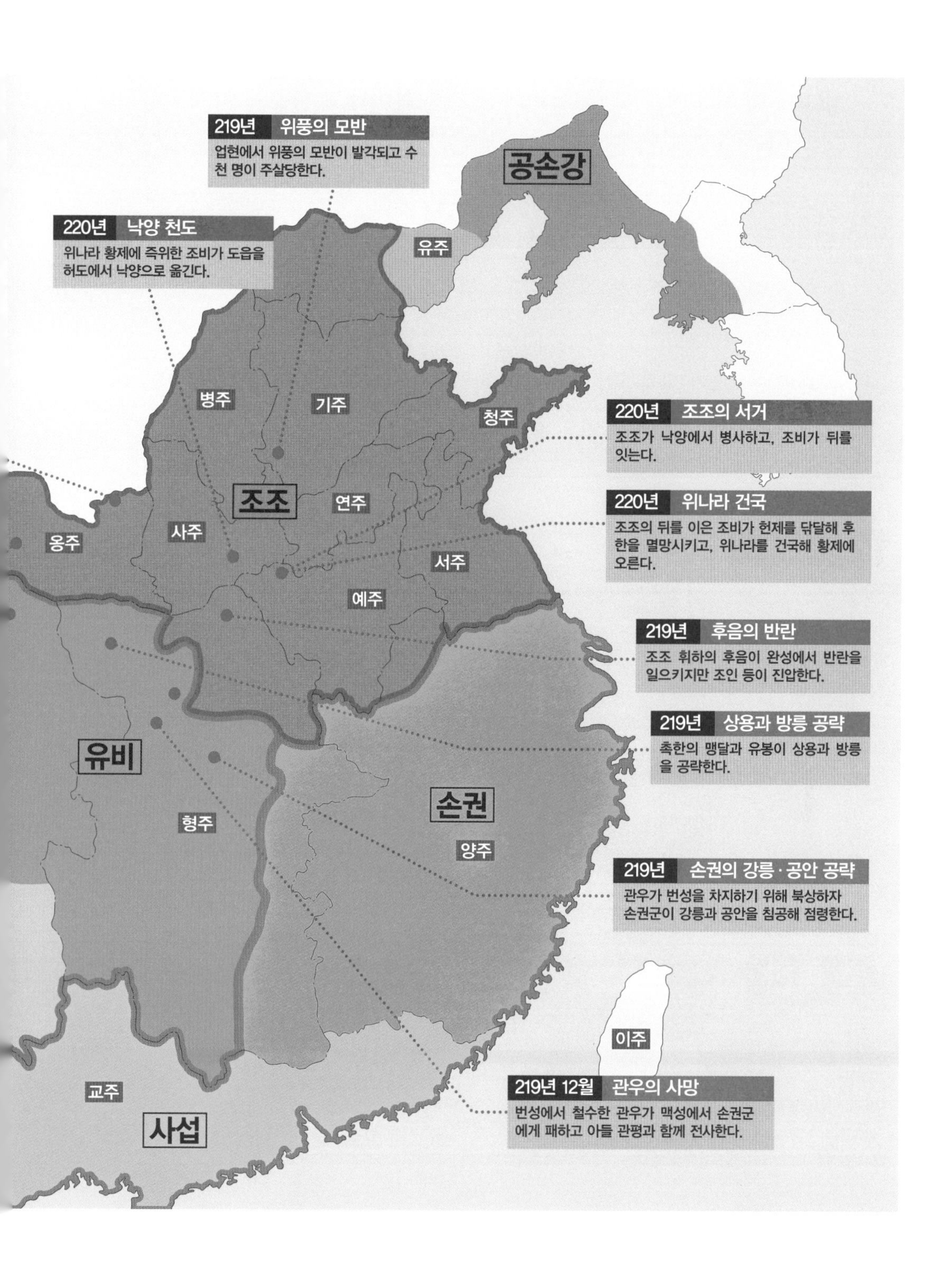
219년 위풍의 모반
업현에서 위풍의 모반이 발각되고 수천 명이 주살당한다.
220년 낙양 천도
위나라 황제에 즉위한 조비가 도읍을 허도에서 낙양으로 옮긴다.
공손강
유주
병주
기주
청주
220년 조조의 서거
조조가 낙양에서 병사하고, 조비가 뒤를 잇는다.
조조
연주
220년 위나라 건국
조조의 뒤를 이은 조비가 헌제를 닦달해 후한을 멸망시키고, 위나라를 건국해 황제에 오른다.
옹주
사주
서주
예주
219년 후음의 반란
조조 휘하의 후음이 완성에서 반란을 일으키지만 조인 등이 진압한다.
219년 상용과 방릉 공략
촉한의 맹달과 유봉이 상용과 방릉을 공략한다.
유비
손권
형주
양주
219년 손권의 강릉·공안 공략
관우가 번성을 차지하기 위해 북상하자 손권군이 강릉과 공안을 침공해 점령한다.
이주
219년 12월 관우의 사망
번성에서 철수한 관우가 맥성에서 손권군에게 패하고 아들 관평과 함께 전사한다.
교주
사섭

유비군이 하후연을 토벌, 유비가 조조를 몰아내고 한중을 차지

217년부터 한중을 침공한 유비는 219년에 양평관에서 남하하여 정군산(定軍山) 기슭에 견고한 진영을 구축한다.

이 소식을 들은 조조는 직접 출진을 결정하고 장안에서 한중으로 진군을 개시했다.

유비는 조조가 도착하기 전을 노려 한중을 지키던 하후연 · 장합군에게 야습을 시도했다. 이에 하후연은 장합에게 동쪽을 맡기고 자신은 남쪽 수비를 맡는다. 하지만 동쪽의 장합이 열세에 몰리자, 그렇지 않아도 적은 자군 병사의 절반을 장합의 구원병으로 보낸다.

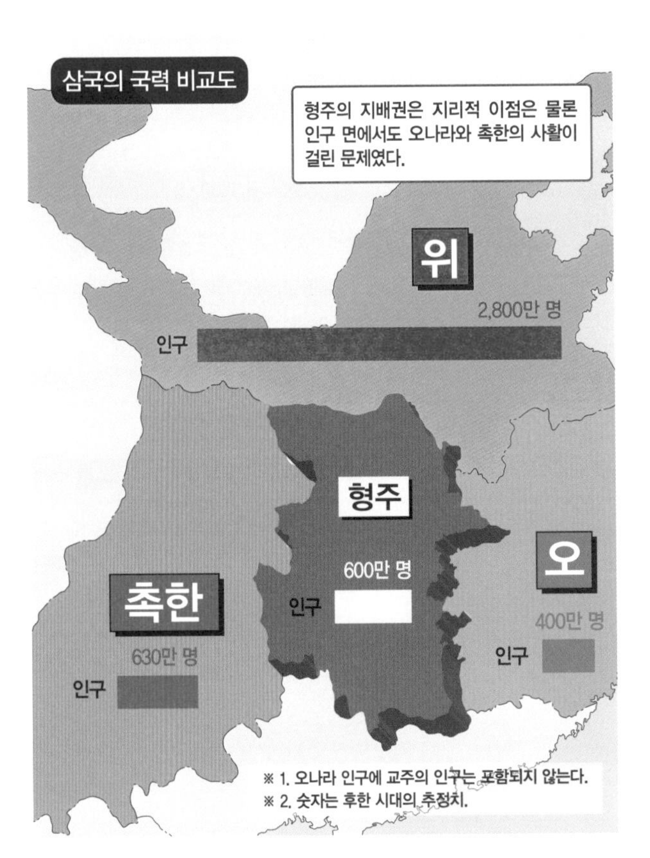

이를 본 유비군의 황충이 일제히 하후연군을 공격하라 이르고, 장군들이 힘을 합쳐 하후연을 무찌르고 참살하는 공을 세운다. 대장을 잃은 장합은 하는 수 없이 패잔병을 모아 철수한다.

하후연이 전사했다는 보고를 받은 조조는 즉시 양

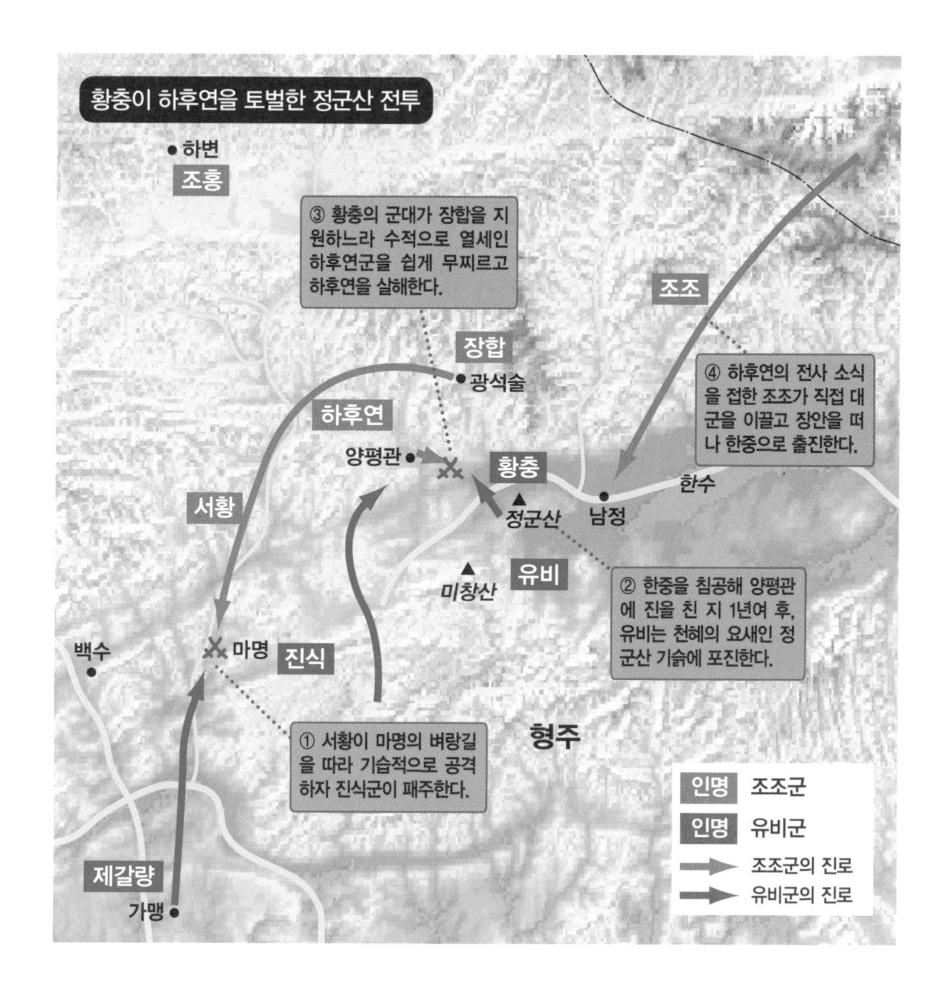

평관과 정군산을 총공격하기 위해 출군한다. 직접 군대를 이끌고 한중을 놓고 유비와 맞대결을 벌인 것이다. 그런데 초기에 한중을 공략해 승기를 잡은 유비는 방어 위주의 지구전을 구사하기로 결정한다.

조조가 도착할 무렵, 유비는 주력 군대를 양평관과 정군산에 배치하는 등 만전의 수비 태세를 갖추고 있었다. 평소라면 도망쳤을 유비가 이때는 완강하게 저항하며 조조군의 맹공에 끝까지 버틴 것이다. 양평관 전투는 유비와 조조가 화살이 빗발치는 전장터에서 직접 지휘를 할 만큼 치열했다. 그만큼 한중은 유비에게나 조조에게나 무슨 일이 있어도 손에 넣어야 할 땅이었다.

조조는 무려 2개월여에 걸쳐 공격을 계속했으나, 유비군의 견고한 방어에 속수무책으로 당하며 죽은 사람만 늘어났다고 한다. 결국 조조는 승산이 없다고 판단해 퇴각을 결심한다. 219년 5월, 조조가 한중에서 전군을 철수하자, 유비는 조조에게 빼앗은 형태로 한중 땅을 수중에 넣는다.

단, 조조는 철수하기 전에 한중 백성 대부분을 위나라 영토로 이주시켰다. 조조는 퇴각한 후에도 장안에 머물며 한중을 다시 수복하려고 했으나, 결국 생전에는 한중을 되찾지 못했다.

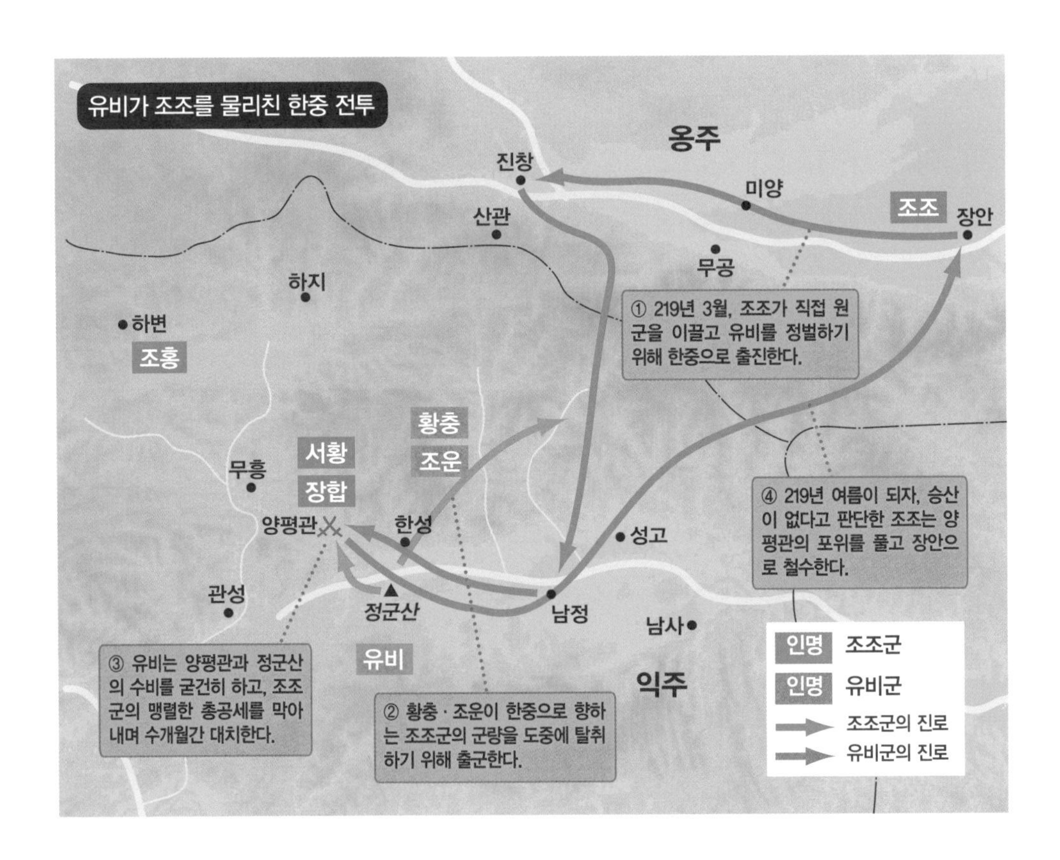

유비는 형주 북서부까지 평정, 조조는 반란과 쿠데타를 진압

한중을 정복한 유비는 맹달(孟達)과 유봉(劉封)을 파견해, 형주와 한중의 경계 부근에 있는 방릉(房陵)을 공격하여 순식간에 점거했다. 방릉을 공략한 맹달은 군사를 돌려 서쪽의 상용(上庸) 공략에 나섰다.

상용에는 조조에게 장군 칭호를 받은 신탐(申眈)이 태수가 되어 주둔하고 있었는데, 맹달군이 침공해 오자 별다른 저항도 하지 않고 군을 넘겨주었을 뿐만 아니라 유비에게 항복을 제안했다.

이로써 유비는 형주 북서부까지 평정하는 데 성공했다

그 무렵, 형주 완현의 수장 후음(侯音)이 가혹한 군역에 신음하는 백성을 구한다는 명분으로 관우와 손잡고 조조에게 반란을 일으킨다. 이 모반에는 부근의 산적과 백성들이 지지를 보냈다는데, 그걸 보면 후음의 반란에는 어느 정도 명분이 있었던 모양이다.

조조로부터 반란을 진압하라는 명령을 받은 조인은 후음에게서 도망친 종자경(種子經)과 손잡고 완성에 쳐들어간다. 후음은 관우의 원군을 기다리면서 방위에 힘썼으나, 원군이 도착하기도 전에 조인에게 죽임을 당하고 반란은 실패로 끝났다.

나아가 위나라에서는 쿠데타 미수가 발각된다. 위풍(魏諷)과 진의(陳禕)가 위나라의 주요 도시인 업현을 정복한다는 계획을 세웠던 것이다. 하지만 진의의 밀고로 이 계획은 수포로 돌아간다. 위풍은 처형되고, 그를 조정에 천거한 종요도 관직에서 물러났다.

관우가 강릉에서 돌연 북상하여 번성에서 조조군을 격파

219년 7월, 유비는 조조의 위왕에 대항하여 스스로 한중왕(漢中王)에 오른다(아마도 한중왕에서 황제가 된 선조 유방의 이미지를 이용하려고 한 것이리라). 성도를 수도로 정하고 정무를 보았으며 한중태수(漢中太守)에는 위연을 앉혔다. 다음 달에는 자리를 비운 유비 대신 형주를 지키던 관우가 강릉을 미방(糜芳)에게, 공안을 부사인(傅士仁)에게 맡기고 북상하여 위군이 주둔한 번성을 침공한다.

이에 형주 북부의 수비를 맡고 있던 조인은 번성에 들어가 관우를 공격하고, 조조는 장안에 있던 우금과 방덕(龐德)을 원군으로 보낸다. 우금과 방덕이 번성에 도착하자 때마침 내린 호우에 한수가 범람하여 평지의 수위가 10여 미터나 상승했고, 번성은 물속에 고립되었다.

수상전을 예상하지 못했던 우금과 방덕은 준비가 부족한 상태에서 관우와 대치하게 된다. 그래도 활을 쏘며 분전해보지만 큰 배로 선단을 만들어 포위망을 펼쳐놓은 관우군의 상대가 되지 않았다. 결국 우금은 항복하고 방덕은 항복을 거부하여 참수당한다.

큰 전과를 세운 관우는 다시 별동대를 파견하여 방비가 허술해진 양양을 포위하는 등, 형주 북부를 공략하기 위하여 나섰다. 또 우금과 방덕이 관우에게 패배했다는 소식을 들은 주변의 호족들이 관우에게 동조하며 반란의 움직임을 보이기 시작했다. 이때 관우의 공격이 얼마나 맹렬했는지, 조조는 도읍을 옮기려는 생각까지 할 정도였다고 한다.

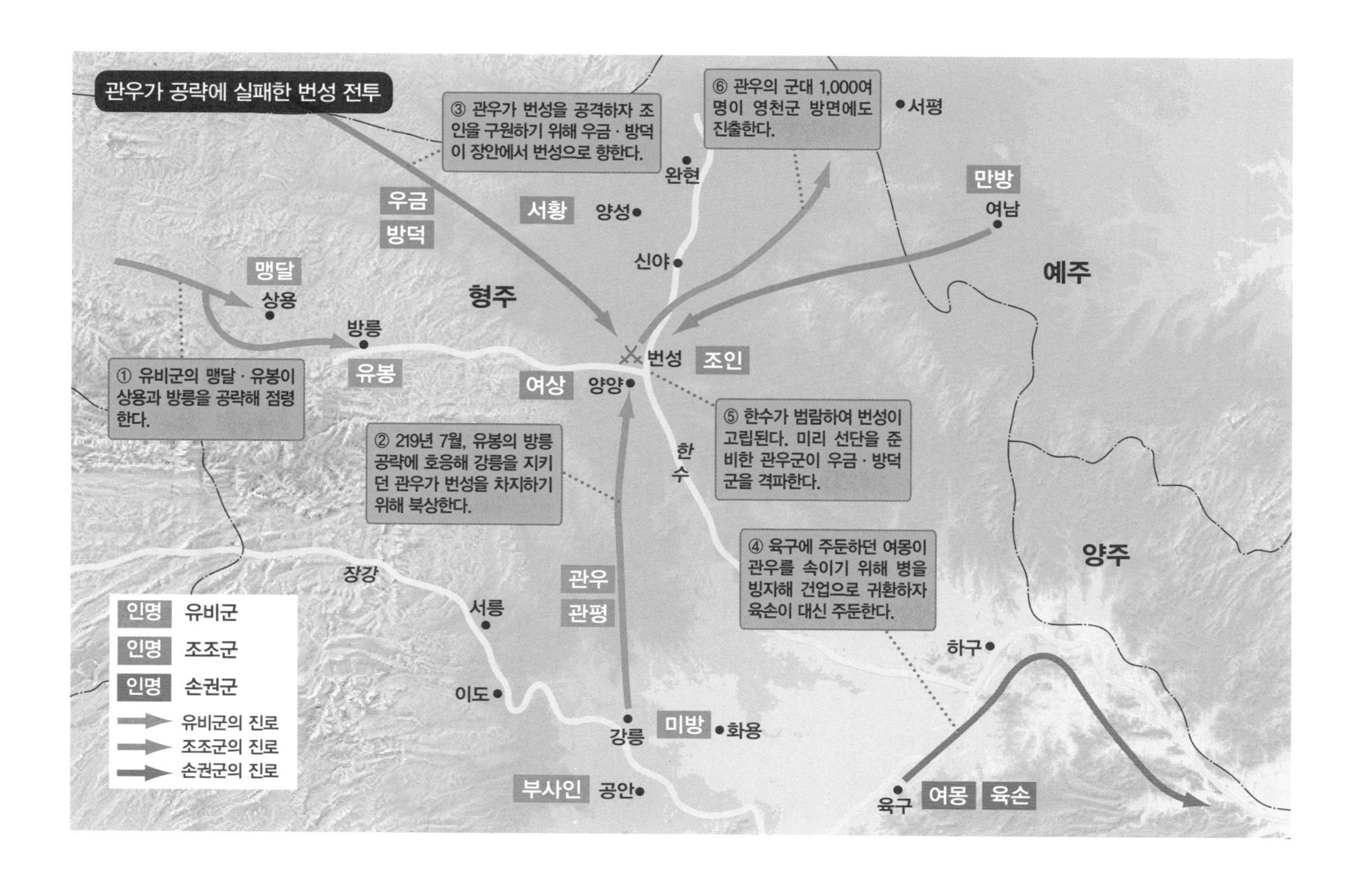

관우가 공략에 실패한 번성 전투
① 유비군의 맹달 · 유봉이 상용과 방릉을 공략해 점령한다.
② 219년 7월, 유봉의 방릉 공략에 호응해 강릉을 지키던 관우가 번성을 차지하기 위해 북상한다.
③ 관우가 번성을 공격하자 조인을 구원하기 위해 우금 · 방덕이 장안에서 번성으로 향한다.
④ 육구에 주둔하던 여몽이 관우를 속이기 위해 병을 빙자해 건업으로 귀환하자 육손이 대신 주둔한다.
⑤ 한수가 범람하여 번성이 고립된다. 미리 선단을 준비한 관우군이 우금 · 방덕군을 격파한다.
⑥ 관우의 군대 1,000여 명이 영천군 방면에도 진출한다.
우금
방덕
서황
맹달
상용
방릉
유봉
형주
완현
양성
신야
서평
만방
여남
예주
번성
조인
여상
양양
한수
양주
장강
서릉
이도
관우
관평
강릉
미방
화용
부사인
공안
하구
육구
여몽
육손
인명 유비군
인명 조조군
인명 손권군
유비군의 진로
조조군의 진로
손권군의 진로

유비가 거병한 이래 최고 충신이던 관우가 여몽군에게 살해

관우에게 두려움을 느낀 조조는 손권을 움직여야 한다는 사마의의 진언을 받아들여 서둘러 손권에게 사자를 보낸다. 그리고 강남의 지배권을 인정하는 조건으로 관우의 배후를 습격하라고 종용한다. 또 번성에는 서황과 여건(呂建) 등을 원군으로 파견한다.

조조의 제안을 받은 손권은 지금이야말로 유비로부터 형주를 탈환할 호기라 여겼다. 유비와는 동맹을 맺고 있었으나 형주는 애초 손권의 영토였다. 손권의 입장에서는 자신의 땅을 유비에게 빌려주었다가 빼앗긴 형국이었다.

《삼국지》에서 탄생한 사자성어

읍참마속-제갈량이 눈물을 머금고 마속을 참하다

227년, 제갈량은 위나라 정벌에 나서는 1차 북벌 때, 보급 수송로의 요충지인 가정(街亭)의 수비를 자신의 친구이자 신하인 마량(馬良)의 아우 마속에게 맡겼다. 마속은 전선에서 싸운 경험이 적었으나 전략가로서 그를 높이 평가한 제갈량이 획기적으로 발탁한 것이다.
하지만 마속은 실전에 정통한 부장 왕평(王平)의 진언을 귀담아듣지 않았다. 또 산기슭에 포진하여 큰길을 가로막으라는 제갈량의 지시도 무시하고, 산꼭대기에 진을 쳤다가 위나라 장수 장합에게 가정을 빼앗기는 치명적인 실수를 저지른다.
이 패전의 책임을 물어 제갈량은 어쩔 수 없이 눈물을 머금고, 명령을 어긴 마속을 군율에 따라 참수형에 처했다는 데서 읍참마속(泣斬馬謖)이라는 고사성어가 유래한다. 이때부터 엄정한 규율을 유지하는 데 사적 인정을 개입하면 안 된다는 대표적인 예로서 이 말이 쓰이게 되었다.

게다가 218년에는 동맹을 강화하려고 관우와 인척 관계를 맺으려다 일언지하에 거절당했다. 이런저런 연유로 유비 진영에 대한 손권의 불만, 불신감은 그 어느 때보다 높았다.

육구에 주둔하던 여몽은 관우가 육구에 대한 방비에 만전을 기하자 꾀를 냈다. 일부러 꾀병을 부려 일선에서 물러난 것이다. 그리고 육손을 자신의 후임으로 앉히고 육구를 방어하게 했다. 육손은 강남의 이민족 토벌에 숱한 무공을 세웠으나, 지금까지 큰 전장에서 활약한 적이 없어 유비 진영에서는 거의 무명이나 다름없었다. 그는 관우에게 자기를 낮추는 취임 인사의 서간을 보내 방심을 유도했다.

관우는 여몽의 의도대로 육손을 얕보고 육구에 대한 방비를 풀고서 자신의 군대를 거의 번성을 포위하는 데 집중했다. 이때 관우는 앞서 상용을 함락한 유봉과 맹달에게 원군을 요청하지만, 이들은 상용을 지배하느라 바빠서였는지 원군을 보내지 않는다.

서황이 번성에서 분전하자 관우는 일단 병사를 퇴각하고 재정비에 들어간다. 하지만 이때 은서(殷署) · 주개(朱蓋) 등 서황을 도울 원군이 도착해 공략이 힘들어지자 관우는 스스로 번성의 포위를 풀 수밖에 없게 되었다.

그 무렵, 형주 방비가 느슨해진 기회를 이용해 여몽이 전선에 복귀하여 강릉과 공안에 진군한다. 이때 강릉을 지키던 미방과 공안을 지키던 부사인은 원래 관우와 사이가 좋지 않아서 여몽에게 저항하지 않고 항복한다. 그는 평소에 약탈 행위를 엄히 다스리고 선정을 베풀어서 백성들의 신망도 두터웠다. 덕분에 강릉과 공안을 손쉽게 점거할 수 있었다. 형주의 두 요충지를 힘들이지 않고 함락한 여몽은 관우를 추격한다.

번성 공략에 실패한 관우는 강릉과 공안을 빼앗겼음을 알고 군사를 돌려

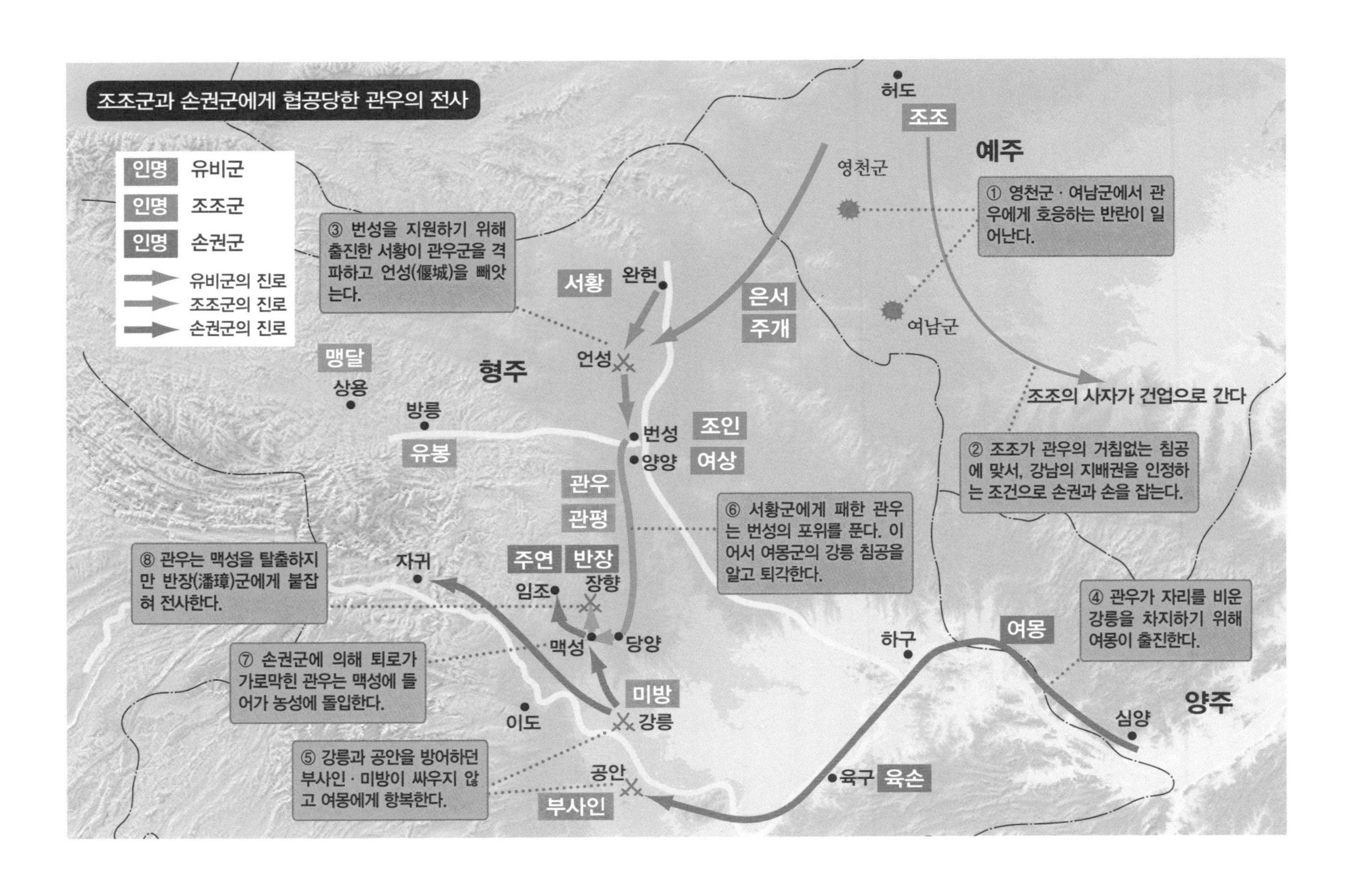

조조군과 손권군에게 협공당한 관우의 전사
인명 유비군
인명 조조군
인명 손권군
유비군의 진로
조조군의 진로
손권군의 진로
① 영천군 · 여남군에서 관우에게 호응하는 반란이 일어난다.
② 조조가 관우의 거침없는 침공에 맞서, 강남의 지배권을 인정하는 조건으로 손권과 손을 잡는다.
③ 번성을 지원하기 위해 출진한 서황이 관우군을 격파하고 언성(偃城)을 빼앗는다.
④ 관우가 자리를 비운 강릉을 차지하기 위해 여몽이 출진한다.
⑤ 강릉과 공안을 방어하던 부사인 · 미방이 싸우지 않고 여몽에게 항복한다.
⑥ 서황군에게 패한 관우는 번성의 포위를 푼다. 이어서 여몽군의 강릉 침공을 알고 퇴각한다.
⑦ 손권군에 의해 퇴로가 가로막힌 관우는 맥성에 들어가 농성에 돌입한다.
⑧ 관우는 맥성을 탈출하지만 반장(潘璋)군에게 붙잡혀 전사한다.
조조의 사자가 건업으로 간다
허도
조조
예주
영천군
여남군
은서
주개
서황
완현
언성
형주
맹달
상용
방릉
유봉
번성
조인
양양
여상
관우
관평
주연
반장
장향
임조
자귀
맥성
당양
미방
강릉
이도
공안
부사인
하구
여몽
육구
육손
심양
양주

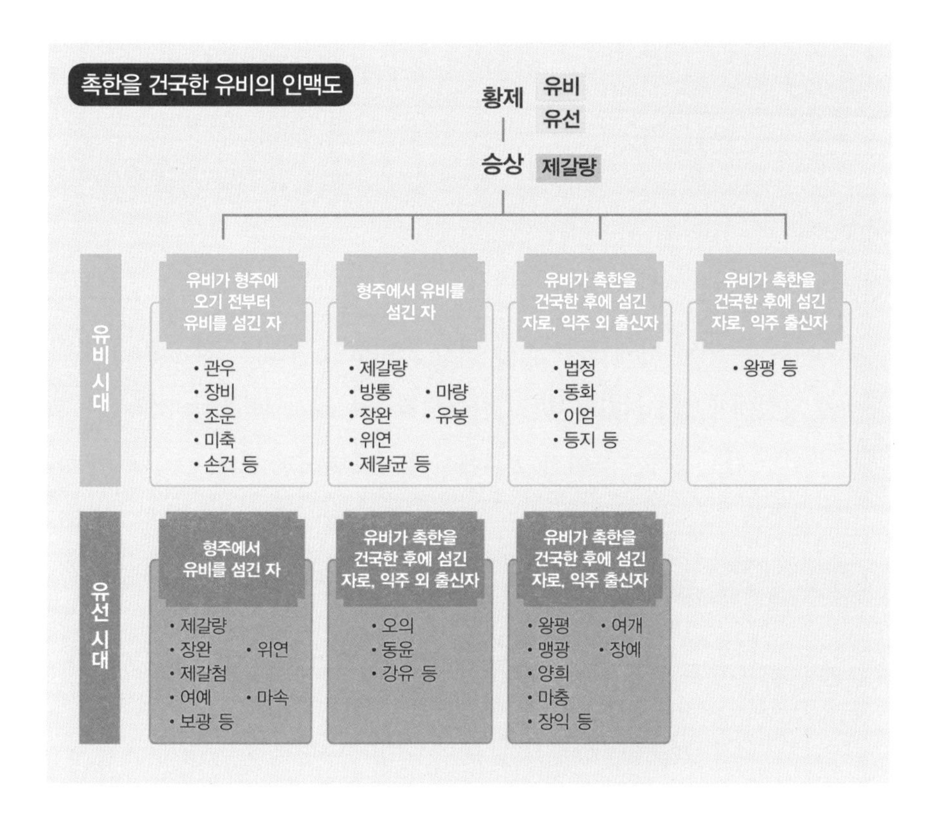

철수한다. 당양까지 갔으나 이내 여몽에게 따라잡히자 맥성(麦城)에 자리를 잡고 농성에 들어간다. 하지만 여몽의 선정으로 고향이 무사하다는 소식을 듣고 관우의 병사들이 전의를 상실하여 잇달아 도망치는 바람에 관우군은 붕괴되었다.

맥성을 탈출한 관우는 장향(漳郷)으로 도망쳤으나, 손권군 휘하에 있던 반장(潘璋)에게 붙잡힌 후 아들 관평(關平)과 함께 죽임을 당한다. 이렇게 해서 형주는 손권에게 돌아가고, 유비의 중원 진출은 난관에 봉착한다.

조조가 낙양에서 병사하고, 아들 조비가 위나라 황제로 즉위

220년 1월 23일, 조조가 낙양에서 병사했다. 동탁을 토벌하겠다고 거병한 이래, 거의 한 해도 빠짐없이 전투에 나서 숱한 승리를 거둔 패왕이 66년의 생애를 마감한 것이다.

조조의 뒤를 이어 왕에 오른 것은 태자 조비였다. 위왕이 된 조비는 지배체제를 자신에게 집중시켰다. 먼저 친동생인 조식(曺植)과 조창의 영지와 병사를 줄이고 감시자까지 붙여서 조정에서 쫓아내다시피 했다.

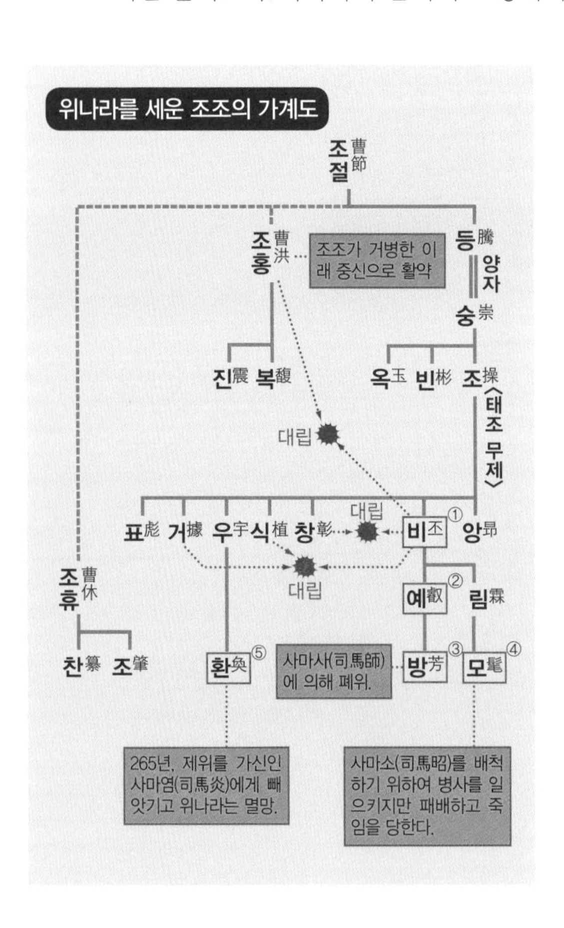

이러한 신속한 대응은 형제끼리의 분란을 기대한 유비와 손권 진영의 '희망'을 저버리고, 조조가 죽은 후의 정치적 안정을 유지하는 데 큰 도움이 되었다.

그리고 조조가 죽은 지 고작 9개월 후인 10월 28일, 조비는 헌제에게서 양위를 받아 황제의 자리에 오른다. 이로써 왕망(王莽, 중국 전한(前漢) 말의 정치가이며 '신(新)' 왕조(8~24년)의 건국자. 개혁정책의 실패로 각지에서 반란이 일어나고 후한 광무제의 군대에 패한 후 사망-역주)의 신나라를 사이에 두고 약 400년간 지속되어온 한 왕

《정사 삼국지》와 《삼국지연의》의 비교

조조는 72개의 가짜 무덤을 만들지 않았다

조조는 임종 직전에 도굴을 염려하여 72개의 가짜 무덤을 만들게 한다. 그리고 자신이 어느 무덤에 묻혔는지 모르게 하도록 만들었다는 일화가 《삼국지연의》에 나오는데, 이것은 창작일 가능성이 높다고 한다.
2009년에 조조의 묘가 발견되었다고 했지만, 조조의 가짜 무덤이라 여겨지던 이 묘는 나중에 다른 시대의 무덤임이 밝혀졌다.
당시 군주의 무덤은 거의가 파헤쳐졌다. 동탁과 여포를 필두로 조조도 남의 무덤을 파헤친 경험이 있다. 가짜 무덤은 만들게 하지 않았지만, 도굴을 막기 위하여 장례를 간소히 치렀으리란 것은 상상하기 어렵지 않다.

국이 마침내 멸망한다.

220년, 유비군에서는 연이어 인재를 잃었다. 먼저 유봉이 관우의 번성 전투에 원군을 보내지 않은 책임을 지고 자살한다. 이에 처벌을 두려워한 맹달이 위나라에 투항하여 방릉 · 상용 · 서성(西城)의 3군도 자동적으로 위나라 영토가 된다.

또 서주 시대부터 공신이던 미축은 아우인 미방의 배신을 한탄하며 화병으로 죽는다. 한중 공략의 전략을 세운 책사 법정과, 정군산에서 하후연을 무찌른 황충도 사망한다. 오나라에서는 여몽이 병으로 죽는다. 이렇게 삼국시대를 화려하게 수놓았던 영웅호걸들이 하나둘씩 이슬처럼 사라진다.

인물 클로즈업 여몽

- 자 : 자명(子明)
- 생몰년 : 178~219년
- 출신지 : 예주 여남군
- 관직 : 호위장군

관우를 죽이고 형주를 빼앗은 오나라의 명장

여몽은 관우에게서 형주를 빼앗은 장본인이다. 그래서 《삼국지연의》에서는 관우의 혼령이 씌어 죽는다는 가련한 말로를 걷는다. 하지만 본래 여몽은 엄격함과 부드러움을 겸비한 용장으로, 손권을 도와 오나라의 발전에 힘쓴 인물이다.

형주를 탈취할 때에는 관우의 처자식을 보호했고, 점령한 토지를 침탈하거나 민가에서 함부로 징수하는 것을 엄금했다. 여몽과 동향의 병사가 규율을 깼을 때, 주변에서 봐달라고 탄원했음에도 여몽은 그 병사를 참수하여 법률을 지켰다. 그래서 관우의 휘하에 있는 많은 병사들이 싸우지 않고 여몽에게 항복했다. 손권도 이러한 여몽의 인품을 아껴, 여몽이 쓰러지자 온 나라에서 명의를 찾아서 치료받게 했다고 한다. 그는 형주를 탈취한 해에 세상을 떠났는데, 마흔둘이라는 젊은 나이였다.

맹달(孟達) 〈?~228〉

자는 자경(子慶), 훗날 자도(子度)로 불렸다. 옹주 부풍(扶風)군 사람. 유장을 모셨으나 유비가 익주에 들어오자 유비에게 귀순했다. 그는 한중 전투에서 활약했는데, 관우가 번성을 공격할 때 원군을 파견하지 않은 죄를 물을까 봐 조조에게 투항했다. 그 후 조비의 총애를 받았으나 조예 대에는 냉대를 받는데, 이에 북벌을 노리던 제갈량과 내통하다 발각되어 사마의에게 죽임을 당한다.

유봉(劉封) 〈?~220〉

형주 장사(長沙)군 출신으로 유비의 양자. 자는 알려지지 않았다. 유선이 태어나기 전, 후사가 없었던 유비가 양자로 맞았다. 무용이 뛰어나 유비의 익주 공략에 종군하여 장비와 조운 못지않은 무공을 세웠다.

번성 전투에서 맹달과 함께 관우를 죽게 했다는 죄목으로, 성도에 귀환한 후 유비에게 자결형을 처분받고 죽는다. 위나라에 투항하자는 맹달의 제안을 거절하는 등 의리를 지켰다.

종요(鍾繇) 〈151~230〉

자는 원상(元常)이며, 예주 영천(穎川)군 장사(長社)현 사람. 조조, 조비, 조예 3대를 섬겼다. 곽원(郭元)이 조조를 공격했을 때는 마등을 설득하여 마초 · 방덕을 원군으로 보내 곽원을 토벌했다. 또 관도 전투에서는 후방 지원에 힘쓰는 등 군사 전략에도 능통했다. 훗날 위나라 최고 벼슬인 상국에 오른다. 요즘도 예서(隸書)와

해서(楷書)의 중간 서체를 종요체라고 하는데, 서예가로서도 명성이 높아 서성으로 추앙받았다.

방덕(龐德) 〈?~219〉

자는 영명(令明), 옹주 남안(南安)군 환도(獂道)현 사람이다. 서량의 마등 · 마초를 섬겼고, 동관 전투와 기성 전투에 참전했다. 마초가 조조에게 패하고 장노에게 의탁했을 때 그와 동행했다. 그 후, 조조가 한중을 공격하자 장노와 함께 조조에게 귀순한다. 완성에서 후음 등의 반란을 진압하고 번성에 주둔하지만 그곳에서 관우의 공격을 받고 전사한다.

조비(曹丕) 〈187~226〉

자는 자환(子桓)이고 예주 패국(沛國)군 초(譙)현 사람이다. 조조의 아들로 위나라의 초대 황제다. 열한 살 때부터 조조를 따라 전투에 참가했다고 한다. 아버지 조조의 뒤를 이은 후, 헌제에게 양위를 받아 위나라를 건국하고 초대 황제로 즉위했다. 조조의 사후, 위나라를 잘 이끌어 전체적으로 보면 명군이었으나 잔혹하고 냉혹한 일면도 있었다. 또 내정에도 힘을 쏟아 관리 등용 제도인 9품관인법(九品官人法, 중정관이라는 관리가 지방의 인재를 9등급(향품)으로 나누어 추천하면 국가에서 이 등급에 맞는 관직을 주는 추천제. 9품중정제(九品中正制)라고도 한다-역주)을 제정했다.

조식(曹植) 〈192~232〉

자는 자건(子建)이라 하고 조조의 아들이다. 조조, 조비와 함께 삼조(三曹)로 불리며 시인으로서 평가가 높아서 조조에게도 총애받았다. 문재(文才)였을 뿐만 아니라 젊은 시절부터 동관 전투와 한중 공략에 참전하는 등 무장으로서도 경험이 풍부하다. 조비와의 후계자 싸움에서 패한 후, 각 지역에 있던 영지도 서서히 줄고 중앙으로 복귀할 전망이 보이지 않자 실의에 빠진 채 살다가 죽었다.

207~220년 이민족의 동향 2

제갈량의 '천하삼분지계'에 등장하는 이민족들

…

군웅이 할거하는 난세의 시대를 거쳐 위촉오의 삼국으로 정립하는 과정에서도 변경 지역에서 거주하는 이민족의 반란은 수그러들지 않았다. 《삼국지》의 영웅 조조·손권·유비는 이민족의 반란에 어떻게 대처했을까?

(글 · 미츠다 타카시)

조조의 북방 이민족 정벌과, 제갈량의 서방 · 남방 이민족 정책

207년, 조조는 곽가의 진언을 받아들여, 유표에게 배후를 공격당할까 걱정하는 장수들을 이끌고 오환 정벌에 나섰다. 조조군은 장거리 행군으로 고생했으나, 답돈을 베고 오환을 괴멸한 후 오환 기병을 편입하여 군세를 강화했다. 나아가 9월, 요동의 공손강이 도망친 원희 · 원상 형제의 머리를 베어 조조에게 바침으로써 북방이 평정되고 공손강은 조조와 우호 관계를 맺었다.

그리고 제갈량의 '천하삼분지계'에도 이민족이 등장한다. '삼고초려의 예'에 나온 '천하삼분지계'의 내용은 다음과 같다.

① 조조 · 손권의 지배력이 미치지 않은 형주 · 익주를 거두어 내정을 다진다.

② 서방 및 남방의 이민족을 길들인다.

③ 오나라의 손권과 우호 관계를 맺는다.

④ 천하에 이변이 생기면 형주 · 익주 두 방면에서 북벌을 진행한다.

여기서 서방 · 남방의 이민족 문제를 계책의 하나로 넣은 것에 주의하기 바란다. 또 이 계책의 핵심이 만(蠻)이 많이 살고 손권과의 지배권 다툼을 벌이는 형주였다는 점, 이 계책이 어디까지나 천하통일을 위한 전략이지, 천하를 3등분하는 것이 최종 목표가 아니었다는 점, 게다가 제갈량의 독창적인 계책이 아니라 노숙과 장굉(張紘), 감녕 등도 비슷한 생각을 했다는 점도 염두에 두었으면 한다.

저족이 형주 이동의 장강 중 · 하류 지역까지 진출했다

적벽대전 직후, 원래 원술 휘하에 있던 진란과 매성이 저족의 거주지 6현의 지지를 받아 반란을 일으킨다. 이에 장료가 장합 · 우개 등을 지휘하여 진란을 토벌한다.

매성은 표면상으로는 우금에게 항복한 후, 진란이 있는 첨산(灊山, 현 안휘성 곽산(霍山))에 들어간다. 진란이 그중 높고 험한 천주산(天柱山) 위에 보루를 쌓았기 때문이다. 결국 장료는 그들을 공격하고 목을 베어 반란을 잠재운다. 이것을 보면, 진란 · 매성이 반역했을 때 그들을 지지했던 저족 거주지 6현은 이 산에서 그리 멀지 않은 곳에 있을 가능성이 크다. 왜냐하면 형주보다 더 동쪽 지역에 저족의 거주지가 있었기 때문이다.

그렇다면 파군과 촉군 방면에 있던 저족이 삼국시대에 접어들 무렵에는 장강의 중 · 하류 지역까지 진출했다고 추측할 수 있다. 참고로 199년에 원술은 첨산에 있는 진란 · 뇌박에게 몸을 의탁하려고 했던 것으로 짐작할 수 있다.

208년에는 장초가 남성(南城)에서 예장의 도적과 주봉(周鳳)을 격파했다. 또 파양의 도적 팽호(彭虎)는 수만 명의 세력을 보유하고 있었는데, 이해까지 동습(董襲) · 장흠(蔣欽) · 보즐(步騭) · 능통 등이 그들을 진압하는 데 나섰다.

손씨 정권하에서는 일반 백성과 산적, 만 · 산월의 이민족이 자주 반란을 일으켰고, 건업 부근에서도 반란을 일으킨 적이 있다. 《정사 삼국지》에 기재된 200년부터 280년까지만 해도 (세는 방법에 따라 다르겠지만) 50회가 넘는다.

조조가 양주 · 한중 방면의 이민족의 반란을 정벌

211년, 조조는 마초 · 한수 등과 싸워서 승리한다. 단, 당시 마초 · 한수의 휘하에는 한중 · 양주 지역에 거주하는 강 · 호(湖) · 월지(月氏) 등 이민족이 많았다. 또 같은 해, 유비는 유장의 부름을 받아 장노와 싸운다는 명목으로 익주에 입성한다. 이때 군대 지휘권을 위임받은 백수관이라는 지역은 옛날부터 남북 교통의 요충지이자 한나라 대에는 저의 거주 구역이었던 전저도였던 점에도 주의하기 바란다.

213년 1월, 마초가 다시 거병하여 한양군의 기성을 포위한다. 이때 마초는 강 · 저의 협력을 얻었다. 마초를 무찌른 하후연은 금성으로 옮긴 한수를 격파하는데, 그때 한수의 병사는 강족이었다. 또 마초가 도망쳐 몸을 위탁한 한중의 장노는 앞에서 설명한 것처럼 판순만을 기반으로 했다. 이렇게 보면 마초의 배경에는 강 · 저 · 만이 있고, 이 무렵 서북 방면의 이민족은 마초 · 한수의 명령에 따라 행동했다는 점에 주의할 필요가 있다.

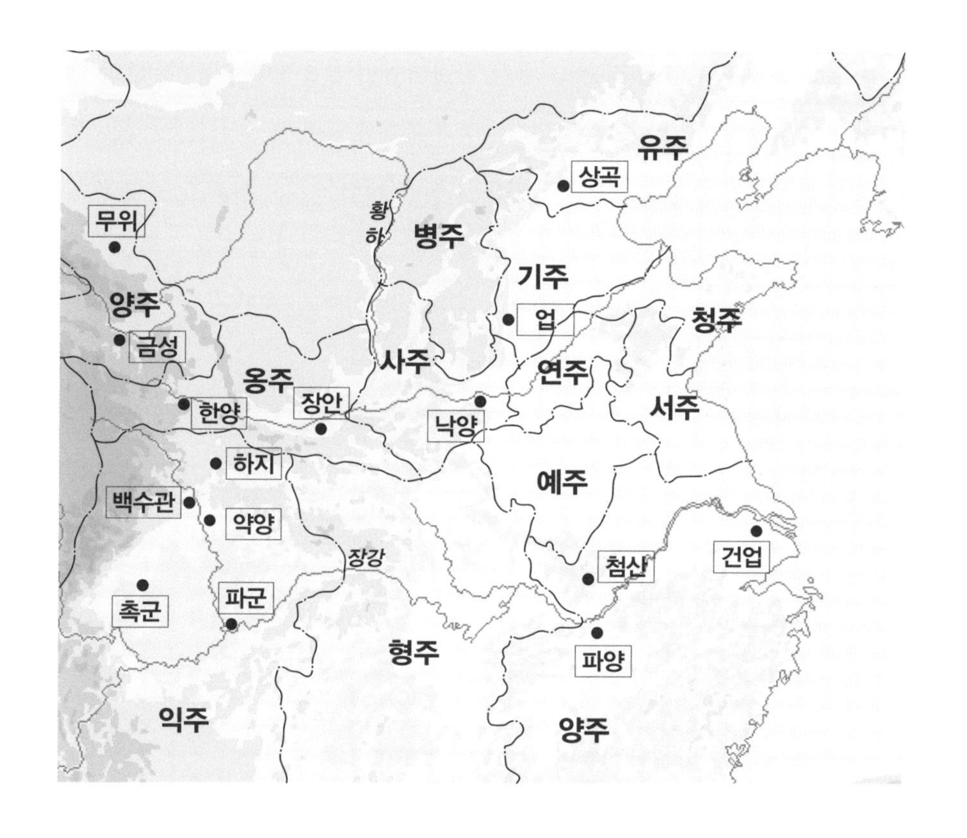

214년에 하후연이 양주를 평정한 후, 저 · 강족을 한중으로 사민(徙民, 강제 이주)하는 조치를 시행했다. 같은 해, 오나라의 여릉(廬陵)에서 도적 떼의 반란이 일어나자 태수였던 여몽이 진압했다.

215년 조조가 장노를 정벌하는 도중 하지(河池)에 있던 저왕 두무(竇茂)를 토벌한다. 또 공격을 받은 장노는 "종읍후(賨邑侯) 두호(杜濩)나 만왕(蠻王) 박호(朴胡)에게 가서 저항한 후 조조에게 투항하면 평가가 높아질 것이옵니다"라는 국포의 의견을 듣고 일단 파군로 도망간다. 박호와 두호가 파군에 거주하는 만인(蠻人) 종(賨)의 백성과 함께 조조에게 귀순하고 장노도 항복했다.

앞에서 기술한 것처럼 장노 군대의 기반이었던 판순만은 사천 동부의 염정(鹽井, 소금을 얻기 위하여 바닷물을 모아두는 웅덩이-역주)에서 얻은 이익을 독점했을 가능성이 있고, 또 촉한의 왕평이 젊은 시절 두호 · 박호를 따라 낙양에 간 것을 보면 판순만이었을 가능성도 있다. 이렇게 보면 파군 · 촉군에서는 이민족의 세력이 강했다고 추측할 수 있고, 어쩌면 촉한 주민 대다수가 한인이 아니었을 수도 있다.

참고로 장노가 항복한 후, 한중에 있던 종인(賨人) 이호(李虎)가 500여 가구를 이끌고 조조에게 귀순해 장군 칭호를 받고 약양으로 거주지를 옮겼다. 이들은 농석(隴石) · 관서(關西)로 옮긴 파인(巴人)과 함께 '파저(巴氐)'라 불렸다. 이후 한중에 남아 있던 장합은 파동(巴東) · 파서를 진압하고, 이곳에 살던 주민을 한중으로 이주시켰다.

끊임없이 정벌과 화해를 반복하는 위촉오 삼국의 이민족 정책

216년 5월에 조조는 위왕에 오르고, 7월에 흉노의 남선우 호주천이 업현으로 찾아왔다. 216년, 조조에게 인수를 받은 파양의 우돌이 반란을 일으키자 하제와 육손이 진압했다. 진압 중에 항복한 8,000명을 병사로 편입했다.

217년, 육손이 산월을 정벌한 후 이들을 군에 편입하자고 손권에게 진언했다. 때마침 조조에게 인수를 받은 비잔(費棧)이 단양에서 산월을 선동하여 조조와 내통하자 육손이 이를 격파하고 수만 명을 군으로 편입했다.

이렇게 보면 산월 정벌은 어떤 의미에서 노동력과 병력 확보를 위한 '인간사냥'이었다고 볼 수 있다. 또 이 무렵, 조조는 수시로 산월에 인수를 보내 그들과 연합하려고 했는데, 이것은 190년대 후반 원술이 쓰던 이민족 정책이다.

218년, 조조와 유비의 전투 중에 하변에 주둔하던 뇌동 · 오란이 위군에게 패하자, 음평(陰平)의 저족 강단(强端)이 오란을 참수하고 그 머리를 위군에 보냈다. 같은 해 4월에는 위나라 북방의 대군 · 상곡(上谷)에 사는 오환의 무신저(無臣氏)가 반란을 일으켰는데, 조조가 아들 조창에게 이들의 토벌을 지시했다.

그 후, 유비군이 조조군을 격파하고 한중을 탈취하자, 조조가 한중을 공략하는 동안 거주하는 백성을 북방으로 강제 이주시켰다. 또 219년에는 무위(武威)의 안준(顔俊), 장액(張掖)의 화란(和鸞), 주천(酒泉)의 황화(黃華), 서평(西平)의 국연(麴演) 등이 반란을 일으키고 서로 주도권을 잡기 위해 공격했다. 이 일로 화란은 안준을 살해하고, 무위의 왕비(王秘)는 다시 화란을 죽였다.

220년, 조조가 죽자 국연이 반역하여 호강교위(護羌校尉)를 자칭. 이에 소칙(蘇則)이 토벌에 나서자 곧 항복했다. 소칙은 곧바로 이곳에 양주를 설치하고 안정태수로 있던 추기(鄒岐)를 자사로 임명하지만, 얼마 후 장액의 장진(張進)이 태수 두통(杜通)을 몰아내고 군사를 일으킨다. 그리고 이에 호응하듯 황화와 국연도 태수를 쫓아내고 거병한다. 무위의 삼종호도 반란을 일으킨다. 하지만 소칙을 중심으로 하는 조조군이 삼종호를 무찌르고, 장진과 국연을 죽여서 진압하자 황화도 항복한다. 220년 5월에는 풍익(馮翊)의 산월 정감(鄭甘)과 왕조(王照)가 항복한다.

《삼국지》에 등장하는 장군의 칭호

…

《삼국지》에는 수많은 '장군'이 등장한다. 《삼국지》의 중심인물인 조조 · 유비 · 손권도 각각 거기장군 · 좌장군 · 표기장군에 임명되었는데, 당연히 장군 칭호에는 우열이 있다.

삼국시대 군관의 최고위직인 '대장군'과 그 아래의 장군 칭호들

《삼국지》에는 ○○장군이라는 말이 자주 나오는데, 당시는 장군 칭호가 남발되던 시대이기도 했다. 원래 장군은 전쟁 등 비상시에 설치하는 직책이었으나, 전란의 시대였던 삼국시대에는 상설 장군이 필요했다.

군관의 최고 직위는 '대장군'이다. 대장군은 전한 무제 시대 이후, 승상 이상의 권세를 자랑할 정도로 지위가 높았다. 대장군에는 정권의 최고 책임자가 임명된 적도 많았는데, 후한 말기의 왕조에서 실권을 잡은 하진도 대장군이었다.

그 아래에 있는 것이 표기장군(驃騎將軍), 거기장군(車騎將軍), 위장군(衛將軍)(지위가 높은 순)으로, 문관으로 치면 삼공(태위(太尉) · 사도(司徒) · 사공(司空))에 필적한다. 조조는 196년에 사공 · 거기장군이 되어 후한 왕조의 행정과 군권을 모두 장악했다.

이 세 장군 다음에 무군대장군(撫軍大將軍)이고, 그 뒤에 진군대장군(鎭軍大將軍) 등의 비상설 장군이 차례로 줄을 선다.

그 아래에 방면군(方面軍) 사령관을 두는데, 일반적으로 사정장군(四征將

軍)이라 일컬어지는 정동(征東) · 정남(征南) · 정서(征西) · 정북장군(征北將軍)이 있었다.

사정장군은 군대에 대한 사령권 외에 주도독을 겸임하여, 그 지역에 관한 전면적인 권력을 행사하는 경우도 많았다. 그리고 위나라에서는 사정장군과 사진장군(四鎮將軍)은 같은 계급으로 취급하지 않아서 서열이 높은 사람이 사진장군이 되면 바로 아래에 진동대장군(鎮東大將軍) · 진서대장군(鎮西大將軍)을 두었다.

전통적인 장군과 잡호장군, 그리고 위촉오 삼국의 장군 칭호

서안장군(西安將軍) · 서평장군(西平將軍)은 삼국시대가 되어 창설된 장군이고, 안동장군(安東將軍)과 안북장군(安北將軍)은 촉한에는 없되, 안서장군(安西將軍)과 평동장군(平東將軍)은 위나라에만 있었다고 여겨진다.

그 아래의 전(前) · 후(後) · 좌(左) · 우장군(右將軍)은 전통적인 장군 명칭으로 삼국 어디에나 설치되어 있었다. 그 아래에 있는 정촉(征蜀) · 정노(征虜) · 진군(鎮軍) 등은 특정한 목적에 맞게 마련된 잡호장군(雜號將軍)이다. 도료장군(渡遼將軍) 등은 전통적인 장군 명칭이지만 잡호장군의 성격이 강하다.

한편, 위 · 오 · 촉한의 삼국은 기본적으로 후한의 제도를 답습했으나, 때때로 독자적인 장군 직위를 만들고 칭호를 붙였다. 예를 들어 위나라에서는 무위장군(武衛將軍)이라는 칭호가 있었다. 수도를 방위하는 중군(中軍)을 감독하고 황제의 신변을 보위하던 관리직이다. 그 외에 삼국 각국에는 주군의 장수들을 지휘하는 중령군(中領軍) · 중호군(中護軍)이라는 고위 장관직도 있었다.

3장
221~280

제갈량의 북벌과 진나라의 삼국 통일

221~223
이릉에서 손권에게 패한
유비가 백제성에서 영면

221년경 삼국 세력도
221년 양주 이민족의 반란
이민족인 이건기첩과 치원다가 반란을 일으켜서 하서 지방이 혼란스러워지자 위군이 진압한다.
223년 4월 유비 서거
형주 쟁탈전에서 손권군에게 패한 유비가 후사를 제갈량에게 맡기고 눈을 감는다.
221년 4월 유비의 촉한 건국
유비가 성도에서 황제에 즉위하고 촉한을 건국한다.
222년 12월 황원의 반란
한가태수 황원이 반란을 일으키지만 촉한군이 진압한다.
223년 고정의 반란
이민족 고정이 반촉한의 기치를 내세우고 군사를 일으킨다.
221년 6월 장비 서거
오나라를 정벌하러 출진하기 직전에 장비가 부하에게 암살당한다.
양주
촉한
익주

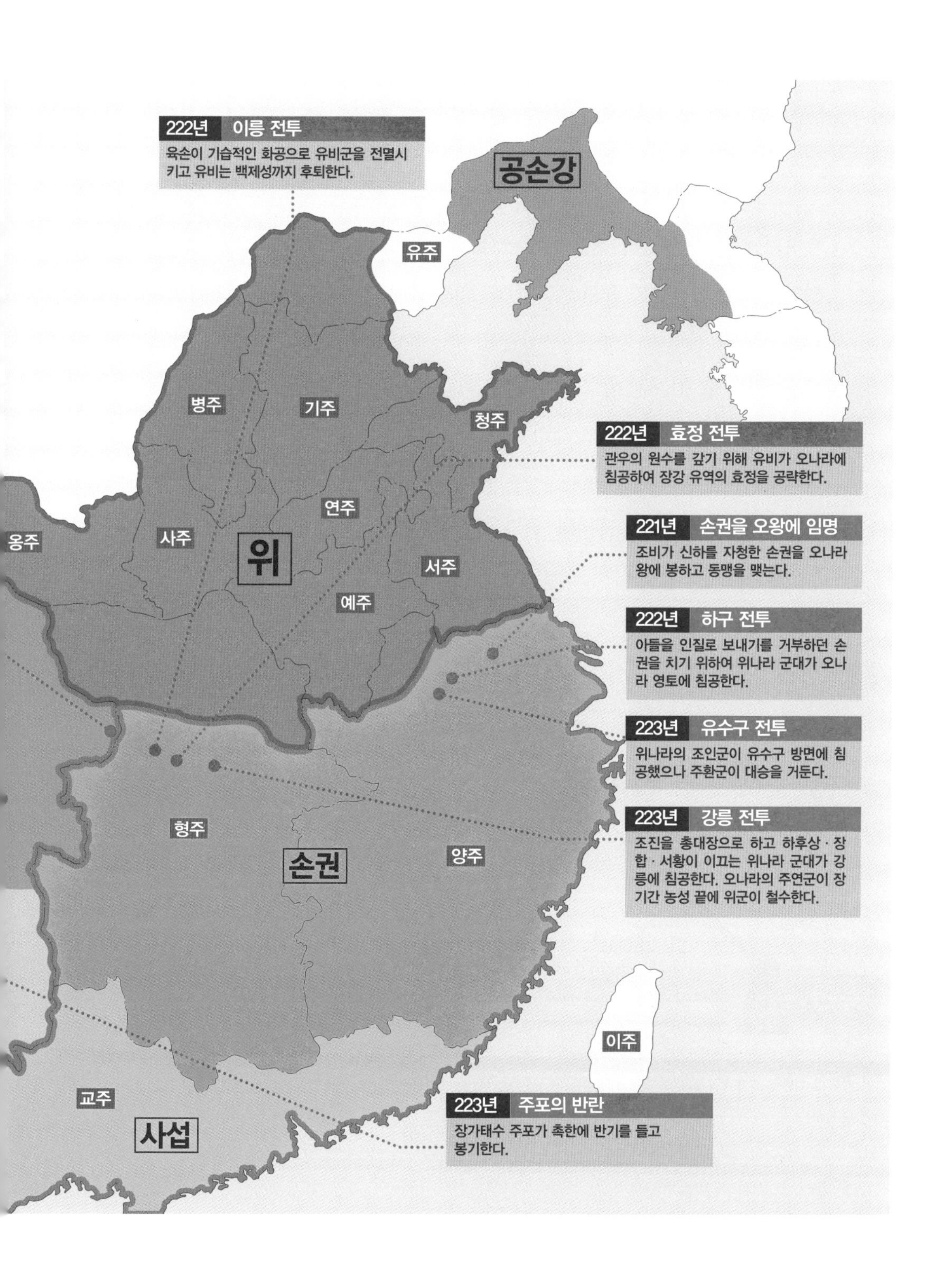
222년 이릉 전투
육손이 기습적인 화공으로 유비군을 전멸시키고 유비는 백제성까지 후퇴한다.
공손강
유주
병주
기주
청주
222년 효정 전투
관우의 원수를 갚기 위해 유비가 오나라에 침공하여 장강 유역의 효정을 공략한다.
연주
옹주
사주
위
221년 손권을 오왕에 임명
조비가 신하를 자청한 손권을 오나라 왕에 봉하고 동맹을 맺는다.
서주
예주
222년 하구 전투
아들을 인질로 보내기를 거부하던 손권을 치기 위하여 위나라 군대가 오나라 영토에 침공한다.
223년 유수구 전투
위나라의 조인군이 유수구 방면에 침공했으나 주환군이 대승을 거둔다.
223년 강릉 전투
조진을 총대장으로 하고 하후상 · 장합 · 서황이 이끄는 위나라 군대가 강릉에 침공한다. 오나라의 주연군이 장기간 농성 끝에 위군이 철수한다.
형주
손권
양주
이주
교주
223년 주포의 반란
장가태수 주포가 촉한에 반기를 들고 봉기한다.
사섭

촉한을 건국한 유비가 손권 토벌과 형주 땅 탈환을 선언

한 해 전에 행해진 조비의 황제 즉위에 영향을 받아 221년 4월 6일, 유비가 한나라의 제위 계승을 선언하고 '한'나라(통칭은 '촉한(蜀漢)')를 건국했다. 이것은 '조비가 유협(劉協, 헌제)을 죽이고 황제가 되었다'라는 잘못된 정보가 유비 진영에 전해진 것이 원인이다. 유비는 이 보고를 받고 유협에게 '효민(孝愍) 황제'라는 시호를 내리고 장례까지 치렀다고 한다(이설 있음).

참고로 조비는 헌제를 살해하지는 않았으나 200년, 황후인 견(甄)황후를 살해했다(정확히는 견황후에게 자살을 강요했다). 견황후가 조비에게 불만을 가진 것이 원인이었다고 하는데, 이유는 정확하지 않다.

한편, 유비가 황제가 되고 제일 먼저 한 일은 손권 토벌과 함께 형주 땅의 탈환이었다. '천하삼분지계'에 비추어 생각해도 중원에 진출하기 위해서 형주는 반드시 손에 넣어야 하는 요지였다. 물론 219년 말에 심복 중의 심복이던 관우를 잃은 원한도 반드시 갚아야 했다.

하지만 유비가 형주를 탈환하겠다고 천명하자, 각 방면의 참모들

로부터 이의가 제기되었다. 진영 내부에서는 조운과 진밀(秦宓)이 반대 의견을 강하게 표시했다. 손권의 휘하에 있던 제갈근도 "일에도 순서가 있습니다"라고 간언했다

하지만 유비는 이러한 의견을 전부 물리치고 7월에 형주를 찾기 위해 손권 토벌을 개시했다. 유비는 출진에 앞장서서 낭중(閬中)에 주둔하던 장비에게 수하의 군대를 이끌고 익주의 강주로 가서 본진과 합류하라고 일렀다. 그런데 장비 휘하에 있던 장달(張達)과 범강(范疆)이 모반하여 장비를 암살한다. 그리고 장비의 머리를 들고 오나라에 투항했다.

유비는 관우에 이어 장비까지 대사를 앞두고 허망하게 잃고 말았다. 모두가 오나라와 관련된 일이라 손권에 대한 유비의 적의는 더욱 강해졌다.

이릉에서 유비와 손권이 맞붙고, 조비와 손권은 동맹을 맺다

유비의 움직임에 경계심을 강화하던 손권은 무창(武昌)에 입성하여, 근거지를 이곳으로 옮기고 유비군의 공격에 대비했다. 유비는 오반(吳班)과 풍습(馮習)을 선봉으로 파견하고, 형주를 침공하기 위해 직접 출병했다. 이때 마지막까지 출병을 반대하던 조운은 강주에 남겨지고 진밀은 투옥되는 등, 진영 내부의 저항도 만만치가 않았다.

손권은 유비와 화평을 시도하지만 유비가 응하지 않자, 갑자기 마음을 바꿔 조비에게 신하가 되겠다는 뜻을 내비쳤다. 이때 위나라 내에서는 이 혼란을 틈타 손권을 토벌해야 한다는 의견도 많았다. 하지만 조비는 "신하가 되겠다는 자를 토벌하면 앞으로 누구도 항복하지 않을 거요"라며 손권을 오왕

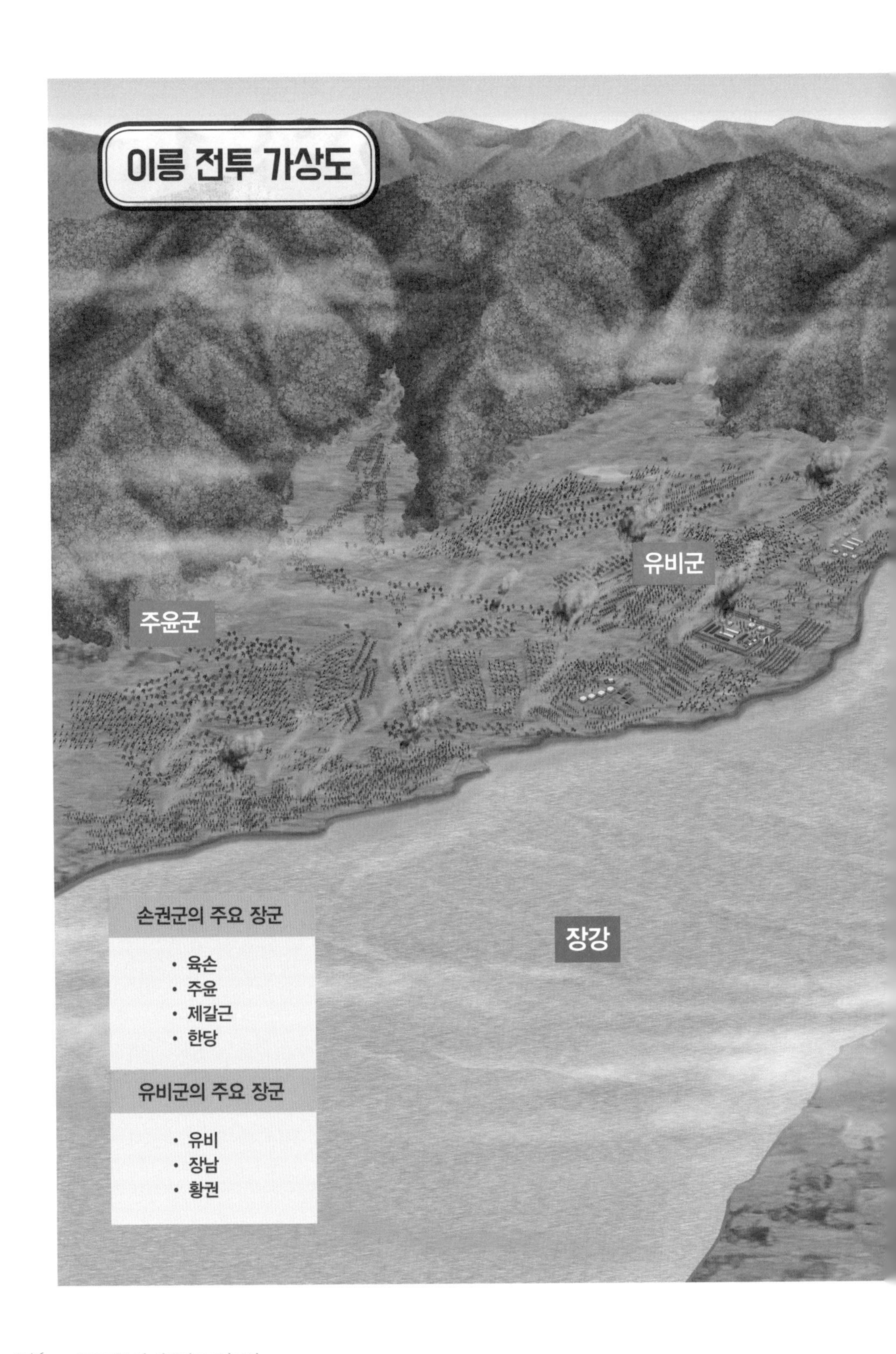
이릉 전투 가상도
유비군
주윤군
장강
손권군의 주요 장군
• 육손
• 주윤
• 제갈근
• 한당
유비군의 주요 장군
• 유비
• 장남
• 황권

손권군 별동대
육손군
※ 일러스트는 상상도입니다. 사실을 재현한 것이 아닙니다.

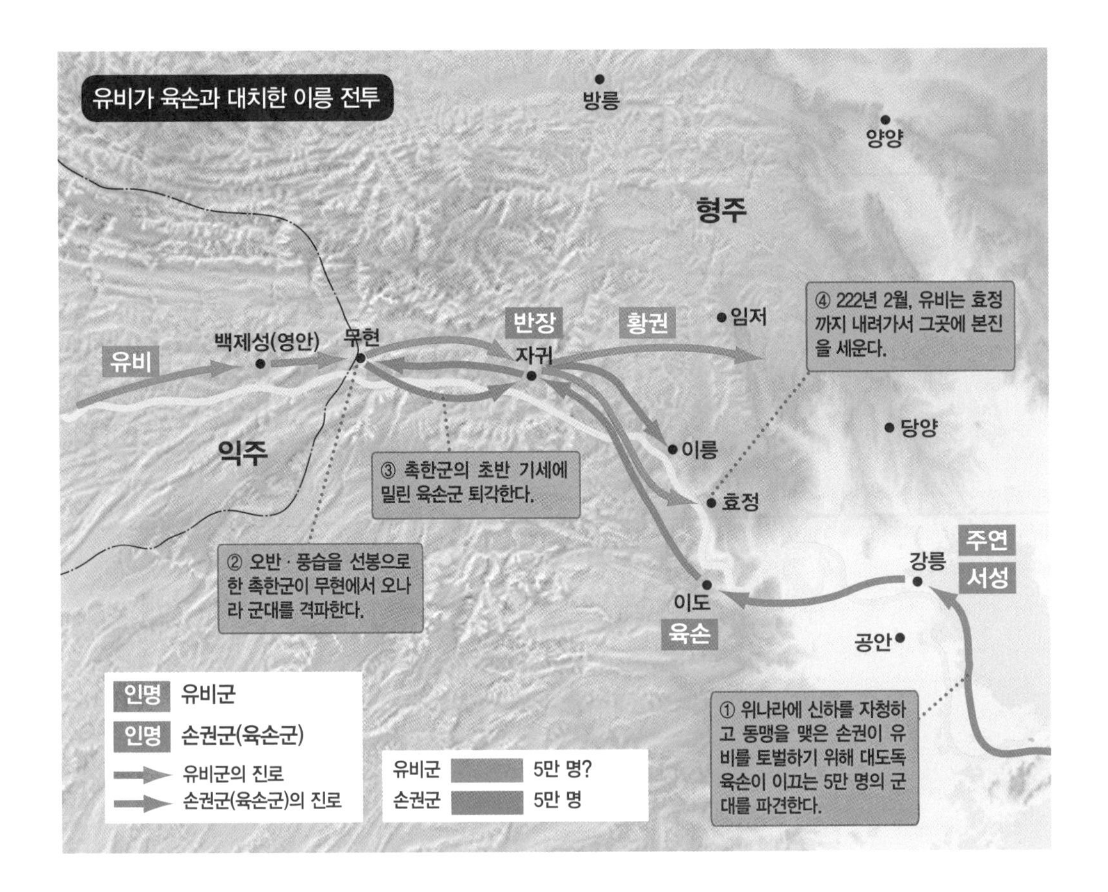

(嗚王)에 봉했다.

이렇게 하여 후일의 근심거리를 없앤 손권은 육손을 대도독으로 임명하고, 주연(朱然) · 반장(潘璋) · 한당(韓當) · 서성(徐盛)을 필두로 5만 명의 군사를 편성하여 유비군의 침공에 대비한 요격 태세를 갖췄다.

개전 초기 유비군은 사기도 높아서 오나라의 이이(李異)군, 유아(劉阿)군을 압도적인 기세로 격파하고, 무성(巫城)과 자귀성(秭歸城)을 단기간에 함락했다. 222년 1월, 유비는 오반, 진식(陳式) 등에게 먼저 수군을 이끌고 이릉으로 나아가게 했다.

나아가 유비는 마량에게 명하여 형주 남부의 무릉만이라 불리던 이민족을 회유했는데, 사마가(沙摩柯) 등이 이에 호응했다. 222년 봄, 유비는 직접 장수들을 이끌고 효정(猇亭)까지 내려와 본진을 구축했다.

이에 손권군을 지휘하는 육손은 지구전에 대비했다. 육손이 요새화한 진영에서 수비로 일관하며 촉군의 도발에도 응하지 않자, 반년이 넘게 양군이 대치하면서 촉군의 사기도 점차 떨어졌다. 그러는 동안 육손은 때때로 유비군의 방비가 허술한 틈을 타서 기습 공격에 나섰으나 맥없이 물러나곤 했다. 그러나 육손은 이런 소규모 전투를 통해 촉군 진영의 사정을 속속들이 파악하고 공습을 준비할 수 있었다.

육손의 대대적인 화공으로 완패한 유비가 백제성까지 패주

222년 7월, 육손은 길게 늘어선 유비 진영의 진형을 보고 대대적인 화공으로 촉군을 공격하기로 마음먹었다. 이를 위해 육손은 수군을 적진으로 보내 공격하고, 육상에서도 전군을 동원해 동시다발로 촉군 진영들의 주변에 불을 놓은 후 맹공을 가했다.

이 화공으로 진영 40여 개를 잃은 유비군은 완전히 붕괴되었다. 이때 전사자가 얼마나 많았는지, 죽은 병사가 장강에 둥둥 떠내려갈 정도였다고 한다. 유비는 효정과 이릉에서 퇴각해 다시 진지를 세웠지만, 오군의 공격을 받고 겨우 목숨만 건져서 백제성까지 후퇴할 수밖에 없었다. 이릉 전투의 대패 이후 촉한은 멸망할 때까지 다시는 형주 땅을 밟지 못했다.

유비가 패주하자 육손 진영에서는 이번 기회에 유비를 쳐부숴야 한다는

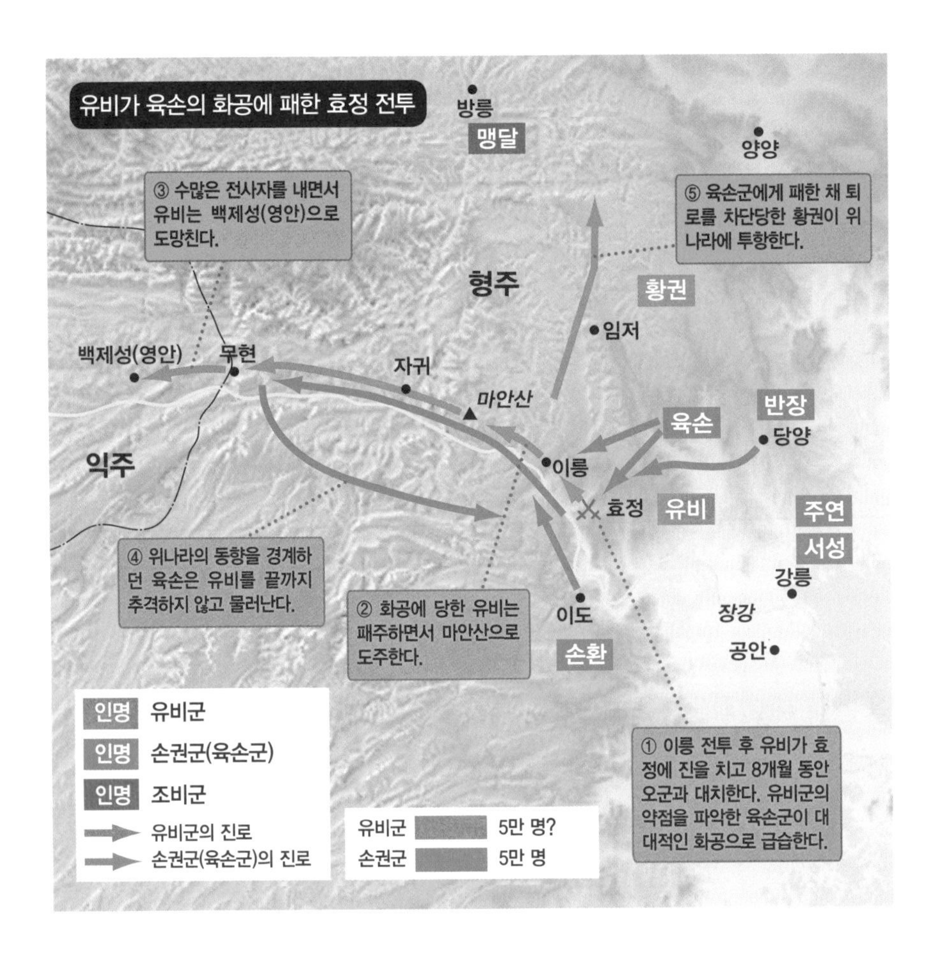

의견이 대세를 점했으나, 육손은 이를 무시하고 군을 철수시켰다. 동맹국인 위나라의 움직임이 걱정되었기 때문이다.

그즈음 조비가 원군을 보낸다는 구실로 군대를 편성한다는 소식이 들려왔고, 육손은 이를 오나라에 대한 출병 준비라고 생각했다. 과연 육손의 우려대로 조비는 이후 바로 손권을 토벌하겠다고 선언하고 진군을 개시했다.

손권이 '아들 인질'을 보내지 않자 조비가 오나라 토벌을 명령

이릉에서 유비군을 무찔렀으나 내부 대립과 만이에게 시달리느라 위나라와 싸울 여력이 없었던 손권은 위나라에 신하를 자처하며 저자세로 상서(上書)를 보냈다가 위나라로부터 '아들 인질'을 요구받는다. 이에 이런 저런 핑계를 대며 아들을 인질로 보내지 않자, 조비가 222년 9월에 손권을 토벌하기 위해 대대적인 출병을 명령했다.

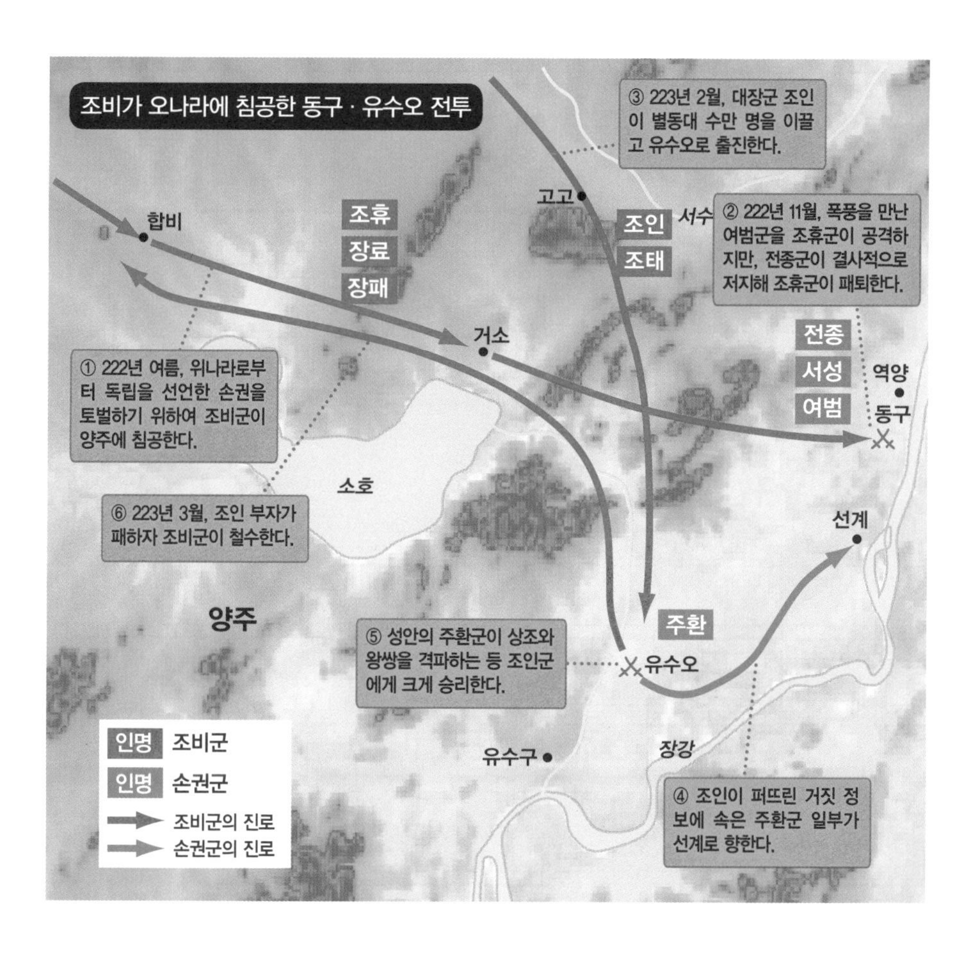

조휴를 대장으로 내세우고 장료 · 장패(臧霸) 등을 동구(洞口)에, 조인을 유수구에, 조진(曹眞) · 하후상(夏侯尙) · 장합 · 서황을 강릉(남부)에 대규모로 파견하는 등 세 방향에서 오나라를 압박해 들어갔다. 이에 손권은 동구에 여범 · 서성 · 전종(全琮)을 위시한 수군을 파견, 유수구에는 주환(朱桓)을 보내고, 강릉에는 제갈근 · 주연을 파견하여 방어 태세에 들어갔다.

세 군데 중 동구가 오나라의 중요 거점인 건업에서 가장 가까워서 양군 모두 이곳에 많은 수의 군사를 보냈다.

그리고 양군은 장강을 사이에 두고 대치했는데, 때마침 발생한 폭풍우가 이들을 덮친다. 이 폭풍우로 인해 오나라 군선이 전복되고, 손권 측인 여범 진영은 수천의 피해자를 내며 군사들이 뿔뿔이 흩어지는 등 엄청난 타격을 입는다. 조휴는 장패에게 명하여 쾌속선과 결사대 1만 명을 보내 추격시켰으나, 오나라의 전종이 결사적으로 막자 퇴각하는 동안 조휴 측도 큰 피해를 입는다.

결국 명확한 승패를 가리지 못한 채 조휴군이 철수함으로써 동구 전투는 싱겁게 끝이 났다. 하지만 완벽하게 방어한 손권군과, 잃기만 하고 얻은 게 없었던 조비군 사이에는 명암이 엇갈렸다.

강릉과 유수구 등 모든 전투에서 패하자 조비가 전군에 철수 명령

강릉에서는 위나라의 조진군과 오나라의 제갈근 · 주연군이 대치했다. 조진은 장합을 시켜 중주(中州)를 공격하여 점거에 성공한다. 또 하후상에게는 손성을 지원하기 위해 출진한 제갈근의 수군을 맡겼다.

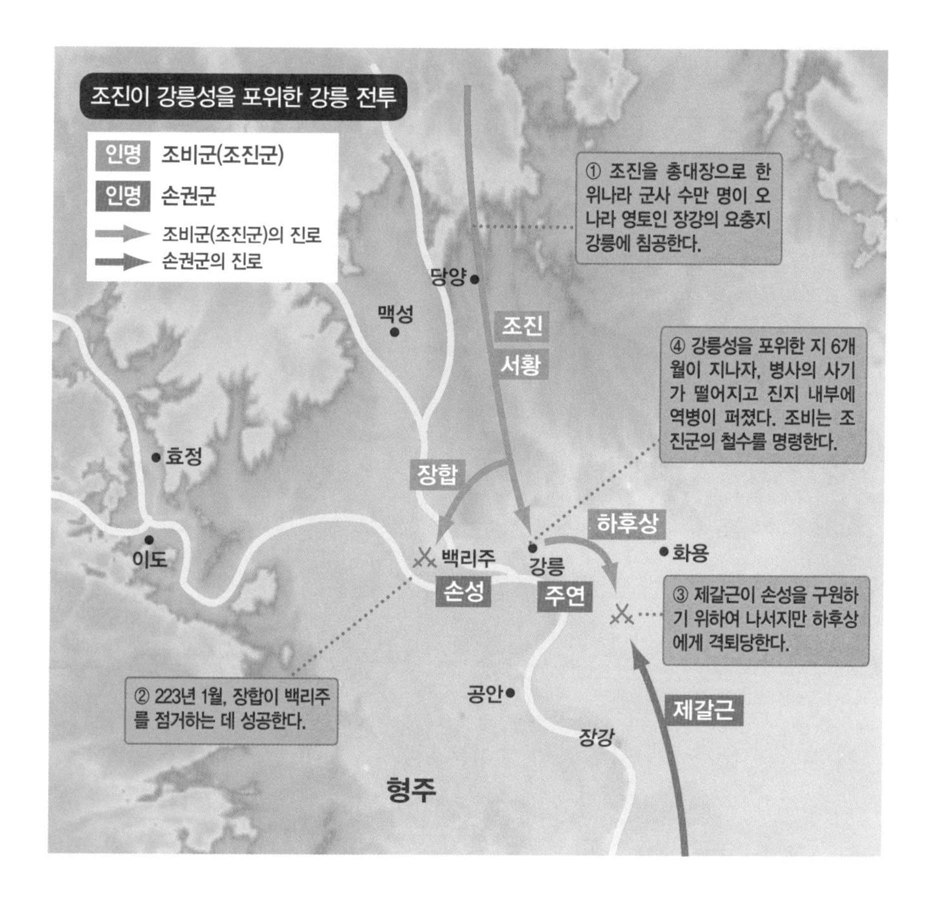

조진군의 기세에 눌린 주연은 강릉성에서 들어가 농성을 벌인다. 하지만 농성 중에 성안에서 역병이 발생하는 바람에 전력에 큰 손실을 입었다. 싸울 수 있는 전력이 5,000명밖에 남지 않았다고 한다.

그런 와중에 조진군이 강릉성을 포위하자 긴 농성으로 피폐해질 대로 피폐해진 손권군은 더는 견딜 여력이 없었다. 그런데도 주연은 사기가 땅에 떨어진 병사를 격려하며 끝까지 견뎌 적의 공격을 막아냈다. 주연은 반년이 넘는 기간 동안, 고작 5,000명의 병력으로 수만 명에 이르는 조진군과 비등하게 싸웠다.

시간이 지날수록 조진군도 장기간 원정으로 인한 피로감이 진영 전체를 덮쳤다. 여기에 역병이 만연하고 장강이 급격하게 불어나자, 조비는 조진군에게 철수하라는 명을 내린다. 이렇게 하여 손권은 형주 남부를 가까스로 지켜내는 데 성공한다.

유수구에서는 조인과 주환이 대치했다. 이곳에서도 위나라는 대군, 오나라는 적은 수의 병력이라 주환은 유수오에서 농성하며 위군과 맞서 싸웠다.

조인은 아들 조태(曹泰)를 시켜 유수오를 공격하는 동시에 상조(常彫)와 왕쌍(王雙)에게 중주를 공격하라 명하고 자신은 조태의 후방에 진을 쳤다.

이를 호기로 본 주환은 자군을 셋으로 나누고 성안에서 일제히 조태군을 공격했다. 그리고 상조의 배를 나포한 후, 중주에 있는 상조에게 공격을 개시했다. 이윽고 상조가 참수당하고 왕쌍이 포로로 잡히자 조인 · 조태 부자는 철수하는 수밖에 없었다.

세 지역의 공격에서 전부 패한 조비는 하는 수 없이 전군에게 철수 명령을 내렸다. 이렇듯 조비의 오나라 남정은 완전히 실패로 끝났다.

유비가 백제성에서 영면, 제갈량에게 후사를 맡기다

효정에서 손권군에게 패한 후 백제성(영안(永安)으로 개칭)으로 도망쳤던 유비는 그곳에서 병으로 쓰러졌다. 그리고 223년 4월, 성도에 돌아가지 못하고 병으로 세상을 떠났다. 촉한의 황제 자리에 오른 지 고작 3년이 되는 해였다.

유비의 뒤를 이어 아들 유선(劉禪)이 황제의 자리에 오른다. 이때 유선은 아직 16세의 젊은 나이였다. 유비는 죽음을 앞두고 성도에서 영안까지 찾아온 제갈량에게 후사를 맡기며 "유선이 보좌하기에 충분한 기량이라면 잘 보좌하고, 그렇지 않으면 자네가 나라를 빼앗아도 좋네"라는 말을 남겼다고 한다.

이는 제갈량에 대한 신뢰의 증거이자, 동시에 지금까지 군사 분야에 직접 관여하지 않았던 제갈량을 실질적인 후계자로 정했음을 주변에 알린 것이었다. 제갈량은 이엄에게 영안의 수비를 맡긴 후, 유비의 시신과 함께 성도로 돌아와 유선을 즉위시켰다.

유비의 인생은 이른바 배신과 속임수로 점철된 인생이었다고 할 수 있다. 그에 비하면 유비가 배신당한 적은 거의 없으니 참으로 신기할 따름이다. 역사서 《삼국지》의 편자인 진수는 유비를 "넓은 견식과 강한 의지, 풍부한 포용력을 지녔으며, 고조(高祖)의 품격을 그대로 물려받은 영웅의 그릇"이라고 평가했다.

맨손으로 촉한을 건국하고 제위를 계승할 만큼 출세한 희대의 영웅호걸의 죽음은 촉한에 엄청난 타격을 주었다.

삼국지에 등장하는 주인공들

인물 클로즈업 유비

- 자 : 현덕(玄德)
- 생몰년 : 161~223년
- 출신지 : 유주 탁군
- 관직 : 촉한의 초대 황제

적수공권으로 촉한의 황제에 오른 삼국지의 영웅

유비는 조조나 손권과 달리 제위에 오를 만한 구체적인 기반이 없었다. 아버지에게 물려받은 유산도, 자신을 도와주는 일족도 전혀 없었다. 그런데도 두 사람과 어깨를 나란히 할 정도의 업적을 남겼으니, 유비는 삼국시대를 주도한 영웅의 반열에 올라도 전혀 부족함이 없을 만큼 뛰어난 인물이다.

유비가 세상에 나온 계기는 황건의 난이었다. 당시 유비는 의용군으로 반란의 진압에 참가했는데, 200~300명의 병사를 이끌었던 것을 보면 나름대로 장수의 자질을 갖추고 있었던 것 같다. 전란 시대를 통해 공손찬과 도겸 · 조조 · 원소 · 유표까지 주군을 차례로 바꾸지만, 그때마다 정중하게 대접받은 것을 보면 타고난 인품과 실력이 예사롭지 않았음을 엿볼 수 있다.

단, 유비는 자신의 인망이 큰 무기가 된다는 것을 잘 알고 있었고, 일생에 걸쳐 배신에 배신을 되풀이한 것도 사실이다.

인물 삼국지 열전

주연(朱然) 〈182~248〉

자는 의봉(義封)이다. 손책을 섬겼으며 손권과는 함께 학문을 닦았다. 후에 손권에게도 중용되어 유수구 전투와 관우 토벌전에서 무훈을 세웠다. 여몽이 죽음을 앞두고 후계자로 추천한 이도 육손이 아니라 주연이었다.

이후에도 조비의 강릉 공격을 적은 병력으로 막아내고, 위나라 영토였던 번성 공략전에도 이름을 올리는 등 오나라의 최전선에서 싸웠다. 오나라 건국의 공신이라 할 수 있다.

서성(徐盛) 〈?~?〉

자는 문향(文嚮)이다. 서주 낭야(琅邪)군 거(莒)현 출신이다. 손권을 섬겼고 황조군을 적은 병력으로 격퇴하며 이름을 날렸다. 그 후에도 적벽대전, 합비 전투, 유수구 전투, 이릉 전투 등 오나라의 주요 전쟁에 참전하며 숱한 공훈을 세웠다. 유수구 전투에서는 몽충(돌격선)에 올라탄 서성군이 돌풍이 불어 고립되었을 때도 혼자 과감하게 적진 깊숙이 들어가 위기를 돌파하는 등 무용전에도 빠지지 않는 인물이다.

한당(韓當) 〈?~?〉

자는 의공(義公)이고, 유주 요서(遼西)군 영지(令支)현 출신. 활쏘기와 말타기에 능하여 손견에게 발탁된다. 손책이 회계 · 오 · 단양(丹楊)의 3군을 평정했을 때에도 무훈을 세우며 공헌했다. 손권이 정권을 잡고 나서는 적벽대전, 강릉 침공전에 참가한다.

그 후 남군에 위군이 침공해 오자 주연과 함께 격퇴한다. 이릉 전투 후에 위열장군과 도정후에 봉해지는 등 손권에게 두터운 신뢰를 받았다고 한다.

조휴(曹休) 〈?~228〉

자는 문열(文烈)이다. 조조가 동탁을 토벌하기 위하여 군사를 일으켰을 때, 조조 밑으로 들어갔다. 217년에 유비군이 한중으로 침공해 오자, 조홍과 함께 유비의 부장 오란을 토벌했다. 조비 대에 영군장군(領軍將軍) · 동양정후(東陽亭侯)에 봉해졌고, 그 후 진남장군(鎭南將軍), 정동장군(征東將軍), 정동대장군(征東大將軍)으로 차례로 진급했다. 조예가 즉위한 후에는 장평후(長平侯)에 봉해졌다. 226년에 완현에서 오군을 격파하여 대사마(大司馬)로 승진했으나, 228년에 석정 전투에서 대패한 후 병사했다.

여범(呂範) 〈?~228〉

자는 자형(子衡)이며, 예주 여남(汝南)군 세양(細陽)현 사람이다. 192년경, 식객 100명을 인솔하고 손책에게 합류했다. 손책 정권하에서는 재정을 담당했다고 한다. 203년 황조를 토벌할 때는 소주를 지키며 파양군의 도적을 진압했다. 208년 적벽대전에서는 주유와 함께 출진하여 공을 세우고 비장군(裨將軍)에 임명되었다.

그 후 평남장군(平南將軍), 건위장군(建威將軍), 전장군(前將軍)으로 차례로 진급했다. 228년에는 대사마로 승진했으나 인수를 받기 직전에 병사했다.

전종(全琮) 〈?~249〉

자는 자황(子璜)이다. 손권을 섬기며 산월을 진압하여 무공을 세웠다. 관우 토벌전에서는 기습 작전을 상소했다 각하되었으나 작전 자체는 긍정적인 평가를 받았다. 이후에도 위나라가 침공해 올 때마다 번번이 제지했고, 손권의 딸을 아내로 들이는 등 오나라의 버팀목 역할을 했다.

만년에는 손권의 후계자 전쟁에 참전하여 반대파인 육손과 원담을 모함해 쫓아내는 등 오명을 뒤집어쓰기도 했으나, 사재로 빈궁해진 백성을 구제한 인품의 소유자이기도 했다.

224~226
촉한에 반란이 빈발하자
제갈량이 남중을 정벌

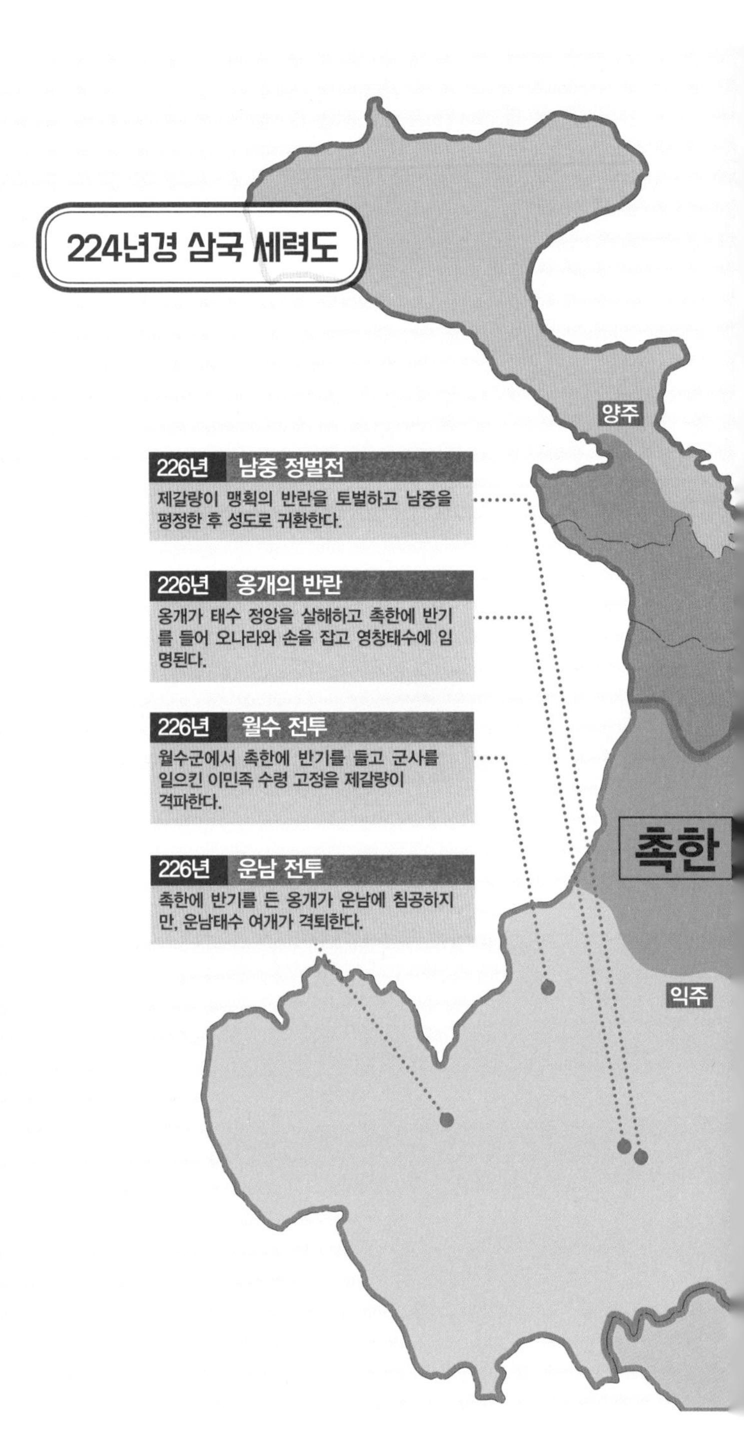

224년경 삼국 세력도
양주
226년 남중 정벌전
제갈량이 맹획의 반란을 토벌하고 남중을 평정한 후 성도로 귀환한다.
226년 옹개의 반란
옹개가 태수 정앙을 살해하고 촉한에 반기를 들어 오나라와 손을 잡고 영창태수에 임명된다.
226년 월수 전투
월수군에서 촉한에 반기를 들고 군사를 일으킨 이민족 수령 고정을 제갈량이 격파한다.
226년 운남 전투
촉한에 반기를 든 옹개가 운남에 침공하지만, 운남태수 여개가 격퇴한다.
촉한
익주

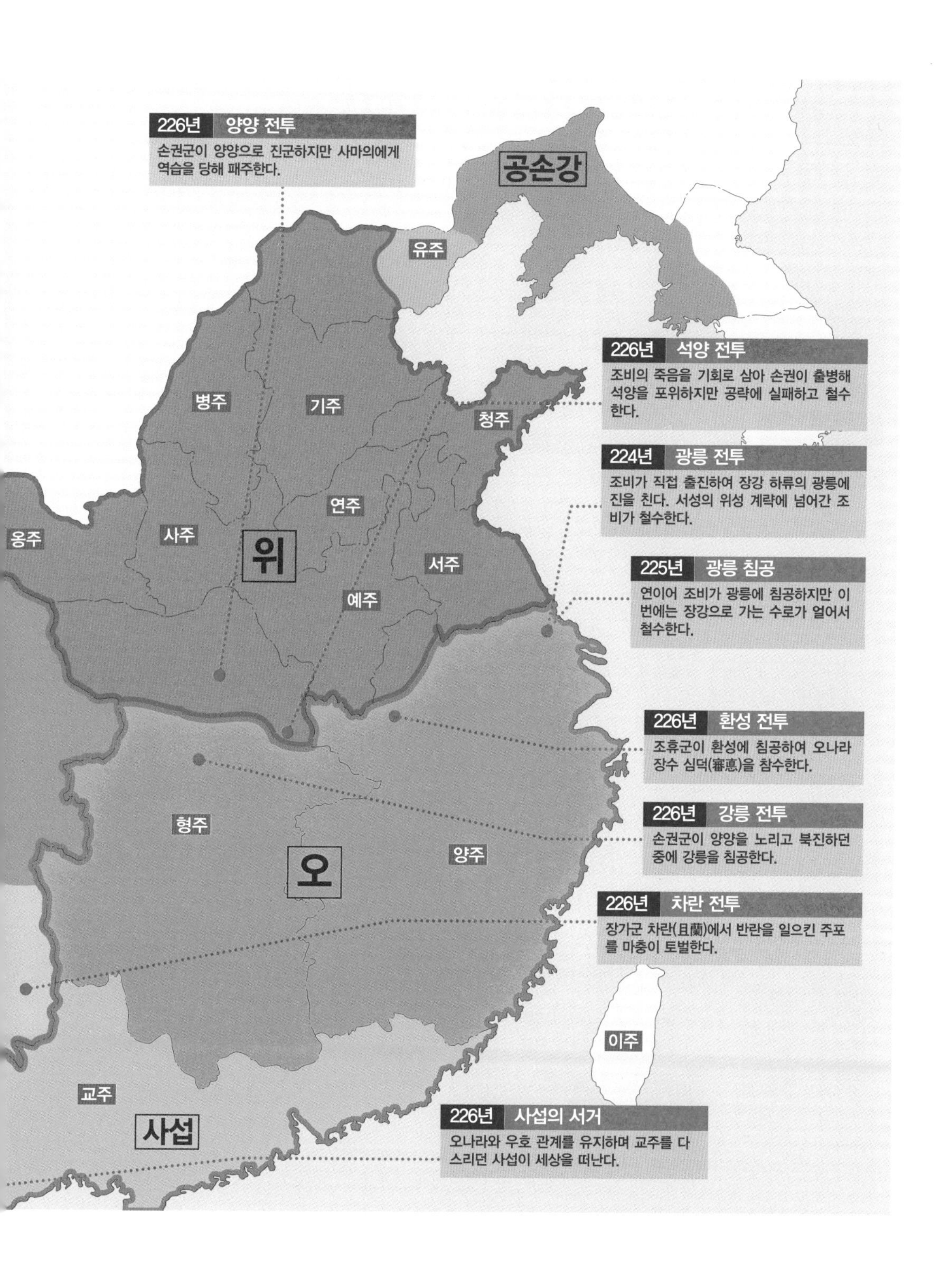
226년 양양 전투
손권군이 양양으로 진군하지만 사마의에게 역습을 당해 패주한다.
공손강
유주
226년 석양 전투
조비의 죽음을 기회로 삼아 손권이 출병해 석양을 포위하지만 공략에 실패하고 철수한다.
병주
기주
청주
224년 광릉 전투
조비가 직접 출진하여 장강 하류의 광릉에 진을 친다. 서성의 위성 계략에 넘어간 조비가 철수한다.
연주
옹주
사주
위
서주
225년 광릉 침공
연이어 조비가 광릉에 침공하지만 이번에는 장강으로 가는 수로가 얼어서 철수한다.
예주
226년 환성 전투
조휴군이 환성에 침공하여 오나라 장수 심덕(審悳)을 참수한다.
226년 강릉 전투
손권군이 양양을 노리고 북진하던 중에 강릉을 침공한다.
형주
양주
오
226년 차란 전투
장가군 차란(且蘭)에서 반란을 일으킨 주포를 마충이 토벌한다.
이주
교주
226년 사섭의 서거
오나라와 우호 관계를 유지하며 교주를 다스리던 사섭이 세상을 떠난다.
사섭

유비가 죽자 반란이 속출, 촉한이 오나라와 동맹 체결

유비가 병상에 누워 유명을 달리한 시기에, 큰 위기에 처한 촉한에서는 연이어 반란이 일어난다.

먼저 한가(漢嘉)군의 태수 황원(黃元)이 촉한의 임공(臨邛)성을 공격하며 반란의 신호탄을 쐈다. 황원의 반란이 양홍(楊洪)에 의해 진압되자, 익주군의 호족 옹개(雍闓)가 같은 지역의 태수 정앙(正昂)을 살해하고 거병한다. 또 옹개는 후임으로 부임한 장예(張裔)를 붙잡아 오나라에 제물로 바치고 투항한다.

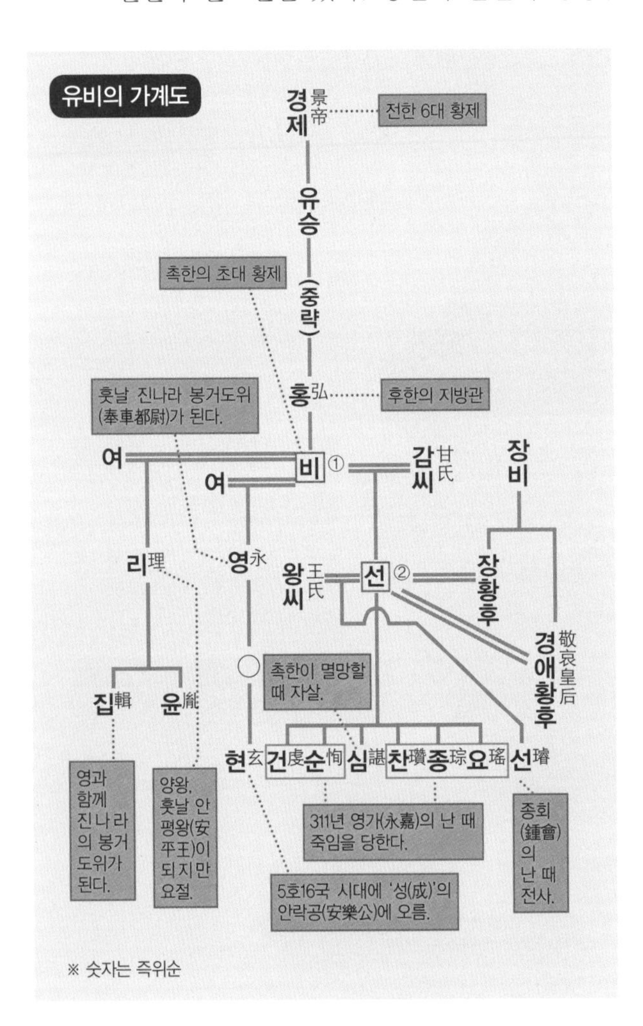

옹개는 서남이의 장수였던 맹획(孟獲)을 중간에 끌어들여 반란 세력의 확대를 꾀했다. 그 후 촉한 서남단에 있는 영창(永昌)군을 침공하지만 촉군인 여개(呂凱)와 왕항(王伉)에게 저지당한다.

그 후 옹개의 반란에 호응하듯이 장가(牂柯)군태

수 주포(朱褒)가 군사를 일으켰고, 월수(越嶲)군에서도 이민족 수령 고정(高定)이 군사를 일으켰다.

옛날부터 촉한의 남중(월수, 건녕, 장가, 영창 등) 지역에서 살았던 소수 이민족은 유언과 유장 부자가 익주를 장악했던 기간부터 토착 호족들과 결탁하여 세력을 형성하고 있었다. 제갈량은 남중의 반란 무리들을 즉시 토벌하고 싶은 마음이 간절했으나, 이릉 전투로 너무 많은 전력을 잃어서 진압하기는 커녕 수비하기에도 급급한 상황이었다.

제갈량은 국력을 회복하기 위하여 내치 우선의 정책을 펼쳤다. 먼저 대사농(大司農, 고대 중국의 관직으로 국가의 재정을 담당했다-역주)과 독농(督農)이라는 관직을 설치하고, 치수 시설을 정비하여 농업 생산력을 증대하고 조세 징수를 강화하는 데 힘썼다. 나아가 식산흥업을 장려하여 촉금(蜀錦, 촉나라에서 짠 정교한 비단-역주)과 동 등의 생산력을 높이고, 소금과 철의 전매제를 실시하는 등 내정의 충실을 꾀했다.

또 제갈량은 오나라에 등지(鄧芝)를 사자로 보내 동맹을 모색한다. 오나라는 촉한과 동맹을 맺음으로써 위나라의 날카로운 칼끝이 자신에게 향할까 우려하여 동맹 제안에 소극적이었다. 그러나 장차 촉한이 북상하여 위나라를 견제한다는 것을 전제로 224년에 다시 동맹을 맺었다.

연이어 손권 토벌에 나선 조비가 장강을 넘지 못한 채 철수

224년 9월, 조비는 다시 손권을 토벌하기 위해 거병하여 양주 북부의 광릉(廣陵) 방면으로 침공한다. 그는 허창(許昌)에 사마의를 남겨두고, 직

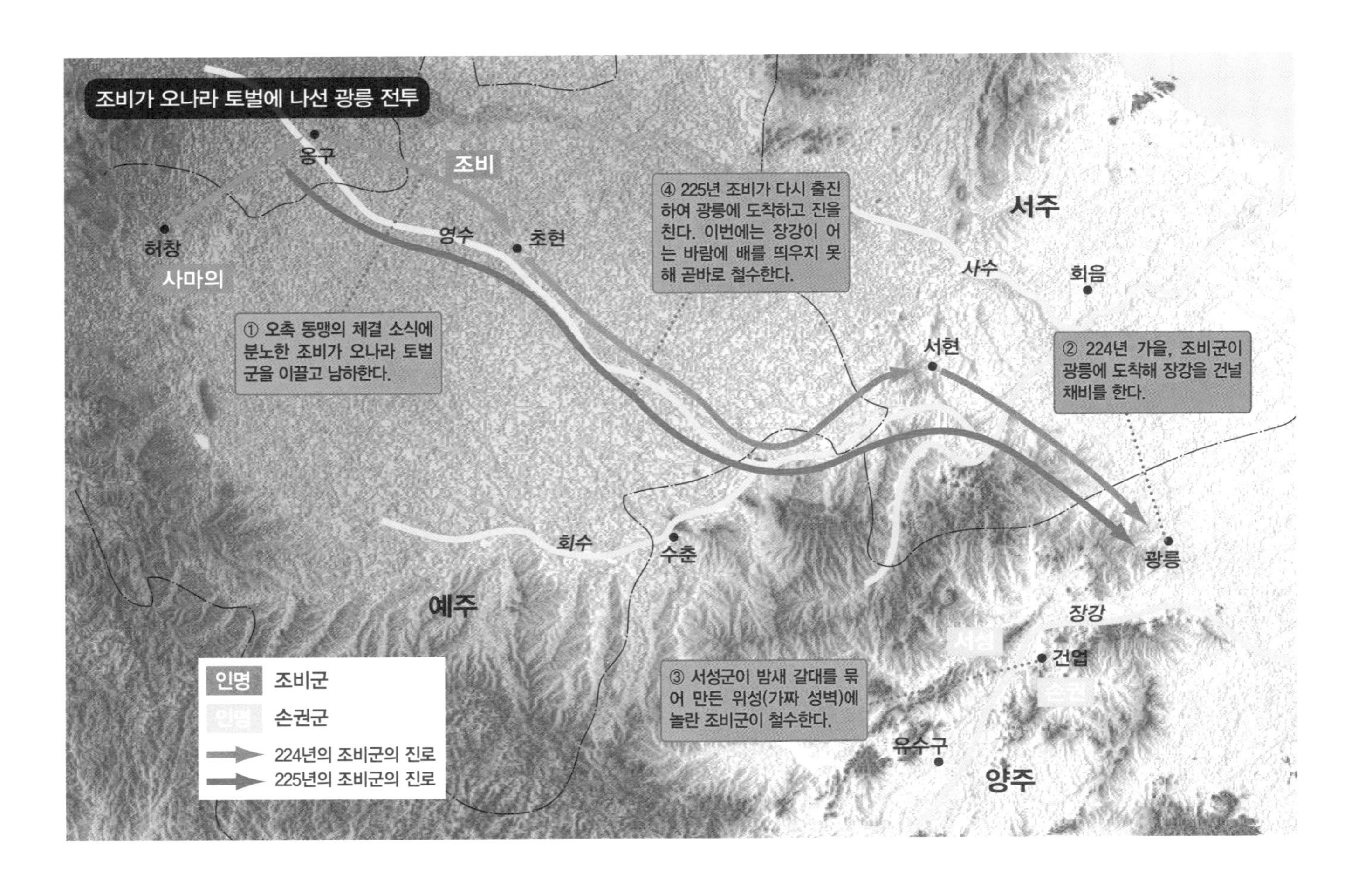

조비가 오나라 토벌에 나선 광릉 전투
옹구
조비
허창
사마의
영수
초현
① 오촉 동맹의 체결 소식에 분노한 조비가 오나라 토벌군을 이끌고 남하한다.
④ 225년 조비가 다시 출진하여 광릉에 도착하고 진을 친다. 이번에는 장강이 어는 바람에 배를 띄우지 못해 곧바로 철수한다.
서주
사수
회음
서현
② 224년 가을, 조비군이 광릉에 도착해 장강을 건널 채비를 한다.
회수
수춘
광릉
예주
장강
서성
건업
손권
③ 서성군이 밤새 갈대를 묶어 만든 위성(가짜 성벽)에 놀란 조비군이 철수한다.
유수구
양주
인명 조비군
인명 손권군
224년의 조비군의 진로
225년의 조비군의 진로

접 대규모 수군을 편성하여 영수(穎水)와 회수(淮水)를 거쳐 장강 하류로 진군했다.

조비가 장강 하구를 겨냥해 출진했다는 소식을 접한 손권은 깜짝 놀랐다. 언젠가 위군이 침공해 오리라 예상하고 유수구 방면을 단단히 방비하고 있었기 때문이다. 그런데 그곳이 아니라 방비를 소홀히 한 광릉 방면으로 침공하는 바람에 무방비 상태로 적군에 맞서야 했다.

이러한 위기에 존재감을 드러낸 장수가 서성이었다. 서성은 나무와 갈대로 겉보기만 그럴싸한 위성(가짜 성벽)을 만들자고 제안했다. 장강 건너편에 축성을 해 방비하기에는 이미 늦었으니 차라리 위성으로 적을 속이자는 방책이었다. 그의 계책에 회의적인 장수들을 설득하여 하룻밤 사이에 가짜 성벽을 완성했다.

날이 밝자 장강 맞은편 연안에서 짙은 안개 사이로 견고한 성벽의 존재를 눈으로 확인한 조비는 서성의 책략에 감쪽같이 속아 넘어가 공격을 포기했다. 거기에 장강까지 불어나자 공격할 엄두를 내지 못한 채, 전군에게 철수하라는 지시를 내렸다.

이듬해, 조비는 다시 손권을 토벌하기 위하여 군사를 일으켜서 광릉에 진출했다. 또다시 십여만 명의 대군을 이끌고 친히 정벌에 나선 것이다. 그런데 이번에는 장강을 코앞에 두고 갑작스러운 한파가 몰아닥쳤다. 수로가 얼면서 장강에 배를 띄울 수 없게 되자 조비는 눈물을 머금고 병력을 철수하는 수밖에 없었다.

남정을 개시한 제갈량이 맹획을 굴복시키고 남중 반란을 진압

촉한은 오나라와 정식 동맹을 맺어 외교 관계를 수복한 후, 이릉에서의 참패로 피폐해진 군사와 경제를 재정비하는 데 성공한다. 이에 225년 3월, 제갈량은 남중을 정벌하기 위해 움직이기 시작한다. 장가군에 마충(馬忠)을, 익주군에는 평이(平夷)에 주둔하던 이회(李恢)를 파견하고, 월수군에는 자신이 직접 토벌에 나선 것이다.

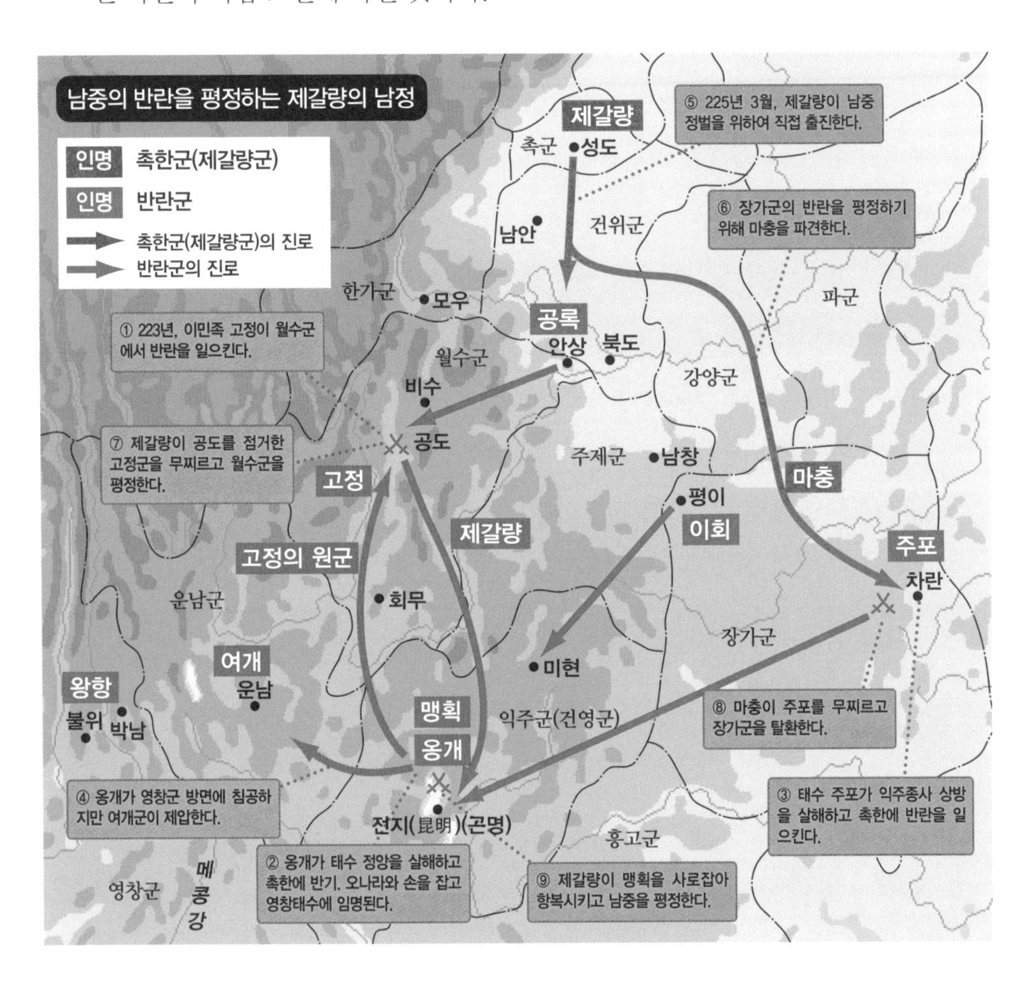

강양(江陽)군에서 장강을 건너 남하하던 마충은 어렵지 않게 장가군의 주포를 굴복시켰다. 평이에서 출진한 이회는 익주군에서 곤명(昆明)으로 가서, 2배가 넘는 병력으로 포위해 들어오는 반란군을 위계로 무찔러 승리를 거두었다.

서쪽에서 병사를 진군시킨 제갈량은 고정의 본거지 비수(卑水)현으로 향한다. 그사이 반란군에 내분이 일어나 고정이 옹개를 죽이고 맹획을 지도자로 추대하자, 제갈량은 고정이 본거지로 삼은 공도(邛都)를 점거하고 고정을 토벌해 죽인다. 그리고 다시 남하하여 5월에 노수(瀘水)를 건너 저항하던 맹획을 굴복시킨다(《화양국지(華陽國志)》와 《한진춘추(漢晉春秋)》 등에 따르면, 이때 '칠종칠금(七縱七擒)'이 있었다). 맹획이 제갈량에게 항복하자, 영창군을 공격하던 만이까지 덩달아 항복한다. 이로써 제갈량은 남중 평정에 성공하고 무사히 성도로 귀환한다.

남중을 평정한 후, 제갈량은 남중 통치를 맹획을 위시한 토착의 호족에게 일임한다. 장수들 중에는 반대 의견도 많았으나 이 관대한 조치가 좋은 결과를 가져와서 남중의 이민족들이 촉한에 속속 귀순한다.

이리하여 제갈량은 내우(內憂)의 위기를 극복하고 남중의 광물 자원과 병사까지 얻게 된다. 제갈량의 남정은 대성공이었다.

조비가 급사한 혼란을 틈타 손권이 위나라에 침공한다

226년 5월, 위나라 황제 조비가 갑작스레 세상을 떠났다. 이에 조진·진군·조휴·사마의가 후사를 맡고, 조예(曹叡)가 조비의 뒤를 이어 2대

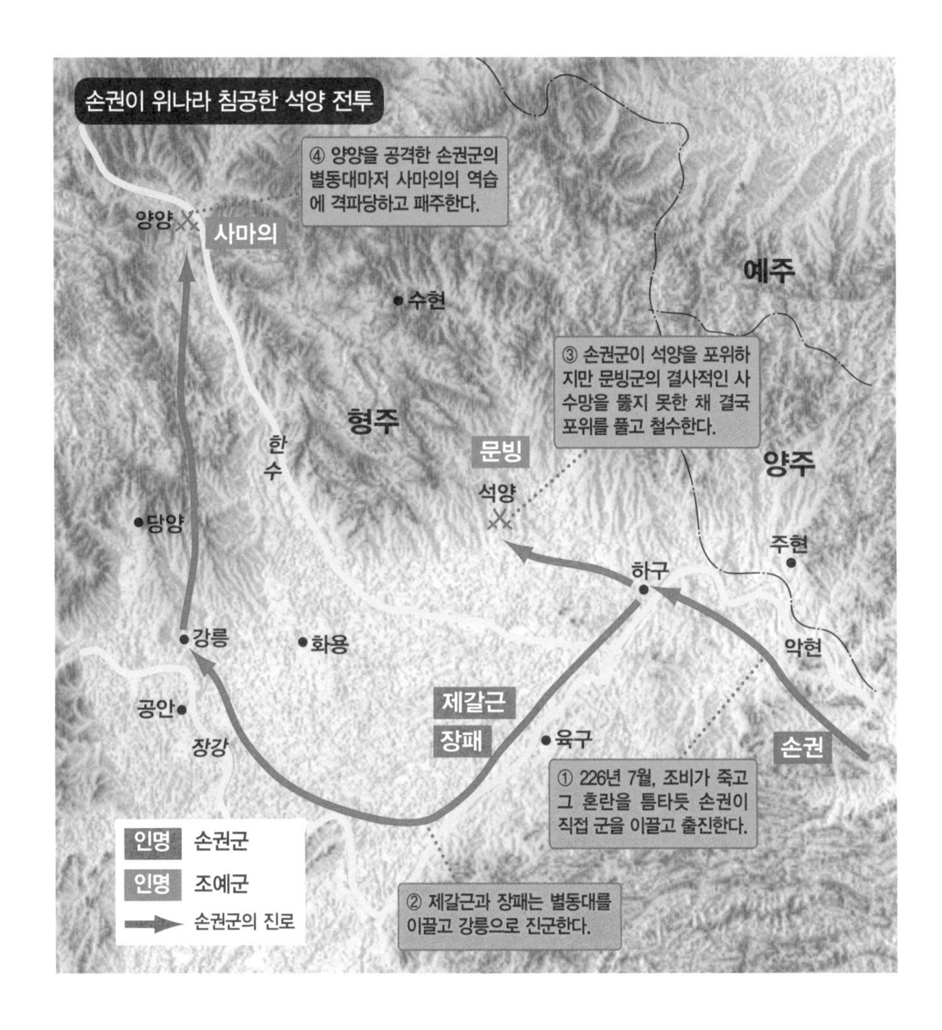

황제의 자리에 올랐다.

조비의 급사 소식을 접한 손권은 지금이야말로 위나라를 침공할 수 있는 호기라고 여기고 대군을 일으켜 출병한다.

7월, 손권은 직접 병사를 이끌고 형주 강하군을 목표로 위나라와의 국경 근처까지 진출하고, 동시에 제갈근과 장패가 양양을 공략하기 위하여 강릉을 거쳐 북상한다. 그리고 손권군이 위나라 남단의 석양(石陽)을 습격하여

《정사 삼국지》와 《삼국지연의》의 비교

제갈량의 칠종칠금은 사실일까?

제갈량은 남중 정벌전에서 맹획을 7번 붙잡아서 7번 풀어주었다. 7번째 잡았을 때, 맹획이 제갈량에게 감복하여 충성을 맹세한 덕에 남중 평정에 성공했다. 이것이 《삼국지연의》에 묘사된 '칠종칠금(七縱七擒)'이다. 《한진춘추(漢晉春秋, 중국 동진의 습착치(習鑿齒)가 지은 역사서다. 후한의 광무제부터 서진의 민제까지 약 300년간의 역사가 서술되어 있으며, 삼국시대에서 촉한을 정통으로 삼는 촉한 정통론이 주장되었다-역주)》와 《화양국지(華陽國志, 중국 동진에서 상거(常璩)가 편찬한 화양, 즉 파, 촉, 한중의 지리지다-역주)》에는 역사적 사실로 기술되어 있으나, '정사'에는 맹획이라는 이름조차 나오지 않는다.

실제로 제갈량이 남중 정벌에 소비한 기간이 4~5개월인데, 이것만 봐도 칠종칠금이 되기에는 시간적으로 불가능하지 않으냐는 견해가 일반적이다.

게다가 당시 제갈량은 북벌을 계획하고 있어서 위나라의 동향도 신경이 쓰였을 터였다. 남중 정벌에만 매달릴 상황이 아니었다는 말이다. 그러니 역사적 사실이었다고 해도 맹획을 굴복시키기 위해 그런 번거로운 일을 했다는 게 지나친 과장일 것이다.

눈 깜짝할 새에 포위한다. 하지만 이곳을 수비하던 문빙(文聘)이 순우(荀禹)의 원군이 오기까지 20일 동안 손권군의 맹공을 버티자, 공격하다 지친 손권은 철수를 결정한다.

또 양양을 공격하여 들어간 제갈근 · 장패군도 위나라의 명장 사마의에게 역습당하고 패주한 끝에 장패가 전사한다. 이로써 손권의 위나라 침공은 실패로 끝났다.

참고로 오나라에서는 산월과 도적의 반란이 여전히 끊이질 않았다. 단양군과 파양군, 동안군에서 각각 반란이 일어나자 손권은 반란군을 토벌하기로 결심한다. 단양군에는 한당을 파견하고, 파양군에는 주방(周魴)과 호종을, 동안군에는 전종을 파견하여 반란을 진압한다.

또한 226년에 교주의 사섭이 죽자, 손권은 여대(呂岱)를 시켜 교주를 지배하에 두었다. 그때까지 중원에서 멀리 떨어진 교주는 이민족을 굴복시킨 사섭이 거의 독립 세력으로 잔존하고 있었다. 사섭은 오나라와도 우호 관계를 유지했는데, 사섭이 살아 있는 동안에는 그의 인격이 고결하고 능력이 뛰어나 손권도 섣불리 교주에 손을 댈 수가 없었기 때문이다.

그 후, 여대가 교주자사로 있으면서 남쪽으로 병사를 파견하여 부남(扶南), 임읍(林邑), 당명(堂明)까지 오나라의 지배권을 넓히는 데 성공한다.

인물 삼국지 열전

진림(陳琳) 〈?~217〉

자는 공장(孔璋)이고, 광릉(廣陵)군 사람이다. 처음에는 하진을 섬겼는데, 하진이 환관을 숙청하기 위하여 장수들을 낙양에 불러 모았을 때, 진림은 이것이 훗날 화가 될 거라 진언했으나 받아들여지지 않았다. 동탁의 난이 일어나자 익주로 도망쳐서 원소 휘하에 들어간다. 원소가 죽은 후에는 원상을 섬겼고, 그도 죽자 조조에게 투항했다. 조조 등과 더불어 후한 시대의 명문장가로 손꼽는데, 관도 전투에서 쓴 격문이 유명하다.

여개(呂凱) 〈?~?〉

자는 이평(李平)이라고 하고, 익주 영창(永昌)군 불위(不韋)현 사람이다. 영창군에서 일하다 유비가 익주에 들어가자 유비의 가신이 되었다. 223년, 익주군의 호족 옹개가 반란을 일으키고 여개가 있는 영창군까지 침공해 왔다. 여개는 옹개에게 편지를 보내, 반란을 일으킨 죄가 크니 그만 멈추고 투항하라고 타일렀다. 하지만 옹개가 침공을 멈추지 않자 부승(府丞) 왕항(王伉)과 함께 적은 수의 병력으로 영창을 지켰다. 225년에 제갈량이 남중을 평정한 후, 그 공을 인정받아 운남태수(雲南太守)에 임명되었다.

맹획(孟獲) 〈?~?〉

익주 건녕(建寧)군 사람으로 자는 알려지지 않았다. 옹개가 촉한에 모반을 일으켰을 때, 남중 사람들을 설득하고 회유하는 등 반란군을 규합하는 데 앞장섰다. 옹개가 암살되고 나서 남중의 군주에 올라 제갈량과 대치하지만 패배한다. 그 후 중앙에 등용되어 어사중승(御史中丞)의 자리에 올랐다.

《삼국지연의》에서는 열대 지역을 연상시키는 남만의 군주로 그려지지만, 정사에는 거의 나오지 않는다. 《삼국지연의》에서 아내로 나오는 축융(祝融, 《삼국지연의》에 따르면, 제갈량이 남정할 때 그녀가 군사를 거느리고 출전하여 상대했다. 남편이 여러 차례 붙잡히는 것을 보고 자진 출전한 여중호걸이다. 제갈량에게 포로가 된 후 풀려났다-역주)도 가공의 인물이다.

사섭(士燮) 〈137~226〉

자는 위언(威彦)이라 하고, 교주 창오(蒼梧)군 광신(廣信)현 출신이다. 낙양에 유학하여 그 인연으로 남군 무양령(巫陽令)에 취임한 후 머지않아 교지태수(交趾太守)로 임명되었다.

교주자사 주부(朱符)가 이민족에게 살해당하고 교주가 혼란에 빠지자, 조정은 사섭을 교주 7군의 총독으로 임명하고 교주의 평정을 맡겼다. 사섭은 한 왕조에 대한 충성심이 높아서 공납의 의무를 다했으나, 오나라가 교주를 지배권에 넣자 이에 복속했다. 사섭이 살아 있는 동안 교주는 오나라와 우호적인 관계를 유지하며 안정적으로 다스려졌다.

옹개(雍闓) 〈?~225〉

익주 익주군의 호족이며, 사섭의 회유를 받아 손권에게 투항했다. 익주태수 정앙을 죽이고, 손권과 내통하여 후임 장예를 사로잡아 오나라로 압송했다. 오나라의 영창태수로 임명받지만 촉한의 여개에 의해 저지당해 부임하지 못한다. 223년경 맹획, 주포, 고정과 동맹을 맺고 촉한에 반기를 들었다. 그리고 225년 남정에 나선 제갈량이 반간계를 써서 고정과 그를 서로 의심하게 만들어 내분이 일어나게 했다.

결국 고정과 자신의 부하 악환(鄂喚)에게 죽임을 당했다. 이후 맹획을 지도자로 추대한 고정도 제갈량군에 의해 토벌된 후 죽는다.

227~228
제갈량이 북벌을 개시,
손권도 위나라에 침공

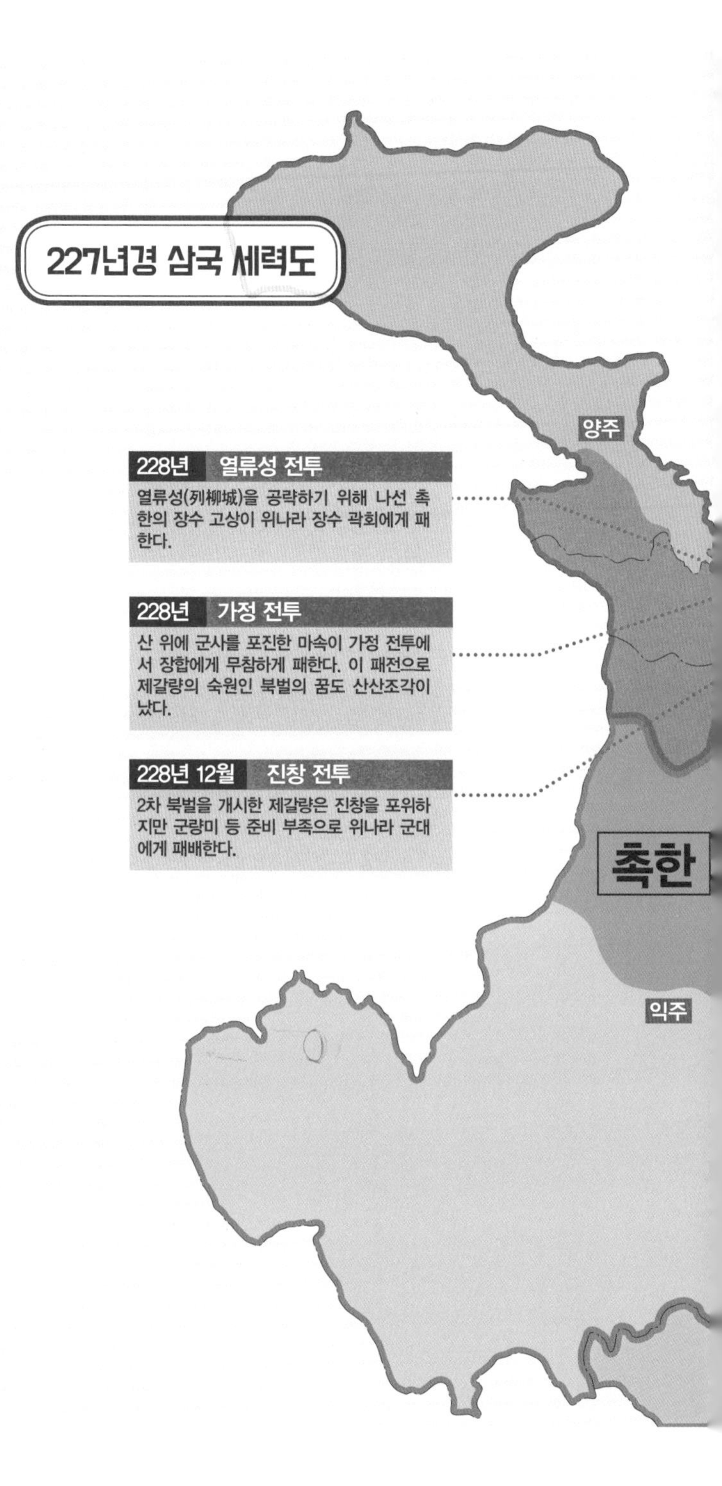
227년경 삼국 세력도
양주
228년 열류성 전투
열류성(列柳城)을 공략하기 위해 나선 촉한의 장수 고상이 위나라 장수 곽회에게 패한다.
228년 가정 전투
산 위에 군사를 포진한 마속이 가정 전투에서 장합에게 무참하게 패한다. 이 패전으로 제갈량의 숙원인 북벌의 꿈도 산산조각이 났다.
228년 12월 진창 전투
2차 북벌을 개시한 제갈량은 진창을 포위하지만 군량미 등 준비 부족으로 위나라 군대에게 패배한다.
촉한
익주

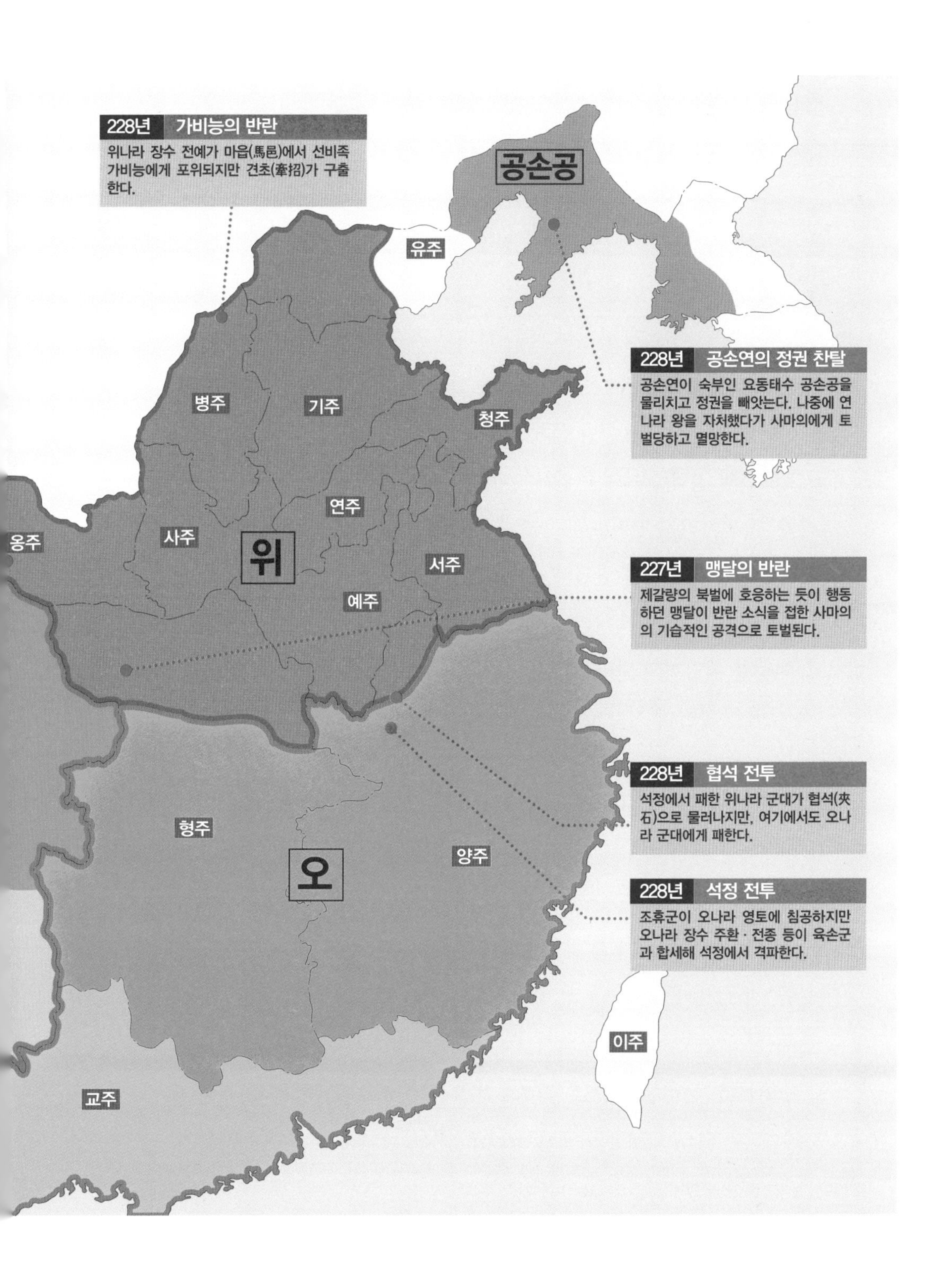
228년 가비능의 반란
위나라 장수 전예가 마읍(馬邑)에서 선비족 가비능에게 포위되지만 견초(牽招)가 구출한다.
공손공
유주
228년 공손연의 정권 찬탈
공손연이 숙부인 요동태수 공손공을 물리치고 정권을 빼앗는다. 나중에 연나라 왕을 자처했다가 사마의에게 토벌당하고 멸망한다.
병주
기주
청주
연주
옹주
사주
위
서주
예주
227년 맹달의 반란
제갈량의 북벌에 호응하는 듯이 행동하던 맹달이 반란 소식을 접한 사마의의 기습적인 공격으로 토벌된다.
228년 협석 전투
석정에서 패한 위나라 군대가 협석(夾石)으로 물러나지만, 여기에서도 오나라 군대에게 패한다.
형주
양주
오
228년 석정 전투
조휴군이 오나라 영토에 침공하지만 오나라 장수 주환 · 전종 등이 육손군과 합세해 석정에서 격파한다.
이주
교주

제갈량이 북벌을 결의, 명문 출사표를 황제 유선에게 올린다

남중을 정복하고 성도로 돌아온 제갈량은 227년 3월에 위나라 공격을 선언한다. 그리고 성도를 나와 한중에 입성해 양평관에 본거지를 구축한다. 이른바 '북벌'을 위한 출정이다.

본국이 텅텅 비는 게 아닐까 싶을 정도로 많은 군사를 동원한 제갈량은 황제 유선에게 출사표(出師表)를 올렸다. 출사표는 제갈량이 진퇴불사의 결의를 선언한 출진 성명문이자 선제인 유비에 대한 은의, 유선에 대한 훈계, 그리고 자신의 결의를 보여준 발표문이었다.

본국의 빈자리는 진진(陳震) · 장예 · 장완(蔣琬) · 이엄 등에게 위임하여 후방 지원과 물자 보급을 맡겼다. 또 동맹을 맺었다고는 하나 오나라의 공격에도 대비했다. 그래서 오나라와의 국경에 위치한 영안에 진도(陳到)를 파견하고, 후방을 책임지고 관리할 이엄을 강주로 보냈다.

제갈량은 북벌의 시작으로 위나라 신성(新城)태수 맹달의 농락에 나섰다. 맹달은 유장 · 유비를 섬기던 인물이었으나, 번성에서 관우가 패했을 때 위나라로 귀순했다. 그 후 조비에게 중용되었으나 조비가 죽고 난 후로는 조예에게 냉대를 받았다고 한다.

제갈량은 그런 맹달에게 촉한과 은밀히 내통하자고 설득한다. 당시 조예는 조비의 유지를 받아 조예를 보좌하는 중신 중 한 명인 사마의를 완현에 파견해 주둔시켰다.

228년 정월, 완현에 주둔하던 사마의가 돌연 신성의 맹달을 공격하기 위해 출병한다. 맹달이 자신의 신변에 불안을 느끼고 촉한으로 돌아가기 위해 반란을 꾸민다는 사실을 간파한 것이다. 그는 완현에서 출발한 지 겨우 8일

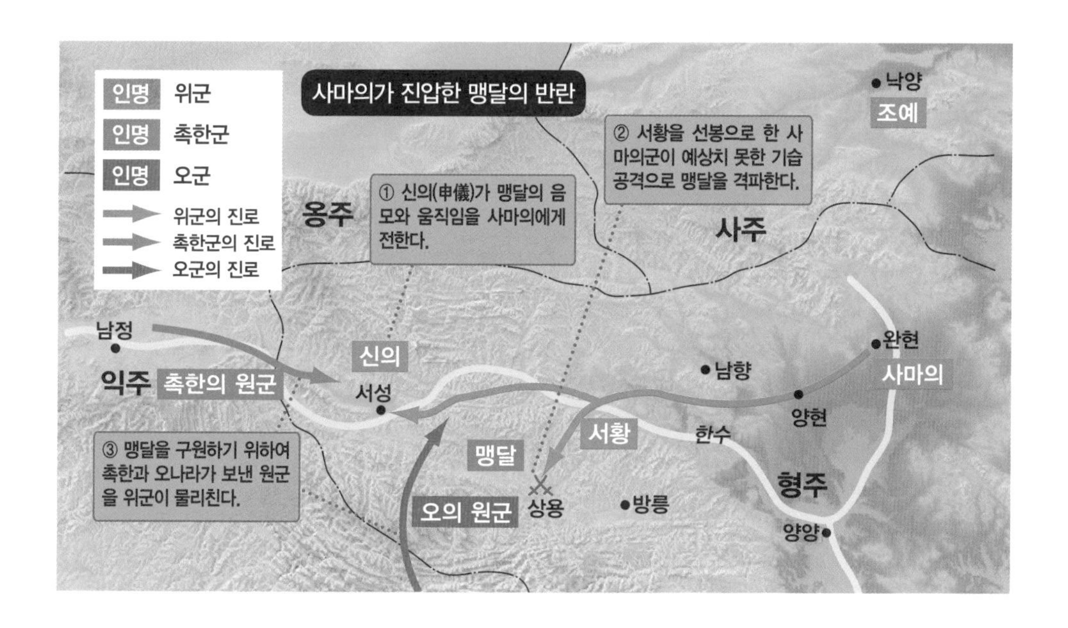

만에 신성에 도착하여 맹달이 방비할 시간도 주지 않고 공략해 목을 벴다.

위나라는 사마의의 발빠른 대처로 신성을 지켰고, 촉한 제갈량의 북벌은 초장부터 꼬이기 시작했다.

제갈량이 가정 전투의 패전 책임을 물어 마속의 목을 친다

북벌의 중요한 경로인 신성을 확보하지 못한 제갈량은 조운과 등지를 포사도(褒斜道, 관중에서 진령(秦嶺)을 통과하여 한중에 이르는 길을 가리킨다-역주)에서 미현(郿縣)으로 진군시키고, 본대는 자신이 직접 천수군 기산으로 이끌고 갔다.

제갈량의 본대가 선택한 경로는 한참 돌아가는 길이어서, 위군은 조운과

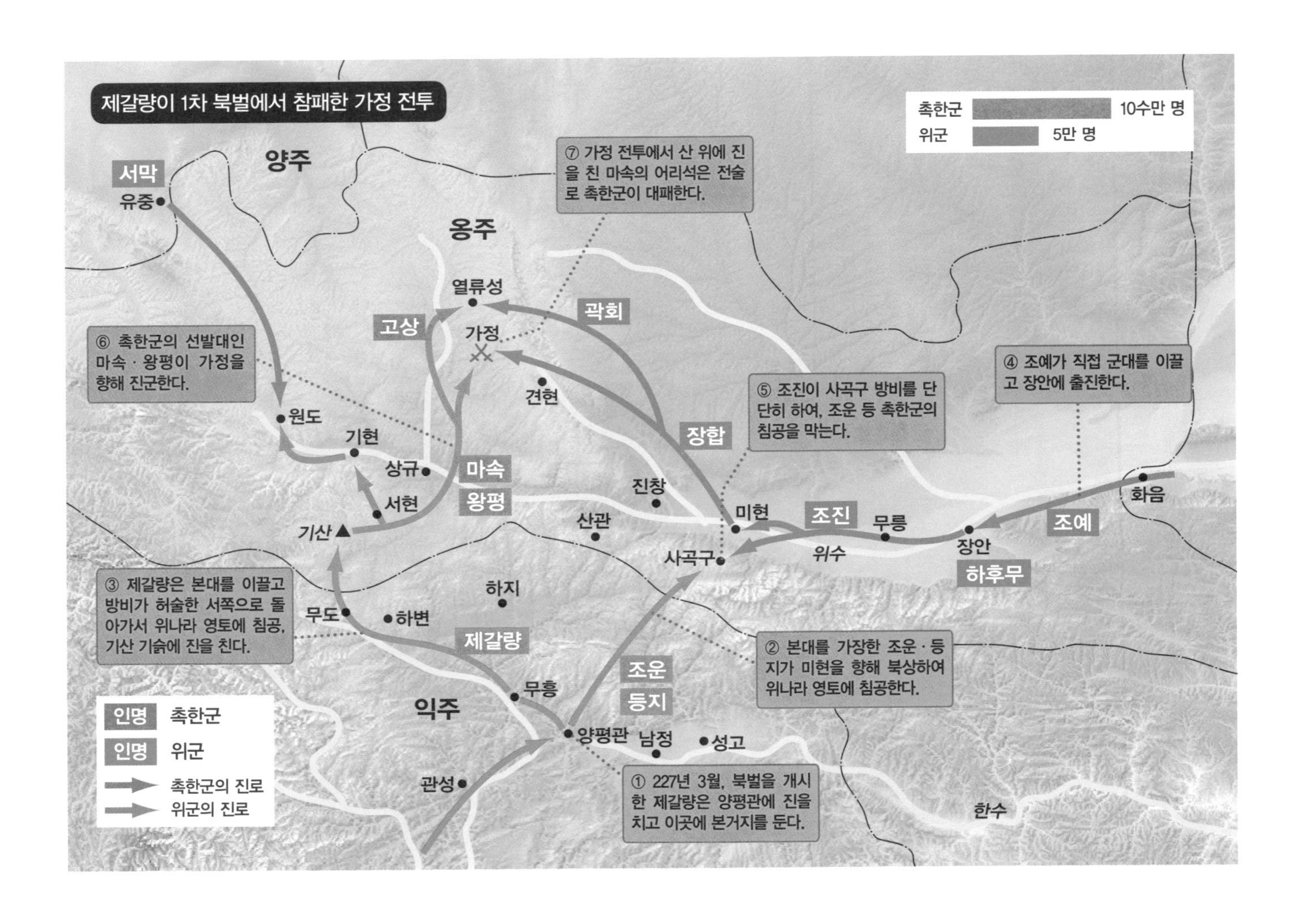
제갈량이 1차 북벌에서 참패한 가정 전투
촉한군 10수만 명
위군 5만 명
서막
유중
양주
옹주
열류성
가정
고상
곽회
견현
원도
기현
상규
서현
마속
왕평
기산
진창
산관
미현
조진
무릉
장안
화음
조예
하후무
위수
사곡구
하지
무도
하변
제갈량
조운
등지
무흥
익주
양평관
남정
성고
관성
한수
⑦ 가정 전투에서 산 위에 진을 친 마속의 어리석은 전술로 촉한군이 대패한다.
⑥ 촉한군의 선발대인 마속 · 왕평이 가정을 향해 진군한다.
⑤ 조진이 사곡구 방비를 단단히 하여, 조운 등 촉한군의 침공을 막는다.
④ 조예가 직접 군대를 이끌고 장안에 출진한다.
③ 제갈량은 본대를 이끌고 방비가 허술한 서쪽으로 돌아가서 위나라 영토에 침공, 기산 기슭에 진을 친다.
② 본대를 가장한 조운 · 등지가 미현을 향해 북상하여 위나라 영토에 침공한다.
① 227년 3월, 북벌을 개시한 제갈량은 양평관에 진을 치고 이곳에 본거지를 둔다.
인명 촉한군
인명 위군
촉한군의 진로
위군의 진로

등지가 본대임을 추호도 의심하지 않았다. 제갈량은 방비가 느슨한 틈을 타 천수 · 남안 · 안정 3군을 정벌하는 데 성공한다. 그리고 장안에서 오는 위나라의 원군이 지나가는 길을 차단하기 위해, 농산(隴山)의 기슭인 데다 관중과 양주를 잇는 요충지인 가정에 마속(馬謖)과 왕평을 파견하여 요격 태세를 갖추었다. 양주를 항복시키기 위해서는 위나라의 원군을 한 달만 막으면 되었기 때문이다(《삼국지》 장기전(張旣傳) 배송지(裴松之) 주석 《위략(魏略)》의 농서태수 유초(游楚)의 발언에서).

조예는 친히 장안까지 진군하여 조진에게 촉한군을 공격하라고 명했다. 이에 조진은 야곡(斜谷)에서 조운을 맞아 싸우는 동시에 장합을 가정에 보낸다.

한편 가정에 도착한 마속은 제갈량의 지시를 무시하고, 수로가 끊길 것을 우려한 왕평의 진언도 묵살한 채, 산 위에 진을 치고 장합군을 요격할 태세를 갖춘다. 이에 왕평은 마속의 명을 따르지 않고, 1,000여 명의 군사와 함께 산기슭에 진을 쳤다.

과연 왕평의 우려대로 장합은 망설이지 않고 수로를 끊어버렸고, 산 위에 있던 마속은 궁지에 몰려 장합군에게 철저히 분쇄되었다. 하지만 장합은 산기슭에 진을 친 왕평군을 보고 복병의 존재를 고려하여 추격하지 않았다. 덕분에 촉한군은 겨우 전멸은 면했으나 북벌의 선봉대로서 큰 타격을 입었다.

장합은 그대로 진군하여 천수 · 남안 · 안정을 평정했다. 한편 별동대인 조운 등도 조진의 대군에게 고전을 면치 못하자 제갈량은 하는 수 없이 전군에게 철수하라는 지시를 내렸다. 이렇게 해서 첫 북벌은 촉한의 완패로 끝났고 천수 · 남안 · 안정 3군도 다시 위나라령이 되었다.

제갈량은 이 패전의 책임을 물어, 중용했던 마속을 처형하고 자신도 승상의 자리에서 물러났다.

석정 전투에서 손권이 승리하자, 2차 북벌에 나선 제갈량이 패전

가정에서 촉한군이 위나라군과 격돌할 무렵, 손권도 가만히 있지는 않았다. 228년, 육손 · 주환 · 전종 · 주방을 출진시켜 완현의 석정에서 위나라의 조휴군과 전쟁을 일으킨다. 주방이 조휴에게 투항하겠다는 서한을 7번이나 보내며 조휴를 속이자, 주방이 위나라에 투항할 것이라 굳게 믿은 조휴는 보병 10만 명을 이끌고 수춘에서 출진한다. 그와 동시에 가규(賈逵)를 유수구에, 사마의를 강릉에 파견하여 오나라를 세 방면에서 침공한다.

하지만 투항하기로 한 주방은 코빼기도 보이지 않았다. 그뿐이랴, 매복해 있던 육손군이 공격하는 동시에 주환과 전종군이 협공하자 조휴군은 맹공을 견디지 못하고 패퇴했다. 유수구로 향하던 가규군이 서둘러 완현으로 달려간 덕에 조휴는 겨우 도망칠 수 있었다. 강릉으로 향하던 사마의의 군대도 조휴군의 패전 소식을 듣고 철수했다. 조휴는 이 전투에서 포로 1만 명, 시중 1만 명과 전쟁물자 대부분을 오군에게 빼앗기는 참패를 당했다.

석정 전투에서 위군이 패퇴했다는 소식을 들은 제갈량은 같은 해 12월, 다시 북벌을 개시한다. 이번에는 산관(散關) 방면으로 침공하여 진창을 포위했다. 위나라는 이를 예측하고 학소(郝昭)에게 방어를 맡겼다. 하지만 당장 원군을 기대할 수 없어서 학소는 1,000명의 병력으로 성을 지켜야만 했다.

제갈량은 충차(衝車, 성문을 돌파하는 수레)와 정란(井欄, 이동식 망루) 등 각종 공성 병기를 이용하여 공격하지만 진창성은 좀처럼 함락되지 않았다. 한편

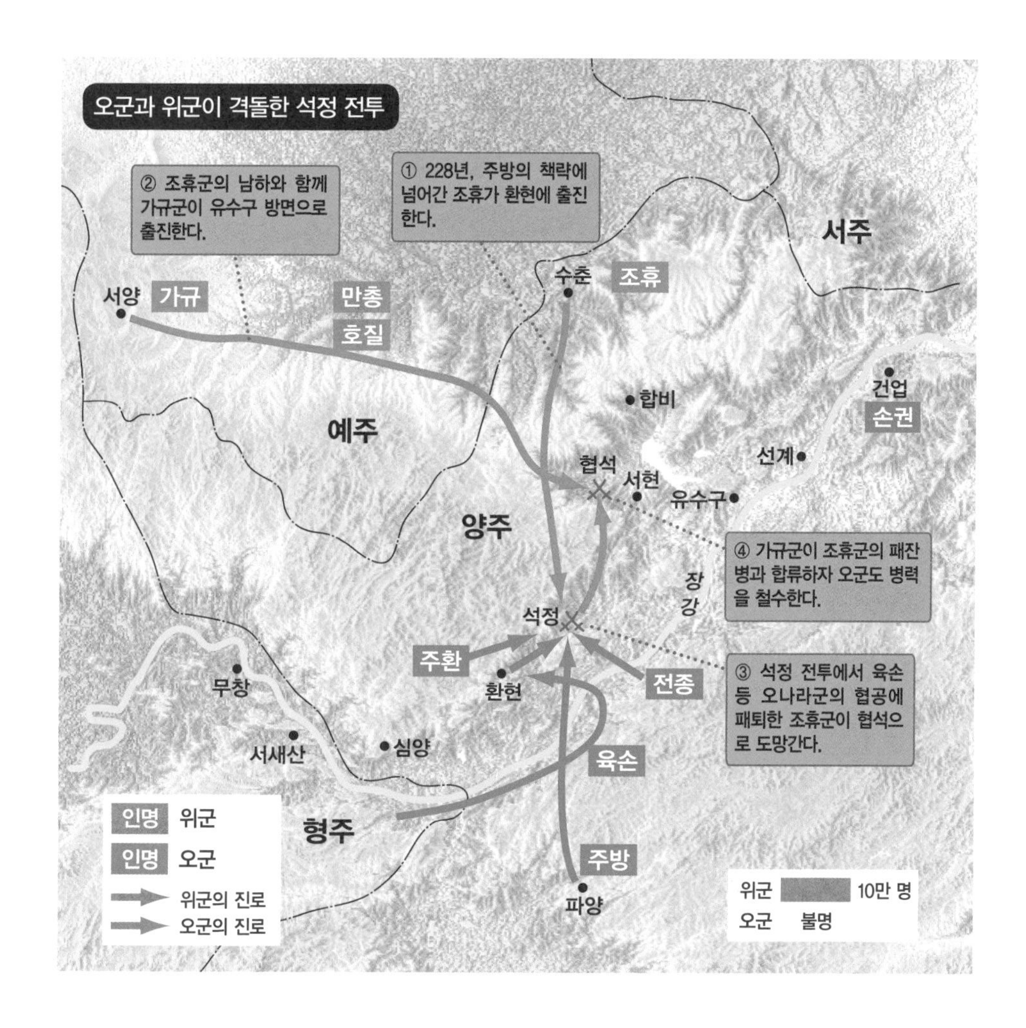

으로는 항복을 촉구하는 사자를 보냈으나 학소는 성안에서 꿈쩍도 하지 않았다. 머지않아 촉한군의 군량 부족이 심각해지고 위나라의 구원군이 다가오자, 제갈량은 다시 전군을 한중으로 퇴각시킬 수밖에 없었다.

애초에 손권군이 석정 전투에서 승리하자 이에 호응하는 형태로 일으킨 전투였다. 그런 까닭에 준비 부족(군량이 너무 적었다고 한다)으로 두 번째 북벌도 실패로 끝났다.

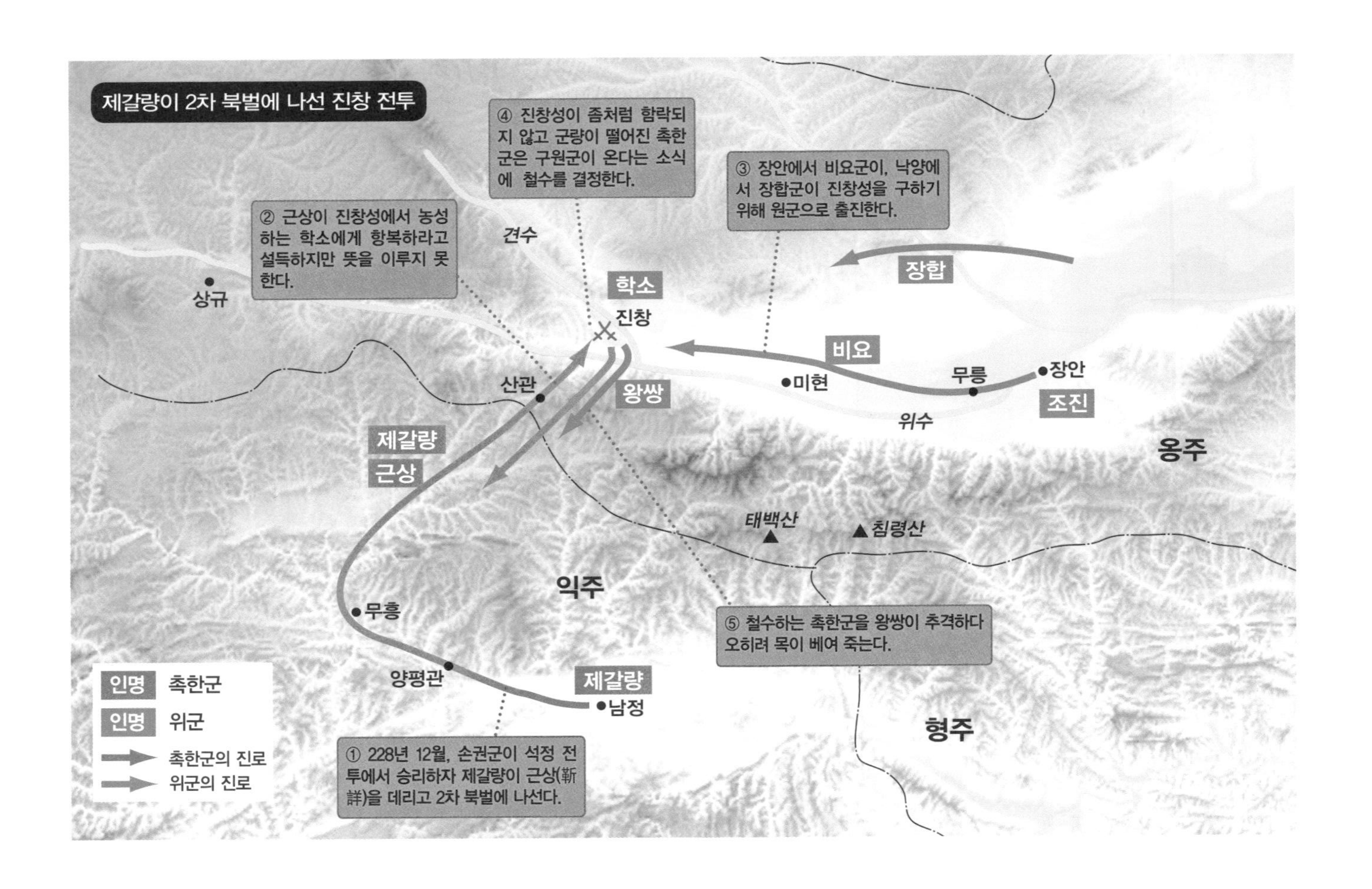
제갈량이 2차 북벌에 나선 진창 전투
④ 진창성이 좀처럼 함락되지 않고 군량이 떨어진 촉한군은 구원군이 온다는 소식에 철수를 결정한다.
③ 장안에서 비요군이, 낙양에서 장합군이 진창성을 구하기 위해 원군으로 출진한다.
② 근상이 진창성에서 농성하는 학소에게 항복하라고 설득하지만 뜻을 이루지 못한다.
견수
장합
상규
학소
진창
비요
산관
왕쌍
미현
무릉
장안
조진
위수
제갈량
근상
옹주
태백산
침령산
익주
무흥
⑤ 철수하는 촉한군을 왕쌍이 추격하다 오히려 목이 베여 죽는다.
양평관
제갈량
남정
형주
인명 촉한군
인명 위군
촉한군의 진로
위군의 진로
① 228년 12월, 손권군이 석정 전투에서 승리하자 제갈량이 근상(靳祥)을 데리고 2차 북벌에 나선다.

삼국지에 등장하는 주인공들

인물 클로즈업 조운

- 자 : 자룡(子龍)
- 생몰년 : ?~229년
- 출신지 : 익주 상주국
- 관직 : 진동장군

유비의 가신으로 촉한을 세운 무용과 지략을 겸비한 장수

조운은 원래 공손찬 휘하의 부장이었다. 거기서 유비를 만나 대화를 하고 동지애를 키우는 동안, 이 사람이야말로 자신이 주군으로 모셔야 할 인물이라는 생각을 굳혔다.

그리고 집안 사정으로 공손찬을 떠나 고향으로 돌아가야 했는데, 이때 유비와 장차 손을 잡기로 약속하고 헤어졌던 것 같다. 그 후, 조운은 유비가 몸을 의탁하던 원소의 진영에서 재회했다.

당시 유비는 아무런 기반도 없는 말단 지휘관이었으나 조운은 유비를 섬기기로 결심하고, 원소의 눈을 피해 수백 명의 동지를 규합하는 등 세력을 키웠다고 한다.

그 후에는 유비의 대망을 실현하기 위해 혼신의 힘을 다했으며, 때로 진언을 하는 것도 주저하지 않았다고 전해진다.

유선(劉禪) 〈207~271〉

자는 공사(公嗣)이며, 촉한의 2대 황제에 올랐다. 223년, 유비가 죽자 16세의 나이로 즉위하여, 제갈량을 승상에 앉히고 보필을 받으며 정무를 보았다. 227년, 제갈량이 북벌에 나선 후에는 시중 동윤 등이 보좌했으나, 재위 후반에 접어들면서 환관 황호(黃皓)를 중용했다.

그래서 동윤이 죽은 후에는 황호가 아예 실권을 잡았다. 263년, 위나라가 침공하자 저항하지 않고 항복하여 이듬해 낙양으로 거처를 옮겼다. 이후 안락공(安樂公)에 봉해져서 낙양에 머물며 천수를 누렸다.

마속(馬謖) 〈190~228〉

자는 유상(幼常)이고, 형주 양양(襄陽)군 의성(宜城)현 사람. 형주 시대에 유비를 만나 그의 수하에 들어갔다. 유비는 죽음을 앞두고 "마속은 말이 실력을 앞서니 중임을 맡기지 말게"라고 제갈량에게 당부했으나 마속의 재주를 아낀 제갈량은 그를 중용했다.

제갈량이 남중 평정에 나섰을 때 "마음을 공격하는 것은 상책이요, 성을 공격하는 것은 하책이옵니다(攻心爲上 攻城爲下)"라고 고언한다. 이민족에 대한 무력 토벌을 경계하고 마음을 얻어야 정벌 후에도 안정된 통치가 가능하다는 이유였다. 가정 전투에서 참패한 후, 패전의 책임을 지고 처형당했다.

왕평(王平) 〈?~248〉

자는 자균(子均)이라 하고, 익주 파서(巴西)군 사람. 파중 방면에서 세력을 가진 이민족 만왕 박호의 부하였으나, 장노가 조조에게 투항하자 함께 귀순했다가 나중에 다시 촉한에 투항한다. 가정 전투에서는 산 위에 포진하기를 고집하는 마속에게 간언했으나 무시당한 채 장합군에게 무참하게 패한다. 제갈량이 죽은 후, 그의 유명(遺命)을 따르지 않은 위연을 토벌했다. 244년에는 한중을 침공한 조상(曹爽)을 격퇴했다.

229~233
손권이 오나라를 건국,
명실공히 삼국의 정립

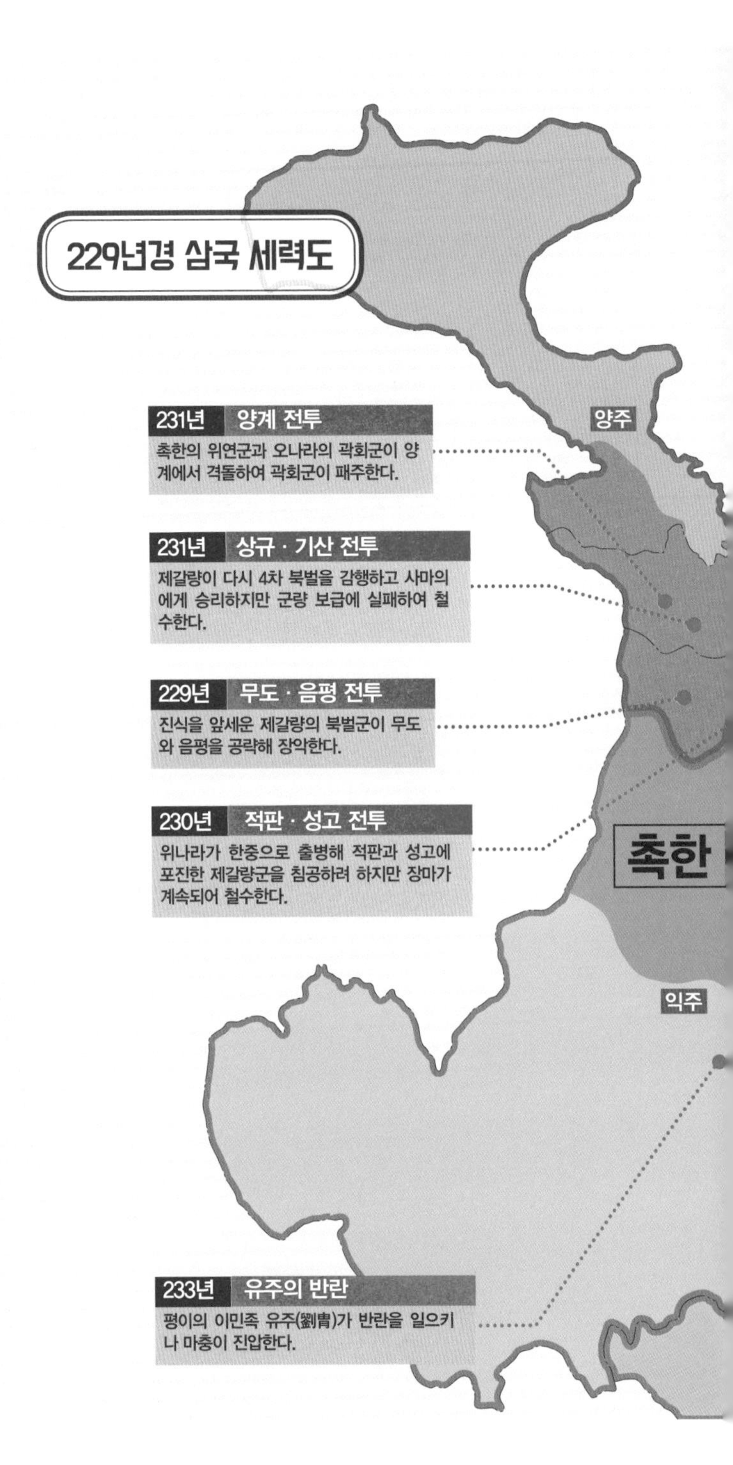

229년경 삼국 세력도
231년 양계 전투
촉한의 위연군과 오나라의 곽회군이 양계에서 격돌하여 곽회군이 패주한다.
231년 상규 · 기산 전투
제갈량이 다시 4차 북벌을 감행하고 사마의에게 승리하지만 군량 보급에 실패하여 철수한다.
229년 무도 · 음평 전투
진식을 앞세운 제갈량의 북벌군이 무도와 음평을 공략해 장악한다.
230년 적판 · 성고 전투
위나라가 한중으로 출병해 적판과 성고에 포진한 제갈량군을 침공하려 하지만 장마가 계속되어 철수한다.
233년 유주의 반란
평이의 이민족 유주(劉胄)가 반란을 일으키나 마충이 진압한다.
양주
촉한
익주

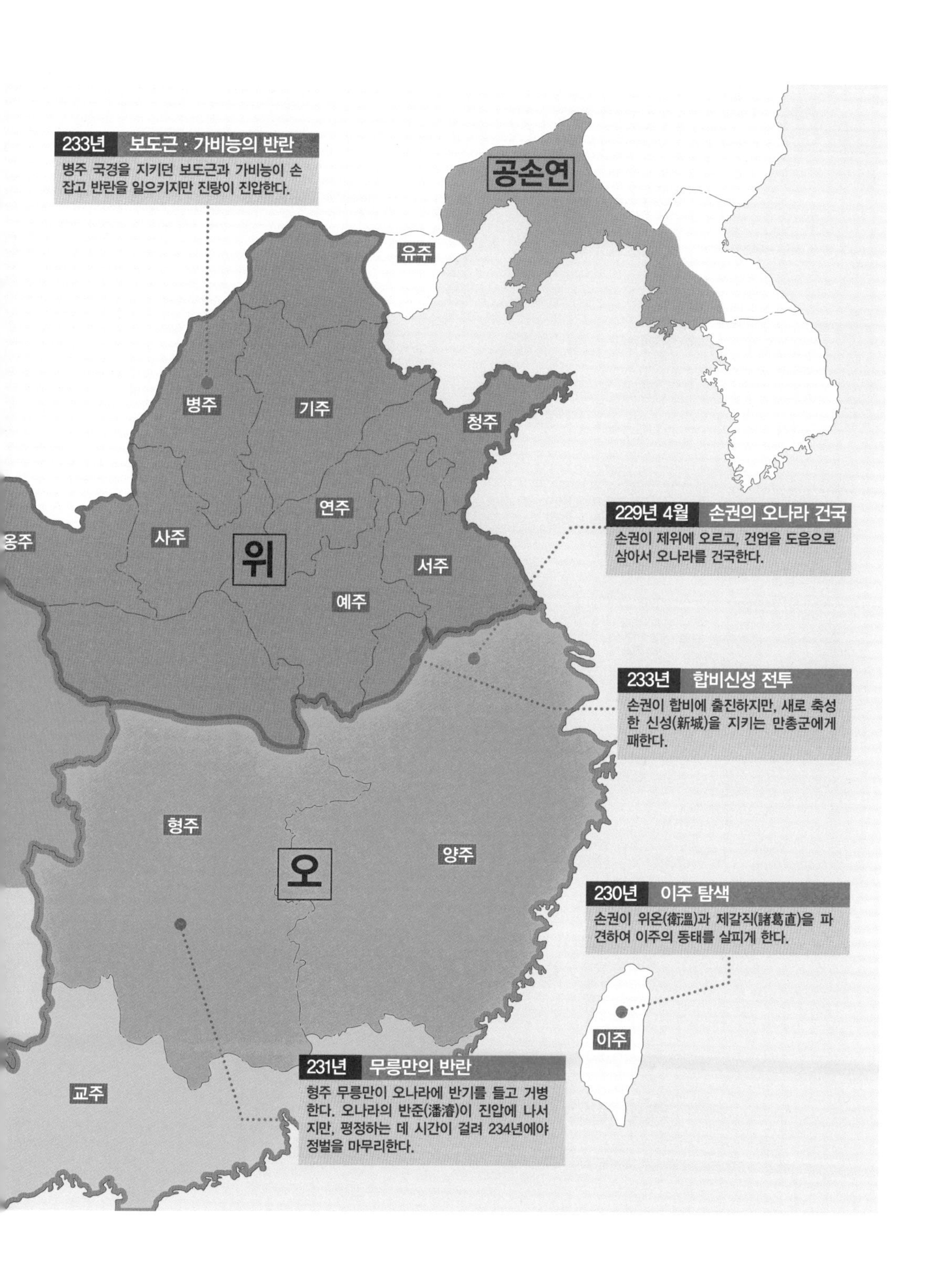
233년 보도근 · 가비능의 반란
병주 국경을 지키던 보도근과 가비능이 손잡고 반란을 일으키지만 진랑이 진압한다.
공손연
유주
병주
기주
청주
연주
사주
옹주
위
서주
예주
229년 4월 손권의 오나라 건국
손권이 제위에 오르고, 건업을 도읍으로 삼아서 오나라를 건국한다.
233년 합비신성 전투
손권이 합비에 출진하지만, 새로 축성한 신성(新城)을 지키는 만총군에게 패한다.
형주
오
양주
230년 이주 탐색
손권이 위온(衛溫)과 제갈직(諸葛直)을 파견하여 이주의 동태를 살피게 한다.
이주
231년 무릉만의 반란
형주 무릉만이 오나라에 반기를 들고 거병한다. 오나라의 반준(潘濬)이 진압에 나서지만, 평정하는 데 시간이 걸려 234년에야 정벌을 마무리한다.
교주

제갈량의 북벌에서 촉한의 첫 승리, 무도 · 음평을 정복하다

제갈량은 228년 말에 진창에 출병한 데 이어, 229년 1월부터 3월에 걸쳐 부장 진식을 파견하여 무도 · 음평을 공격한다.

무도는 이제까지 북벌 시 통과했던 땅이며, 앞으로도 북벌을 속행하는 데 거점이 되는 땅이었다. 음평 정벌은 한중의 배후에 있어, 후방에서 우회하여 쳐들어오는 적을 미리 방비한다는 의미가 있었다.

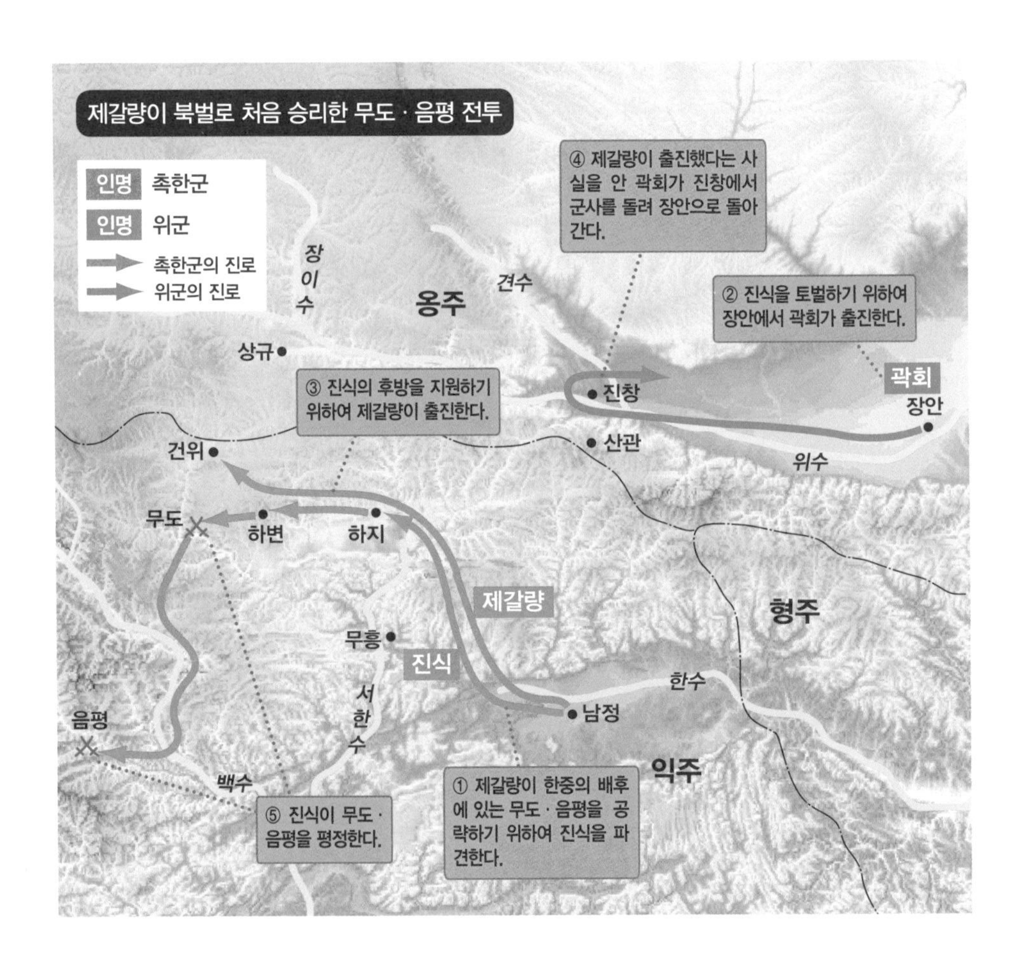

촉한군이 침공하자 위나라는 장안에 주둔하던 곽회(郭淮)를 소환하여 촉한군을 공격하라고 지시했다. 하지만 제갈량이 직접 천수군 경계에서 가까운 건위(建威)까지 진군하며 진식을 후방에서 지원하기 위해 나서자 곽회는 서둘러 철수했다.

이렇게 해서 촉한은 무도와 음평을 손에 넣었다. 이 공적으로 승상에 복귀한 제갈량은 본영을 남산 기슭으로 옮기고 한중서(漢中西)의 면양(沔陽)에 한성(漢城)을, 동쪽 성고(成固)에 낙성(樂城)을 짓고 다시 북벌과 위나라 침공을 준비했다.

촉한이 장악한 한중에 침공한 위나라가 장맛비로 철수

그리고 230년 7월, 위나라가 촉한이 앞서 장악한 한중 침공을 개시했다. 조진이 장안에서 한중으로 곧장 이어지는 잔도(棧道, 험한 벼랑 같은 곳에 낸 길-역주)인 자오도(子午道)를 거쳐 한중을 향하는 동시에, 사마의가 한수(漢水)를 거슬러 올라가 남정에서 합류하고, 다른 군대는 포사도와 무위에서 진격하여 한중에 들이닥칠 계획이었다.

이 출병에 즈음하여 위나라 내부에서는 중신 간에 의견이 엇갈렸다. "우리 변방 지역을 잇달아 침공하는 촉한을 토벌해야 합니다"라며 한중 침공을 가장 강력하게 주장한 이는 대사마 조진이었다. 황제 조예도 조진의 상소를 받아들였으나, 조진이 출발한 후 사공 진군(陳羣)이 반대 상소를 올렸다. 한중 침공은 군량이 부족해지기 쉽고, 후방에서 군량을 원활하게 수송하기가 어렵다는 것이 이유였다.

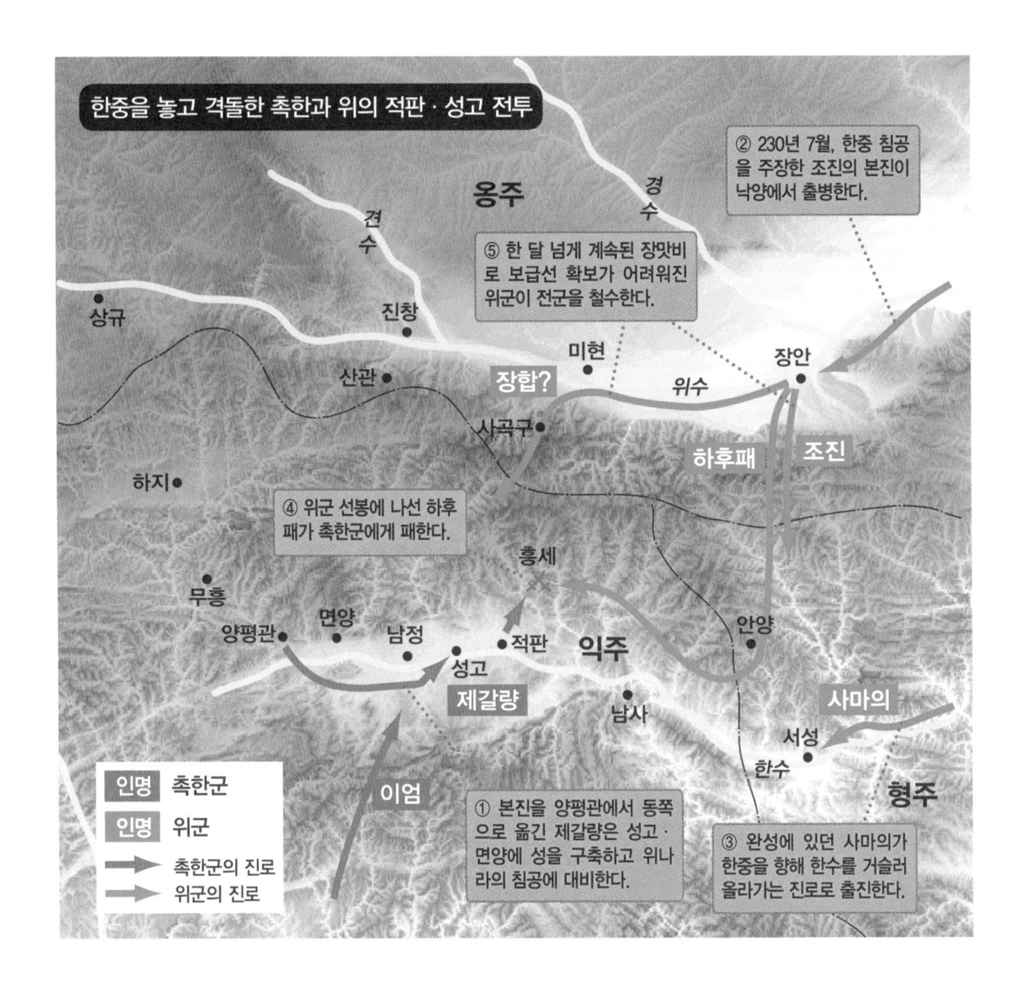

이에 다시 생각을 바꾼 조예는 진군을 멈추라고 조진에게 전달했으나, 조진은 "그렇다면 진로를 바꾸면 됩니다"라고 의견을 올리고는 정벌의 진군을 멈추지 않았다.

위군 침공에 제갈량은 친히 성고에 거점을 정하고, 성고의 동쪽에 있는 적판(赤阪)에 포진하여 사마의와 조진 양군을 요격할 태세를 취했다. 또 강주에 있는 이엄을 불러들였다. 이에 이엄은 병사 2만 명을 데리고 한중으로 진군하여 총력전을 펼치며 위군에게 대항하려고 했다.

이때 전황에 영향을 끼친 것이 한 달 넘게 계속된 장마였다. 위군은 장맛비의 영향으로 보급로와 진격로가 될 잔도를 비롯한 길이 끊겼으므로 포사도 방면으로 향하던 군사까지 진격을 멈추었다. 그리고 군사 대부분이 한중에 도착하지도 못한 채, 하는 일 없이 하루하루를 보내게 되었다.

전선이 교착 상태에 빠지자 낙양에서는 이번 한중 침공에 비판이 쏟아지기 시작했다. 태위 화흠(華歆)은 "지금은 내정에 고심할 때로, 군사는 뒤로 미루는 것이 중요합니다"라고 상소를 올렸다. 소부인 양부는 "나아가서는 공략하지 못하고 물러서야 할 때 물러나지 못하는 것은 군을 관장하는 길이 아니오"라고 비판했다.

낙양에 있던 조예는 결국 전군에게 철수 명령을 내리고, 한중에 침공했던 위군은 선봉에 나선 하후패(夏侯霸) 외에는 거의 싸워보지도 못하고 물러난다.

양계 전투에서 촉한이 승리, 제갈량이 4차 북벌을 개시하다

조진 등을 패퇴시킨 제갈량은 위연과 오의(嗚懿)에게 강중(羌中)에 침공하라고 명령한다. 이에 촉한군은 빠르게 진격하여 위군의 방위선을 돌파하고는, 양주 서오(西娛)의 강중까지 군사를 밀고 들어가 일대를 휩쓸어버린다.

일단의 성과를 거둔 위연은 한중으로 귀환하는 도중에 추격해 온 위나라의 곽회군과 양계(陽溪)에서 조우해 격돌한다. 양계 전투에서 패한 곽회는 위연군에게 큰 저항도 해보지 못한 채 양계를 버리고 도주한다.

이듬해 231년, 제갈량은 다시 북벌을 감행했다(4차 북벌). 3년 전 진창 전투에서는 군량 부족으로 실패했으므로 이번에는 목우(木牛, 촉나라의 잔도 폭에 맞춘 수송차)를 개발하는 등 만전을 기했다. 3월, 제갈량은 몸소 군사를 이끌고 기산으로 출격했다. 기산은 위나라 장수 가사(賈嗣)와 위평(魏平)이 지키고 있었다.

제갈량은 기산을 포위하는 한편, 선비 가비능에게 연락을 취하여 협력을

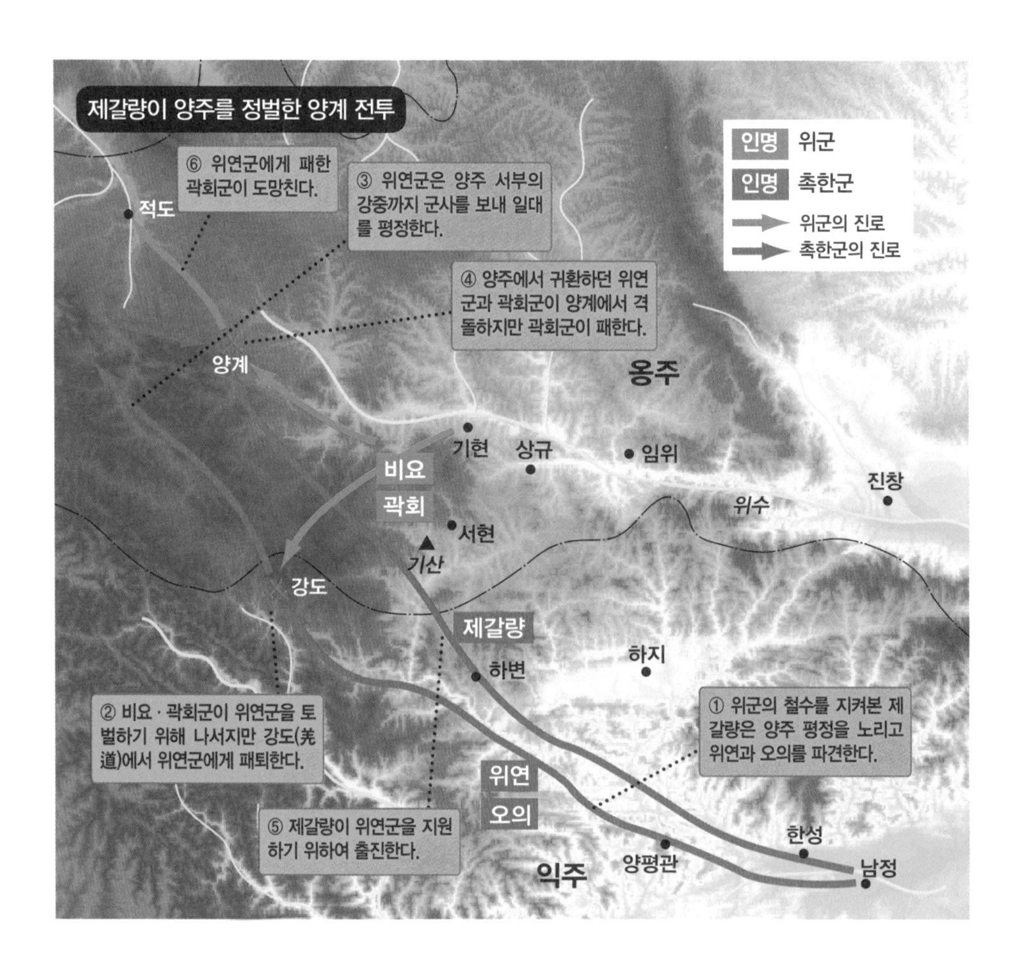

요청했다. 가비능은 제갈량의 요청에 응하여 북지(北地)군 석성(石城)까지 진출해 장안의 북쪽에서 위군을 견제했다.

제갈량과 사마의가 상규와 기산에서 펼친 일진일퇴의 지구전

한편, 위나라에서는 지금까지 총지휘를 맡던 조진이 병으로 자리에 눕자(그 후 사망), 형주에 주둔하던 사마의를 불러들여 장합과 함께 제갈량군의 요격에 나서게 했다.

제갈량군이 밀려들자 위군은 차츰 열세에 몰린다. 장안에 도착한 사마의는 비요(費曜) · 대릉(戴陵) · 곽회에게 4,000명의 정예부대를 주어 상규(上邽)의 수비를 맡기고, 자신은 장합과 함께 기산의 구원에 나선다.

이에 제갈량은 본진 부대와 공격 부대로 나누고, 자신은 사마의와 맞서기 위해 상규로 간다. 그리고는 그곳에서 대치하던 위나라의 곽회 · 비요를 격파하고 땅에 자라고 있는 보리를 다 베어버린다.

양군이 기산과 상규 사이에서 대치하게 되자 사마의는 요새에 틀어박혀 지구전에 돌입한다. 이에 제갈량은 하는 수 없이 기산으로 물러나고, 사마의는 철수하는 촉한군을 추격했으나 기산에 이를 때쯤 다시 요새로 돌아간 다음 틀어박혀 지구전 태세를 취한다.

장기전에 돌입하게 되면 위군이 압도적으로 유리한 전황이었지만, 위군 내에서는 적극적으로 공격하자고 진언하는 자가 끊이지 않았다. 사마의도 처음에는 이러한 의견을 받아들이지 않았으나, 더 이상 거부하면 군대 사기에 직접 영향을 미치므로 하는 수 없이 진격하기로 결단을 내렸다. 같은

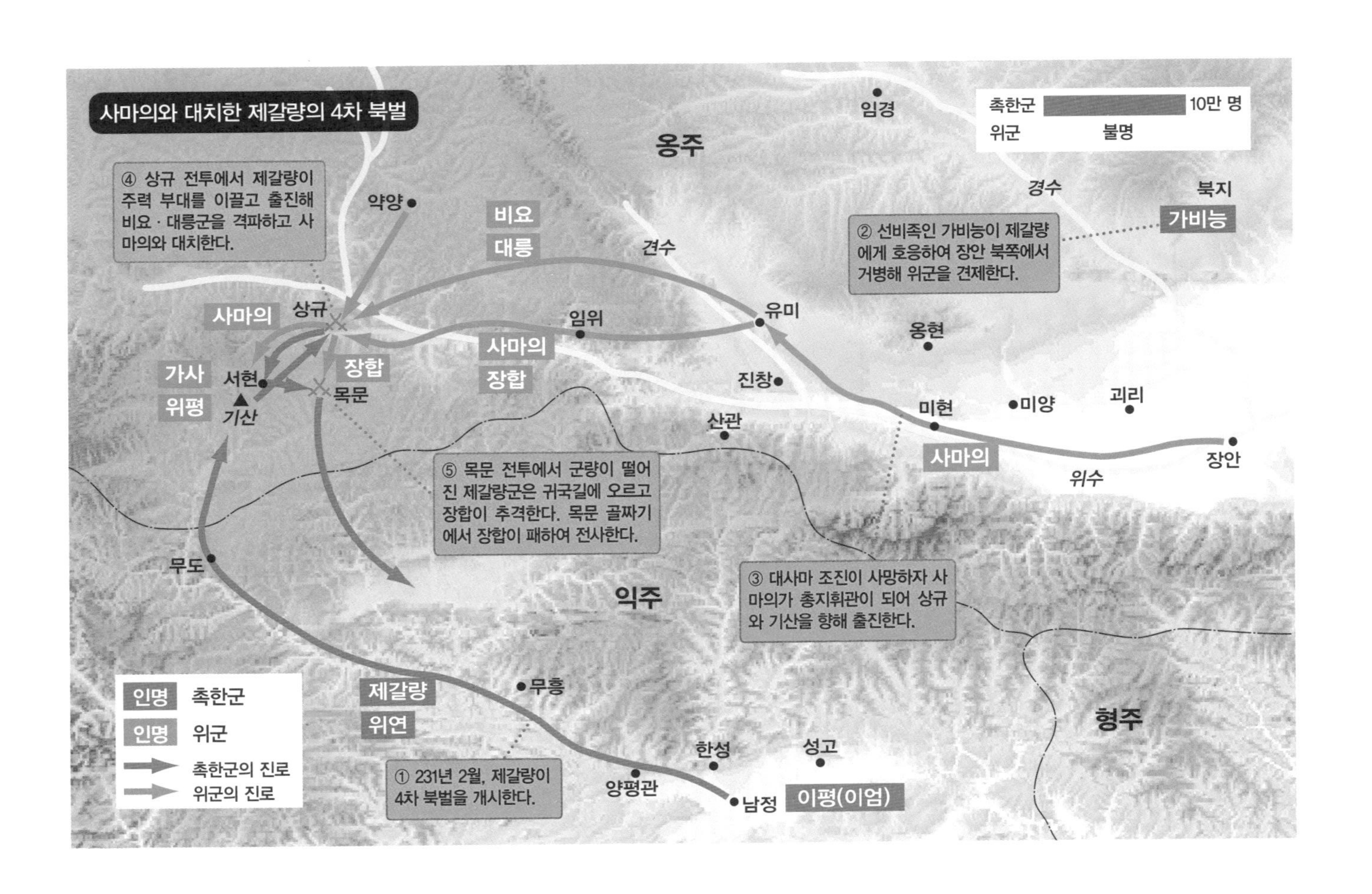
사마의와 대치한 제갈량의 4차 북벌
④ 상규 전투에서 제갈량이 주력 부대를 이끌고 출진해 비요 · 대릉군을 격파하고 사마의와 대치한다.
② 선비족인 가비능이 제갈량에게 호응하여 장안 북쪽에서 거병해 위군을 견제한다.
⑤ 목문 전투에서 군량이 떨어진 제갈량군은 귀국길에 오르고 장합이 추격한다. 목문 골짜기에서 장합이 패하여 전사한다.
③ 대사마 조진이 사망하자 사마의가 총지휘관이 되어 상규와 기산을 향해 출진한다.
① 231년 2월, 제갈량이 4차 북벌을 개시한다.
촉한군 10만 명
위군 불명
인명 촉한군
인명 위군
촉한군의 진로
위군의 진로
옹주
익주
형주
임경
경수
북지
가비능
견수
약양
비요
대릉
상규
사마의
임위
유미
옹현
가사
위평
서현
기산
장합
목문
진창
미현
미양
괴리
산관
장안
위수
무도
제갈량
위연
무흥
한성
성고
양평관
남정
이평(이엄)

해 5월, 장합이 기산 남쪽에 진을 친 왕평을 공격하고, 사마의가 정면에 있는 제갈량군 본대와 전투를 개시했다.

이에 맞서는 촉한군은 사기가 하늘을 찌를 듯이 높아서 위연·고상(高翔)·오반 등의 활약으로 수급 3,000명, 갑옷 5,000벌, 큰 활 3,100개를 거두어들이는 전과를 올린다. 상규 전투에서 제갈량군에게 패하고 큰 타격을 입은 사마의는 본진으로 돌아가서 다시 지구전에 돌입한다.

제갈량은 잇단 북벌의 실패로 출병을 삼가며 내정에 몰두

8월에 들어서자 때마침 내린 장맛비 때문에 촉한군의 군량 확보가 어려워졌다. 이에 한중을 지키는 이평(李平, 이엄에서 개명)에게 군량을 보내라고 재촉하지만 거꾸로 귀환 요청을 받은 까닭에, 제갈량은 하는 수 없이 전군을 철수하기로 결단을 내린다.

단, 이 시기는 사마의군도 군량이 넉넉지 않아 곽회가 강족에게서 식량과 물품을 공출하는 등 위나라도 꽤 고전하고 있었다. 촉한군이 철수한다는 소식에 장합이 서둘러 추격하지만, 목문(木門)쯤 왔을 때 제갈량군의 복병을 만나 토벌당한다.

철수하고 돌아온 제갈량을 보고 이평은 짐짓 놀란 체하며 "왜 돌아오셨소?" 하고 묻고는, 황제 유선에게 가서는 "적을 끌어내려는 작전입니다"라고 아뢴다. 그렇게 해서 자신이 군량 수송을 태만히 한 죄를 감추려고 한 것이다. 그러나 제갈량이 서간 등의 증거를 들이대며 책임을 추궁하자 죄를 인정하고 평민으로 강등된다.

위군의 주요 무장
• 사마의
• 곽회
• 장합
• 비요
촉한군의 주요 무장
• 제갈량
• 위연
촉한군 선봉
제갈량군

상규 전투 가상도(4차 북벌)
곽회군
상규
사마의군
※ 일러스트는 상상도입니다. 사실을 재현한 것이 아닙니다.

그동안 촉한은 제갈량이 주도한 과중한 북벌과 위군의 끊임없는 내습으로 출병이 곤란해질 정도로 피폐해졌다. 제갈량은 한동안 출병을 삼가며 국내 정비에 매달리게 된다.

손권이 건업을 도읍으로 정하고, 오나라의 황제로 즉위

한편 오나라에서는 229년 4월에 손권이 제위에 오르고, 9월에는 무창에 있던 도읍을 다시 건업으로 옮긴다. 여기서 오나라가 정식으로 건국하며 명실상부하게 삼국이 정립하는 형태로 중국 대륙 내에 공존하는 상태가 된다. 이에 촉한은 진진을 파견하여 손권의 즉위를 축하했다. 당시 위나라와는 치열한 합비 쟁탈전을 벌이고 있었던 터라, 손권은 229년부터 거의 매년 합비와 여강 등에 출병하기를 멈추지 않는다.

233년, 손권은 자신은 합비로 출병하고, 동시에 전종에게는 병사를 주고 육안을 공격하라 명령했다. 이때 합비를 지키던 장수는 조휴 대신 수비를 맡은 만총(滿寵)이었다. 그는 손권이 언젠가 진군해 오리라 예상하고 일찌감치 신성을 구축해놓았다. 그때까지 그곳에 있던 옛 성은 소호(巢湖)와 장강에 면하여 오나라 수군의 공격을 막기가 여의치 않았기 때문이다.

손권은 직접 병사를 이끌고 합비에 도착했으나, 만총군이 지키는 신성이 강가에서 멀자 신중을 기해 일단 상륙을 단념한다. 한동안 상황을 지켜보던 손권이 마침내 상륙을 개시하자, 미리 옛 성 부근에 잠복해 있던 복병 6,000명이 손권군을 습격한다. 급습을 당한 손권군이 패퇴하는 가운데, 별동대인 전종까지 고전하자 손권은 눈물을 머금고 전군에게 철수 명령을 내린다.

232년에는 지금까지 위나라에 귀순하던 요동태수 공손연(公孫淵)이 오나라에 귀속되기를 원한다며 손권에게 사자를 보냈다. 위나라의 북쪽에 위치한 요동군이 귀순하면 앞으로 위나라를 침공하는 데 도움이 되리라 생각한 손권은 233년에 사자를 통해 이를 받아들이는 회신을 보내고 공손연을 연왕(燕王)에 봉했다.

그런데 공손연이 손권이 파견한 사자의 목을 베고 그 머리를 위나라 황제 조예에게 보낸다. 공손연의 진의는 헤아리기 어려우나 이 일로 손권과 대립하게 되었고, 마찬가지로 위나라에도 경계 대상이 되는 결과를 초래한다.

233년 말, 위나라 국경 부근의 누번(樓煩)에서 선비의 보도근(步度根)이 반란을 일으킨다. 보도근은 본래 위나라에 귀순한 사람이었으나, 앞서 제갈량의 북벌에서 촉한에 호응하던 가비능(이전까지는 대립했다)과 손을 잡고 반란을 꾸민 것으로 보인다.

위군의 선발대 필궤(畢軌)는 군대를 음관(陰館)에서 누번까지 진격시키지만, 보도근 · 가비능 연합군에게 패하고 물러난다. 사태가 심상치 않다고 느낀 조예는 반란을 진압하고자 진랑(秦朗)을 재차 출군시킨다. 보도근 · 가비능군도 필사적으로 저항했으나 진랑군의 맹공에 견디지 못하고 항복한다. 보도근은 가비능에게 살해당하고, 가비능은 그 후에 유주자사 왕웅(王雄)에게 암살당한다.

인물 클로즈업 제갈량

- 자 : 공명(孔明)
- 생몰년 : 181~234년
- 출신지 : 서주 낭야군
- 관직 : 승상

유비로부터 삼고초려의 예를 받은 삼국시대의 천재 군사

《삼국지》에 나오는 인물 가운데 최고의 영웅이라고 할 수 있는 제갈량은 촉한의 건국에 기여한 최대의 공로자라 할 수 있다. 그가 유비에게 제안한 '천하삼분지계'는 그때까지 명확한 전망이 없었던 유비에게 건국의 기본 전략을 제시해주었다.

조조가 형주를 침공했을 때, 유비는 남하하여 교주의 창오(蒼惡)까지 도주할 작정이었다고 한다. 또 적벽대전에서 손권과 연합하여 조조를 패퇴시킬 때 아무런 피해도 입지 않을 수 있었던 것도 제갈량의 전략이 있었기 때문이다. 어떤 의미에서 제갈량은 유비에게 전란 시대를 헤쳐나가는 등대와도 같은 존재였다고 할 수 있다.

유비는 임종을 앞두고 이엄과 제갈량에게 아들 유선을 맡겼다. 그때 유비는 유선에게 제갈량을 아버지 대하듯 예를 다하라고 했다고 하는데,

이를 보면 유비가 제갈량을 얼마나 신뢰했는지 짐작할 수 있다. 그리고 제갈량도 유비의 바람에 응하여 죽을 때까지 유비에 대한 '의리'를 저버리지 않았다.

인물 삼국지 열전

주방(周魴) 〈?~?〉

자는 자어(子魚)이며, 양주 오(吳)군 양선(陽羨)현 출신이다. 젊은 시절부터 학문을 좋아한다고 알려졌으나, 군사 전략에도 능해 오나라의 도적 떼를 진압하는 데 공을 세웠다. 228년, 위나라 장수 조휴를 유인하기 위하여 거짓으로 내통을 제안했는데, 이 계략에 넘어간 조휴를 석정 전투에서 크게 무찔렀다. 그리고 그 공을 인정받아 비장군에 임명되었다. 군사를 다스리는 데 선행에는 상을 주고 악행에는 벌을 내리는 신상필벌을 엄격하게 실천한 행정관이었다고 한다.

곽회(郭淮) 〈?~255〉

자는 백제(伯濟)이고, 병주 태원(太原)군 양곡(陽曲)현 사람이다. 219년, 하후연이 촉한군에게 참수당하자 장합과 함께 군대의 전열을 가다듬어 촉한의 추격을 잠재웠다. 228년, 제갈량의 북벌이 시작되자 이에 맞서기 위하여 출진한다. 열류성의 고상군을 격파하고, 231년에는 북벌에 나선 제갈량을 패퇴시켰다. 234년 오장원 전투에서는 수비를 굳건히 하여 적이 침공해 오지 못하게 막았다. 이후 강유(姜維)의 북벌마저 막으며 촉한의 북벌 야망을 철저히 분쇄한다.

가비능(軻比能) 〈?~235〉

선비의 대인(족장을 가리킨다)으로, 원소 시대부터 선비를 통솔했다. 207년에 원씨 일가가 멸망하자 호오환교위(護烏丸校尉) 염유(閻柔)를 통해 조조에게 조공을 보냈고, 이후 조조와 좋은 관계를 맺었다. 하지만 222년경에 위나라의 계략으로 선비 안에 분쟁이 일어났는데, 호선비교위(護鮮卑校尉) 전예가 선비의 대인 보도근(步度根)과 결탁하자 위나라와 결별하고 촉한과 손을 잡는다. 235년, 유주자사 왕웅(王雄)에게 살해당한다.

공손연(公孫淵) 〈?~238〉

자는 문의(文懿)라 하고, 좌장군 양평후 공손강의 아들이다. 228년, 숙부 공손공(公孫恭)을 협박하여 태수의 자리를 빼앗은 후 연나라 왕을 자청하며 요동에서 독립했다.

오나라에서 사자를 보내자 위나라와 동맹을 맺기 위해 참수하여 머리를 위나라에 보냈다. 하지만 위나라의 처우에 불만을 품고 위나라에 선전포고를 한다. 사마의와 대치하지만 패한 후 참수당한다.

조예(曹叡) 〈205~239〉

자는 원중(元仲)이다. 조비의 아들로 위나라의 2대 황제에 즉위한다. 어린 시절부터 재능을 인정받아 조조가 "우리 집안이 네 대에까지 가면 3대째가 되겠구나" 하며 자주 연회에 데리고 다닐 정도로 총애했다. 제위에 오른 후에도 황제에 어울리는 위엄을 갖추었고, 신하들의 공적과 능력의 진위를 꿰뚫어보는 등 뛰어난 통치력을 발휘했다.

그런데 궁전과 정원 축조에 열을 올려서 국력을 쇠퇴시켰다는 평가도 받는다. 239년, 조예가 세상을 떠나고 8세 조방(曹芳)이 위나라의 황제가 되자, 사마의는 조진의 아들 조상(曹爽)과 함께 조정을 이끌었다.

조진(曹眞) 〈?~231〉

자는 자단(子丹)이다. 조씨 성을 썼으나 조씨와 혈연관계가 없다는 설도 있다. 그의 아버지가 조조를 대신하여 죽었으므로 조조에게 맡겨져 조씨 성을 하사받았다고 한다.

226년에 조비가 죽자 사마의와 함께 유언을 받들어 황제 조예를 보좌했다. 230년, 촉한의 북벌에 대항하여 한중을 침공하려 했으나 계속된 장마로 철수했다. 그 이듬해, 실의에 빠져 세상을 떠났다.

234~238
5차 북벌 나선 제갈량이
오장원에서 죽다!

234년경 삼국 세력도
238년 왜국이 위에 조공
왜나라의 히미코가 위나라에 조공을 보낸다.
234년 오장원 전투에서 제갈량 서거
제갈량이 최후의 북벌을 감행해 오장원에
진을 치고 사마의와 대치한다. 제갈량이
세상을 떠나자 촉한군이 철수한다.
234년 위연의 반란
제갈량이 죽은 후, 오장원 퇴각 문제를 둘러
싸고 위연과 양의가 대립한다. 위연이 모반
의 누명을 쓰고 참수당한다.
237년 강하 전투
손권이 강하에 침공하지만 퇴각한다.
양주
촉한
익주

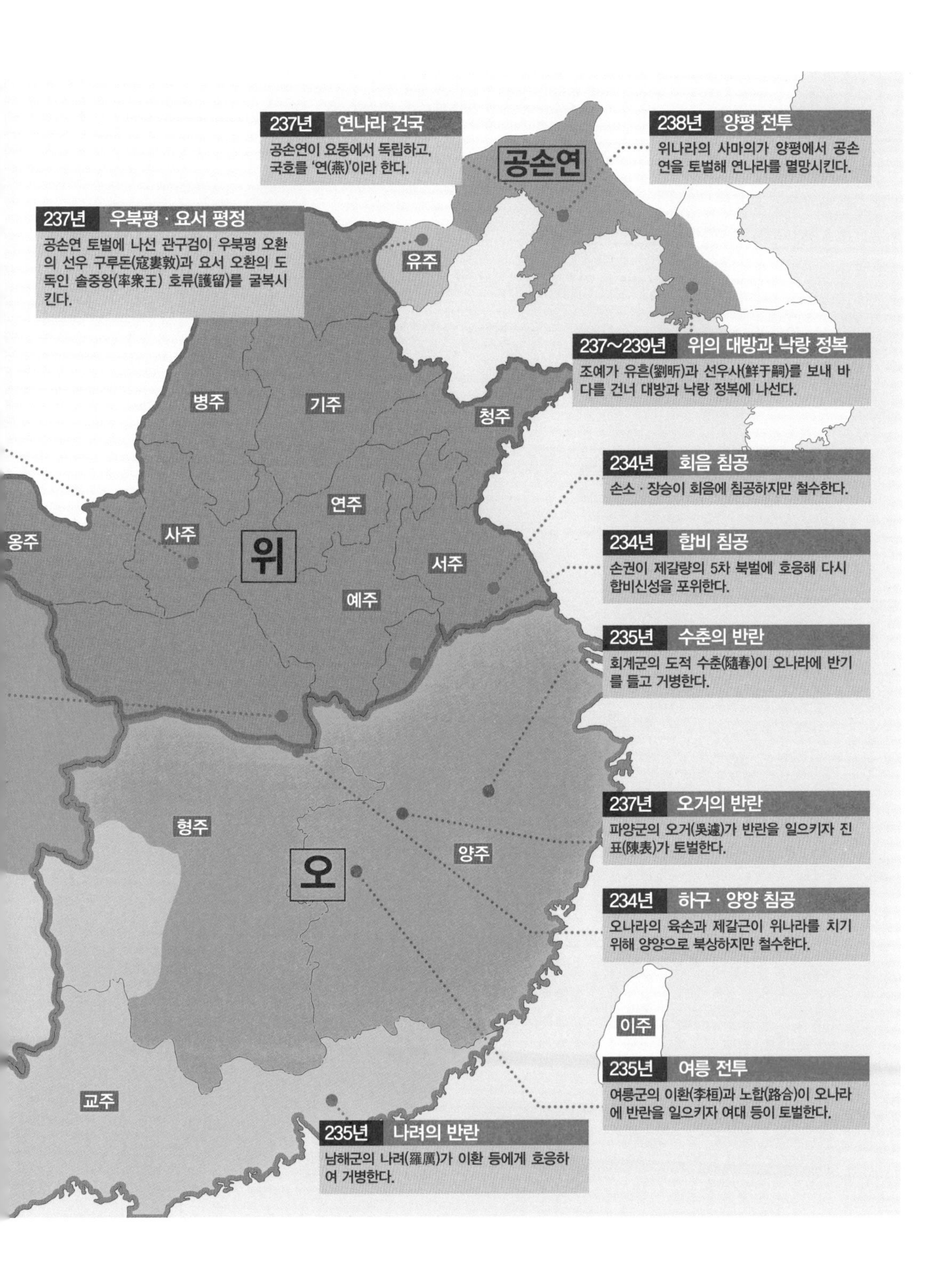
237년 연나라 건국
공손연이 요동에서 독립하고, 국호를 '연(燕)'이라 한다.
238년 양평 전투
위나라의 사마의가 양평에서 공손연을 토벌해 연나라를 멸망시킨다.
공손연
237년 우북평 · 요서 평정
공손연 토벌에 나선 관구검이 우북평 오환의 선우 구루돈(寇婁敦)과 요서 오환의 도독인 솔중왕(率衆王) 호류(護留)를 굴복시킨다.
유주
237~239년 위의 대방과 낙랑 정복
조예가 유흔(劉昕)과 선우사(鮮于嗣)를 보내 바다를 건너 대방과 낙랑 정복에 나선다.
병주
기주
청주
234년 회음 침공
손소 · 장승이 회음에 침공하지만 철수한다.
연주
사주
옹주
위
서주
예주
234년 합비 침공
손권이 제갈량의 5차 북벌에 호응해 다시 합비신성을 포위한다.
235년 수춘의 반란
회계군의 도적 수춘(隨春)이 오나라에 반기를 들고 거병한다.
237년 오거의 반란
파양군의 오거(吳遽)가 반란을 일으키자 진표(陳表)가 토벌한다.
형주
양주
오
234년 하구 · 양양 침공
오나라의 육손과 제갈근이 위나라를 치기 위해 양양으로 북상하지만 철수한다.
이주
235년 여릉 전투
여릉군의 이환(李桓)과 노합(路合)이 오나라에 반란을 일으키자 여대 등이 토벌한다.
교주
235년 나려의 반란
남해군의 나려(羅厲)가 이환 등에게 호응하여 거병한다.

제갈량이 5차 북벌을 재개해 10만 대군이 오장원에 포진

4차 북벌이 실패한 지 3년이 지난 234년 2월, 제갈량이 다시 북벌을 감행한다. 이번 출병의 경로는 포사도였다. 한중에서 포수(褒水)를 따라 사곡(斜谷)으로 가서 진령산맥(秦嶺山脈)을 넘어 위수 남쪽으로 진출한 제갈량은 오장원(伍丈原)에 포진했다. 제갈량이 이끌고 출병한 군사는 총 10만 명이 넘는 대군이었다.

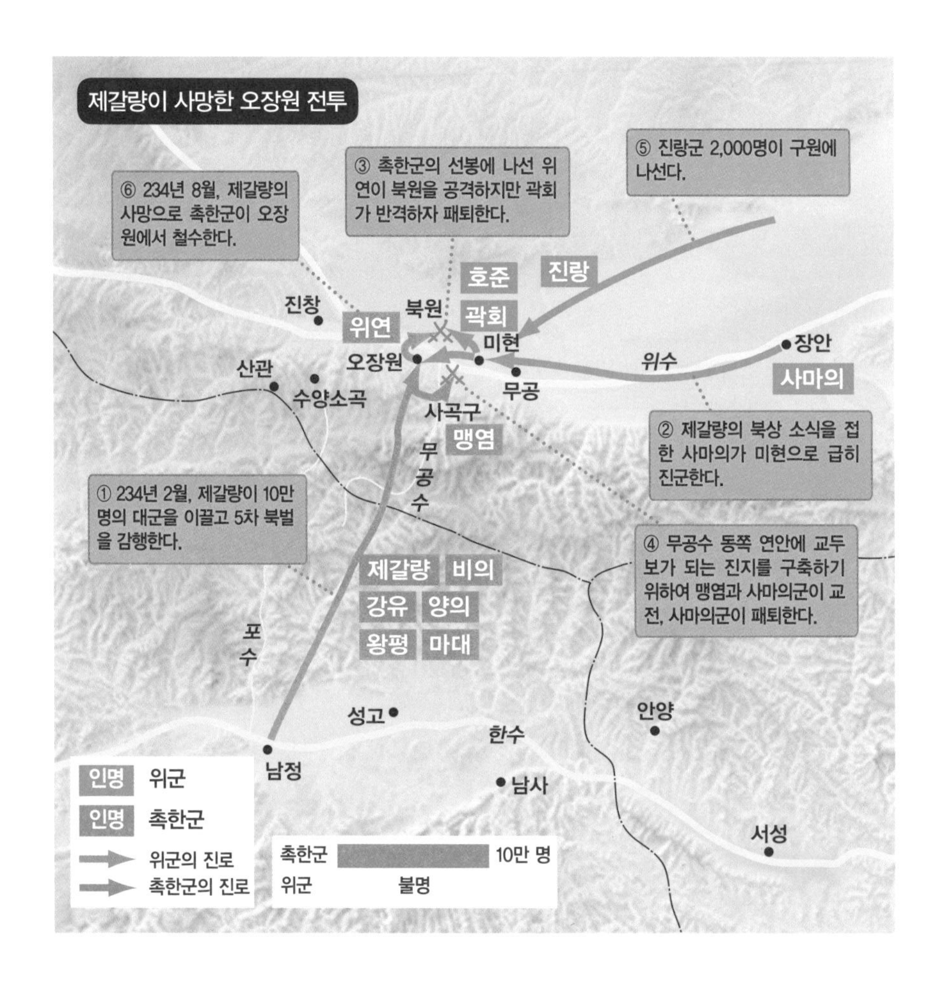

지금까지는 단기 결전을 노리고 북벌을 감행했으나, 군량 보급에 차질을 빚어 실패한 경우가 많았다. 마찬가지로 군량 문제로 골머리를 앓던 위나라의 약점을 찌르기 위해 이번 북벌에는 제갈량도 상당한 기간의 지구전을 각오했다. 그래서 출격을 개시하기 전부터 쌀을 운반하여 사곡구에 모으고, 사곡의 식량고도 정비하는 등 만반의 준비를 갖추었다. 또 지난번 목우에 이어 유마(流馬)라는 일륜 보급차를 개발해 이번 북벌에 도입했다. 나아가 제갈량은 오장원 부근에 군을 주둔시켜 군량 부족에 대비했다.

이에 위군의 사마의는 요격 준비를 마쳤다. 사마의는 위수를 건너 남쪽 연안에 성채를 쌓는다. 성채를 쌓기 전에는 용수로를 만들어서 대규모 관개 시설을 마련해 군량으로 사용할 곡식의 생산력 증대를 꾀하는 등 촉한의 북벌에 대비했다.

제갈량은 오장원에서 나가면 바로 양주로 연결되는 큰길을 확보하기 위해 위수 북쪽으로 출병한다. 하지만 제갈량의 의도를 읽은 곽회가 이를 격퇴한다.

이후, 양군은 오장원에서 대치한다.

손권이 위군 토벌을 위하여 요충지 합비에 출병했다 퇴각

234년 5월, 제갈량의 북벌에 호응해 손권이 위나라 침공을 개시했다. 육손, 제갈근을 하구에서 양양으로 보내고, 손소(孫韶)와 장승(張承)을 회음으로 보낸 후, 자신은 직접 합비를 정벌하기 위해 진군한 것이다. 그 결과 제갈량은 오장원에서 사마의와 대치하고, 손권은 양양과 합비신성을 공략

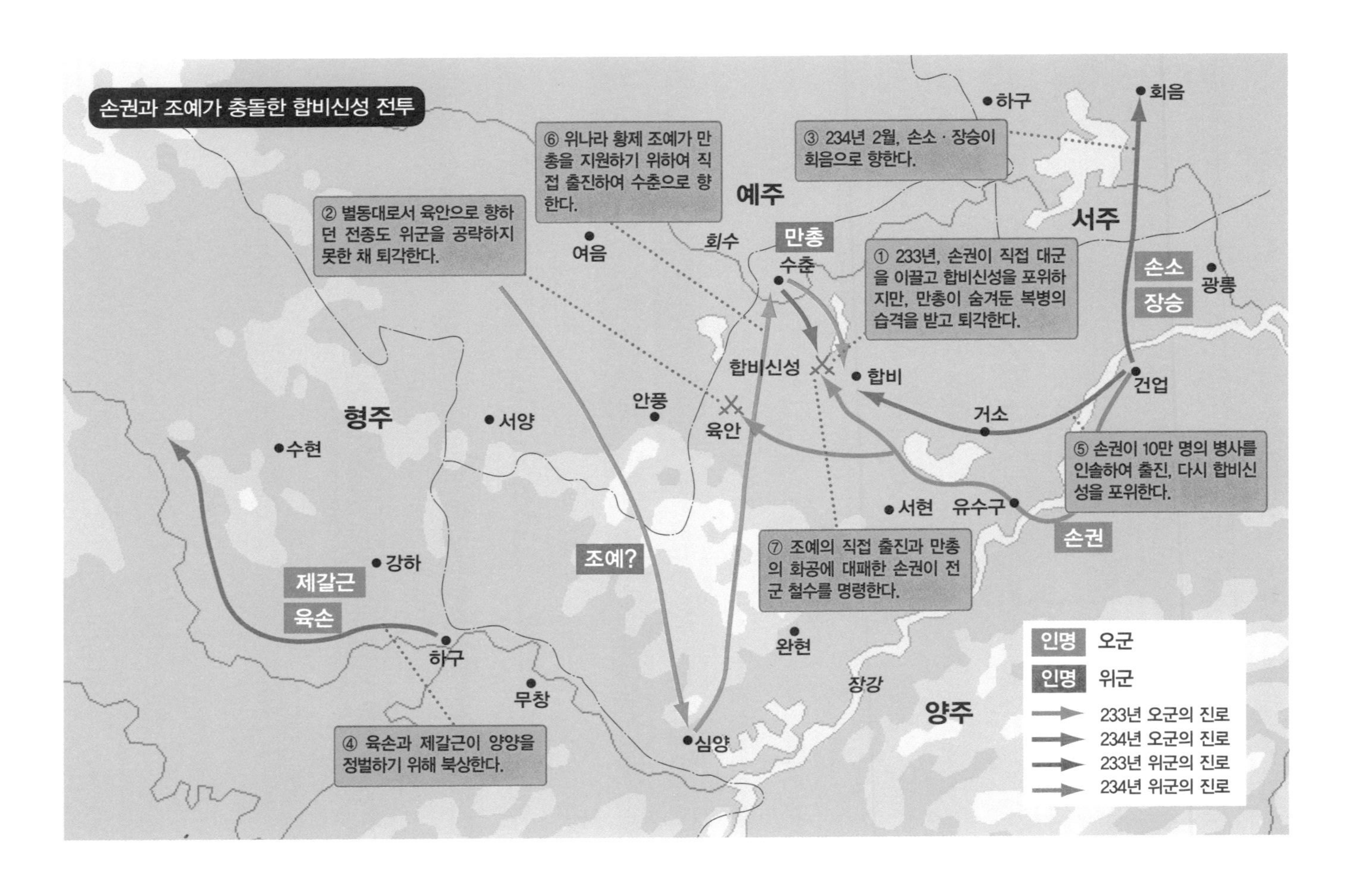
손권과 조예가 충돌한 합비신성 전투
⑥ 위나라 황제 조예가 만총을 지원하기 위하여 직접 출진하여 수춘으로 향한다.
③ 234년 2월, 손소 · 장승이 회음으로 향한다.
② 별동대로서 육안으로 향하던 전종도 위군을 공략하지 못한 채 퇴각한다.
① 233년, 손권이 직접 대군을 이끌고 합비신성을 포위하지만, 만총이 숨겨둔 복병의 습격을 받고 퇴각한다.
⑤ 손권이 10만 명의 병사를 인솔하여 출진, 다시 합비신성을 포위한다.
⑦ 조예의 직접 출진과 만총의 화공에 대패한 손권이 전군 철수를 명령한다.
④ 육손과 제갈근이 양양을 정벌하기 위해 북상한다.
하구
회음
예주
서주
회수
만총
수춘
여음
손소
장승
광릉
합비신성
합비
건업
형주
서양
안풍
육안
거소
수현
서현
유수구
손권
조예?
강하
제갈근
육손
하구
완현
무창
장강
양주
심양
인명 오군
인명 위군
233년 오군의 진로
234년 오군의 진로
233년 위군의 진로
234년 위군의 진로

하는 연합 작전의 형태를 띠게 되었다.

석정 전투 이후, 합비를 차지하기 위한 위나라와 오나라의 전투는 점점 더 치열한 양상을 보이고, 오나라는 해마다 합비에 출병하게 되었다. 당시 합비는 위나라 영토의 일부였고, 오나라에 대한 침공과 방어를 겸비하는 전략적 전초 기지였다. 따라서 오나라가 위나라와의 전쟁에서 이기려면 반드시 손에 넣어야 하는 요충지이다.

그래서 손권은 제갈량이 5차 북벌에 나선 것을 기회로 삼아 지난해에 이어 다시 합비 공격에 나선 것이다. 합비를 지키던 만총은 주변에 주둔하던 군대을 불러들여 손권에게 맞서 싸웠다. 여기에 위나라 황제 조예가 오장원에 있던 사마의에게 원군을 보내고, 자신은 직접 군대를 이끌고 합비를 향해 손권 정벌에 나선다. 당시 조예는 사마의에게, 손권과의 전쟁이 끝날 때까지 전투를 벌이지 말고 지구전을 펼치라고 당부한다.

조예의 원군을 얻은 합비의 신성에서는 만총군이 분전하며, 손권군 주력 부대의 줄기찬 맹공에도 굴하지 않는다. 그리고 화공을 실시하여 손권군의 공성 무기를 불태우자, 전의를 상실한 손권은 합비신성의 포위를 풀고 철수하기로 결정한다. 회음을 공격하던 손소 · 장승군과, 하구에서 양양을 노리던 제갈근 · 육손 부대도 각기 물러났다.

와룡의 별이 오장원에서 떨어지고, 촉한은 치명타를 입다

촉한이 아무리 용의주도하게 준비했다 한들, 대국 위나라와 대등한 지구전을 펼치기에는 역부족이었다. 촉한군 진영의 사기는 날이 갈수록 피

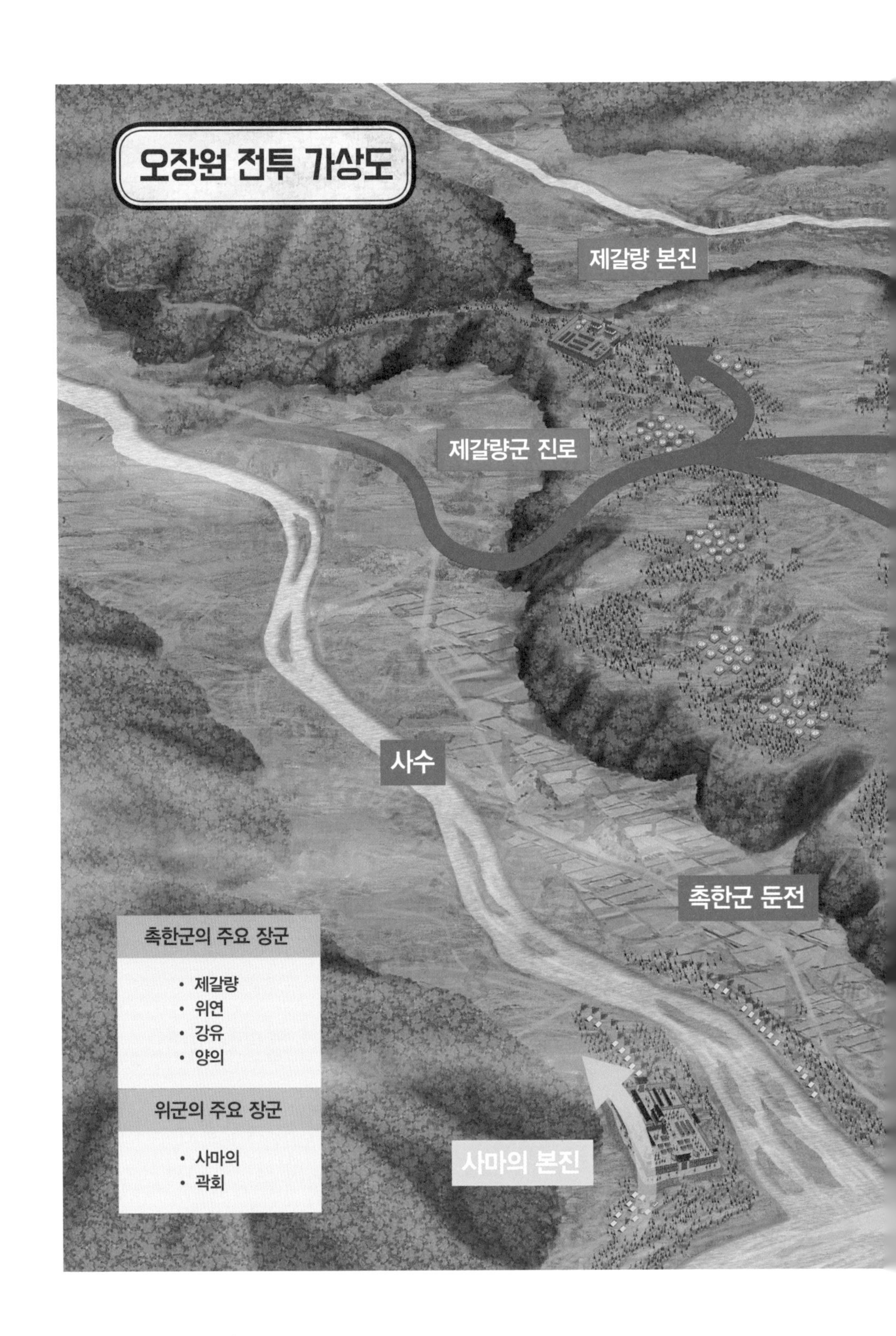
오장원 전투 가상도
제갈량 본진
제갈량군 진로
사수
촉한군 둔전
촉한군의 주요 장군
• 제갈량
• 위연
• 강유
• 양의
위군의 주요 장군
• 사마의
• 곽회
사마의 본진

제갈량군
사마의군 진로
위수
※ 일러스트는 상상도입니다. 사실을 재현한 것이 아닙니다.

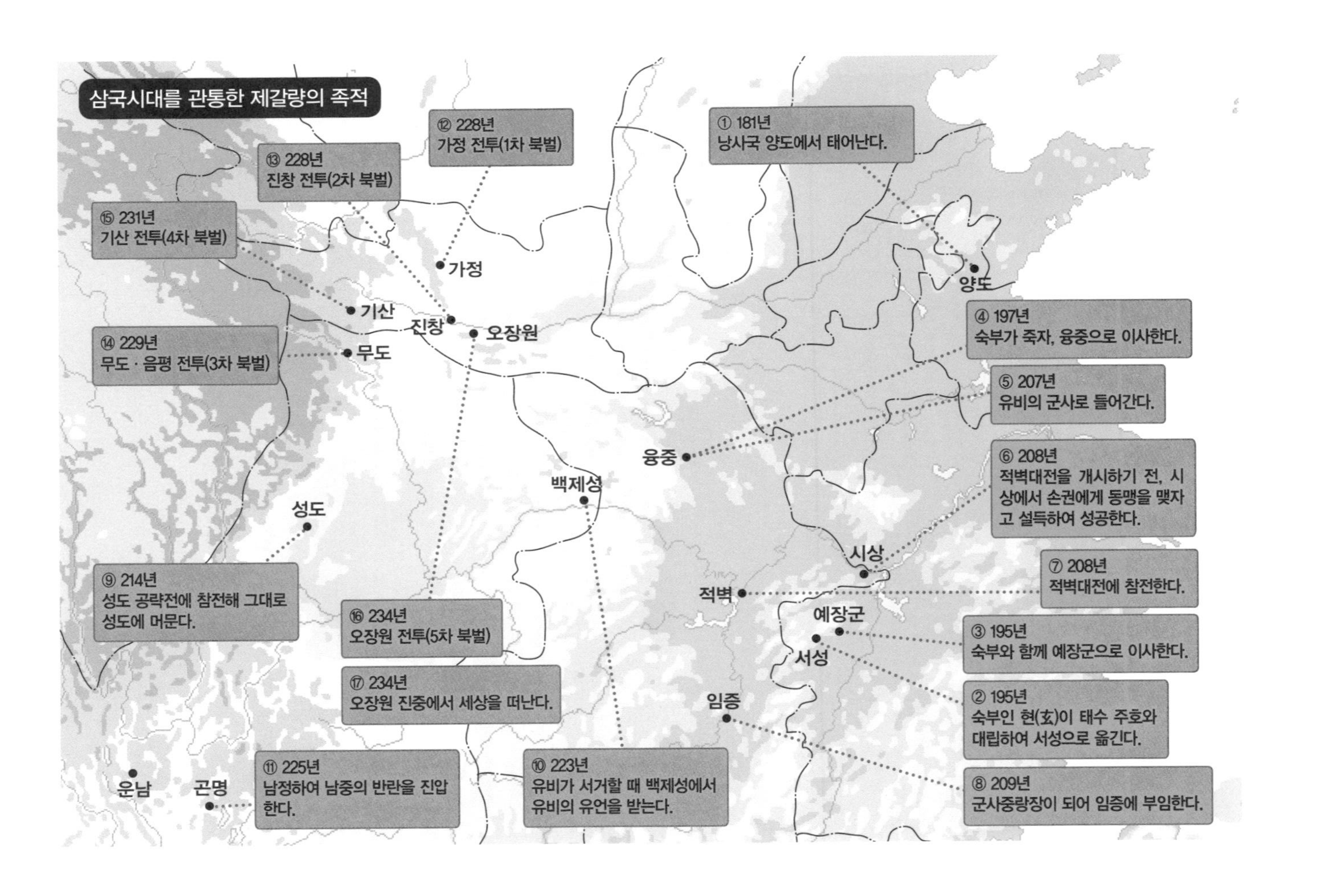

삼국시대를 관통한 제갈량의 족적
⑫ 228년 가정 전투(1차 북벌)
⑬ 228년 진창 전투(2차 북벌)
⑮ 231년 기산 전투(4차 북벌)
⑭ 229년 무도 · 음평 전투(3차 북벌)
① 181년 낭사국 양도에서 태어난다.
④ 197년 숙부가 죽자, 융중으로 이사한다.
⑤ 207년 유비의 군사로 들어간다.
⑥ 208년 적벽대전을 개시하기 전, 시상에서 손권에게 동맹을 맺자고 설득하여 성공한다.
⑦ 208년 적벽대전에 참전한다.
③ 195년 숙부와 함께 예장군으로 이사한다.
② 195년 숙부인 현(玄)이 태수 주호와 대립하여 서성으로 옮긴다.
⑧ 209년 군사중랑장이 되어 임증에 부임한다.
⑨ 214년 성도 공략전에 참전해 그대로 성도에 머문다.
⑯ 234년 오장원 전투(5차 북벌)
⑰ 234년 오장원 진중에서 세상을 떠난다.
⑪ 225년 남정하여 남중의 반란을 진압한다.
⑩ 223년 유비가 서거할 때 백제성에서 유비의 유언을 받는다.
가정
기산
진창
오장원
무도
양도
융중
백제성
성도
시상
적벽
예장군
서성
임증
운남
곤명

폐해졌다.

제갈량은 이따금 사마의를 도발했으나 사마의가 절대 응하지 않아 교착 상태가 계속되었다. 그러한 가운데 맨 먼저 바닥을 보인 것은 촉한의 군량도, 사마의의 인내도 아닌 제갈량의 수명이었다. 제갈량이 오장원 진영에서 숨을 거둔 것이다.

유비가 죽은 후 나라를 든든히 받치던 제갈량의 죽음은 촉한에 엄청난 타격이었다. 제갈량도 당연히 그것을 알고 있었다. 그래서 자신이 죽은 후에는 곧바로 오장원에서 철수하라는 유언을 남겼다. 또 자신을 대신할 후계자로는 성도를 지키던 장완을 임명했다.

오장원을 철수해야 하는 촉한군에게는 두통거리가 하나 있었다. 그것은 자군의 용장 위연이 철수를 허용하지 않으리란 것이었다. 위연이라고 하면 장비를 제치고 한중태수에 임명되는 등 유비에게 중용된 인물로, 제갈량에게도 중용되어 북벌에서 늘 선봉에 나섰다.

역시나 위연은 제갈량의 유언을 듣고서도 철저한 항전을 주장했다. 제갈량은 위연이 자신의 유언을 따르지 않을 경우, 그를 오장원에 남겨두고 철수하라는 유언까지 남겼다. 그래서 양의(楊儀)·비의(費禕)·강유(姜維)의 장수 3명은 제갈량의 유언에 따라 위연을 남겨놓고 물러나기 시작했다.

이 사실을 안 위연은 불같이 화를 내며 양의군을 앞질러 가서 그들이 오기를 기다렸다. 하지만 제갈량의 유언에 따라 대의는 양의 측에 있었다. 위연을 따르던 병사들도 전부 양의에게 복종하고, 위연은 모반한다는 의심을 사서 참수되었다. 제갈량에 이어 위연까지 잃은 촉한은 한동안 가만히 숨을 죽이고 있을 수밖에 없었다.

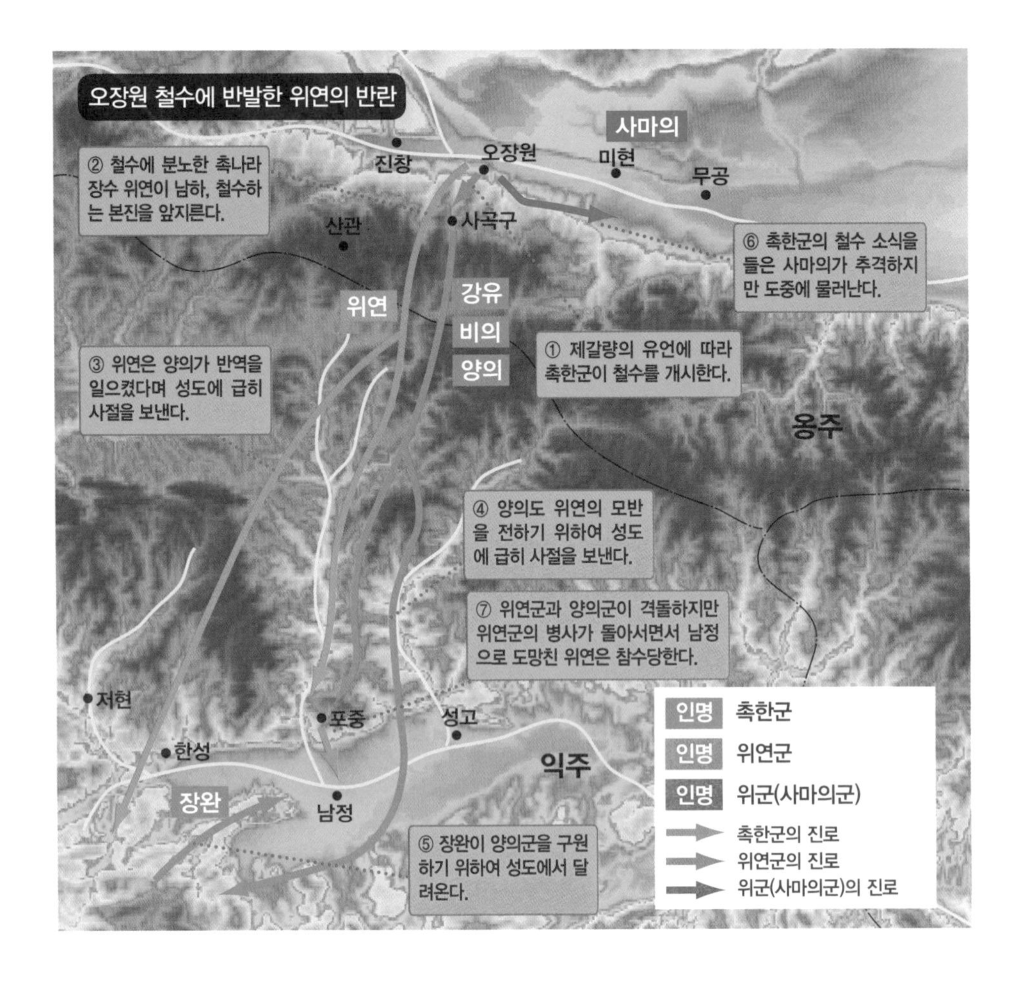

요동의 공손연이 연나라를 세웠으나 위나라에 의해 멸망

제갈량의 죽음으로 촉한으로부터의 위협이 사라지자 조예는 북방에 눈을 돌렸다. 요동에는 언젠가 정벌해야 할 공손연이 있었다.

237년, 조예는 공손연에게 위나라의 도읍 낙양에 올 것을 요청했다. 하지만 공손연은 낙양길에 나서는 대신 거꾸로 유주자사 관구검(毌丘儉)과 대치하듯 요격에 나섰다. 이에 관구검은 우북평 일대를 평정했으나, 요수의 범람에 발목이 잡혀 철수하는 수밖에 없었다.

그 후, 공손연은 연나라(燕國) 왕을 자처하고 독립을 선언했다. 후한이 멸망한 이래 위나라 · 촉한 · 오나라에 이어 4번째 국가가 탄생한 것이다.

공손연이 독립을 선언하자 조예는 촉한의 북상에 대비하여 장안에 주둔시켰던 사마의를 낙양으로 불러들였다. 제갈량과 위연이라는 명장을 잃은 촉한이 당분간은 공격하지 않으리라 예상한 것이다. 위나라는 사마의에게 4만 명의 대군을 주고 요동 정벌을 위해 출병하라고 명령했다.

사마의는 요수 근처로 가서 포진하고, 공손연도 이에 질세라 수만 명의 대군을 투입하여 요수 맞은편 강가에 견고한 방위선을 쌓았다. 사마의는 적군 남부에 군기를 늘어놓고 위장진을 쳐서 공손연군을 남부로 유인했다. 공손연의 주력군이 전부 남쪽의 위장진으로 향하자, 사마의는 주력 부대를 북부에서 불러들여 공손연의 거점인 양평으로 단숨에 진군해 들어갔다. 공손연군은 당황하여 도중에 돌아왔으나 야전에 익숙한 사마의군에게는 적수가 되지 못했다. 어떻게 손써볼 틈도 없이 철수해 양평성에서 농성에 들어갔으나, 농성전에서도 위군을 당해낼 도리가 없었던 공손연은 우금 등 역전의 맹장 앞에서 항복을 선언했다.

하지만 지금까지 오나라와 내통하나 싶으면 바로 배신하고 위나라에 귀순하는 등, 툭하면 말을 뒤집고 배신을 밥 먹듯 하는 공손연을 사마의는 물론 조예도 신용하지 않았다. 사마의가 공손연의 항복을 받아들이지 않자, 공손연은 양평성을 버리고 도망치려다 붙잡혀 참수당했다.

이렇게 해서 연나라를 멸망시킨 위나라는 요동 지역까지 손에 넣었다.

그 무렵, 촉한의 장완이 유선의 조칙(詔勅)을 받고 한중에 출진한다. 제갈

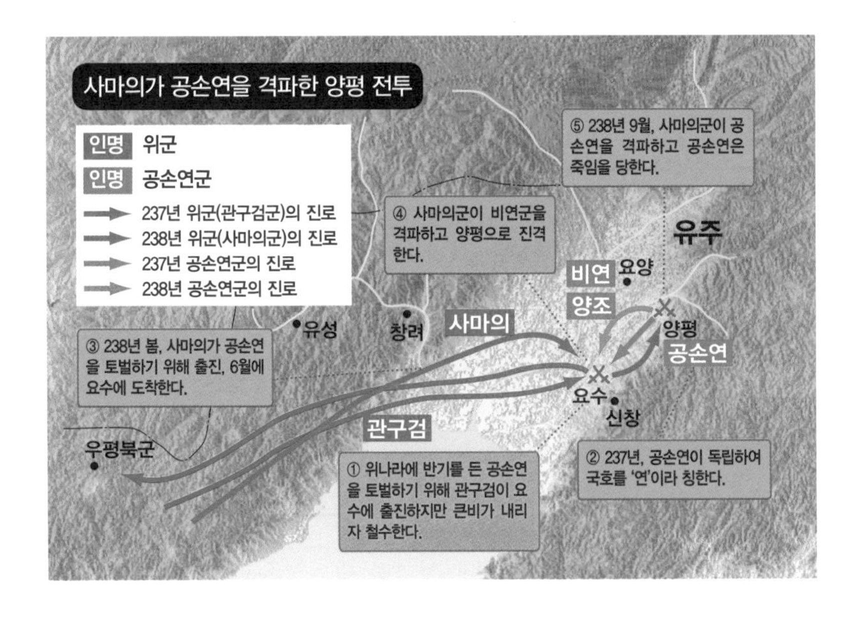

량이 죽은 후 오의와 왕평이 맡아 다스리던 한중에 정권 실세인 장완이 나선 것이다. 이를 보면 그동안 북벌을 준비해온 것이 분명했다.

손권군이 강하에 침공하지만 위나라 장수 호질이 격퇴

손권이 다시 위나라 영토에 침공했다. 주연에게 2만 명의 병사를 주고 강하를 공격하라고 명령한 것이다. 강하에서 주연을 맞아 싸운 이는 형주자사 호질(胡質)이었다. 원래 양주 출신인 호질은 선정을 베푼 공을 인정받아 형주자사에 임명된 인물로, 백성의 사랑과 존경을 받던 명행정관이었다. 호질은 주연이 성을 포위한 것에도 아랑곳하지 않고 포위망을 뚫고 나와 적진의 일부를 붕괴시키는 데 성공했다. 이에 당황한 주연군은 우왕좌왕하며 완전히 붕괴되었다.

주연은 결국 아무것도 얻지 못한 채 철수했고, 호질은 원군의 도움을 받지 않고 강하를 꿋꿋이 지켜냈다. 236년, 손권은 고구려와 친교를 맺으려고 사자를 파견했으나 고구려가 그 사자의 머리를 유주 관청에 보냄으로써 아군으로 만드는 데 실패했다.

한편, 오나라에서는 손권의 신임을 얻은 여일(呂壹)이라는 인물이 강권을 휘둘렀으나 악행이 밝혀지며 주살당했다. 이 무렵부터 강고했던 오나라의 군신 관계는 균열이 생기면서 점차 약화된다.

인물 클로즈업 사마의

- 자 : 중달(仲達)
- 생몰년 : 179~251년
- 출신지 : 사주 하내군
- 관직 : 대장군

조씨 4대를 보필한 사마의가 권력을 찬탈하다

사마의는 젊은 시절부터 총명하기로 유명하여 관도 전투 후 조조에게 발탁되었다. 이전에 사마의는 조조의 권유를 한 번은 거절했다고 한다. 후한 왕조에 대한 충성심에서였다고도 하는데, 그 나름의 처세술로 대처했다는 게 세간의 평이다.

그 후 사마의는 조조를 보필하며 위나라의 내정과 정벌 정책을 실현하기 위해 충심으로 솔선수범하게 된다. 조비가 후한 왕조를 대신하여 제위에 오를 때는 정혼(鄭渾)과 함께 선양(禪讓, 덕망있는 인물에게 제위를 물려주는 것)을 받으라며 "주나라 문왕을 뛰어넘는 도의를 보이는 것은 지나친 겸허라오"라고 간언했다.

조조, 조비, 조예, 조방 등 4대를 보필한 사마의가 조상에게 홀대받고 정권 중심에서 멀어졌을 때, 일생일대의 연기를 선보이며 조상 일파를 속인 이야기는 유명하다. 그는 10년 동안 노령과 병을 빙자해 조용히 숨죽이고 지내다 쿠데타를 일으켜서 위나라의 실권을 빼앗은 인내의 인물이었다.

인물 삼국지 열전

위연(魏延) 〈?~234〉

자는 문장(文長)이다. 익주 공략 전부터 유비를 섬기며 촉한의 기틀 마련에 힘썼다. 유비에게 두터운 신임을 받아서, 유비가 한중왕이 되자 한중태수로 발탁되었다. 유비가 죽은 후 제갈량이 북벌에 나서자, 서쪽으로 돌아가지 말고 가장 빠르게 도달할 수 있는 길로 출격하자고 여러 번 진언했으나 받아들여지지 않았다. 이에 "제갈량이 겁쟁이라 능력을 발휘할 수 없다"라고 떠들고 다녀 제갈량과의 관계가 악화되었고, 차츰 촉한 내에서도 고립되었다. 제갈량이 죽은 후 모반의 누명을 쓰고 죽임을 당한다.

비의(費禕) 〈?~253〉

자는 문위(文偉)이고, 유학 중이던 촉나라에서 유비를 알게 되면서 유비를 섬겼다. 제갈량에게도 두터운 신임을 받았고, 오나라의 손권, 위나라의 사마의도 그를 높이 평가했다. 막대한 양의 정무를 처리하면서 여유를 잃지 않았다. 이를 보고 친구 동윤이 따라 해보았으나 일에 차질이 생기자 "인간의 능력이 이토록 차이가 난단 말이냐!"라고 감탄했다고 한다. 장완이 세상을 떠난 후 촉한을 든든히 떠받쳤으나, 연회 자리에서 위나라에서 귀순해 온 장수에게 암살되었다.

양의(楊儀) 〈?~235〉

자는 위공(威公)이고, 형주 양양(襄陽)군 사람이다. 처음에는 조조의 휘하에 있었으나, 208년에 조조가 형주 북부를 손에 넣자 양양태수 관우의 휘하로 들어갔다. 221년, 유비가 오나라에 침공했을 때 상서령 유파(劉巴)와의 불화로 좌천되기도 했다.

이후 유비가 죽고 제갈량에게 재신임을 받고 남중 정벌전에 동행했다. 제갈량이 북벌에 나섰을 때는 병참을 담당했다. 제갈량이 죽은 후, 장완에게 후계자 자리를 빼앗기고 질투하다 중상모략을 받고 체포된다.

관구검(毌丘儉) 〈?~255〉

무구검(毋丘儉)이라고 하는 설도 있다. 자는 중공(仲恭)이다. 위나라의 무장이며, 조예와는 예전부터 아는 사이로 후한 대우를 받았다. 사마의의 지휘하에서 요동의 공손연을 공격하여 무훈을 세우고 고구려 정벌에도 성공했다. 사마의가 죽은 후, 친하게 지내던 하후현과 이풍마저 주살되자 사마사의 전횡을 더는 묵과하지 못하고 문흠과 함께 반란을 일으킨다. 대규모 모반으로 발전했으나 한 달여 후 진압되어 도망 중에 죽임을 당했다.

호질(胡質) 〈?~250〉

자는 문덕(文德)이라 하고, 초국(楚國) 수춘(壽春)현 출신이다. 회수 부근에서는 장제(蔣濟) · 주적(朱績)과 함께 명성이 높아서 조조에게 발탁되었다. 돈구령(頓丘令)에 임명된 후 양주의 치중종사(治中從事)가 되었다가 조비가 제위에 오른 후에는 동완태수(東莞太守)가 되었다. 241년, 주연이 번성을 포위하자 호질은 장수들의 진언을 물리치고 "번성은 토지가 낮고 병사도 적소. 구원하러 가지 않으면 위험하오"라며 번성으로 달려갔다고 한다.

만총(滿寵) 〈?~204〉

자는 백녕(伯寧)이고, 산양(山陽) 창읍(昌邑) 사람이다. 조조가 연주에 왔을 때 불려가 종사(從事)가 되고, 여남태수까지 올랐다. 관우가 양양을 포위하자, 성을 버리고 퇴각하려는 조인을 설득해 관우를 물리치고 번성을 지키는 수훈을 세우기도 했다.

233년에는 오나라가 세 갈래로 나뉘어 위나라를 침공했을 때, 손권이 이끄는 주력군의 맹렬한 공격으로부터 합비신성을 지켜냈다. 그리고 손권군이 방심한 틈을 타 화공을 사용해 공성 무기를 불태우는 등 대승을 거두었다. 결국 전의를 상실한 손권이 합비신성의 포위를 풀면서 전군에게 철수 명령을 내린다.

239~243
위나라와 오나라에서
치열한 권력 투쟁 개시

239년경 삼국 세력도
양주
241년 촉한의 상용군 출병 포기
촉한이 위나라를 정벌하기 위해 상용군으로 출병 계획을 세우지만 대사마 장완이 쓰러지자 포기한다.
촉한
240년 월수의 반란
월수의 이민족이 다시 촉한에 반기를 들지만, 촉한군이 토벌하여 월수군 지배권을 회복한다.
익주
242년 주애 · 담이 공략
손권이 육개를 담이태수로 임명해, 오나라에 반대한 주애 · 담이(현재의 해남도) 지역을 공략하게 한다.

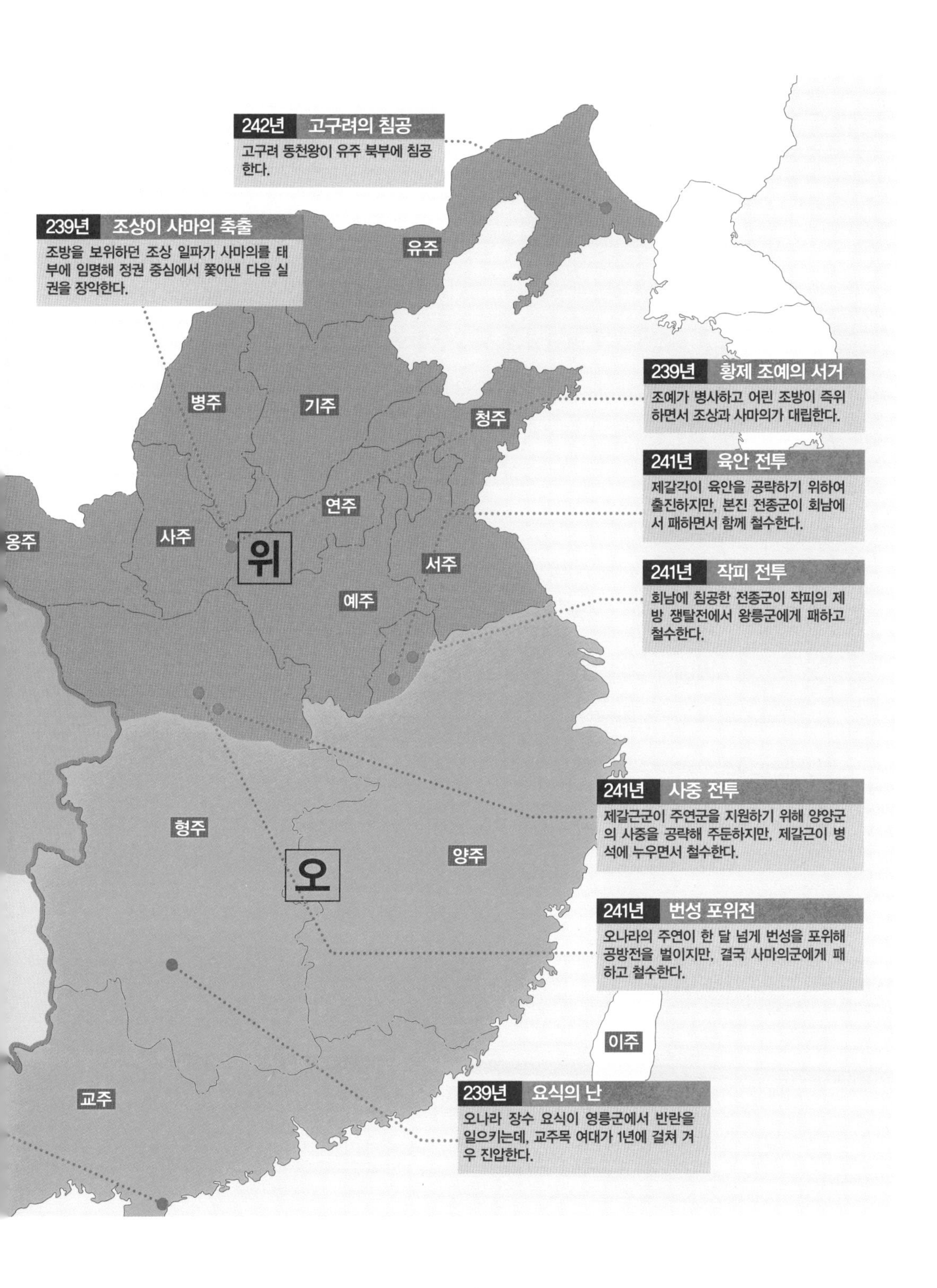
242년 고구려의 침공
고구려 동천왕이 유주 북부에 침공한다.
239년 조상이 사마의 축출
조방을 보위하던 조상 일파가 사마의를 태부에 임명해 정권 중심에서 쫓아낸 다음 실권을 장악한다.
유주
239년 황제 조예의 서거
조예가 병사하고 어린 조방이 즉위하면서 조상과 사마의가 대립한다.
병주
기주
청주
241년 육안 전투
제갈각이 육안을 공략하기 위하여 출진하지만, 본진 전종군이 회남에서 패하면서 함께 철수한다.
연주
옹주
사주
위
서주
241년 작피 전투
회남에 침공한 전종군이 작피의 제방 쟁탈전에서 왕릉군에게 패하고 철수한다.
예주
241년 사중 전투
제갈근군이 주연군을 지원하기 위해 양양군의 사중을 공략해 주둔하지만, 제갈근이 병석에 누우면서 철수한다.
형주
양주
오
241년 번성 포위전
오나라의 주연이 한 달 넘게 번성을 포위해 공방전을 벌이지만, 결국 사마의군에게 패하고 철수한다.
이주
239년 요식의 난
오나라 장수 요식이 영릉군에서 반란을 일으키는데, 교주목 여대가 1년에 걸쳐 겨우 진압한다.
교주

조예가 죽고 어린 조방이 뒤를 잇자 사마의와 조상이 권력 투쟁

239년 1월, 위나라의 2대 황제 조예가 병으로 세상을 떠난다.

조조를 초대 황제로 보면 3대째가 되는 조예는 약 13년 동안 황제의 자리에 있었다. 전반 10년 정도는 촉한과 오나라와의 전투로 분주하게 보냈으나, 양국의 침공을 잘 막아서 위나라를 태평성대로 이끌었다. 후반에 들어서면 새로운 궁전을 짓는 등 세금을 낭비하여 위나라의 국력을 쇠퇴하게 만들었다는 지적이 있지만, 이는 황제의 위신을 높이고 국력을 결집하려고 그랬다는 견해도 있다.

역사서 《삼국지》의 편자 진수는 조예를 "침착하고 결단력이 풍부하며 군주로서 뛰어난 기개를 지녔다"라고 평가한다. 반면 "선조의 사업을 이어받아 대업의 기초를 다지지 않고, 궁전 축조에 매달린 것은 장기적인 전망을 생각할 때 치명적인 과오다"라고 썼다.

조예의 뒤를 이어 황제에 오른 조방(曹芳)은 나이가 고작 여덟 살이었다. 그래서 중신 사마의와 조상(曹爽, 위나라의 창업 공신으로 촉한의 북벌을 막은 조진의 아들)이 공동으로 어린 황제를 보좌하게 되었다.

하지만 나이 어린 군주 밑에서 왕실과 중신 사이에 권력 투쟁이 벌어지는 것은 흔한 일이다. 위나라도 그 예에서 벗어나지 않아서, 물밑에서 치열한 권력 투쟁이 벌어졌다.

후견인인 조상은 조씨 일족이며(이설 있음), 아버지 조진은 초대 황제 조비와 친형제처럼 자란 인물이다. 당연히 황실과는 사마씨 못지않게 관계가 깊었다. 그러다 보니 조상은 차츰 사마의를 달가워하지 않게 되었다. 하지만 조조에게 발탁된 이후 조비 · 조예 2대에 중용되어, 맹달의 반란을 진압하고 촉한의 북벌을 막는 등 위나라 창업의 일등공신이라 할 사마의의 공적에는 토를 달 수가 없었다.

그래서 조상은 사마의를 태부(太傅)의 자리에 앉혔다. 태부는 황제를 선도하는 자리로 최고 벼슬 중 하나였으나 실권은 없었다. 이렇게 해서 사마의를 정권의 핵심에서 몰아낸 조상은 심복 하안(何晏, 하진의 손자)·정밀(丁謐)·하후현(夏侯玄) 등과 함께 정권을 장악했다.

오나라 내부에서 반란을 일으킨 요식이 교주 일대를 장악하다

한편 오나라에서는 남쪽에 사는 이민족의 반란이 끊이질 않았다. 이에 손권은 장비(張秘)에게 군사를 내주고 진압하라고 명령했다.

그런데 반란을 토벌하기 위해 진군하던 도중에 장비 휘하에 있던 요식(廖式)이 모반을 일으킨다. 요식은 장비 휘하에 있었으나 도독(都督, 사령관 같은 입장)이라는 직책으로 전투에 참여해, 그 나름대로 군사력을 보유한 인물이었다.

자신의 세력을 키운 요식은 임하태수(臨賀太守) 엄강(嚴綱) 등을 살해하고, 아우 요잠(廖潛)과 함께 계양군과 영릉군에 쳐들어갔다. 요식·요잠 형제는 그대로 남하하여 교주에 들어가 창오(蒼梧)·울림(鬱林)까지 내려가는 등 오나라 조정에 반란하겠다는 태도를 명확히 보여주었다. 이에 영릉군·창오군·울림군 등 동요하는 지역에서 요식군에 참가하는 병사가 상당수 나타나고, 남쪽의 이민족들도 호응하면서 요식의 반란은 대규모로 발전했다.

그러자 무창에 있던 여대가 손권에게 상소를 올리고는 요식을 토벌하기

위하여 거병했다. 그리고 교주를 향해 밤낮을 가리지 않고 진군했다. 이때 여대는 80세 가까운 고령이었다고 한다.

손권은 여대를 교주목에 임명하고, 반란군을 토벌할 수 있는 군권을 부여했다. 동시에 당자(唐咨)에게 병사를 내주고 원군으로 보내 반란을 진압했다. 하지만 반란군의 기세가 맹렬하여 진압에 1년 이상 소요되는 동안 오나라는 큰 손해를 입게 된다.

이 무렵, 오나라에서는 도적 동사(董嗣)가 예장군과 단양군에서 약탈을 일삼자 오찬(吳粲) · 당자가 토벌에 나섰으나 몇 개월이 지나도 토벌하지 못했다. 그래서 파양태수 주방이 계략을 써서 동사를 살해하고 나서야 겨우 진압한다.

또 주애(珠崖) · 담이(儋耳, 현재의 해남도) 지역에는 오나라 정권에 반대하는 사람들이 있어, 242년에 손권은 육개(陸凱)를 담이태수로 임명하고 원정을 보내 주애 · 담이를 공략한다.

조예의 급사로 혼란스러운 위나라에 손권이 대대적인 침공

요식의 반란을 진압한 손권은 241년에 나이 어린 황제를 둘러싼 중신 간의 분쟁이 계속되는 위나라로 침공을 개시한다.

위장군(衛將軍) 전종은 수만 명의 병력을 이끌고 회남 방면으로 진군해 작피(芍陂)의 제방을 무너뜨리는 등 맹렬하게 공세를 펼쳤다. 그와 동시에 위북장군(威北將軍) 제갈각(諸葛恪)이 육안(六安)을 공격하고, 거기장군(車騎將軍) 주연은 번성으로 진군하여 번성을 포위했다. 대장군 제갈근은 양양 방면의 사중(柤中) 공략에 나섰다.

오나라의 대공세에 조상은 결과적으로는 군사에 경험이 많은 사마의에게 의지할 수밖에 없었다. 사마의는 가장 까다로워 보이는 전종군에게 왕릉(王淩)이 지휘하는 정예군을 차출하여 보내고, 자신은 번성을 단단히 포위한 주연군과 대치하기 위하여 번성으로 향했다.

작피에서는 위나라의 양주자사 손례(孫禮)가 열세에 몰리면서도 전선을 유지했다. 그리고 왕릉군과 합류하자 곧바로 반격에 나서 제방 쟁탈전이 벌

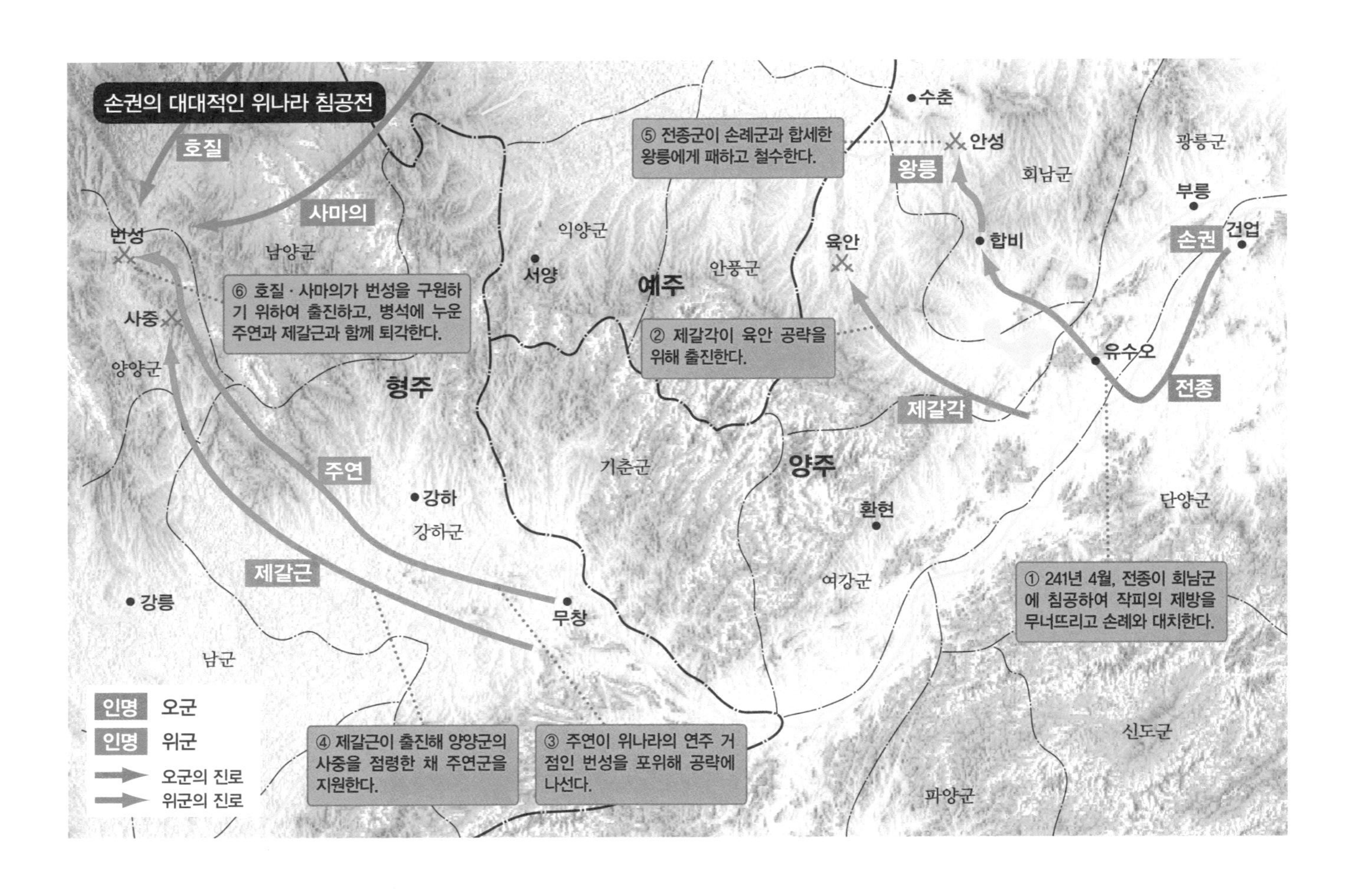

손권의 대대적인 위나라 침공전
① 241년 4월, 전종이 회남군에 침공하여 작피의 제방을 무너뜨리고 손례와 대치한다.
② 제갈각이 육안 공략을 위해 출진한다.
③ 주연이 위나라의 연주 거점인 번성을 포위해 공략에 나선다.
④ 제갈근이 출진해 양양군의 사중을 점령한 채 주연군을 지원한다.
⑤ 전종군이 손례군과 합세한 왕릉에게 패하고 철수한다.
⑥ 호질·사마의가 번성을 구원하기 위하여 출진하고, 병석에 누운 주연과 제갈근과 함께 퇴각한다.
호질
사마의
주연
제갈근
제갈각
왕릉
손권
전종
번성
사중
양양군
남양군
형주
강하
강하군
강릉
남군
무창
익양군
서양
예주
안풍군
육안
수춘
안성
회남군
합비
광릉군
부릉
건업
유수오
기춘군
양주
환현
여강군
단양군
신도군
파양군
인명 오군
인명 위군
오군의 진로
위군의 진로

어졌다. 수일에 걸친 전투에서 전종군이 패배하여 철군하고, 그와 함께 육안을 공격하던 제갈각군도 철수했다.

형주의 번성을 포위한 주연은 위나라의 형주자사 호질을 상대로 포위를 계속했다. 정권의 핵심에서 멀어진 사마의가 자청하여 출진해 원군을 끌고 달려간 후에도, 주연군은 포위를 풀지 않아 양군은 일진일퇴의 공방을 계속했다.

하지만 한 달 넘게 포위전이 계속된 가운데, 후방을 지원하기 위하여 사중에 주둔하던 제갈근이 병으로 자리에 눕자 사중에 주둔하던 군대 내부에서 동요가 일기 시작했다. 나아가 건업에서는 황태자 손등(孫登)이 33세의 젊은 나이로 세상을 뜨는 대사건이 일어났다.

상황이 이쯤 되자 손권은 전군에게 철수 명령을 내린다. 손권은 아무런 성과도 올리지 못한 채, 진군한 지 2개월 만에 위나라 침공을 포기했다.

오나라의 황태자 손등이 죽자 치열한 후계자 다툼이 시작

이번 오나라의 위나라 침공전은 지금까지 있었던 전투의 연장선상에 있었지만, 전후의 논공행상으로 오군 내부에 알력이 일어났다는 점에서 오나라에는 결과적으로 큰 후유증을 남긴다. 전종군에 속하여 위군의 맹공을 잘 막은 고승(顧承)과 장휴(張休)의 전공이 크게 평가받은 반면, 그들과 똑같이 분전했음에도 낮은 평가를 받은 전종군의 전단(全端)과 전서(全緖)가 불만을 갖게 되었기 때문이다.

나아가 황태자 손등이 죽음으로써 조정 내부에서도 손권의 후계자 싸움이 치열하게 벌어졌다. 손등의 유언에 따라 손권의 둘째 아들인 손화(孫和)가 새로 황태자가 되었으나, 242년에 손권은 넷째 아들 손패(孫覇)를 노왕(魯王)에 봉하고 손화와 동등하게 대우하게 했다. 하지만 서자인 손패가 아버지 손권의 신임을 받으면서 중신들 사이에 황태자가 손패로 바뀔지도 모른다는 억측을 불러왔고, 이는 머지않아 오나라를 둘로 나누어 쇠퇴시키는 큰 분쟁으로 발전한다.

새 북벌을 계획한 장완이 사임하고, 비의가 대장군에 취임

한편 촉한은 제갈량이 죽은 후 내정의 안정과 조직 정비가 중요한 과제였다. 제갈량을 대신하여 촉한의 정세를 수습한 이는 그 무렵 대사마로 승진한 장완이었다. 장완은 비의, 동윤, 강유의 지지를 받으며 혼란스러운 국기를 바로잡는 데 많은 노력을 기울였다.

241년, 촉한은 오나라의 위나라 침공에 호응하듯이 움직였다. 위나라를 침공하기 위해 한수·면수를 따라 내려와 상용으로 수군을 움직이기 위한 전략이었다. 제갈량과는 다르게 형주 방면에서 북상함으로써 제갈량이 못다 이룬 북벌의 꿈을 다시 이루려 한 것이다.

하지만 이 전략은 좀체 실행되지 못했다. 이 전략을 세운 장완이 지병을 앓고 있었기 때문이다. 게다가 촉한 조정 내에서도 전략 자체에 대하여 의문을 가진 사람이 많았다. 먼저 수군을 움직일 경우 진군과 철수가 쉽지 않고, 혹시 적의 공격에 배를 잃으면 고립될 위험성이 높았다. 그리고 사서에는 기록되어 있지 않지만, 한수에서 형주로 나오려면 험난한 육로를 통과해야 해서 이전까지의 북벌과 크게 다르지 않았다. 더구나 형주를 경유하여 북벌하게 되면 오나라의 협력이 꼭 필요한데 이에 대한 전망도 불투명했다.

이렇게 해서 형주 경유의 북벌은 계획만 세운 채로 계속 미뤄지다 최종적으로는 황제 유선의 명령으로 그 뜻을 이루지 못했다. 243년에는 병이 악화된 장완이 대장군을 사임하고, 그 대신 비의가 대장군에 취임했다. 사실상 촉한의 정권 담당자가 교체된 것이다.

인물 클로즈업 손권

- 자 : 중모(仲謀)
- 생몰년 : 182~252년
- 출신지 : 오군 부춘현
- 관직 : 오나라의 초대 황제

삼국의 하나인 오나라를 건국한 강동의 영웅

아버지 손견이 세상을 떠난 후 형 손책이 뒤를 이었으나, 손책이 20대의 젊은 나이에 죽자 유언에 따라 손권이 뒤를 이었다. 주유와 노숙, 장소 같은 빼어난 장수와 중신들의 보필을 받은 손권은 강동을 거점으로 세력을 확대했다. 208년에 하북을 통일한 조조가 형주에 침공하여 강릉에 도달하자, 손권 진영에서는 조조에게 항복하자는 의견이 우세했다. 하지만 손권은 주유와 노숙 등의 주전론을 받아들이며 조조와 일대 결전을 벌이기로 한다.

그리고 형주에 있던 유비와 손을 잡고 조조군을 무찔렀다(적벽대전). 적벽대전에서의 승리가 그 후 전란 시대를 주도한 삼국정립의 형세를 결정지었다고 할 수 있다. 전후 처리 과정에서 유비에게 형주를 빼앗겼으나 훗날 탈환했고, 222년의 이릉 전투에서는 유비군에게 대승을 거두며 위나라에 대적할 수 있는 세력이 되었다.

조조와 유비보다 한 세대나 젊은 손권은 두 사람보다 오래 살았다. 하지만 만년에 후계자 문제를 잘못 처리하면서 내부 분란이 일어나 오나라의 국력을 쇠퇴시켰다.

인물 삼국지 열전

장완(蔣琬) 〈?~246년〉

자는 공염(公琰)이고, 영릉군(零陵郡) 상향현(湘鄉縣) 출신으로 대사마를 역임했다. 익주를 침공하기 전부터 유비를 섬기며 정치적 재능을 일찍부터 인정받았다. 그래서 제갈량이 승상에 취임한 후에는 조정에 발탁되어 동조연(東曹掾, 인사를 담당하는 관직)에 임명되었다.

유비가 죽은 후에도 제갈량에게 절대적인 신뢰를 받아서, 제갈량이 북벌에 나설 때마다 조정에 남아 후방 지원을 맡으며 그의 빈자리를 지켰다.

제갈량이 죽은 후, 유언에 따라 후사를 맡은 장완은 탁월한 정치 수완으로 불안정했던 촉한의 정세를 안정시키고 재건의 발판을 다졌다. 제갈량을 잃고 동요하던 백성들도 나라의 위기에도 조금도 흔들림 없이 태연자약하게 행동하는 장완을 보고 차츰 마음으로 따랐다고 한다.

주변에서 "전임자(=제갈량)만 못하다"라고 비방해도, "전임자만 못하지"라며 대수롭지 않게 넘기는 등 넓은 도량의 소유자였다.

조상(曹爽) 〈?~249〉

자는 소백(昭伯)이라고 하며, 대사마 조진의 아들이다. 황족의 일원으로 중요한 지위를 차지했고, 조예가 황제에 오르자 무위장군(武威將軍)으로 조예의 측근이 되었다.

조예가 죽은 후에는 그의 유언에 따라 사마의과 함께 황제 조방을 보좌했다. 조정을 맡은 조상은 조예가 멀리하던 하안 등 겉만 화려하고 실속 없는 무리를 중용해 주위의 신뢰를 잃는다. 그리고 경쟁자인 사마의를 실권에서 배제하는데, 249년에 발생한 사마의의 돌연한 쿠데타로 처형당한다.

하후현(夏候玄) 〈209~254〉

자는 태초(太初)라 하고, 정남대장군(征南大將軍) 하후상의 아들이다. 어린 시절부터 총명하기로 유명했다. 조예가 죽은 후 실권을 잡은 조상 정권하에서 산기상시 · 중호군에 올랐으나, 조상이 살해된 후 사마씨의 미움을 사서 병권을 빼앗긴다. 254년에 중서령 이풍이 황제 조방과 모의하여 하후현을 대장군으로 추대하고 사마사를 추방하려고 획책했다. 하지만 이 모의가 사전에 발각되며 이풍과 함께 처형당했다.

하안(何晏) 〈190~249〉

자는 평숙(平叔)이고, 형주 남양(南陽) 완현(宛縣) 사람이다. 환관 쿠데타로 쓰러진 후한의 대장군 하진의 손자다. 그의 어머니가 조조의 측실이 되면서 조조의 슬하에서 자랐다. 조비의 홀대로 관직에 오르지 못하다가, 조예 대에 이르러서야 겨우 관직에 올랐다. 그 후 실권을 잡은 조상에게 발탁되어 조상의 측근으로 시중 · 상서로 승진했으나, 249년에 사마의가 쿠데타를 일으켰을 때 조상과 함께 살해되었다.

제갈각(諸葛恪) 〈203~253〉

자는 원손(元遜)이고, 오나라의 대장군 제갈근의 아들이다. 젊은 시절부터 재기가 넘쳐 손권에게 총애를 받았다. 어느 날 "네 아버지와 숙부(제갈량) 중 누가 더 뛰어난가?"라고 손권이 묻자, "아버지입니다. 섬겨야 할 주군을 알아보았으니까요"라고 즉석에서 대답하여 손권을 기쁘게 했다.

다만 아버지 제갈근이 "집안을 빛내는 것도 아들, 그리고 집안을 망치는 것도 아들이다"라고 말했는데, 정말로 그렇게 되었다.

244~248
삼국의 세대교체를 틈탄
내분과 이민족 반란

244년경 삼국 세력도
248년 영거 전투
곽회 · 하후패군이 영거 전투에서 만족의 반란을 진압한다.
247년 하관 전투
곽회가 하관 · 백토의 옛 고성에 주둔한 아차새를 격파한다.
247년 강족의 반란
옹주 서부에서 강족이 반란을 일으키고 촉한이 호응하지만 위군이 진압한다.
244년 흥세산 전투
조상이 한중에 침공하지만 흥세산(興勢山)에서 촉한군이 가로막아 대패한 뒤 철수한다.
247년 문산군 만족의 반란
문산군의 염방이라고 불리는 만족이 반란을 일으키자 강유가 진압한다.
248년 부릉 속국의 반란
부릉 속국의 이민족이 반란을 일으키고 등지가 진압한다.
248년 교지 · 구진의 반란
교지 · 구진에서 이민족이 반란을 일으키지만 오나라의 육윤이 평정한다.
양주
촉한
익주

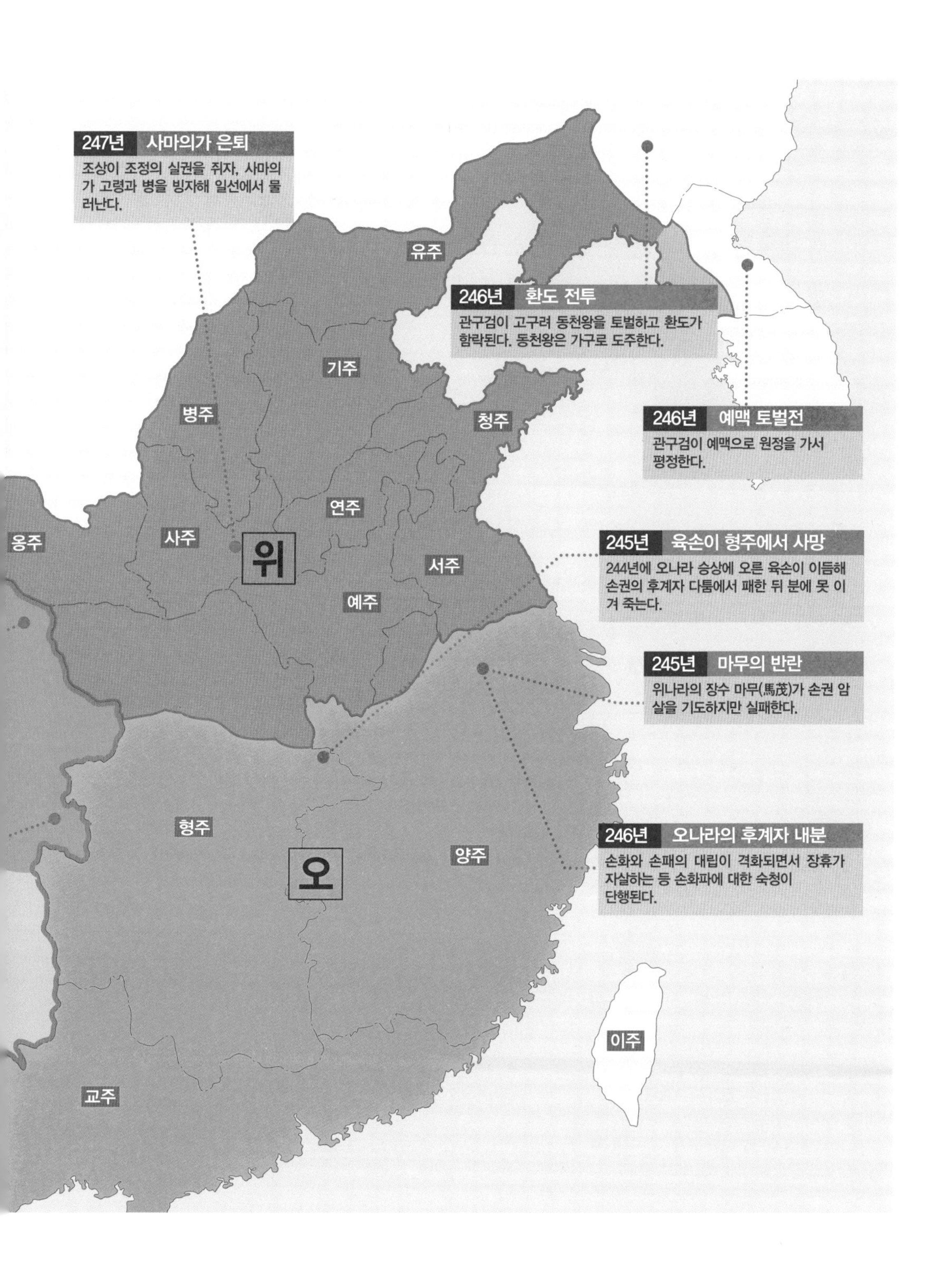
247년 사마의가 은퇴
조상이 조정의 실권을 쥐자, 사마의가 고령과 병을 빙자해 일선에서 물러난다.
246년 환도 전투
관구검이 고구려 동천왕을 토벌하고 환도가 함락된다. 동천왕은 가구로 도주한다.
246년 예맥 토벌전
관구검이 예맥으로 원정을 가서 평정한다.
245년 육손이 형주에서 사망
244년에 오나라 승상에 오른 육손이 이듬해 손권의 후계자 다툼에서 패한 뒤 분에 못 이겨 죽는다.
245년 마무의 반란
위나라의 장수 마무(馬茂)가 손권 암살을 기도하지만 실패한다.
246년 오나라의 후계자 내분
손화와 손패의 대립이 격화되면서 장휴가 자살하는 등 손화파에 대한 숙청이 단행된다.
유주
기주
병주
청주
연주
옹주
사주
위
서주
예주
형주
오
양주
이주
교주

조상은 대군을 이끌고 촉한의 한중에 침공했다가 대실패

244년 봄, 위나라의 조상이 사마의의 반대를 무릅쓰고 직접 7만 명의 대군을 이끌고 촉한의 영토인 한중으로 진군을 개시한다. 일설에 따르면, 군사가 10만 명에 달하는 대규모 토벌전이었다. 조상은 이 전투에 이민족 강족과 저족까지 동원했다.

촉한은 장완이 주력 부대를 한중에서 부(涪)로 옮긴 직후였으나, 한중을 지키던 왕평군 3만 명의 투입과 함께 국정을 맡은 지 얼마 안 된 대장군 비의가 달려가 방어전에 힘썼다.

이 촉나라 공략에 관하여, 사마의는 한중으로 가는 좁고 험한 길이 촉한의 세력하에 있어 전투에서 승리하기 어려운 데다, 퇴로를 차단당하기라도 하면 전군이 괴멸할 수 있다고 우려했다. 그래서였을까? 상대편 장수 비의는 조상의 대군을 앞두고 광록대부(光祿大夫) 내민(來敏)과 바둑 대국을 둘 여유까지 보였다고 한다.

한중 정벌에 실패한 조상은 사마의와의 대립이 심화

사마의의 예상대로 골짜기를 따라 나 있는 좁고 험한 길이 비의군에게 가로막히고, 산의 삼면에서 공격받아 퇴로를 차단당한 조상군은 한중을 지키는 촉한군의 완강한 수비를 뚫지 못해 한중에 들어가지도 못하고 철수한다. 그리고 철수하는 동안 촉한군의 추격을 받아 큰 피해를 입는다. 지금까지 전쟁터에서 지휘해본 경험이 없던 조상은 수많은 병사와 인력을 동

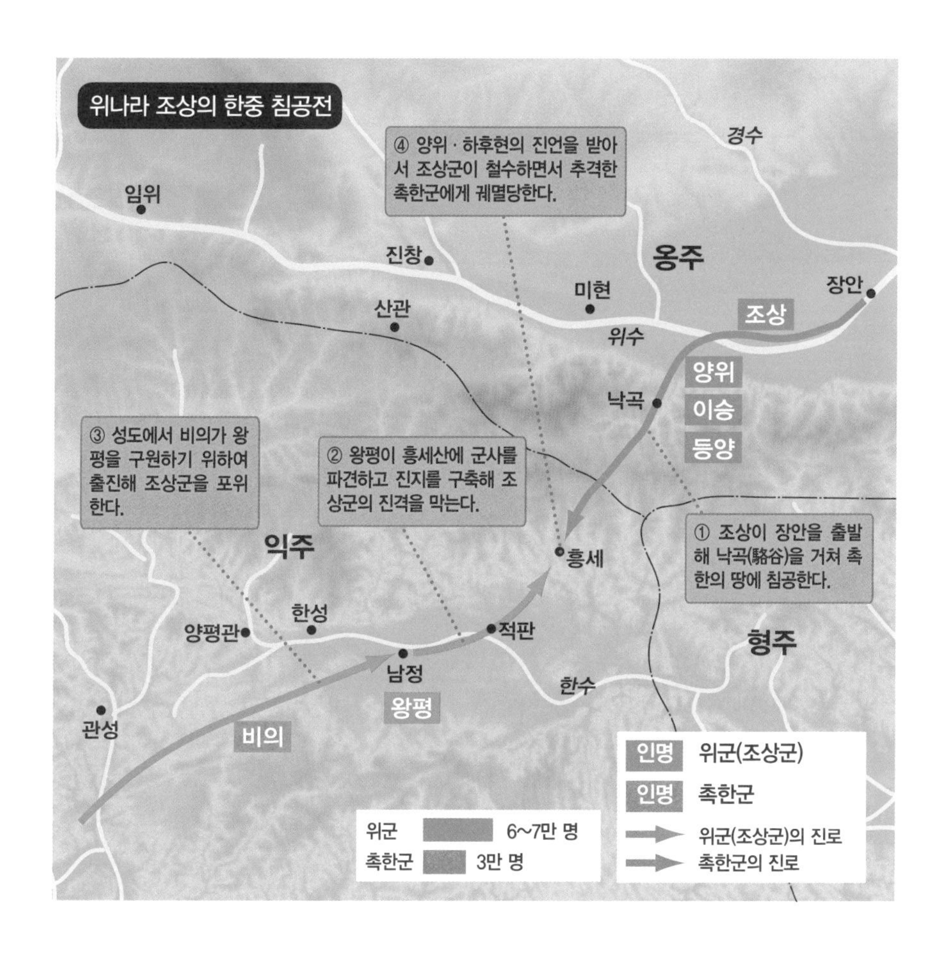

원했으나 물자 수송이 원활하지 못하여 퇴각하는 수밖에 없었다.

조상이 한중에 침공한 것은 사마의의 공적에 버금가는 무훈을 세우기 위해서였다. 하지만 위군에게 큰 손해를 입혔을 뿐만 아니라, 관중 방면을 초토화해 강족을 비롯한 이민족과 백성에게 원망과 한탄만을 남기는 등 대실패로 끝났다. 나아가 출병에 반대하던 사마의와의 대립도 이후 더욱 심각해졌다.

사마의가 고령을 빙자해 물러나고, 조상이 권력을 손에 쥐다

조상과 사마의는 대립은 했으나 이를 표면화하여 일을 복잡하게 만들지는 않았다. 그러던 와중에 247년 5월, 사마의는 아내를 잃은 후 고령과 병을 이유로 정치 · 군사의 일선에서 물러나 자택에 은거한다. 사마의를 눈엣가시로 여기던 조상에게는 다행스러운 일이었으나, 그렇다고 사마의에 대한 경계심을 풀지는 않았다.

이듬해, 조상파의 무장 이승(李勝)이 형주자사로 부임하게 되었을 때, 인사와 정찰을 겸하여 사마의를 찾아갔다. 사마의는 두 팔을 시녀에게 의지한 채 이승을 맞았는데, 이승이 "형주로 부임합니다"라고 하자 사마의는 형주를 병주로 착각한 듯이 대답했다. 이승이 정정해줘도 자꾸만 틀리게 말했다.

궁정에 돌아간 이승은 조상에게 "사마의는 망령이 들었사옵니다"라고 보고했다. 이 일로 조상은 사마의에 대한 경계심을 완전히 풀었다. 하지만 이것은 조상의 방심을 노린 사마의의 책략이었다. 사마의의 조상 타도 계획은 착착 진행되고 있었다.

손권의 후계자 투쟁이 격화되고 육손 등 중신들이 잇달아 사망

위나라에서 조상과 사마의가 대립하던 무렵, 오나라에서는 손권의 후계자를 둘러싸고 손화파와 손패파가 대립했다. 241년에 태자 손등이 갑작스럽게 세상을 떠난 것이 불화의 씨앗이었다. 손화와 손패의 대립이 시작된 원인의 하나를 꼽으라면, 손권이 손화를 태자로 정해놓고도 손패를 노왕에 봉하는 등 둘을 차이 나지 않게 대우한 것이다. 이로 인해 중신과 측근들까지도 둘도 나뉘고 말았다.

또한 손화의 어머니인 왕부인이 손권의 딸 전(全)공주와 사이가 나빠서, 전공주가 손패를 지지했던 것도 두 사람의 대립에 기름을 부은 격이었다. 이 분쟁은 각지의 장수들까지 휘말리는 큰 소동으로 발전하며 오나라는 크게 동요했다.

손권의 가계도

후한 3현의 승(丞). 반동탁 진영에 가담한다.

손견

손정 孫靜

오나라를 건국하여 삼국시대 주역이 된다.

원소에게서 독립하여 회계에 기반을 구축하고 오나라 건국의 기초를 다진다.

책 策

권 權 ①

고 暠

256년 세상을 뜨다.

공 恭

작 綽

241년에 급사.

살해

후견

준 峻

③ ② 대립

등 登 화 和 패 霸 분 奮 휴 休 량 亮 침 綝

대립 대립

손화파 · 손패파로 나뉘어 군신이 대립.

살해

휴(休)가 량(亮)을 살해?

④

호 皓 겸 謙 준 俊

진나라에 항복하며 오나라 멸망.

살해

살해

※ 숫자는 즉위순

손화를 지지한 세력은 244년에 승상에 갓 취임한 육손을 비롯하여 제갈각(제갈근의 아들), 고담(顧譚, 고옹의 손자), 장휴(장소의 아들), 시적(施積) 등이 있었고, 손패파에는 보즐, 전종, 여대, 손홍(孫弘), 양축(楊竺) 등이 있었다. 당시 오나라 유력 가신이 정확히 둘로 나뉜 것이다.

형주에 주둔하던 육손은 건업에 가서 손권을 설득하려 했으나, 손권이 양축의 거짓 모략을 믿고 육손의 말을 들으려 하지 않았다. 그뿐만 아니라 손권은 육손을 문책하기 위하여 몇 번이나 사자를 보냈다고 한다. 손패파의 중상모략은 계속되어 장휴가 자살하고 고담은 귀양을 가는 등, 손화파에 대한 대대적인 숙청이 이루어졌다.

그리고 245년 2월, 육손이 세상을 떠났다. 분에 못 이겨 죽었다고 전해진다. 이후로 오나라는 안에서부터 붕괴한다. 특히 군사 · 외교를 도맡았던 육손의 죽음은 오나라의 장래에 짙은 그림자를 드리우기 시작한다.

특히 촉한과의 외교에서는 육손이 촉한에 보내는 외교 서한을 검토하고 다시 봉인할 수 있게 손권이 군주의 국새와 옥새를 건네줄 정도였다. 이러한 충신을 잃은 오나라는 정국이 불안정한 상태로 멸망의 길을 걷게 된다. 또 육손은 오나라 호족의 대표 중 한 사람이었던지라 이후 황제와 호족 사이도 나빠진다.

이러한 희생을 치르면서도 후계자 싸움은 매듭이 지어지지 않아서 250년까지 해결되기를 기다려야 했다.

촉한에서 장완과 동윤이 죽자, 환관 황호가 권력의 전면에 등장

촉한에서는 조상의 대군을 물리친 비의의 덕망이 높아졌다. 제갈량이 죽은 후, 촉한을 지탱해온 것이 대사마 장완과 비의 두 사람이었기 때문이다. 그런데 장완이 246년에 세상을 떠나면서, 비의가 명실공히 정권의 수반이 되었다.

비의는 제갈량 · 장완의 북벌을 답습하지 않고 내정에 힘을 쏟아 국력 향상에 힘썼다. 그는 장완이 계획한, 형주를 경유하는 북벌 정책에도 부정적이었다. 그리고 자신이 정권의 수반이 되자 "제갈량 님도 하지 못한 대업을 능력이 모자란 내가 할 수 있을 리 없다"라며 위나라 정벌에 소극적인 태도를 보였다.

하지만 한나라 부흥을 대의명분으로 삼는 촉한이 북벌에 나서지 않는 것은 존립 기반에 관한 문제였다. 그래서 비의는 248년부터 한중에 주둔하며 북벌을 준비하는 시범을 보였다.

장완이 세상을 떠난 246년에 상서령 동윤도 세상을 떠났다. 제갈량이 죽은 후 촉한을 떠받치던 중신을 두 사람이나 잃은 것이다. 이에 촉한은 동요했다.

특히 유선을 나무랄 수 있는 사람이 동윤밖에 없었으므로, 동윤이 죽자 유선은 총애하는 환관 황호(黃皓)를 정치의 앞무대에 등장시켰다. 황호의 대두와 함께 촉한도 파멸의 길을 걷게 된다.

관구검이 고구려를 평정하고, 곽회가 양주의 만족 반란을 진압

이 무렵 위나라의 북방에서 불온한 움직임이 보이기 시작한다. 고구려 동천왕이 수시로 유주 북부에 침공했기 때문이다. 244년, 사마의는 이전에 오환 정벌에 공을 세운 유주자사 관구검을 파견하여 고구려 정벌을 맡겼다. 이것이 246년까지 계속된 관구검 정벌전이다.

보병과 기병 1만 명을 인솔한 관구검은 요동 반도를 거쳐 다시 북진하여 고구려에 들어갔다. 이에 고구려 동천왕은 2만 명의 보병과 기병을 이끌고 위군을 맞아 싸웠으나 위군에게 패했다. 관구검은 고구려의 환도(丸都)를 포위하고 같은 해 이곳을 함락했다. 관구검은 나아가 동천왕을 가구(賈溝)로 쫓아내고 소란스럽던 유주 북부를 진압하는 데 성공했다. 이때 예맥도 함께

토벌했다.

위나라가 유주에서의 소동을 진압하자, 이번에는 서쪽의 양주에서도 반란이 일어났다. 247년에 옹주 서부와 양주 각 군에서 강족이 위나라에 반기를 들고 거병한 것이다. 그리고 한중 방면에 주둔하며 양주 침공을 엿보던 촉나라 장수 강유가 강족의 반란에 호응하여 농서 · 남안 · 금성군에 난입했다.

이에 위나라에서는 하후패와 곽회를 파견했다. 선봉에 나선 하후패는 강족 · 촉한 연합군의 맹공에 끝까지 버티며 곽회의 원군이 도착하기를 기다렸다. 곽회가 대군을 끌고 달려오자 강유는 형세가 불리해지기 전에 서둘러 철수했다.

248년, 촉한군을 쫓아낸 곽회는 서진하여 하관(河關)·백토(白土)의 옛 성에 거점을 둔 강족 아차새(蛾遮塞)를 굴복시키고, 무위군에서 도망쳐 온 만족 치무재(治無戴)를 용이(龍夷)에서 격파했다. 나아가 영거(令居)에 사는 만족을 굴복시키고, 다시 출격한 강유마저 격파하며 반란을 진압했다.

내정이 혼란스러운 촉한과 오나라에서 이민족의 반란이 빈발

반란에 시달리는 것은 촉한도 마찬가지였다. 247년에는 문산(汶山)군에서 염방(冉駹)이라 불리는 만족이 반란을 일으켰다. 이 반란은 강유에 의해 진압되었으나 이듬해에는 부릉(涪陵) 속국에서도 이민족이 반란을 일으킨다. 이때는 등지가 출진하여 진압했으나, 이민족의 반란은 좀처럼 수그러들지 않았다.

오나라에서는 248년에 교지·구진(九眞)에 사는 이민족이 반란을 일으켜 교주 전체가 대혼란에 빠졌다. 조정에서는 후계자 다툼이 계속되었고, 육손에 이어 오나라의 중신인 보즐과 전종마저 세상을 떠나며 내부는 더욱 혼란에 빠졌다.

교주를 황폐화한 이민족 중에는 조구(趙嫗)라는 산적의 딸도 있었는데, 다들 그녀를 여해파왕(麗海婆王)이라 부르며 몹시 두려워했다. 오군은 나라가 혼란스러워서인지 조구를 제압하지 못하고 연패를 거듭했다.

그래서 손권은 육윤(陸胤, 육개의 아우)을 교주자사·안남교위(安南校尉)로 임명하고 조구를 토벌하라며 보냈다. 육윤은 반년에 걸친 격전을 치른 끝에 겨우 조구를 제압했다. 이와 함께 고량(高凉)의 황오(黃嗚) 등 3,000여 호가 투항하며 교주는 안정을 되찾았다.

육윤은 그 후에도 교주에 남아서 창오, 건릉(建陵)족을 토벌하고 이 중 8,000명 남짓을 자군에 편입했다.

인물 클로즈업

육손

- 자 : 공염(公琰)
- 생몰년 : 183~245년
- 출신지 : 양주 오군
- 관직 : 승상, 상대장군

강동 최고의 호족이자 오나라 건국의 일등공신

육손은 여몽과 함께 관우를 죽인 장본인이자, 이릉 전투에서 촉한군을 무찌르고 중원으로 진출하려는 유비의 야망을 깬 오나라의 공신이다. 이릉에서 백제성으로 도망쳐 돌아온 유비는 "아아, 결국 육손에게 당했는가? 이것도 다 하늘의 뜻이겠구나"라고 탄식했다고 한다. 유비는 그 이듬해 죽었다.

육손은 형주 쟁탈전 이후 대촉한 외교를 일임받았고, 무창으로 돌아오고 나서는 태자의 후견인에 임명되고, 형주와 예장 3군을 통치하는 등 손권에게 크게 중용되며 오나라 군사 · 외교 · 내정을 전부 관장했다. 군사 면에서만 능력이 출중한 사람이 아니었던 것이다.

더욱이 진수가 쓴《삼국지》안에서 신하에게 별도의 장을 마련해 기술한 것은 '제갈량전'과 '육손전'뿐이다.

정봉(丁奉) 〈?~271〉

자는 승연(承淵)이며, 양주(楊州) 여강(廬江)군 안풍(安豊)현 출신이다. 손권이 집권하던 시절부터 오나라를 섬기던 중신으로 오나라 말기를 이끌었다. 전투에 강한 용장으로 감녕 · 육손의 수하에서 전쟁에 참가했을 때는 늘 선봉에 나가 적군 대장의 목을 베고 적기를 빼앗는 활약을 보였다고 한다. 258년, 장포(張布)와 공모하여, 국정을 좌지우지하던 손침(孫綝)을 살해하는 쿠데타를 성공시켰다.

여대(呂岱) 〈161~256〉

자는 정공(定公)이고, 서주 광릉(廣陵)군 해릉(海陵)현 사람이다. 전란을 피하여 남쪽으로 이주한 후 손권을 섬기게 된다. 회계군의 이민족을 토벌하는 등의 전공을 세워 손권에게 인정받았다. 215년에 장사 3군을 탈취하고, 220년에는 교주자사에 임명되어 교주를 평정하는 데 힘썼다. 교지태수 사섭이 죽은 후, 동요하는 교주를 진정시켰다.

보즐(步騭) 〈?~247〉

자는 자산(子山)이고, 서주 임회(臨淮)군 회음(淮陰)현 사람이다. 200년, 손책에게서 가업을 막 이어받은 손권에게 차출되어 손씨 집안을 섬긴다. 210년, 교주자사에 임명되어 창오태수 오거의 반란을 진압하고, 교주에서 독자적인 세력을 쌓은 사섭과도 양호한 관계를 맺는 데 성공하는 등 오나라 세력 확대에 공헌했다. 246년에는 승상에 취임함으로써 오나라에서 최고로 높은 자리에 올랐다.

제갈탄(諸葛誕) 〈?~258〉

자는 공휴(公休)이고, 제갈량의 사촌 동생이다. 후세에는 "촉한은 용(제갈량)을 얻었고, 오나라는 호랑이(제갈근)를 얻었고, 위나라는 개(제갈탄)를 얻었노라"라고 일컬어졌으나, 왕릉 · 관구검 · 문흠의 반란을 진압하고 혼란을 틈타 공격해 온 오군도 격퇴하는 등 군사 면에 밝았다. 하지만 사마소의 제위 찬탈을 의심하다 거병했으나, 1년 가까이 버티다 사마소에게 패배해 참수당한다.

왕창(王昶) 〈?~259〉

자는 문서(文舒)이고, 병주 태원(太原)군 출생이다. 위나라 건국 중신인 왕릉과는 동향으로 젊은 시절부터 사이가 좋았다. 조비가 황제로 즉위하자 산기시랑(散騎侍郎), 낙양의 전농(典農)에 오른다. 조예 대에 양렬장군(揚烈將軍), 관내후(關內侯)를 받는 등 중용되었고, 250년에 오나라 정벌을 주장하여 강릉을 공격하고 전과를 올렸다. 관구검과 제갈탄의 반란 진압에 전공을 세우는 등 말기의 위나라를 군사 면에서 든든하게 지켰다.

주적(朱績) 〈?~270〉

자는 공서(公緖)라 하고, 양주(楊州) 단양(丹陽)군 사람이다. 주연의 아들이다. 이전 성은 시(施)씨로, 시적이라고도 한다. 254~526년, 표(表, 신하가 자신의 생각과 계획을 임금에게 올리는 글)를 올려 아버지의 본성인 시씨를 회복했다. 후계자 다툼에서는 손화파에 섰으나 그렇게 적극적으로는 가담하지 않았다. 249년, 주연이 죽은 후에 평위장군(平魏將軍) 낙향독(樂鄉督)에 임명되었다. 이듬해, 그가 지키던 강릉을 위나라가 공격했으나 잘 막아냈다. 그 외에 위나라 장수 왕창을 물리치는 등 말년의 오나라를 든든히 받쳤다.

249~252
사마의의 쿠데타 성공,
오나라의 손권이 죽다

249년경 삼국 세력도
251년 4월 왕릉의 변란
위나라 왕릉의 사마의 타도 계획이 발각된 후, 왕릉이 거병했으나 사마의에게 평정되고 자살한다.
249년 강유의 옹주 · 양주 침공
강유가 옹주 · 양주에 진군하지만 곽회군이 격퇴한다.
252년 강릉 전투
위나라 장수 왕창이 남군에 침공하지만, 동흥에서 위군이 패하자 철수한다.
250년 위의 오나라 침공전
오나라의 후계자 분쟁을 틈타, 사마의의 주도로 위군이 세 방향에서 침공하지만 철수한다.
양주
촉한
익주

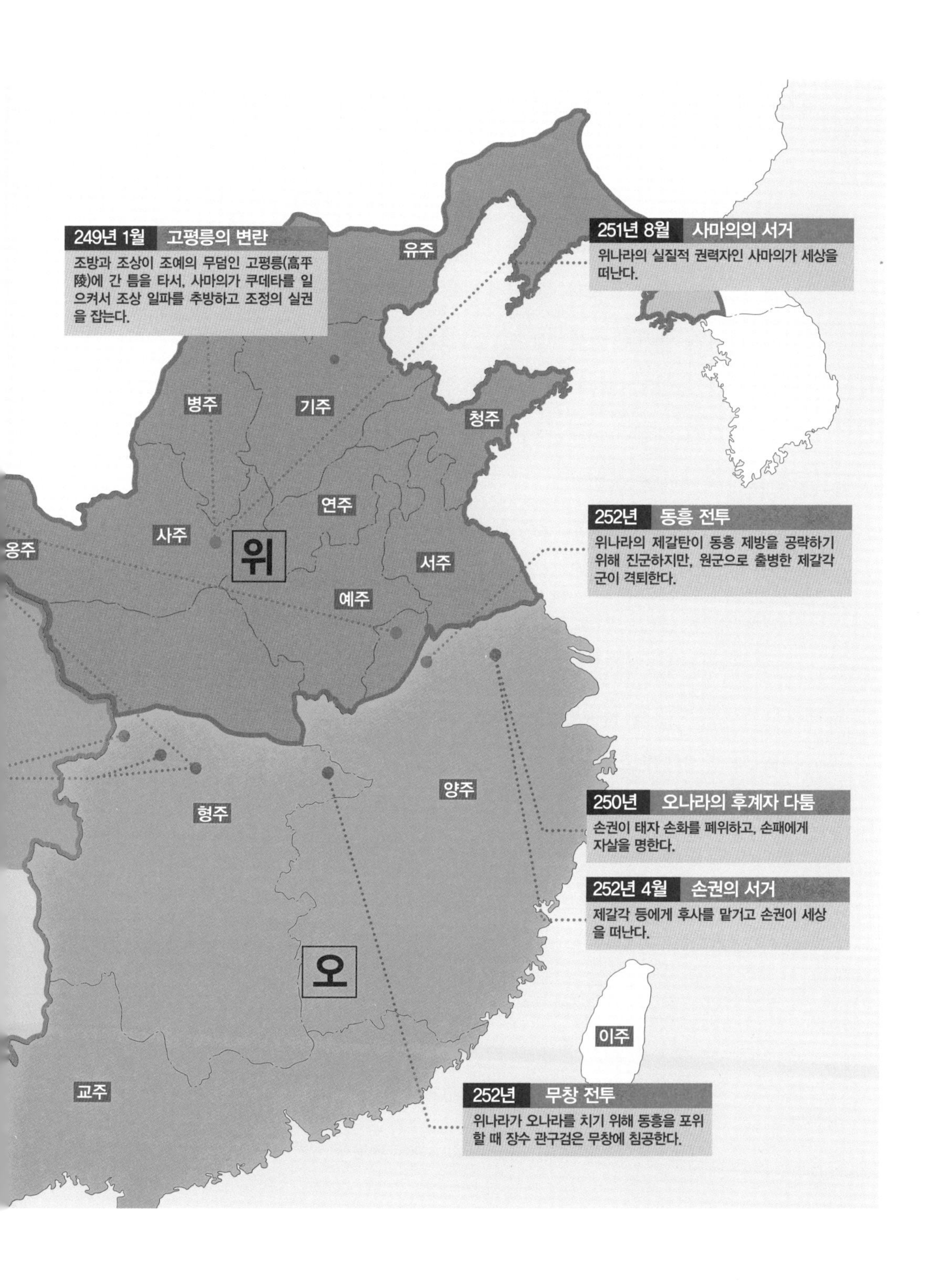

249년 1월 고평릉의 변란
조방과 조상이 조예의 무덤인 고평릉(高平陵)에 간 틈을 타서, 사마의가 쿠데타를 일으켜서 조상 일파를 추방하고 조정의 실권을 잡는다.
251년 8월 사마의의 서거
위나라의 실질적 권력자인 사마의가 세상을 떠난다.
252년 동흥 전투
위나라의 제갈탄이 동흥 제방을 공략하기 위해 진군하지만, 원군으로 출병한 제갈각 군이 격퇴한다.
250년 오나라의 후계자 다툼
손권이 태자 손화를 폐위하고, 손패에게 자살을 명한다.
252년 4월 손권의 서거
제갈각 등에게 후사를 맡기고 손권이 세상을 떠난다.
252년 무창 전투
위나라가 오나라를 치기 위해 동흥을 포위할 때 장수 관구검은 무창에 침공한다.
유주
병주
기주
청주
연주
사주
옹주
위
서주
예주
양주
형주
오
이주
교주

사마의가 대역전의 쿠데타를 성공, 조상 일파를 반역죄로 처형

조상에 의하여 관직에서 쫓겨나 자택에 은거하던 사마의가 249년 1월, 마침내 건곤일척의 쿠데타를 일으킨다.

이때 조상은 황제 조방과 함께 선황의 묘지에 참배하러 갔는데, 그 틈을 타서 사마의가 황태후 곽씨(2대 황제 조예의 황후)에게 조상 등의 파면을 요청하는 상소를 올리고, 황태후의 재가를 얻어 성문을 폐쇄한 것이다. 나아가 중신들과 함께 낙양의 남쪽 낙수에 금군(禁軍, 황실 직속군)을 포진하고 조상 등을 요격할 태세를 취한다.

그 소식을 들은 조상 측의 모사 환범(桓範)이 황제를 옹립하고 허창에서 거병하자고 제안한다. 하지만 조상은 이를 귀담아듣지 않는다. 설사 거병한다 해도 백전노장 사마의에게 이길 재간이 없다고 예상한 것이리라.

조상은 거병하는 대신 사마의에게 사자를 보낸다. 이에 사마의도 관직에 물러난 채로 지내겠다는 뜻을 전한다. 환범과 노지(魯芝) 등 조상의 측근은 사마의의 함정이라고 진언했으나, 조상은 사마의가 싸우지 않고 투항한다는 전언을 믿었다.

하지만 투항한 지 고작 나흘 후, 조상은 반역을 모의했다는 누명을 쓰고 처형당한다. 이후 조상 측근인 하안, 정밀, 환범이 주살되는 등 조상 일족은 위나라에서 모조리 제거되었다. 이렇게 해서 사마의는 조상 일파를 완벽하게 숙청한다.

그는 구석(九錫)을 받고 승상에 취임하는 것은 고사했으나 조정의 실권을 장악하는 데는 성공했다. 이 정변으로 황제는 사마씨 집안의 꼭두각시로 전락했다.

오나라에서 황태자 교체라는 정변이 망국의 씨를 뿌린다

위나라에서 대규모 정변이 일어나던 시기에 오나라에서도 손권의 후계 자리를 둘러싸고 손화파와 손패파의 대립이 심각해졌다.

나라를 양분하는 내홍으로 골머리를 앓던 손권은 250년, 태자 손화를 태자의 자리에서 폐위함으로써 소동을 매듭지으려 했다. 그와 동시에 노왕 손패에게는 자살을 명했다. 시비를 가리지 않고 쌍방을 처벌하는 형태로 분쟁을 수습하려 한 것이다.

그리고 손패파 중 적극적으로 정쟁에 나선 것으로 보이는 전기(全奇, 전종의 아들)와 오안(嗚安), 양축 등의 중신을 주살했다. 손화파도 굴황(屈晃)과 주거(朱拠)가 처벌받는 등 중신 수십 명이 같은 죄에 연루되어 죽임을 당했다.

손권은 손화에 이어 손량(孫亮)을 새로운 황태자로 정했다. 하지만 이것이 새로운 화근으로 작용할 불씨가 되었다. 이때 손량의 나이 여덟 살에 불과했기 때문이다.

전 황태자 손등이 죽고 9년, 오나라의 내홍은 겨우 수습되었으나 많은 인물이 처형당하고 실각하는 등 큰 희생을 치렀다. 설상가상으로 손권의 강압적인 처리 방식에 양파를 불문하고 불만을 품은 자가 적지 않았다. 결과적으로 이 내홍이 오나라의 쇠퇴와 멸망을 앞당기게 된다

오나라의 정변을 틈타 위나라가 강릉에 침공했다가 철수

오나라에 앞서 내홍을 수습한 위나라는 250년에 오나라의 혼란을

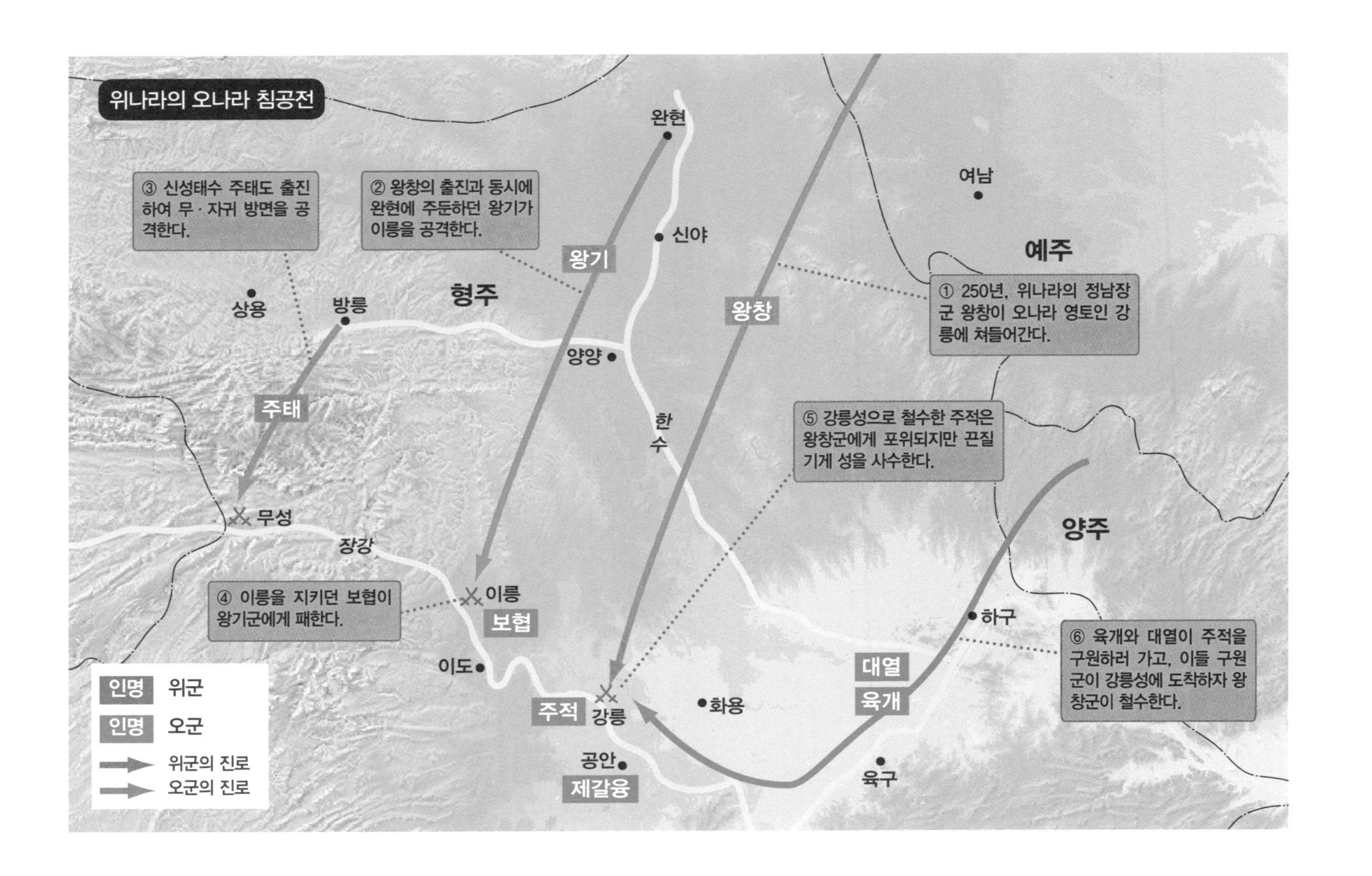
위나라의 오나라 침공전
③ 신성태수 주태도 출진하여 무·자귀 방면을 공격한다.
② 왕창의 출진과 동시에 완현에 주둔하던 왕기가 이릉을 공격한다.
① 250년, 위나라의 정남장군 왕창이 오나라 영토인 강릉에 쳐들어간다.
⑤ 강릉성으로 철수한 주적은 왕창군에게 포위되지만 끈질기게 성을 사수한다.
④ 이릉을 지키던 보협이 왕기군에게 패한다.
⑥ 육개와 대열이 주적을 구원하러 가고, 이들 구원군이 강릉성에 도착하자 왕창군이 철수한다.
완현
여남
신야
예주
왕기
상용
방릉
형주
왕창
양양
주태
한수
양주
무성
장강
이릉
보협
하구
이도
대열
육개
주적
강릉
화용
공안
제갈융
육구
인명 위군
인명 오군
위군의 진로
오군의 진로

틈타 오나라 영토를 공격했다. 이것은 정남장군 왕창(王昶)의 진언에 따른 것이었다고 한다.

왕창의 상소를 받은 사마의는 왕창에게 병사를 주고 강릉으로 파견하는 동시에 신성태수 주태(州泰)에게 무성 · 자귀성을, 형주자사 왕기(王基)에게 이릉을 공격하라 명했다. 이릉을 공격한 왕기는 오나라의 무군장군 보협(步協)을 공격해 패퇴시키고, 안북장군 담정(譚正)을 포로로 삼는 등 이릉을 진압했다.

한편 왕창은 강릉을 지키던 오나라의 평위장군 주적(朱績, 주연의 아들)에게 요격당했으나, 반격을 시도해 주적을 강릉성으로 패퇴시켰다. 왕창은 다시 주적을 공격하기 위해 강릉을 포위했으나 좀처럼 성을 함락하지 못했다. 그 사이 오나라에서 대열(戴烈)과 육개가 원군으로 도착하자 형세가 역전된다.

더 이상 싸워봤자 득이 될 게 없다고 판단한 위군은 전군을 철수시킨다. 주적은 철수하는 왕창군을 추격하려고 공안에 주둔해 있던 제갈융(諸葛融)에게 협력을 요청한다. 제갈융에게 동의를 얻은 주적은 왕창군을 추격하지만, 제갈융의 원군이 제때 나타나지 않아 어쩔 수 없이 철군했다고 한다.

사마의를 타도하려는 쿠데타 모의가 발각돼 왕릉 등 자살

위나라 내에서는 강압적인 방식으로 실권을 잡은 후에도 전횡을 일삼는 사마의의 통치를 비판하거나 반발하는 중신들도 적지 않았다.

251년, 위나라의 태위 왕릉(王淩)과 그의 조카이자 연주자사 영호우(令狐愚)가 사마의를 타도하고, 황제 조방을 대신하여 조표(曹彪, 조조의 아들)를 옹립하려는 쿠데타 계획이 발각된다.

원래 이 모반 계획은 2년 전부터 추진된 것이었다. 하지만 모반을 주도했던 영호우가 249년에 세상을 떠나는 바람에 한때 좌절되었다가, 해가 바뀌고 마침내 왕릉이 주도하면서 다시 움직이기 시작했다. 왕릉은 조조 대부터 섬기던 중신으로, 이때 여든이라는 고령이었다.

하지만 왕릉이 영호우의 후임인 연주자사 황화(黃華)에게 협력을 요청하자 황화 등이 모반 계획에 불안을 느끼고 그만 사마의에게 통보한다. 사마의는 군을 인솔하고 출진하면서 왕릉의 '죄'를 용서하라고 명한다. 궁지에 몰린 왕릉은 이 말을 철석같이 믿고 자진해 체포된다. 하지만 곧 속은 걸 알고, 도읍으로 이송되는 도중에 예주 항(項)현 땅에서 독을 마시고 자살한다. 이후 사마의에 의해 일족은 모두 처형당했고, 왕릉의 추대를 받은 조표도 자살을 명받았다.

사마의는 이 사건을 호기라 여기고 각지에 흩어져 있던 황족을 업현으로 불러들여서 모조리 연금한다. 이로써 황실의 권위는 바닥에 떨어지고, 위나라의 권력은 전부 사마의의 손아귀에 들어갔다. 쿠데타 미수 사건이 있고 4개월 후, 사마의가 죽고 장자 사마사(司馬師)가 아버지의 뒤를 이었다.

삼국지의 영웅 손권이 죽은 후, 삼국정립에도 변화의 움직임

252년 4월에는 유비, 조조와 삼국시대의 전란을 주도하며 오나라를 건국한 실력자 손권이 서거했다. 아들 손량이 그의 뒤를 이었고, 후견인으로는 제갈각이 임명되었다.

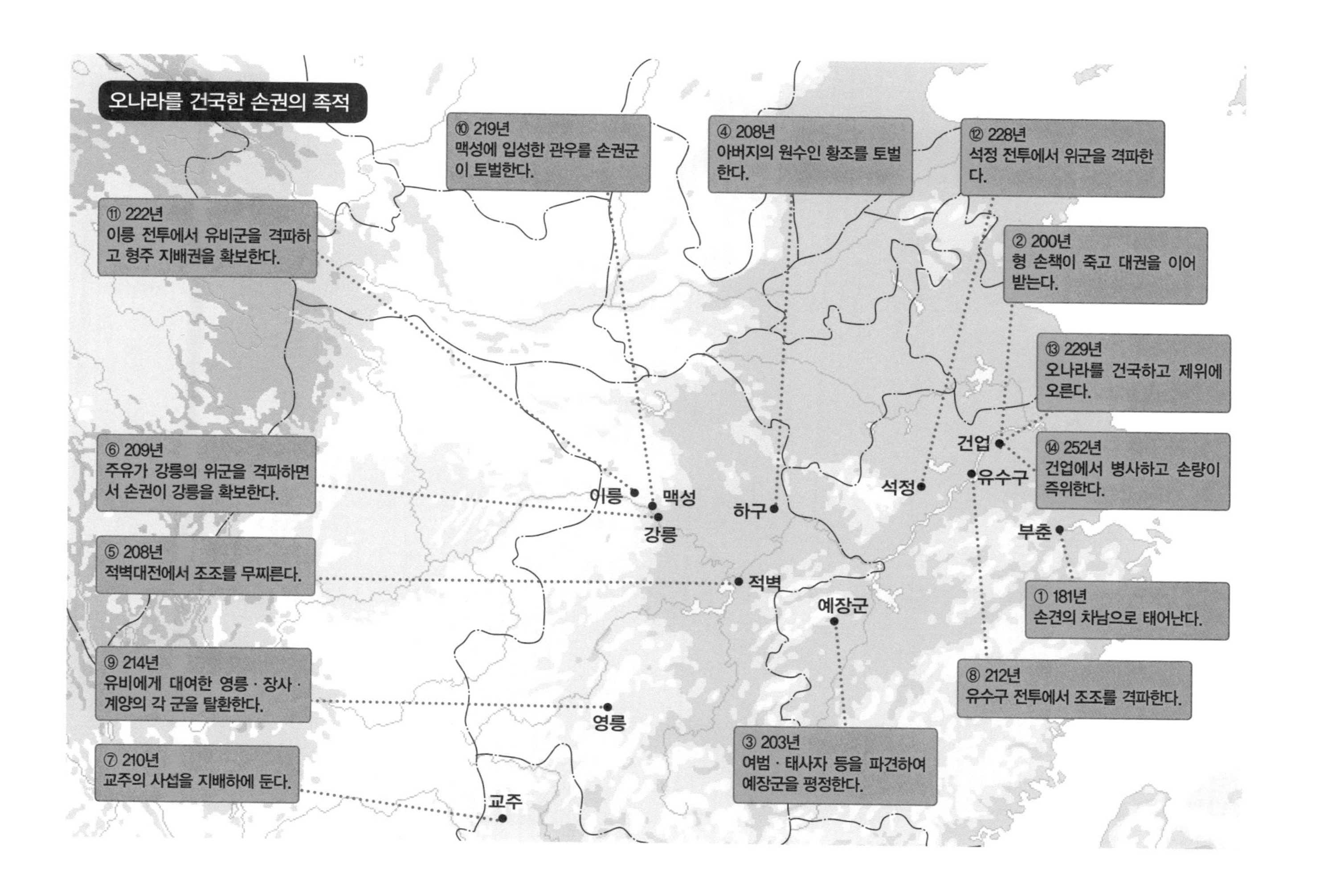

오나라를 건국한 손권의 족적
⑩ 219년
맥성에 입성한 관우를 손권군이 토벌한다.
④ 208년
아버지의 원수인 황조를 토벌한다.
⑫ 228년
석정 전투에서 위군을 격파한다.
⑪ 222년
이릉 전투에서 유비군을 격파하고 형주 지배권을 확보한다.
② 200년
형 손책이 죽고 대권을 이어받는다.
⑬ 229년
오나라를 건국하고 제위에 오른다.
⑭ 252년
건업에서 병사하고 손량이 즉위한다.
⑥ 209년
주유가 강릉의 위군을 격파하면서 손권이 강릉을 확보한다.
⑤ 208년
적벽대전에서 조조를 무찌른다.
① 181년
손견의 차남으로 태어난다.
⑨ 214년
유비에게 대여한 영릉 · 장사 · 계양의 각 군을 탈환한다.
⑧ 212년
유수구 전투에서 조조를 격파한다.
⑦ 210년
교주의 사섭을 지배하에 둔다.
③ 203년
여범 · 태사자 등을 파견하여 예장군을 평정한다.
건업
유수구
석정
부춘
이릉
맥성
강릉
하구
적벽
예장군
영릉
교주

후한 말에서 삼국시대에 걸친 영웅호걸들의 시대는 위나라 개국 공신 사마의와 오나라 황제 손권의 죽음으로 서서히 종막을 맞이한다. 그리고 두 사람의 죽음으로 그때까지 호각지세를 형성하던 삼국의 정립 관계에도 차츰 변화의 움직임이 보이기 시작한다. 삼국시대는 여전히 계속되지만, 앞으로는 내란과 암살이라는 음습한 사건들이 줄을 잇게 된다.

손권이 죽은 후, 오나라에서 실권을 잡은 제갈각은 손권이 죽은 지 반년 후인 10월, 오나라와 위나라의 국경 근처 동흥(東興)에 두 개의 외성을 쌓았다. 각각 1,000명이 상주할 수 있는 대규모 성으로, 그곳에 전단과 유략(留

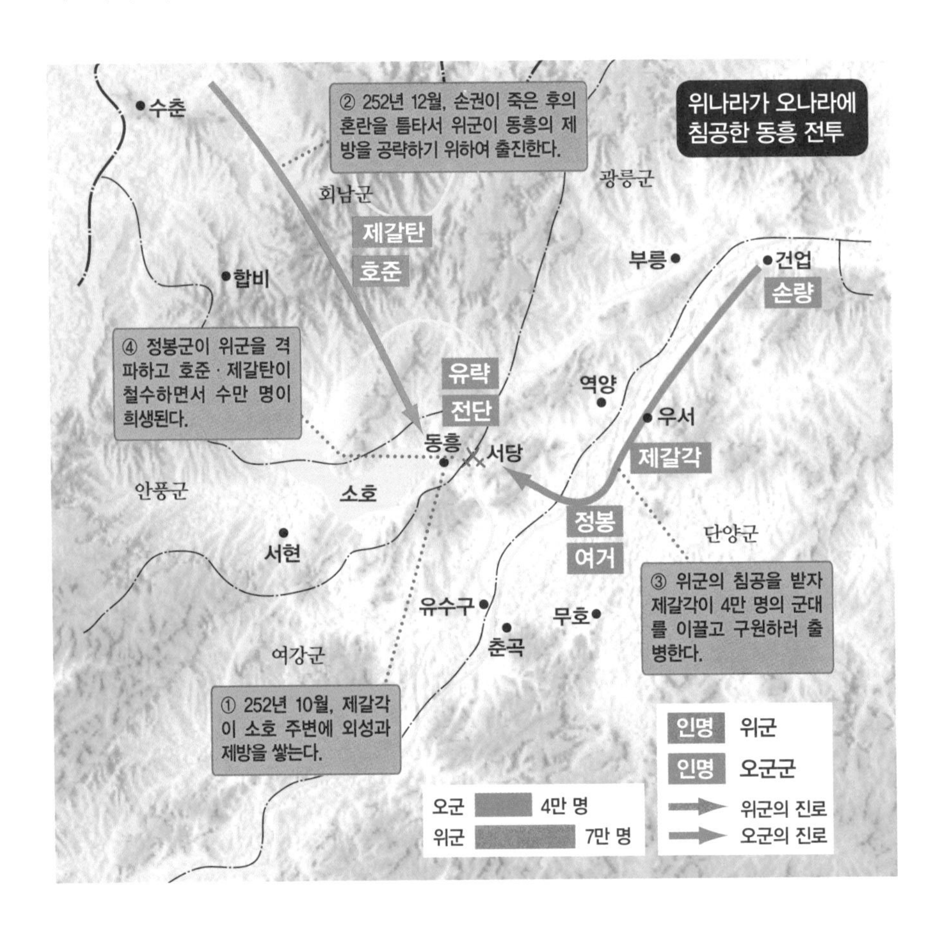

略)을 배치했다.

이를 자국에 대한 도발로 받아들인 위나라는 호준(胡遵)과 제갈탄(諸葛誕)에게 7만 명의 대군을 주고 동흥을 포위했다. 동시에 왕창을 남군에, 관구검을 무창에 파견했다.

이에 제갈각은 병사 4만 명을 동원하여 전단과 유략을 구원하기 위해 달려갔다. 그리고 성을 공략하지 못하여 애를 먹던 위군을 격파하고 남군과 무창의 위군을 패퇴시켰다. 이렇게 해서 위군은 수만 명이 넘는 전사자를 냈고, 동흥 전투는 오군의 압승으로 끝난다.

이 대승리로 제갈각은 자신의 위세를 높이는 한편, 조정의 권력을 장악한 실력자로 부상했다. 그는 군사력을 자기 통제하에 두고 권력의 강화를 꾀하면서, 북벌을 주도함으로써 오나라 건국의 대의명분인 통일의 실현에 앞장섰다.

인물 클로즈업 강유

- 자 : 백약(伯約)
- 생몰년 : 202~264년
- 출신지 : 옹주 천수군
- 관직 : 대장군

제갈량에게 발탁돼 촉한의 최후를 지킨 용장

《삼국지》에서 영웅으로 일컬어지는 인물은 대개 어린 시절부터 두각을 나타낸다. 강유도 예외가 아니어서, 신동으로 평가받았다고 한다.

강유는 원래 위나라의 가신이었으나, 228년에 제갈량이 1차 북벌에 나섰을 때 그의 수하에 들어가게 된다. 《삼국지연의》에서는 이때 제갈량의 작전을 모조리 꿰뚫어본 강유를 눈여겨본 제갈량이 그를 발탁했다고 한다. 하지만 사실은 강유에게 야심이 있다고 의심했던, 천수 태수 마준(馬遵)에게 버림받고 하는 수 없이 제갈량 밑으로 들어간 것이다.

제갈량에게 귀순하고 나서는 촉한을 위하여 헌신적으로 일했으나 끝내 촉한의 멸망을 목도하게 된다. 그럼에도 포기하지 않고 위나라 장수 종회를 부추겨 군사를 일으켰으나 결국 살해당한다. 촉한에 목숨을 바친 의리의 용장으로 손꼽히지만, 그렇지 않다는 견해도 있다.

손패(孫覇) 〈?~250〉

자는 자위(子威)이라고 하며, 손권의 3남이다. 형 손화(孫和)가 태자가 되었으나, 손패는 손권의 총애를 받아서 손화와 다르지 않은 대우를 받았다고 한다. 손패가 손화와 사이가 나쁜 데다 손권이 손화를 신뢰하지 않아서, 오나라는 손화파와 손패파로 분열되었다.

이 분열은 이후 궁정 중신만이 아니라 지방의 장군들까지 휘말리는 정쟁으로 번진다. 결국 손권은 양파의 분쟁을 매듭짓기 위해 손화를 폐위하고 손패에게 자살하라 명한다.

육개(陸凱) 〈198~269〉

자는 경풍(敬風)이라고 하고, 양주 오군(吳郡)의 명문가 육씨의 자손으로 육손과 한 집안 사람이다. 산월의 도적을 정벌하는 등 거듭 전공을 세우며 258년 정북장군(征北將軍) · 예주목에 임명되었다. 손화의 아들 손호가 제위에 오르자 진서대장군이 되어 좌승상으로 승진했다.

육손이 죽은 후에는 오나라를 지키는 버팀목 역할을 하며, 손호의 잘잘못을 따지는 간언을 하기도 했다. 그리고 실현되지는 않았으나 시책의 잘못에 대한 죄를 물어 손호의 폐위를 계획하는 데까지 이르렀다고 한다. 269년, 오나라의 앞날을 걱정하면서 병사했다.

253~258
황제와 실력자의 암투,
삼국의 내정은 대혼란

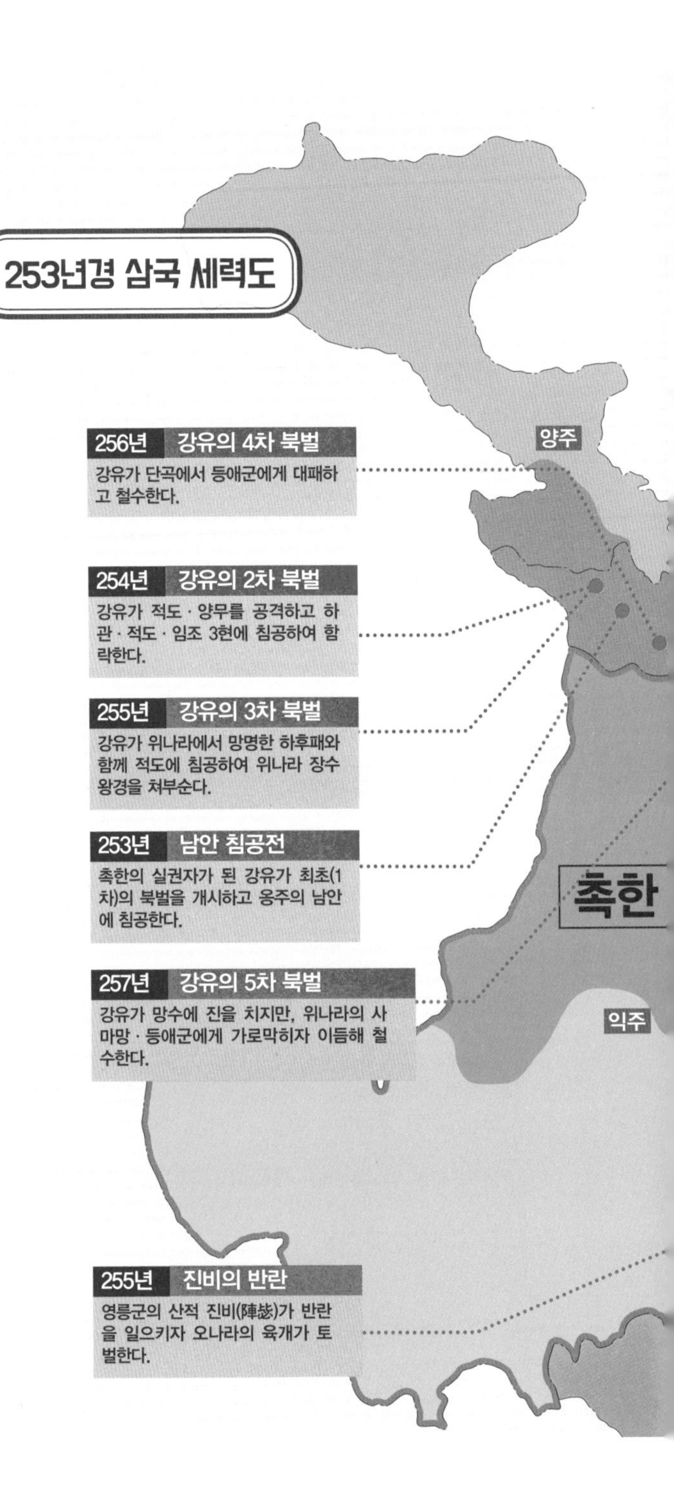
253년경 삼국 세력도
256년 강유의 4차 북벌
강유가 단곡에서 등애군에게 대패하고 철수한다.
254년 강유의 2차 북벌
강유가 적도 · 양무를 공격하고 하관 · 적도 · 임조 3현에 침공하여 함락한다.
255년 강유의 3차 북벌
강유가 위나라에서 망명한 하후패와 함께 적도에 침공하여 위나라 장수 왕경을 쳐부순다.
253년 남안 침공전
촉한의 실권자가 된 강유가 최초(1차)의 북벌을 개시하고 옹주의 남안에 침공한다.
257년 강유의 5차 북벌
강유가 망수에 진을 치지만, 위나라의 사마망 · 등애군에게 가로막히자 이듬해 철수한다.
255년 진비의 반란
영릉군의 산적 진비(陣毖)가 반란을 일으키자 오나라의 육개가 토벌한다.
양주
촉한
익주

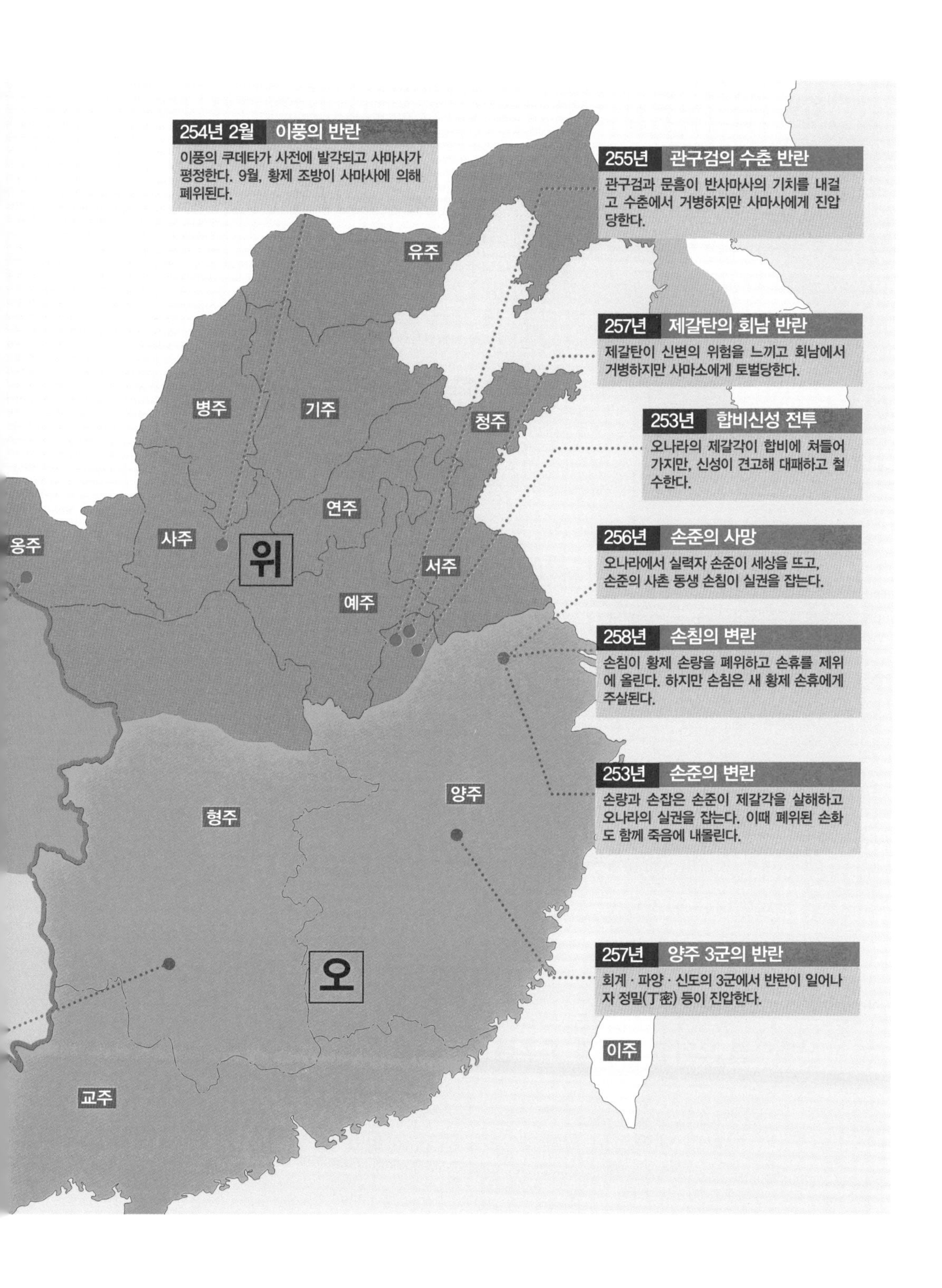

254년 2월 이풍의 반란
이풍의 쿠데타가 사전에 발각되고 사마사가 평정한다. 9월, 황제 조방이 사마사에 의해 폐위된다.
255년 관구검의 수춘 반란
관구검과 문흠이 반사마사의 기치를 내걸고 수춘에서 거병하지만 사마사에게 진압당한다.
257년 제갈탄의 회남 반란
제갈탄이 신변의 위험을 느끼고 회남에서 거병하지만 사마소에게 토벌당한다.
253년 합비신성 전투
오나라의 제갈각이 합비에 쳐들어가지만, 신성이 견고해 대패하고 철수한다.
256년 손준의 사망
오나라에서 실력자 손준이 세상을 뜨고, 손준의 사촌 동생 손침이 실권을 잡는다.
258년 손침의 변란
손침이 황제 손량을 폐위하고 손휴를 제위에 올린다. 하지만 손침은 새 황제 손휴에게 주살된다.
253년 손준의 변란
손량과 손잡은 손준이 제갈각을 살해하고 오나라의 실권을 잡는다. 이때 폐위된 손화도 함께 죽음에 내몰린다.
257년 양주 3군의 반란
회계 · 파양 · 신도의 3군에서 반란이 일어나자 정밀(丁密) 등이 진압한다.
유주
병주
기주
청주
연주
사주
옹주
위
서주
예주
양주
형주
오
이주
교주

합비에서 패전한 제갈각은 황제 손량과 모의한 손준에 의해 살해

253년, 오나라의 제갈각은 지난해 동흥 전투에 이어 위나라 영토인 합비에 침공하며 북벌을 감행한다. 이때 합비를 지키던 장수는 위나라의 관구검 · 문흠(文欽) · 장특(張特) 등이었다.

하지만 합비신성의 수비는 견고하여, 20만이라는 대군에도 굴하지 않고 성벽의 일부가 무너져 내리는데도 수개월의 포위를 견뎌냈다. 그런 상황에서 사마부(司馬孚)가 원군으로 달려오며 위군이 되살아나자 제갈각은 철수할 수밖에 없었다. 이때 오군 내에서 질병이 만연하여 많은 장병을 잃었다. 제갈각의 참패였다.

그런데 제갈각은 자신이 패전의 책임을 지는 대신 전쟁을 수행한 많은 장수들을 단죄하고 문책한다. 그리고 자신과 친한 자들을 요직에 앉힌다. 이러한 제갈각의 행동에, 오나라 조정의 안팎에서 원망과 한탄의 목소리가 터져 나온다. 또 제갈각과 함께 손권의 후사를 맡은 손준(孫峻, 손권의 숙부 손정의 증손자)과의 사이도 틀어진다.

합비에서 패전하고 2개월 후, 제갈각은 황제 손량과 모의한 손준에게 주살되었다. 이때, 과거 황태자였다가 폐위된 손화가 제갈각과 함께 제위 찬탈을 모의했다는 혐의를 받고 자살에 내몰린다.

쿠데타를 모의한 이풍과 하후현은 처형, 황제 조방은 폐위

위나라 내에서도 황제를 등에 업고 전횡을 일삼는 사마씨에 대한 비판이 수그러들지 않았다. 그리고 254년에 권력 주변에서 쿠데타 계획이 다시 부상한다.

중서령 이풍(李豊)은 명성은 높았으나 조상이 숙청된 후 불우하게 살던 하후현을 추대해, 사마사 대신 그를 대장군으로 책봉하여 정권 수반으로 삼으려고 계획했다. 하지만 모의가 사전에 발각되면서 이풍과 하후현 모두 처형당했다.

여덟 살에 제위에 올라 어느덧 스물세 살이 된 조방도 사마사의 전횡에 불만을 갖고 있던 터라 이풍의 쿠데타 계획에 가담했다. 그래서 사마사는 조방을 폐위하고, 조비의 손자인 조모(曹髦)를 즉위시켰다. 조방을 폐위한 이유로는 '거듭된 배덕 행위'를 들긴 했으나, 사마사 자신을 축출하려는 음모가 원인이었다.

관구검과 문흠이 수춘에서 반란을 일으켰으나 사마사가 진압

사마씨를 타도하려는 움직임은 계속되었다. 255년에는 관구검과 문흠이 수춘에서 반란을 일으킨다. 주변 현에서도 동조자가 이어져, 군사는 5~6만 명으로 급격히 늘었다. 관구검과 문흠은 회수를 건너 항현으로 진군하여 관구검이 성안, 문흠이 성 밖의 유격 부대를 지휘했다.

이에 사마사는 제갈탄, 호준, 등애(鄧艾) 등 진압군을 이끌고 직접 토벌에 나섰다. 제갈탄을 수춘에 파견하고, 호준에게는 적의 퇴로를 차단하라 명령했다. 협공 작전으로 토벌할 생각이었다.

주력군이 도착할 때까지 공격하지 말라는 엄명을 받은 선발대 왕기는 식

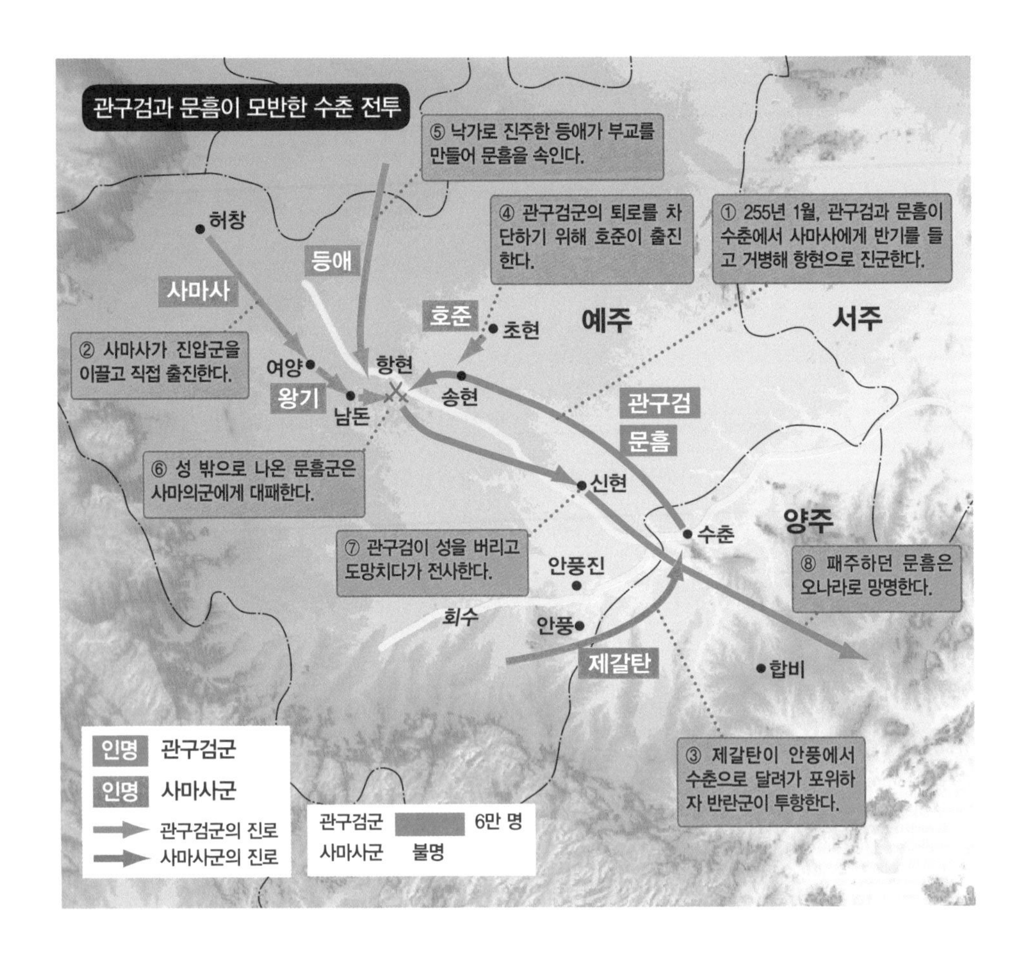

량이 있던 남돈(南頓)을 점거한 것 외에는 관구검 등과 대치한 채 꼼짝도 하지 않았다. 관구검은 목전에 있는 왕기가 움직임을 보이지 않자 경솔하게 움직일 수가 없어서 이러지도 저러지도 못하는 난처한 상황에 처했다. 그사이 수춘은 제갈탄의 군대에 포위되었고, 반란군 내에서는 투항하는 자가 이어졌다.

이어서 사마사는 등애에게 1만 명의 병사를 주고 낙가(樂嘉)에 진주시킨 다음 부교(浮橋, 교각을 사용하지 않고 배나 뗏목 따위를 잇대어 매고 그 위에 널빤지를 깔아서 만든 다리-역주)를 만들게 했다. 문흠을 유인하기 위해서였다. 그가 성 밖으로 나오면 사마사가 직접 주력 부대를 이끌고 낙가로 가서 일망타진하려는 속셈이었다.

성안에서 꼼짝도 하지 않던 문흠은 사마사의 책략에 감쪽같이 넘어갔다. 낙가에 있는 등애군에게 야습을 감행했으나 등애군에는 이미 주력 부대가 합류한 뒤라 패주하는 수밖에 없었다. 하지만 그는 항현으로 돌아가지 못하고 그대로 오나라로 망명했다. 문흠이 패주했다는 소식을 들은 관구검은 성을 버리고 도망쳤다. 결국 반란군은 괴멸하고 관구검은 도망치는 도중에 화살에 맞아 죽었다.

한편, 사마사는 이 전투에서 병이 악화되어, 관구검이 죽은 지 8일 후에 세상을 떠났다.

왕릉, 관구검 · 문흠, 제갈탄의 모반을 '회남 삼반'이라고 한다

그 일이 있고 2년 후인 257년, 앞서의 반란 진압에 공을 세운 제갈탄이 수춘에서 봉기했다. 제갈탄은 하후현과 친해서, 언젠가 자신도 파멸하는 게 아닌가 하는 의구심에 빠져 있었다고 한다.

제갈탄의 반란군은 무려 10수만 명에 달했다고 한다. 그런데도 마음을 놓지 못한 제갈탄은 오나라에 원군을 요청했다. 이에 위나라를 토벌할 호기로 본 손침(孫綝, 사촌 형 손준이 죽은 후 뒤를 이었다)은 문흠, 전단, 전역(全懌), 당자 등에게 군사 3만 명을 내주고 원군으로 파견했다.

사마사의 뒤를 이은 사마소(司馬昭)는 황제 조모를 모시고 출진하여(출진

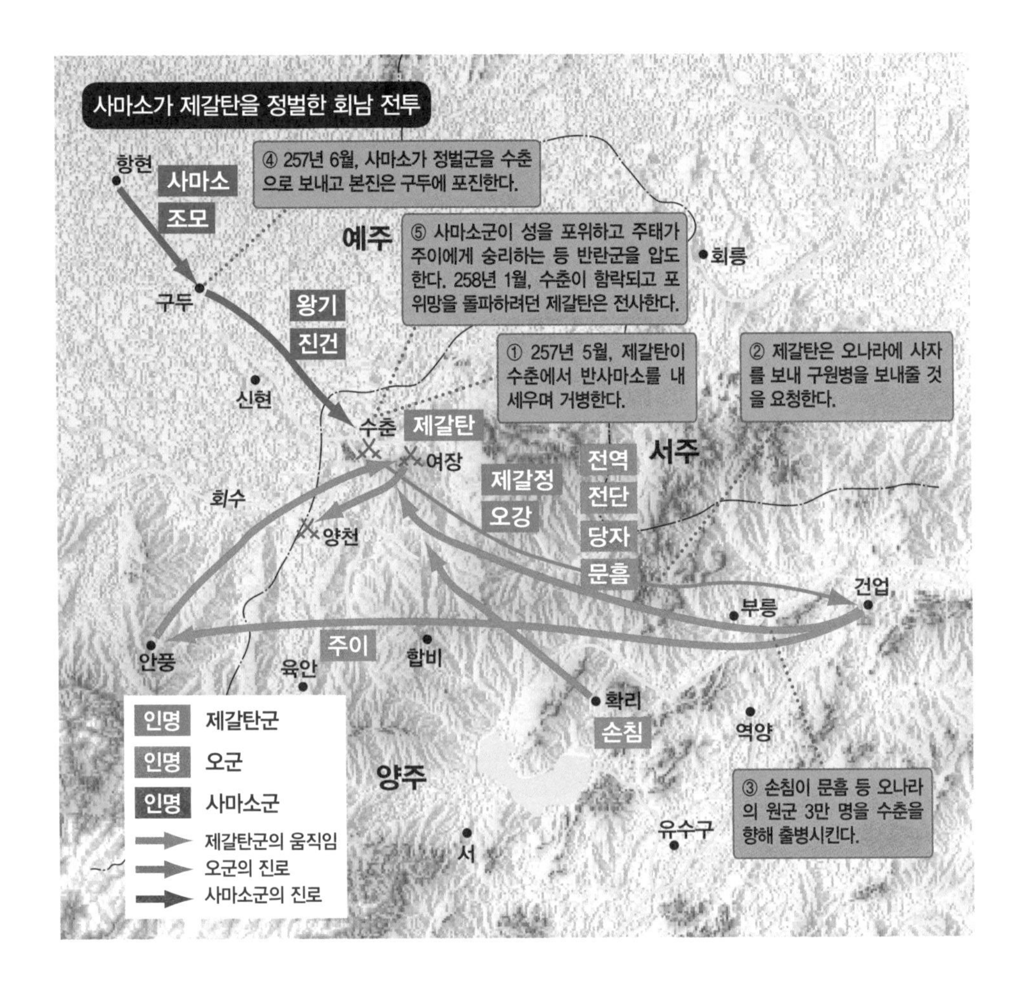

중에 황제를 추대하는 쿠데타가 일어나는 것을 막기 위해서기도 하다) 항현에 포진했다. 수춘을 포위한 위군은 주변에 해자를 빙 둘러 파고 높은 토루(土壘, 흙으로 만든 성채)를 쌓는 등 포위망을 단단히 구축했다. 문흠을 비롯한 오나라 원군은 성안에서 합류할 수 있었지만, 후발 부대인 주이(朱異)는 포위망을 뚫지 못했다.

그 바람에 반란군은 이후 원군에 대한 기대를 접어야 했다. 양군이 대치한

지 반년이 지났을 때, 성안에서 농성하던 제갈탄군의 군량이 떨어지기 시작했다. 그리고 오나라에서는 전단, 전역을 비롯하여 위나라에 투항하는 자가 줄을 이었다.

258년 1월, 의견 차이로 대립하던 제갈탄이 문흠을 살해한다. 그 결과, 문흠을 따라 참전했던 문흠의 자식들이 위나라에 투항하면서 반란군의 사기가 단숨에 떨어진다. 이에 따라 성안에서 투항하는 자도 급속히 늘어났다. 결국 제갈탄은 말을 타고 적진을 돌파하려 했으나 실패하고 수춘의 함락과 함께 토벌된다.

왕릉, 관구검 · 문흠, 제갈탄의 모반을 가리켜 '회남 삼반(淮南三叛)'이라고 한다. 이들의 진압과 함께 위나라에서는 사마씨에게 대항할 수 있는 세력도 사라지게 되었다.

촉한의 강유가 시도한 무리한 북벌은 매년 실패로 끝난다

한편 촉한에서는 253년에 비의가 위나라에서 망명한 곽순(郭循)에게 술자리에서 살해당하는 사건이 일어난다. 비의는 제갈량이 죽은 후 장완과 함께 촉한을 이끌었고, 장완이 죽은 후에는 강유와 함께 국정을 담당해온 중요한 인물이었다.

비의가 죽은 후에는 대외 정벌에 적극적인 강유가 군권을 잡고, 거의 한 해도 빠짐없이 위나라 영토에 침공한다. 253년 여름에는 즉시 양주의 남안을 포위하지만, 위나라에서 진태(陳泰), 곽회가 원군으로 달려오자 하는 수 없이 철수한다. 이 시기의 북벌은 오나라의 제갈각이 합비를 공격하던 시기와 겹친다. 필시 오군의 위나라 침공을 틈탄 공격이었을 것이다.

254년 여름에는 농서에 침공한다. 이때는 남중 진압전에서 활약하던 장억(張嶷)을 잃었으나, 위나라 장수 서질(徐質)을 무찔렀다. 같은 해 겨울에는 하관(河關) · 적도(狄道) · 임조(臨洮)의 3현에 침공하여 함락하고, 위나라 적도현의 이간(李簡)을 굴복시킨다. 강유는 이 북벌로 3현의 주민을 면죽으로 이주시키는 등 일정한 성과를 거두었다.

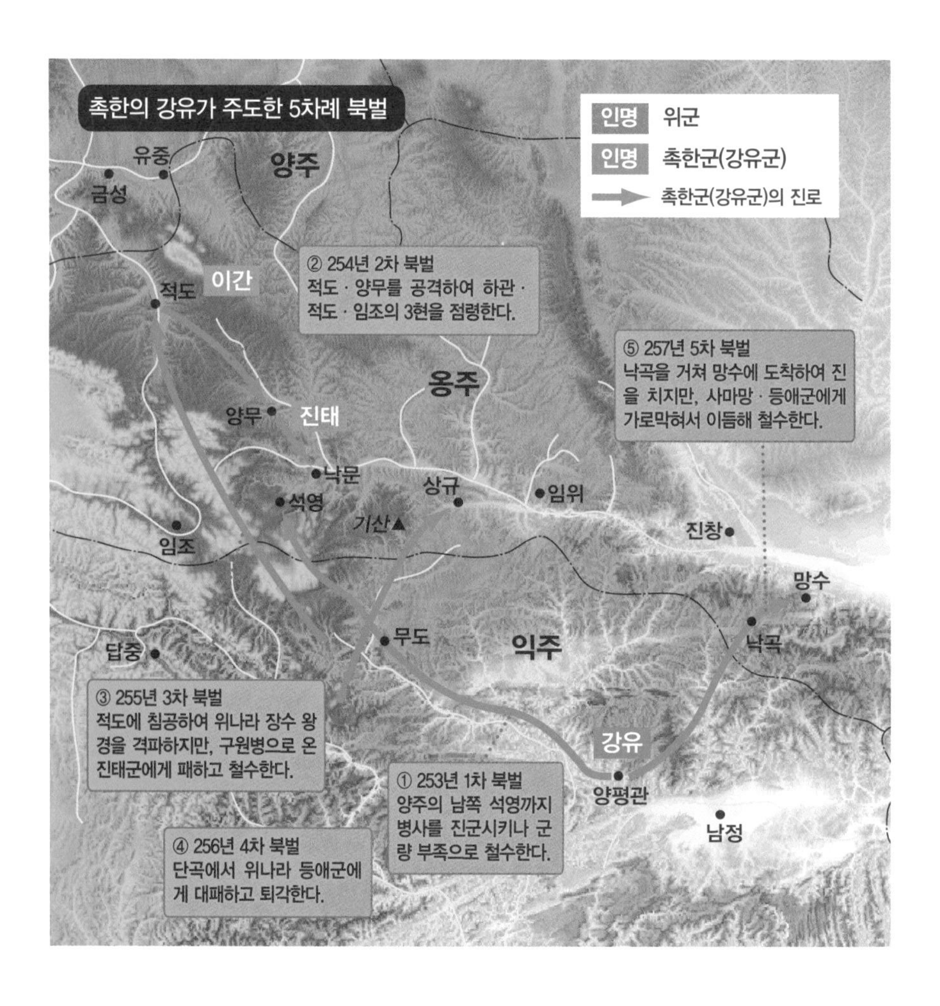

환관 황호가 유선을 등에 업고 권력을 휘두른다

255년에는 사마의의 쿠데타를 피해 촉한으로 도망쳐 온 하후패와 함께 다시 적도 방면에 침공한다. 강유와 하후패는 조수(洮水)의 서쪽에서 위나라 장수 왕경(王經)을 무찔렀으나, 위나라의 진태가 구원병을 이끌고 달려오자 철수한다. 256년에는 4번째 출병을 시도했으나 단곡(段谷)에서 위나라의 등애에게 패한다.

이 패전의 책임을 지고 강유는 후장군 · 행대장군사(行大將軍事, 대장군 대행)로 강등되었다. 이후에 바로 대장군에 복귀했으나 촉한에서는 강유의 무리한 북벌에 대한 반대론이 강해졌다. 257년에 위나라의 제갈탄이 수춘에서 반란을 일으키자, 이를 호기로 본 강유가 낙곡으로 출진했으나 제갈탄이 토벌당해 죽자 물러난다.

이러한 강유의 북벌 정책은 양주에 대한 촉한의 영향력을 강화한 반면, 어려운 시기에 도리어 국력을 쇠퇴시켰다는 평가를 받기도 한다. 게다가 그사이 촉한의 조정에서는 환관 황호가 유선을 등에 업고 권력을 휘두르며 내부에서 동요가 일어나기 시작했다.

오나라에서 잇단 권력 투쟁으로 황제와 실력자가 수시로 숙청

오나라에서는 제갈각이 세상을 떠난 후, 승상이 된 손침이 실권을 잡았지만 문흠, 여거, 당자와의 사이가 좋지 않았다. 256년에 여거가 쿠데타를 일으키지만 실패하고 자살한다.

257년 4월부터는 황제 손량이 직접 정무를 맡는다. 이에 손침과의 의견 대립으로 관계가 악화되자 이듬해, 손량은 손침에게 죄를 물어 죽이기로 결심한다. 하지만 기선을 제압한 손침이 쿠데타를 일으켜서 손량을 폐위하고 손휴(孫休)를 황제로 세운다.

그런데 이번에는 손침과 손휴 사이에 균열이 일어나서, 258년에 손휴가 역쿠데타를 일으키고 손침을 살해한다. 이처럼 오나라는 정권 내부의 권력 투쟁이 격화되면서 쇠퇴 속도가 더욱 빨라진다.

인물 클로즈업 사마사

- 자 : 자원(子元)
- 생몰년 : 208~255년
- 출신지 : 사주 하내군 온현
- 관직 : 대장군

두 번의 쿠데타를 결행해 위나라의 권력을 손에 쥔다

사마의의 큰아들이고, 동생 사마소가 있다. 249년에 아버지 사마의가 주도해 조상을 축출하는 쿠데타가 일어났을 때는 사마연과 함께 중심인물로 활동했다. 아우 사마소에게조차 전날 밤까지 쿠데타 결행을 알리지 않았을 정도로 신중하게 움직여 쿠데타를 성공시켰다. 사마의가 죽은 후, 무군대장군 · 녹상서사가 되어 조정의 실권을 잡는다. 253년에 대장군에 임관되고, 위나라의 군사권을 수중에 넣는다. 254년에 황제 조방을 폐위하고, 조비의 손자인 고귀향공(高貴鄕公) 조모를 4대 황제로 옹립하며 위나라의 실질적인 권력자가 된다.

255년, 사마사의 전횡에 반기를 들고 관구검과 문흠이 반란을 일으킨다. 이에 사마사가 직접 군사를 이끌고 진압에 나서 반란을 진압한다. 하지만 왼쪽 목 아래에 있는 혹을 떼자마자 출진한 탓에 병이 악화되어 그해 세상을 떠났다. 아우 사마소에게 "대사를 남에게 맡기지 마라"라는 유언을 남긴 채 말이다.

인물 삼국지 열전

손준(孫峻) 〈219~256〉

자는 자원(子遠)이고, 손견의 동생 손정(孫靜)의 증손자이자 손공(孫恭)의 아들이다. 만년의 손권에게 총애를 받고 후계자 다툼에서는 손권의 상담역이 되었다. 손권이 죽은 후, 제갈각과 함께 황제 손량을 보좌하며 권력을 중심부로 입성했다. 253년 위나라 침공에 실패한 후 오히려 자기 세력을 강화하려는 제갈각을 살해하고 오나라의 실권을 손에 쥔다.

손준도 권력의 전횡이 극에 달했으나, 256년에 제갈각에게 살해당하는 꿈을 꾸고는 병으로 쓰러져 그해에 세상을 떠났다고 한다.

이풍(李豐) 〈?~254〉

자는 안국(安國)이라 하고, 풍익(馮翊)군 출생이다. 아버지가 조조를 섬겨서 이풍도 조조 휘하에 들어갔다. 인품이 좋아서 순조롭게 승진했고, 조예가 죽은 후에는 상서복사로 승진했다. 하지만 꾀병을 부리며 쉬었다가 출근하기를 반복했다고 한다.

254년, 조정에서 군림하는 사마사를 타도하려는 쿠데타를 계획했으나, 사전에 발각되어 하후현과 함께 처형당했다.

문흠(文欽) 〈?~257〉

자는 중약(仲若)이라고 하며, 예주 초군(譙郡) 출신이다. 위나라를 섬겼으나 사마사의 전횡에 반기를 들고 관구검과 함께 거병했다. 반란이 진압되고 관구검은 죽임을 당했으나 문흠은 오나라로 망명하는 데 성공했다.

이후 제갈탄이 모반을 일으키자 오군의 일원으로 구원에 나섰다. 제갈탄과는 위나라 시절부터 사이가 나빴던 문흠은 이때도 의견 충돌을 일으키는 바람에 제갈탄의 손에 살해당한다.

여거(呂據) 〈?~256〉

자는 세의(世議)이며, 예주 여남(汝南)군 출생이다. 적벽대전에서 주유와 함께 조조군을 격파한 여범의 아들이다. 산월 토벌에서 두각을 나타냈으며, 주이가 양양의 번성을 공격했을 때 참전하여 전공을 세우고 편장군에 임명되었다. 제갈각, 손준과 함께 어린 황제 손량을 보좌하며 오나라를 이끌었다. 256년에 손준이 죽은 후, 권력을 쥔 손침과 대립하다 손침의 공격을 받고 자살했다.

259~265
촉한과 위나라가 멸망,
사마씨의 진나라 건국

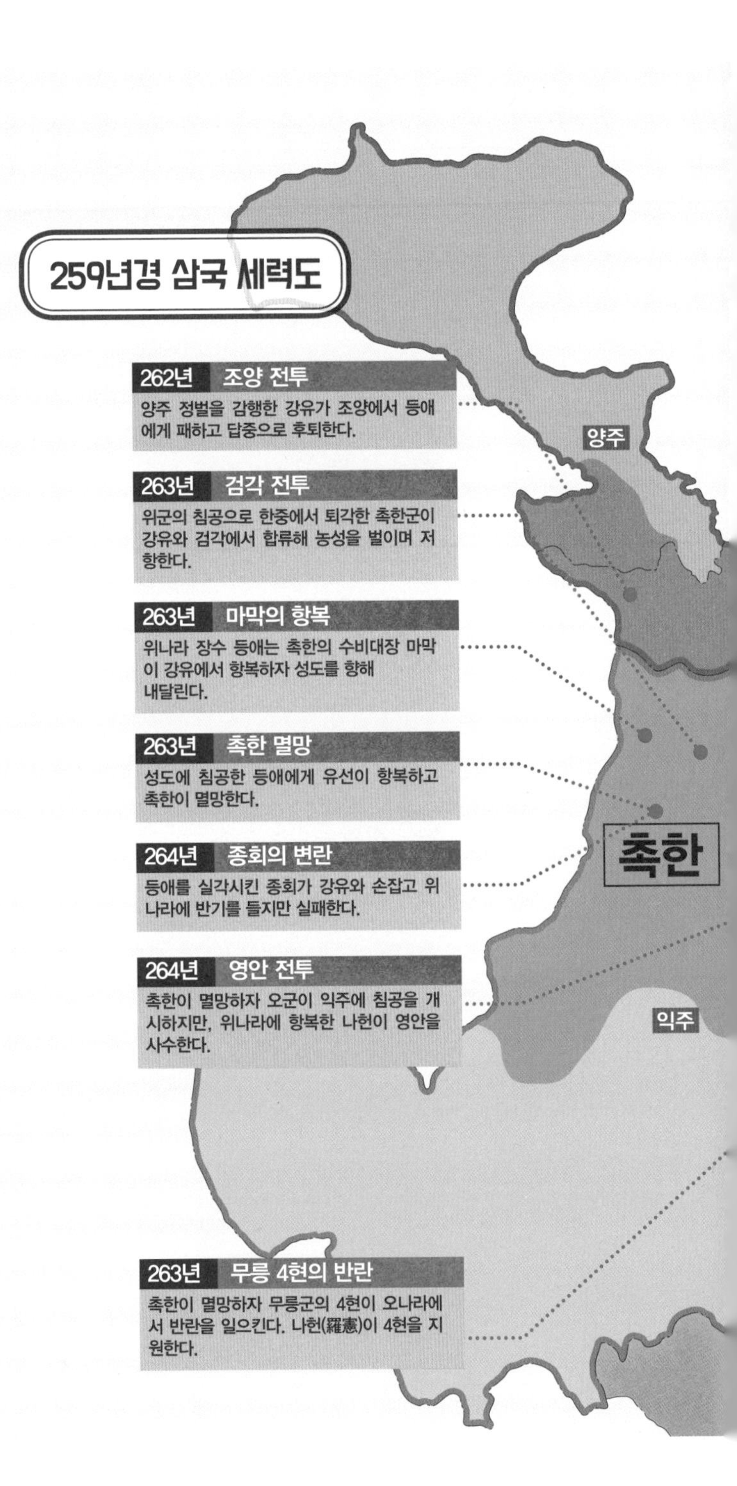
259년경 삼국 세력도
262년 조양 전투
양주 정벌을 감행한 강유가 조양에서 등애에게 패하고 답중으로 후퇴한다.
263년 검각 전투
위군의 침공으로 한중에서 퇴각한 촉한군이 강유와 검각에서 합류해 농성을 벌이며 저항한다.
263년 마막의 항복
위나라 장수 등애는 촉한의 수비대장 마막이 강유에서 항복하자 성도를 향해 내달린다.
263년 촉한 멸망
성도에 침공한 등애에게 유선이 항복하고 촉한이 멸망한다.
264년 종회의 변란
등애를 실각시킨 종회가 강유와 손잡고 위나라에 반기를 들지만 실패한다.
264년 영안 전투
촉한이 멸망하자 오군이 익주에 침공을 개시하지만, 위나라에 항복한 나헌이 영안을 사수한다.
263년 무릉 4현의 반란
촉한이 멸망하자 무릉군의 4현이 오나라에서 반란을 일으킨다. 나헌(羅憲)이 4현을 지원한다.
양주
촉한
익주

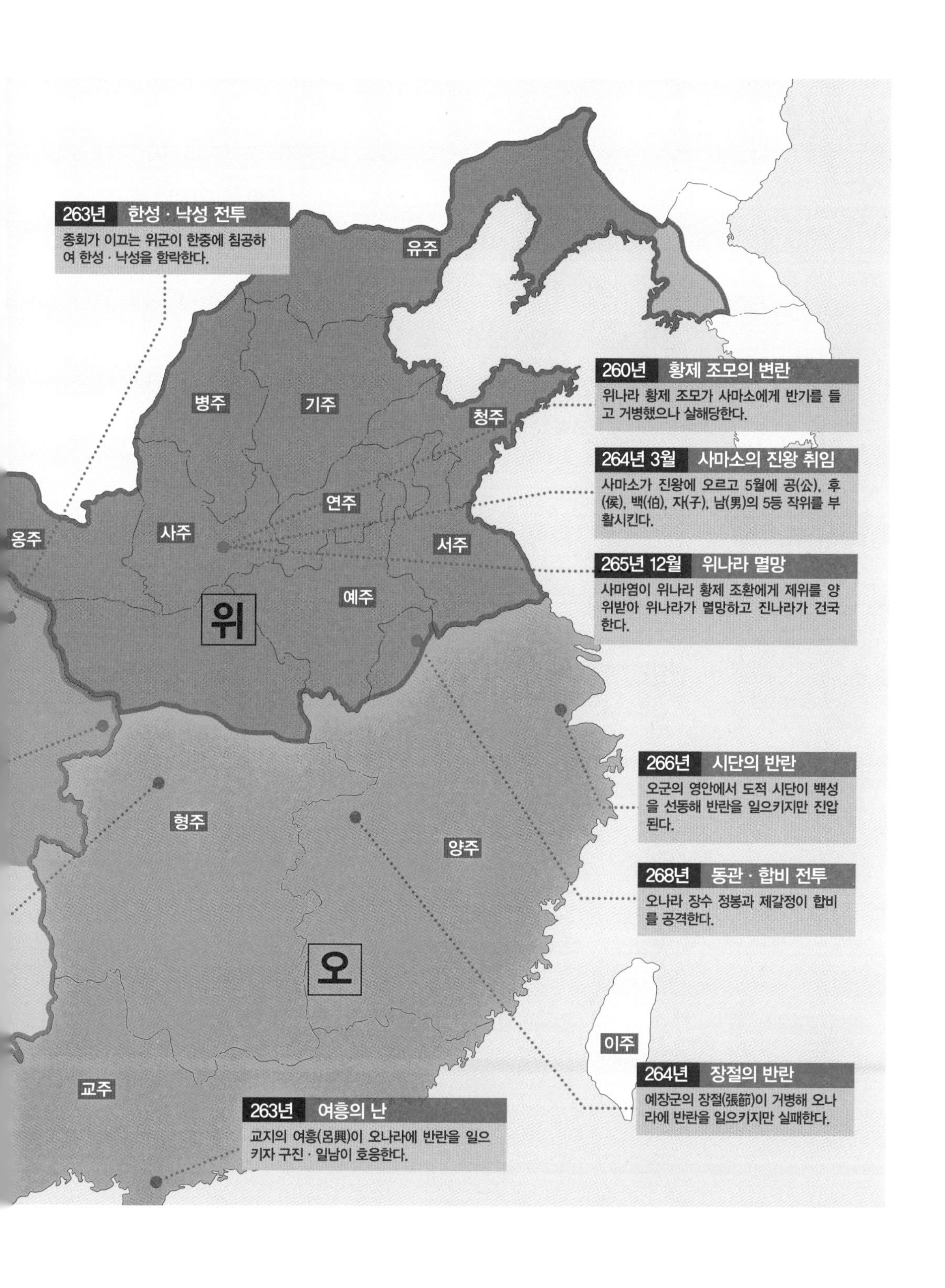
263년 한성 · 낙성 전투
종회가 이끄는 위군이 한중에 침공하여 한성 · 낙성을 함락한다.
유주
병주
기주
청주
260년 황제 조모의 변란
위나라 황제 조모가 사마소에게 반기를 들고 거병했으나 살해당한다.
264년 3월 사마소의 진왕 취임
사마소가 진왕에 오르고 5월에 공(公), 후(侯), 백(伯), 자(子), 남(男)의 5등 작위를 부활시킨다.
연주
옹주
사주
서주
265년 12월 위나라 멸망
사마염이 위나라 황제 조환에게 제위를 양위받아 위나라가 멸망하고 진나라가 건국한다.
예주
위
266년 시단의 반란
오군의 영안에서 도적 시단이 백성을 선동해 반란을 일으키지만 진압된다.
형주
양주
268년 동관 · 합비 전투
오나라 장수 정봉과 제갈정이 합비를 공격한다.
오
이주
264년 장절의 반란
예장군의 장절(張節)이 거병해 오나라에 반란을 일으키지만 실패한다.
교주
263년 여흥의 난
교지의 여흥(呂興)이 오나라에 반란을 일으키자 구진 · 일남이 호응한다.

조모가 '친정 쿠데타'를 일으켰다가 사마소에 의해 살해

위나라 4대 황제 조모는 사마소의 전횡을 견디지 못하고, 260년에 사마소를 내치기 위해 직접 들고일어난다. 당시 위나라에서 이미 황제는 '장식물'에 불과했고, 실질적인 최고 권력자는 사마소였다.

조모는 측근 왕침(王沈) · 왕경 · 왕업(王業)에게 자신의 의사를 알렸으나, 왕침과 왕업이 조모를 배신하고 사마소에게 이를 알렸다. 음모 계획이 발각된 것을 안 조모는 고작 수백 명의 수하를 이끌고 출격한다. 직접 최전선에서 검을 휘둘렀으나 승부는 불 보듯 뻔해서, 가충(賈充)의 명을 받은 성제(成濟)라는 남자의 칼에 맞아 죽는다. 이렇게 해서 조씨 위나라의 황제가 시도한 최후의 '친정(親征)', 그리고 '역쿠데타'는 실패로 막을 내렸다.

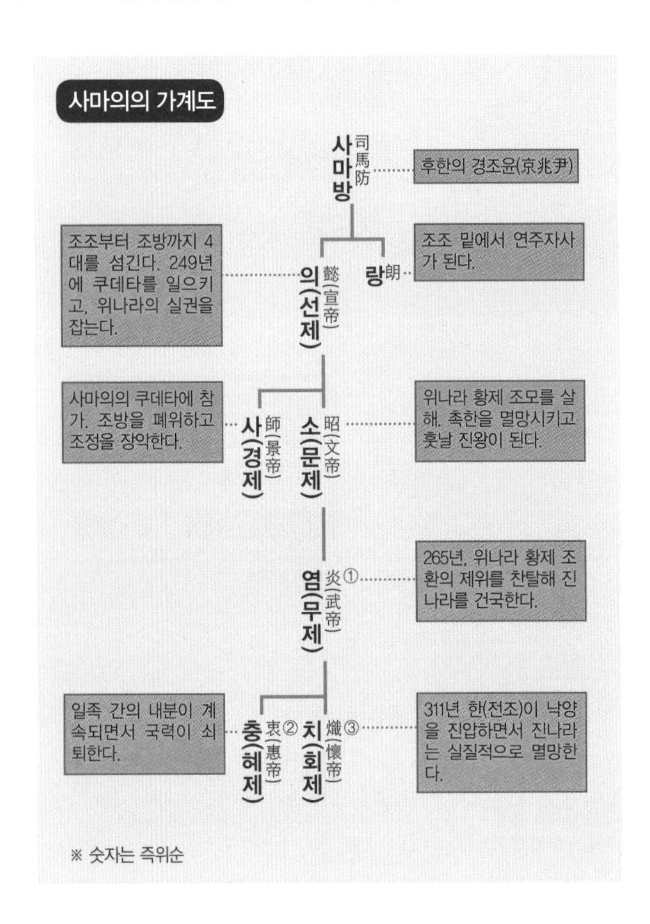

황제 조모가 죽었다는 소식에 사마소는 경악했다. 아무리 '장식물'이라고 해도 황제를 죽인 것은 대역죄다. 실권자라도 대역죄를 저지른 사실이 드러나면 정권을 유지하기가 힘들다. 그래서 사마소는 조모가 곽 황태후를 살해하려다 역습당했다고 간계를 꾸민 후에 성제를 죽여서 사태를 수습했다. 조모의 뒤를 이은 것은 조조의 손자인 조환(曹奐)이었다. 이른바 위나라 최후의 황제다.

참고로, 조모가 궐기할 때 말했던 "사마소지심, 노인개지야(司馬昭之心, 路人皆知也 사마소의 마음은 길 가는 사람도 알고 있다)"라는 말은 '권력을 노리는 야심가의 음모는 누구나 알고 있다'라는 뜻이다. 이 성어는 지금도 중국에서 널리 쓰이며, 당시 조모의 비극을 현대에 그대로 전해주고 있다.

사마소가 무리한 북벌로 국력이 쇠퇴한 촉한을 멸망시킨다

한편 촉한에서는 262년에 강유가 양주에 침공하며 5차 북벌을 감행한다. 하지만 다시 등애 앞에서 패퇴하고 만다. 계속되는 북벌의 실패로 조정에서 자신을 배제하는 움직임이 있다는 걸 눈치챈 강유는 성도를 떠나서 답중(沓中)에 주둔한다.

253년 이래 강유가 북벌에 거듭 실패하면서 촉한의 국력이 쇠퇴했다. 한편, 조정 내에서는 환관 황호가 유선의 총애를 등에 업고 정치를 농단하며 부패의 수렁에 빠져들었다.

내우외환에 시달리느라 민심도 국력도 쇠약해진 촉한을 지켜보며, 위나라의 상국 사마소는 자신의 명성도 높일 겸 촉한을 토벌하기로 결정한다. 262년에는 심복인 사례교위 종회(種會)를 진서장군에 임명하고, 촉한 방면의 지세를 조사하라고 명령했다. 또 청주 · 서주 외 다른 6주에서는 사람을 동원

위나라 사마소가 주도한 촉한 침공
① 263년 여름, 마침내 사마소가 이끄는 위군이 세 방면에서 촉한의 영토에 침공한다.
② 종회의 지휘 아래 순개·이보군의 공격으로 한성과 낙성이 무너지고 한중이 함락된다.
③ 한중이 함락되었다는 소식을 들은 강유가 관성을 구원하기 위해 음평으로 퇴각한다.
④ 제갈서와 호열의 협공으로 관성이 맥없이 무너진다.
⑤ 강유가 관성을 구원하기 위해 나섰다가 검각으로 퇴각해 농성을 벌이며 위군의 침공을 저지한다.
인명 위군
인명 촉한군
위군의 진로
촉한군의 진로
양무
등애
기산
제갈서
진창
옹주
장안
종회
사마소
사곡
진려산
감송
답중
강유
교두
무가
익주
순개
이보
유흠
장빈
한성
낙성
왕함
관성
정군산
호열
음평
요화
백수
장익
검각
안양
형주
서성

하여 배를 새로 건조하고, 오나라를 토벌하는 것처럼 꾸미는 등 촉한을 토벌할 준비를 착착 진행했다.

그리고 263년 8월에 사마소는 마침내 본격적으로 촉한 침공을 개시한다.

사마소는 등애에게 우선 답중에 주둔한 강유를 공격하라고 명하고, 강유의 퇴로를 차단하기 위하여 제갈서(諸葛緖)를 무가 · 교두로 보냈다. 종회는 서곡, 낙곡에서 남하하여 촉한의 영토인 한중을 침공했다. 한중에 입성한 종회는 즉시 한성과 낙성을 함락하고, 한중을 점거한 후 관성으로 병사를 진군시킨다.

한중이 점거되었다는 소식을 들은 강유는 답중을 버리고 관성을 구원하기 위하여 나서지만 관성 또한 맥없이 함락된다. 다시 퇴각한 강유는 요해의 땅 검각(劍閣)까지 가서, 그곳에서 장익(張翼)과 요화(廖化)와 합류하여 종회군을 맞아 싸우기로 한다.

제갈서군과 합류한 종회는 검각에서 총공격에 나서지만, 강유군이 잘 버티는 바람에 좀처럼 함락하지 못한다. 종회는 철수도 고려했으나, 음평까지 진군한 등애가 철수할 경우 더 위험하다고 설득해 포기했다. 그리고 등애는 음평에서 샛길을 통해 성도를 급습한다는 기발한 책략을 받아들여, 촉한의 도읍인 성도로 공격해 들어간다.

촉한의 성도가 위군의 수중에 들어가자 황제 유선이 항복

음평에서 성도로 가는 샛길은 지금까지 누구도 진군한 적 없는 험한 길이어서 가로막는 사람이 아무도 없었다. 등애는 지형과 지세를 읽는 탁

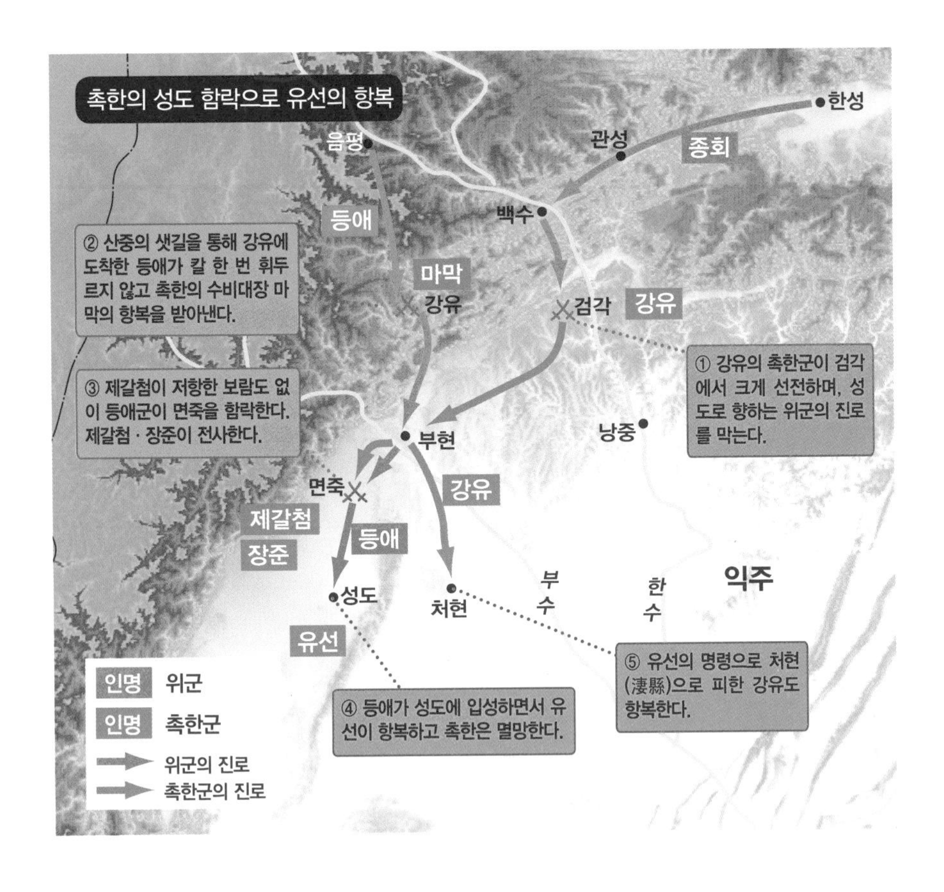

월한 안목과 길 없는 곳에 길을 만드는 노력으로 이 험한 길을 뚫고 지나갔다. 설마 음평 방면에서 적군이 나타나리라곤 상상하지 못했던 수비수장 마막(馬邈)은 허를 찔리자 어떤 방어도 하지 못한 채 항복한다. 이처럼 맥없이 강유가 뚫리자 촉한의 성도는 그대로 위군의 수중에 들어갔다.

성도를 빼앗긴 유선은 궁중고문관 초주(譙周)에게 항복을 권유받고 깨끗이 항복한다. 삼국 중 촉한은 고작 2대 만에 가장 먼저 역사에서 자취를 감추게 된다.

2대 황제 유선은 깨끗이 항복했으나, 촉한에는 위나라에 끝까지 저항하다 죽은 사람도 많았다. 유선의 여섯째 아들 유심(劉諶)은 성도 사수를 진언하지만, 유선에게 각하당하고 선황 유비의 묘 앞에서 통곡한 후 자살한다.

제갈량의 아들 제갈첨(諸葛瞻)은 면죽의 전선에서 등애의 항복 요청을 거부하고 아들 제갈상(諸葛尙)과 함께 전사했다. 또 장비의 손자인 장준(張遵)도 제갈첨을 수행하다 전사했다. 조운의 차남 조광(趙廣)은 강유를 수행하다 답중에서 등애군에게 참수당했다. 촉한 건국에 공이 있던 충신의 자손들이 하나둘 스러져갔다.

사마염이 위나라의 황제 조환에게 양위받아 진나라 건국

이렇게 해서 위나라는 촉한을 멸망시킨다. 그런데 촉한 멸망에 큰 공을 세운 종회가 촉한을 탈취하여 강유와 함께 독립하려는 사건이 일어난다. 종회는 자신에게 주어진 전단권(專斷權, 정책을 스스로 판단하고 단행하는 결정권)을 이용하여 제멋대로 촉한의 영토를 다스리던 등애에게 모반의 누명을 씌운다. 그런 다음 성도에서 죄인 호송용 수레에 실어 보낸 후 직접 성도의 실권을 장악하기 위해 들어간다. 그리고 촉한 토벌을 위하여 편성된 위군의 주력 부대와, 유선의 조기 항복으로 인수한 구 촉한군을 합쳐 20수만 명이라는 대군을 편성해 사마소 타도를 계획한다.

하지만 이 계획은 촉한에 있던 위군 호열(胡烈)이 외부에 알리면서 미수에 그친다. 음모가 들통난 종회와 강유는 위군에 의해 허무하게 전사하고 만다.

사마소는 유선의 촉한을 멸망시키고, 모반을 꾸민 종회와 강유까지 말끔하게 제거한다. 그리고 264년 3월, 촉한을 평정한 공적을 인정받아 한 해 전

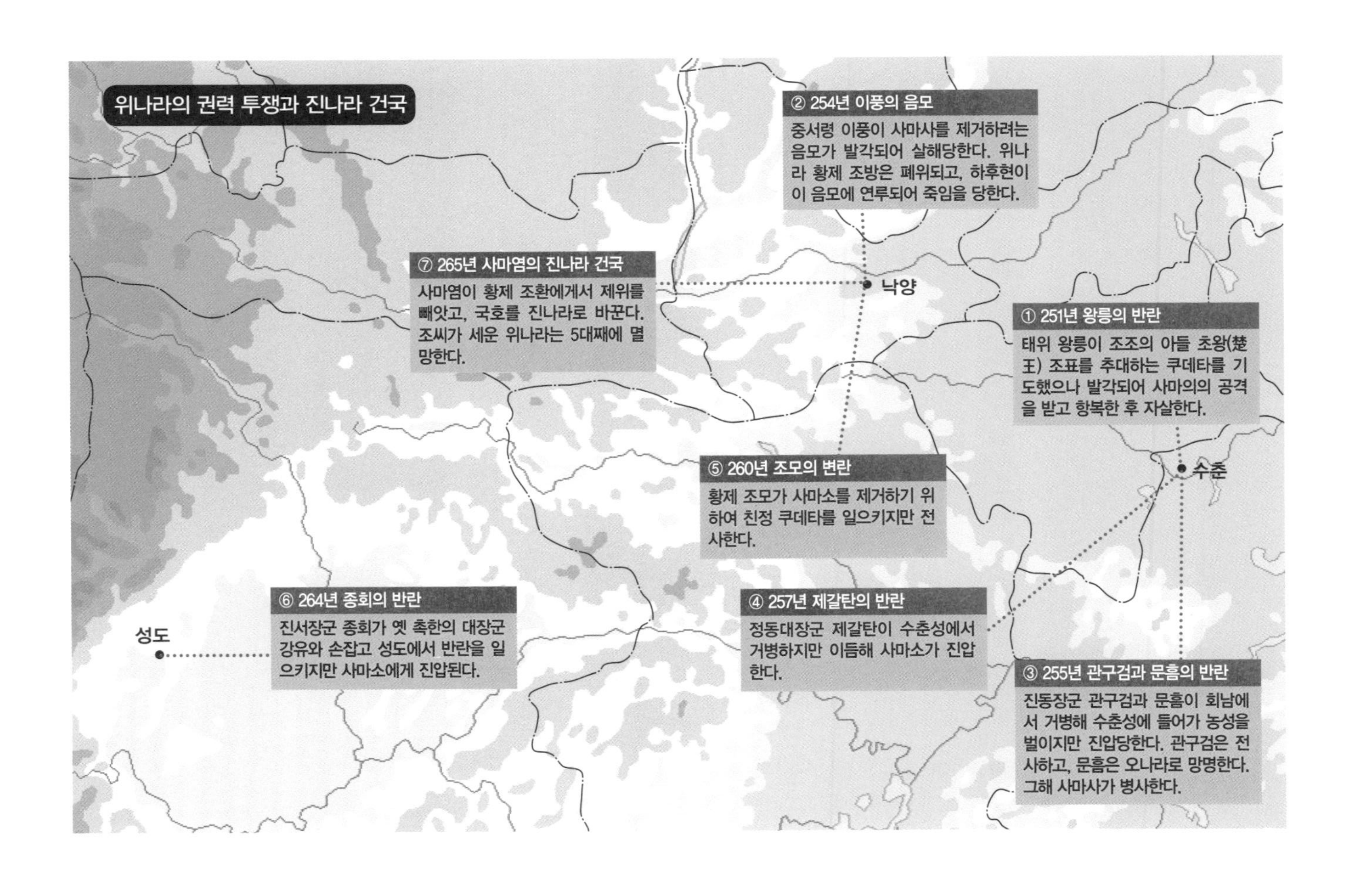
위나라의 권력 투쟁과 진나라 건국
① 251년 왕릉의 반란
태위 왕릉이 조조의 아들 초왕(楚王) 조표를 추대하는 쿠데타를 기도했으나 발각되어 사마의의 공격을 받고 항복한 후 자살한다.
② 254년 이풍의 음모
중서령 이풍이 사마사를 제거하려는 음모가 발각되어 살해당한다. 위나라 황제 조방은 폐위되고, 하후현이 이 음모에 연루되어 죽임을 당한다.
③ 255년 관구검과 문흠의 반란
진동장군 관구검과 문흠이 회남에서 거병해 수춘성에 들어가 농성을 벌이지만 진압당한다. 관구검은 전사하고, 문흠은 오나라로 망명한다. 그해 사마사가 병사한다.
④ 257년 제갈탄의 반란
정동대장군 제갈탄이 수춘성에서 거병하지만 이듬해 사마소가 진압한다.
⑤ 260년 조모의 변란
황제 조모가 사마소를 제거하기 위하여 친정 쿠데타를 일으키지만 전사한다.
⑥ 264년 종회의 반란
진서장군 종회가 옛 촉한의 대장군 강유와 손잡고 성도에서 반란을 일으키지만 사마소에게 진압된다.
⑦ 265년 사마염의 진나라 건국
사마염이 황제 조환에게서 제위를 빼앗고, 국호를 진나라로 바꾼다. 조씨가 세운 위나라는 5대째에 멸망한다.
낙양
수춘
성도

에 취임한 진공(晋公) 자리에서 진왕의 지위에 오른다.

같은 해 8월에 사마소가 급사하자, 장자인 사마염(司馬炎)이 뒤를 이었다. 그리고 265년 12월, 사마염은 조환에게 양위받아 마침내 사마씨가 황제에 오른다. 양위의 전례를 만든 것이 조씨인데, 그 전례가 다시 조씨를 멸망시키다니 역사의 아이러니라 할 만하다.

이로써 위나라는 역사 속으로 사라지고 대신 진나라가 건국되었다. 이제 삼국시대를 주도한 삼국 중 남은 곳은 진나라와 오나라뿐이었다.

사마염이 진나라 황제에 오른 265년, 오나라에서는 그동안 내정에 힘을 쏟아 나라를 재건한 명군 손휴가 병사하고(손휴가 제위에 있는 동안에는 위나라도 오나라를 공격하지 않았다) 손호(孫皓)가 뒤를 이었다. 그도 당초에는 국고를 열어 가난한 자를 구제하는 등 현제의 모습을 보였다.

그런데 그런 현명한 군주가 돌변한다. 265년, 손호는 돌연 건업에서 무창으로 도읍을 옮기더니, 이듬해 다시 건업으로 도읍을 옮기는 무의미한 행동을 하여 신하들의 원망을 샀다. 또 267년에는 거대한 궁전을 지어서 쓸데없이 국력을 낭비하는 등 실정을 거듭했다. 촉한이 멸망하고 홀로 진나라의 침공 위기에 처한 오나라는 손호로 인해 더욱 쇠락의 길을 걷게 된다.

인물 삼국지 열전

가충(賈充) 〈217~282〉

자는 공려(公閭)이고, 사주 하동(河東)군 양양(襄陽)현 사람이다. 조조에게 중용되었던 가규의 아들이다. 사마씨 일가의 심복으로, 260년에 황제 조모가 반사마소를 내세우고 거병하자 부하 성제를 시켜 조모를 죽인다. 진나라가 건국할 때 사마소의 아들 사마염이 양위를 받는 데 협력한 공로를 인정받아 요직을 역임했다. 오나라 토벌에는 마지막까지 반대했으나 총사령관에 임명되자 오나라 영토로 진군했다. 진나라 건국의 공로자라 할 수 있다.

왕경(王經) 〈?~260〉

자는 언위(彦緯)이고, 익주 청하(淸河)군 사람이다. 원래 농민의 자식이었으나 위나라 사공에까지 오른 최림(崔林)에게 인정받아 위나라에서 관직을 받게 되었다. 상서로서 일하던 260년, 황제 조모에게 사마소 타도 계획을 듣고 무모한 계획이라고 간언했으나, 끝내 변란을 막지는 못했다. 결국 조모는 패하여 죽고, 왕경도 조모의 음모를 보고하지 않았다는 이유로 사마소에게 처형당했다.

종회(鍾會) 〈225~264〉

자는 사계(士季)라고 하고, 조조 · 조비 밑에서 활약한 종요의 아들이다. 위나라의 가신 집안 출신으로, 255년에 관구검이 반란을 일으켰을 때는 참모역으로 출진했고, 257년에 제갈탄이 반란을 일으켰을 때도 사마소를 따랐다. 263년, 촉한 침공전에서는 10만 명의 병사를 인솔하여 한중을 정복했다.
그 후, 성도 공략에 공을 세운 등애와 대립하여 그를 추방하고, 옛 촉한 장수 강유와 함께 위나라에 반기를 들었다. 하지만 대규모 반란이 일어나기 전에 살해당했다.

등애(鄧艾) 〈?~264〉

자는 사재(士載)이고, 의양(義陽)군 극양(棘陽)현 출신이다. 농민 출신의 위나라 부장으로 사마의에게 인정받아 낙양에 입성했다. 263년, 촉한 침공전에 출진하여 강유 · 면죽을 함락하고, 가장 먼저 성도에 입성해 촉한의 황제 유선에게 항복을 받았다.
하지만 종회에게 중상모략을 받고 죄인 호송차로 소환되는 굴욕을 겪었다. 종회의 반란은 실패로 끝났으나, 종회의 명령을 받은 위관(衛瓘)에게 붙잡혀 살해당했다.

266~274
육항과 양호가 벌인
최후 명승부, 선정 전투,

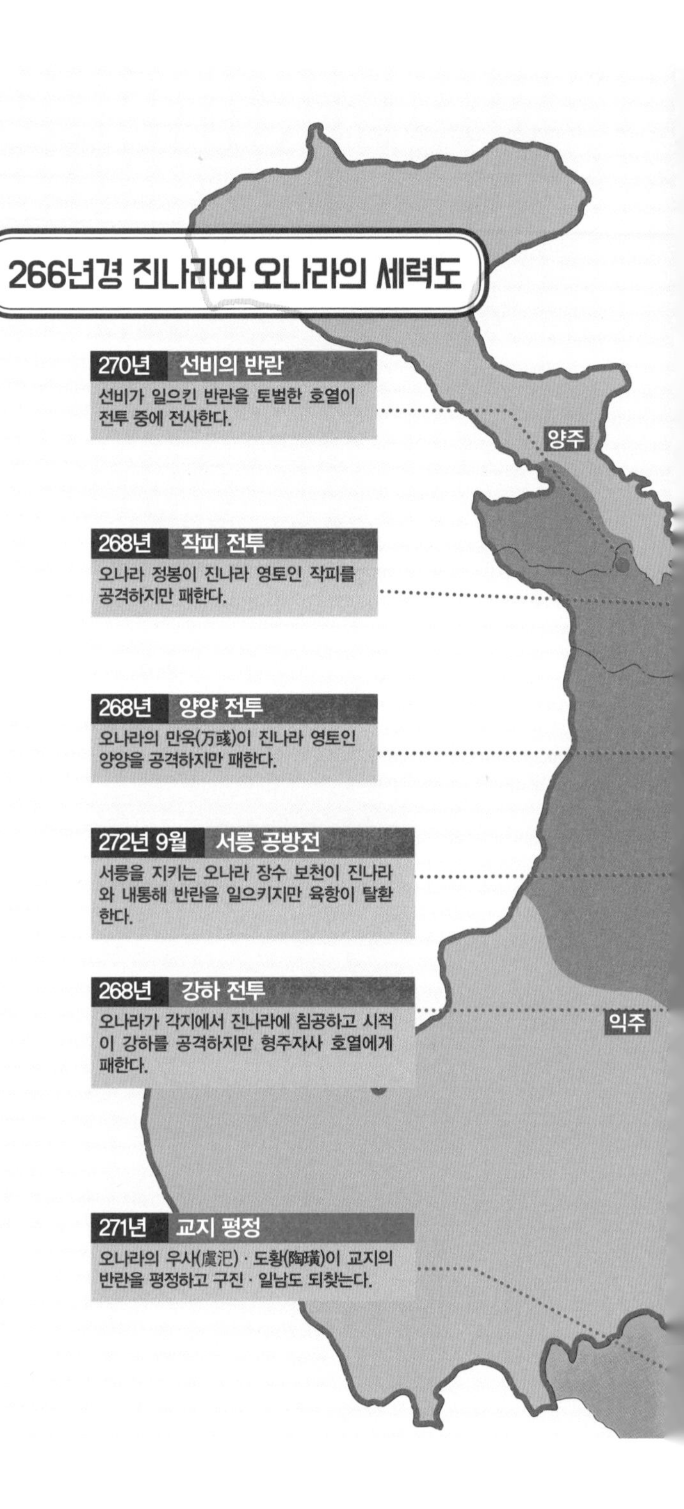
266년경 진나라와 오나라의 세력도
270년 선비의 반란
선비가 일으킨 반란을 토벌한 호열이 전투 중에 전사한다.
268년 작피 전투
오나라 정봉이 진나라 영토인 작피를 공격하지만 패한다.
268년 양양 전투
오나라의 만욱(万彧)이 진나라 영토인 양양을 공격하지만 패한다.
272년 9월 서릉 공방전
서릉을 지키는 오나라 장수 보천이 진나라와 내통해 반란을 일으키지만 육항이 탈환한다.
268년 강하 전투
오나라가 각지에서 진나라에 침공하고 시적이 강하를 공격하지만 형주자사 호열에게 패한다.
271년 교지 평정
오나라의 우사(虞汜) · 도황(陶璜)이 교지의 반란을 평정하고 구진 · 일남도 되찾는다.
양주
익주

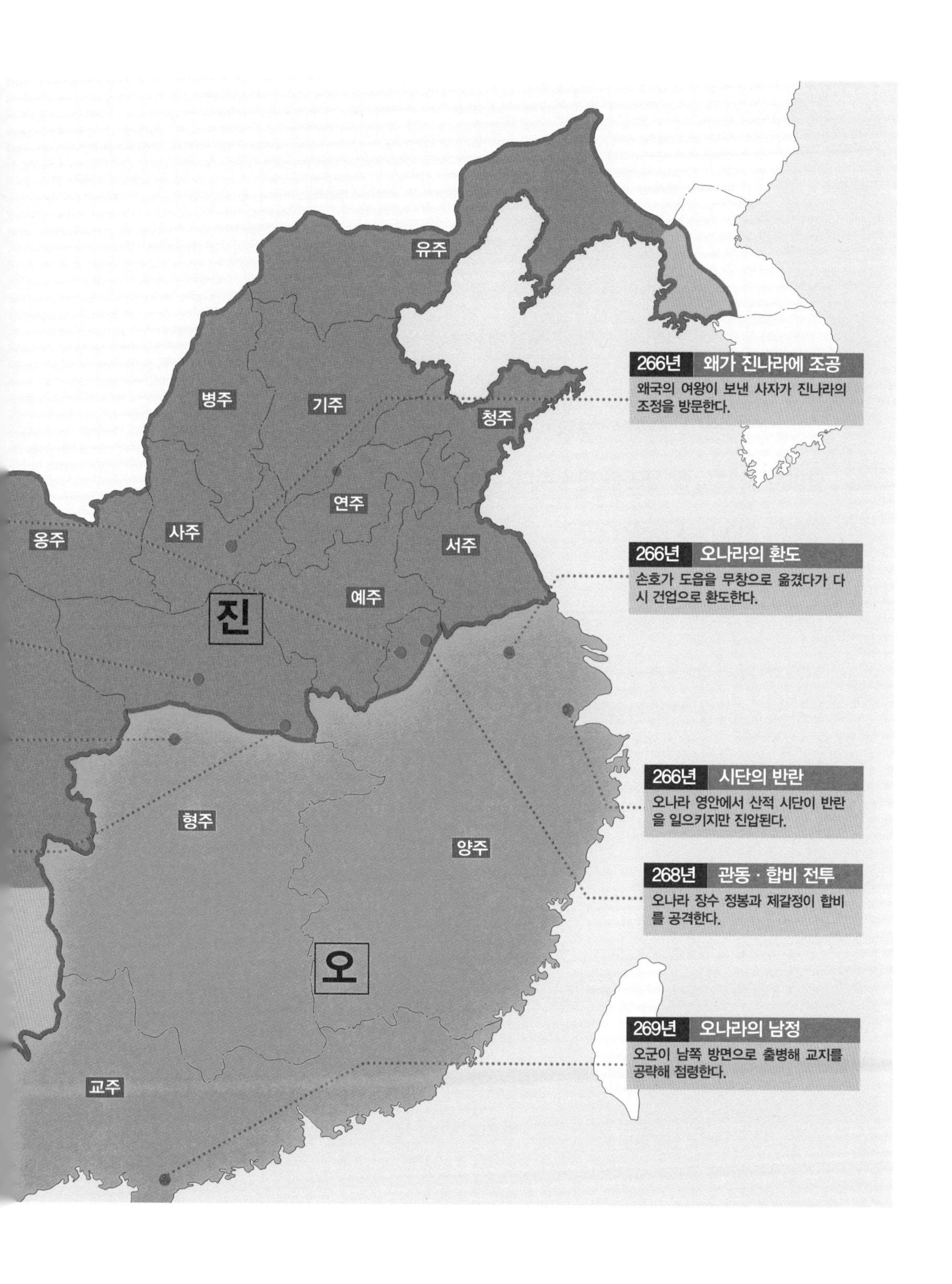
유주
병주
기주
청주
연주
사주
옹주
서주
예주
진
형주
양주
오
교주
266년 왜가 진나라에 조공
왜국의 여왕이 보낸 사자가 진나라의 조정을 방문한다.
266년 오나라의 환도
손호가 도읍을 무창으로 옮겼다가 다시 건업으로 환도한다.
266년 시단의 반란
오나라 영안에서 산적 시단이 반란을 일으키지만 진압된다.
268년 관동 · 합비 전투
오나라 장수 정봉과 제갈정이 합비를 공격한다.
269년 오나라의 남정
오군이 남쪽 방면으로 출병해 교지를 공략해 점령한다.

황제 손호의 무리한 천도와 폭정으로 오나라가 혼란에 빠진다

266년 10년, 오나라에서는 영안에서 산적 시단(施但)이 반란을 일으켰다. 시단은 손호의 이복동생인 손겸(孫謙)을 납치하여 반란군의 수령으로 추대하고, 손호의 폐위를 대의명분으로 내세워 세력을 규합했다. 반란군은 점점 수가 늘어 건업에 도달할 무렵에는 1만 명이 넘었다고 한다. 손호는 이를 진압하기 위해 정고(丁固)와 제갈정(諸葛靚)을 보내 반란군을 괴멸했다.

268년, 손호는 자신은 동관으로 출병했고, 제갈정과 정봉에게 진나라의 합비와 곡양 등에 침공을 명령했다. 그러나 진나라 군대의 역공을 받아 모두 패하는 바람에 전과를 올리지 못했다. 교지에도 침공하려 했으나, 이 또한 실패로 끝났다.

손호는 무의미하게 천도하고 거대한 궁전을 건설하며 궁녀를 강제로 징발하여 백성의 반발을 샀다. 그뿐인가? 손권이 집권하던 시절에 있던 교사제도(校事制度)를 부활시켜 가신의 기대를 저버렸다. 교사란 관료의 위법 행위를 단속하는 제도로, 말하자면 내부 스파이 역할이라 할 수 있다. 이는 손권이 집권하던 시절과 마찬가지로 손호와 가신 사이에 불신의 골을 깊게 했을 것으로 보인다.

그리고 먹고 마시고 노는 향락에 빠진 채, 주변 사람들에 대한 의심을 키우는 통에 수많은 가신을 함부로 처형했다. 이로 말미암아 신하들의 마음은 점점 더 오나라를 떠나게 되었다.

더욱이 269년에 육개, 270년에 시적(施績, 본명은 주적), 271년에 정봉 등의 중신이 잇달아 세상을 떠났다. 270년에는 황족 손수(孫秀, 손권의 아우 손광의 손자)가 일족을 데리고 진나라로 망명하면서 오나라는 존망의 위기에 서게 되었다.

한편 진나라 내부도 오나라를 공격할 만한 상황이 아니었다. 이 무렵 양주 방면에서 이민족들의 움직임이 활발해졌기 때문이다.

270년에는 호열이 선비족의 반란을 토벌하다 전사했다. 이듬해에도 양주자사 견홍(牽弘)이 이민족과의 전투로 목숨을 잃었다. 이에 진나라 위장군 양호(羊祜)가 오나라에 침공하자고 상소했으나, 조정 내에서는 이민족 대책을 우선해야 한다는 목소리가 많아서 사마염은 오나라 토벌에 나설 수가 없었다.

오나라의 중신 일족인 보천이 요충지 서릉에서 모반을 일으킨다

271년, 낙양으로 이주해 살던 유선이 세상을 떠났다. 만년에 유선은 안락공(安樂公)에 봉해지는(안락현에 간 것은 아니다) 등 후한 대접을 받았다. 덧붙여 말하자면 유선의 자손은 진나라 멸망의 계기가 된 영가의 난(永嘉之亂, 중국 서진 말기에 이민족이 일으킨 반란을 가리키는 말-역주)이 일어났을 때 멸족되었다.

오나라에서는 손호의 실정이 멈추질 않았다. 271년에 손호는 후궁 수천 명을 데리고 돌연 낙양으로 향했다. 강남의 군주가 천하를 통일한다는 예언을 손호가 믿었기 때문이라고 한다.

이보다 무모한 이야기가 있을까? 당연히 백성 사이에서 불평불만이 확산되는 바람에, 제아무리 손호라도 귀환할 수밖에 없었다. 또 같은 해에 오나라는 두고두고 골칫거리였던 교주에 쳐들어가서 교지를 탈환하고 구진(九

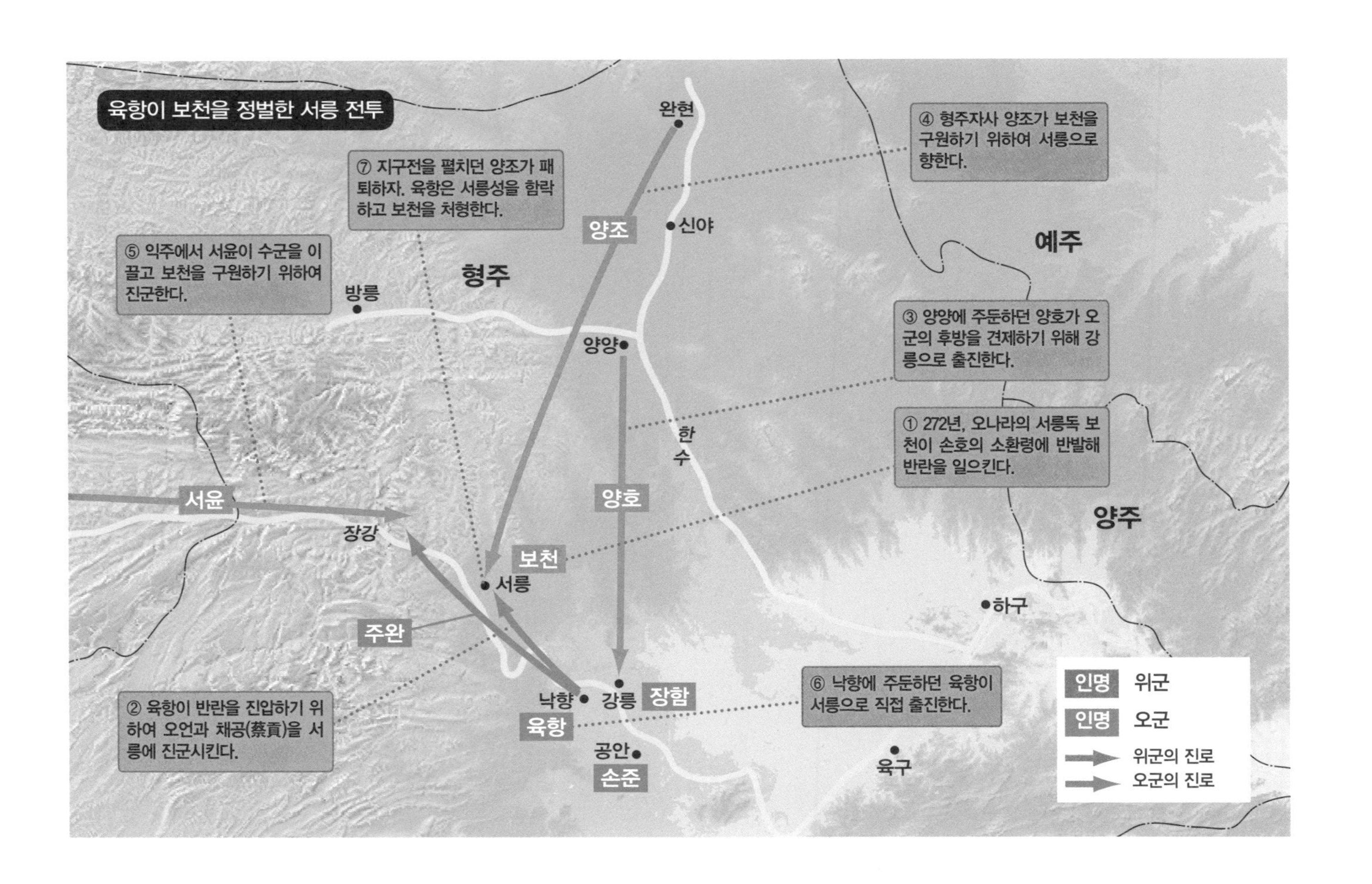

육항이 보천을 정벌한 서릉 전투
⑦ 지구전을 펼치던 양조가 패퇴하자, 육항은 서릉성을 함락하고 보천을 처형한다.
④ 형주자사 양조가 보천을 구원하기 위하여 서릉으로 향한다.
완현
신야
양조
예주
형주
⑤ 익주에서 서윤이 수군을 이끌고 보천을 구원하기 위하여 진군한다.
방릉
③ 양양에 주둔하던 양호가 오군의 후방을 견제하기 위해 강릉으로 출진한다.
양양
① 272년, 오나라의 서릉독 보천이 손호의 소환령에 반발해 반란을 일으킨다.
한수
서윤
양호
양주
장강
보천
서릉
하구
주완
② 육항이 반란을 진압하기 위하여 오언과 채공(蔡貢)을 서릉에 진군시킨다.
낙향
강릉
장함
육항
⑥ 낙향에 주둔하던 육항이 서릉으로 직접 출진한다.
공안
손준
육구
인명 위군
인명 오군
위군의 진로
오군의 진로

眞)과 일남(日南)까지 손에 넣는다.

이듬해에는 보즐의 뒤를 이어 서릉독이 된 보천(步闡)을 도성에 소환했으나, 보천은 도성에 가는 대신 서릉(원래는 이릉)에서 모반을 일으킨다.

보천은 손호가 내린 귀환 명령에 의심을 품고(그 무렵 손호는 신하를 조정에 불러다가 함부로 처형했다), 서릉의 군대를 데리고 진나라에 투항했다. 보천은 서릉성에서 농성을 벌이며 진나라의 원군을 기다렸다. 하지만 오나라 입장에서 서릉은 형주를 방비하는 가장 중요한 군사 요충지였다. 낙향(樂鄕)에 주둔해 있던 육항(陸抗)은 오언(吳彥)을 서릉에 파견하여 성을 포위하게 했다.

진나라에서는 형주자사 양조(楊肇)가 3만 명의 군사를 동원하여 구원에 나섰다. 동시에 오군을 견제하기 위하여 강릉에서 양호가 진군하고, 익주 방면에서는 서윤(徐胤)이 출격했다. 이에 강릉으로 가는 군량 수송을 방해하기 위하여 제방을 무너트린 육항은 장함(張咸)에게 강릉의 방비를 맡기고, 자신은 서릉으로 출진하여 양조와 대치했다. 서윤군에 맞서기 위해서는 유려(留慮)와 주완(朱琬)을 파견했다.

서릉을 차지하기 위한 양조와 육항의 치열한 공방전은 4개월여나 계속되었다. 하지만 서릉을 포위한 채 진나라의 원군을 가로막는 육항의 이중 포위망을 뚫지 못한 양조는 결국 철수하기로 결단을 내린다. 이에 육항은 양조군을 추격하여 패퇴시키고 승리를 거두었다.

양조군의 패배 소식에 양호와 서윤은 즉시 퇴각하고, 육항은 고립된 서릉성을 함락하고 보천을 처형했다. 이렇게 서릉의 반란은 진압되었으나, 손권 이래 중신 일족이었던 보천의 반란은 오나라를 충격에 빠뜨리고 민심을 동요시키기에 충분했다.

낙향의 육항과 양양의 양호가 벌인 최후의 명승부 '선정 전투'

이후 위나라와 오나라의 전투는 낙향에 주둔한 육항과 양양에 주둔한 양호의 전투로 옮겨진다. 낙향은 강릉의 남안이고, 양호의 거점은 양양이어서 양쪽 군대가 《삼국지연의》에 나오듯이 국경 근처에서 직접 대치하지는 않았다. 단, 양군 모두 진나라와 오나라의 형주 국경에 군병을 주둔하고 있었으므로 늘 대치 상태인 것이나 다름없었다.

보천이 반란을 일으키기 전인 269년에 양양에 들어간 양호는 적과 아군을 가리지 않고 선정을 베풀어 백성들의 마음을 얻었다. 부임 직후에는 100일분의 군량도 없었는데, 새로 땅을 일구어 연말에는 10년분의 비축 식량을 준비했다고 한다.

양호는 보천의 반란 때 서릉성에서 철수한 책임을 지고 강등되었으나, 오나라 영토로 진군을 계속하여 석성 서쪽 지역을 진나라 영토로 접수했다.

양호는 원래 비겁한 전투를 좋아하지 않고 사리사욕이 없는 겸허한 인물이었던 듯하다. 양호의 인물됨에 관해서는 빼놓을 수 없는 일화가 있다. 자군의 병사가 아이 둘을 포로로 잡아 오자, 양호는 그 아이들을 부모에게 돌려보냈다. 그러자 그 아이들의 아버지가 일족을 데리고 양호에게 귀순했다. 또 오나라와의 국경 지역을 행군할 때 식량을 탈취하면 반드시 그 양을 계산하여 비단으로 대금을 지불했다.

그 외에도 전사한 오나라 장수가 있으면 충의를 위해 죽은 그들을 찬양하며 장례를 후하게 치러주었고, 관을 인수하러 온 자제에게도 예를 다했다고 한다. 이러한 양호의 치세에 오나라 사람들도 감복하여 '양공'이라 부르며 친근하게 여겼다고 한다. 이는 양호의 인물됨에 기인한 바도 컸겠으나, 손호

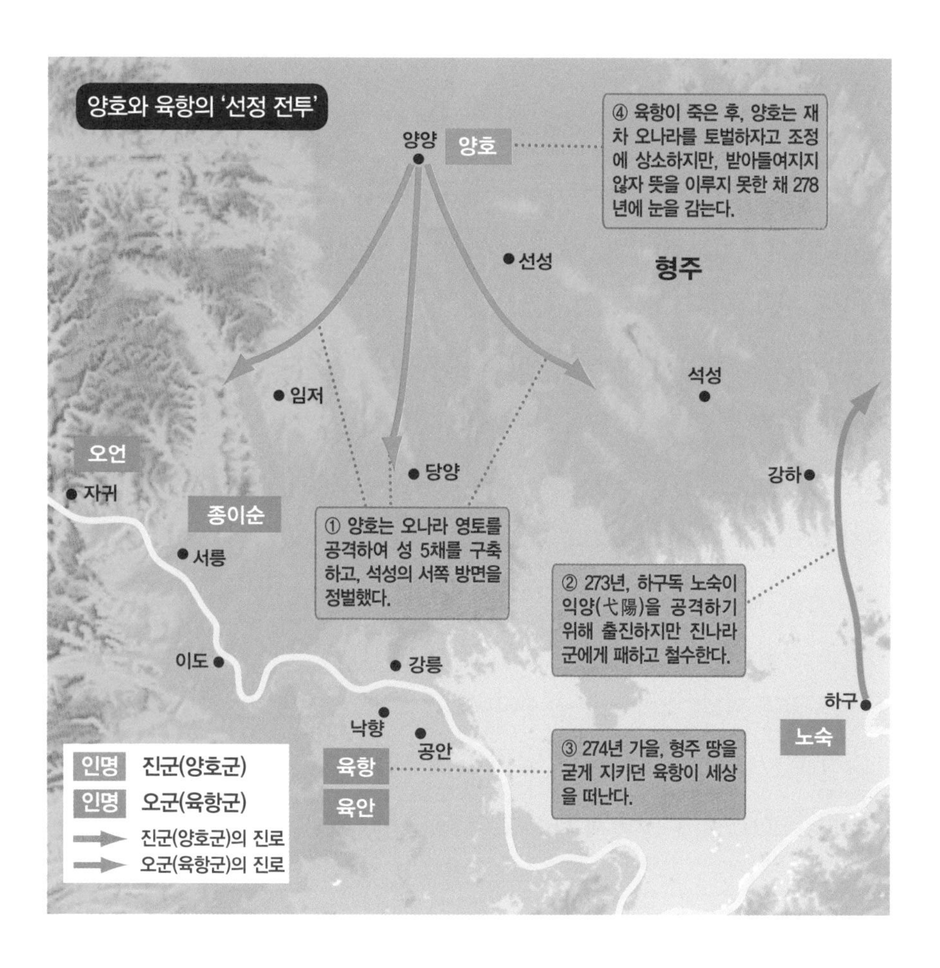

의 폭정에 괴로워하는 오나라 백성을 회유하려는 의도도 있었을 것이다. 실제로 많은 오나라 사람들이 차례로 진나라로 투항했다고 한다.

이에 육항도 양호와 마찬가지로 권한에 벗어나지 않는 범위 내에서 선정을 베풀며 대항했다. 그래서 형주 국경 부근은 전란이 한창이라고는 생각할 수 없을 정도로 치안이 좋았다고 한다.

남은 식량을 아무렇게나 놔둬도 적이 훔쳐가지 않았고, 가축이 국경을 넘어간 경우에는 적국에 알리고 잡으러 갈 수도 있었다. 사냥하는 도중에 포획물이 국경을 넘어가도 포획물을 쫓아 국경을 넘어가는 자가 한 사람도 없었다. 양호와 육항은 이러한 '선정(善政) 전투'를 계속하는 동안 서로를 인정하게 되었다. 양호는 병약했던 육항을 위해 약을 지어 보냈고, 답례로 육항은 양호에게 술을 보냈다. 그리고 두 사람 모두 그것을 전혀 의심하지 않고 마셨다고 한다.

그런 육항의 행동에 대해 오나라 국내에서 모반을 의심하는 자가 나왔다. 손호도 그중 한 사람이었다. 그는 육항의 행동을 추궁했다. 이때 육항은 자신의 행동이 정당함을 설명하고, 서릉의 수비 증강을 요청했으나 받아들여지지 않았다.

이 무렵, 육항의 곁에는 수만 명의 병력밖에 없었다고도 하니, '선정 전투'야말로 육항의 고육지책이었을지도 모른다. 그래도 진나라의 침공을 제대로 막은 이는 누가 뭐라 해도 육항이었다.

그런데 274년에 그런 육항이 병사했다. 오나라로서는 최후의 보루를 잃은 셈이다. 오나라 명운은 이제 바람 앞의 등불이었다.

인물 클로즈업 육항

- 자 : 유절(幼節)
- 생몰년 : 226~274년
- 출신지 : 양주 오군 오현
- 관직 : 대사마

진나라의 침공을 마지막까지 막았던 오나라의 영웅

오나라 건국의 공로자인 육손의 차남이고, 어머니는 손책의 딸이라고 한다.

257년, 위나라의 사공 제갈탄이 위나라에 반기를 들며 오나라에 구원병을 요청했다. 이때, 육항은 시상독이 되어 제갈탄을 구원하러 나섰으나 실패한다. 제갈탄은 수춘 전투에서 오군의 포위망을 돌파하다가 사마소에게 죽는다. 259년, 육항은 진군장군 · 서릉도독이 된다. 서릉에 부임한 263년에 촉한이 위나라에 멸망하자 이를 도성에 알렸다.

그 후 낙향으로 거점을 옮겼는데, 272년에 서릉에서 반기를 든 보천을 구원하러 온 진나라군을 격파하고 서릉을 탈환했다. 죽음이 임박했을 때, 육항은 손호에게 서릉 · 건평 2군의 중요성을 설명하고, 방비를 게을리하지 말라고 상소를 올렸으나 받아들여지지 않았다.

호열(胡烈) 〈?~270〉

자는 현무(玄武)이고, 옹주 안정(安定)군 출신이다. 이민족 토벌과 반란군 진압에 공을 세운 위나라 장수 호준의 아들이다. 위나라가 촉한 정벌전을 벌일 때 종회군에 들어가 양안관(陽安關) 진압에 공을 세웠다. 전후에는 형주자사에 임명되었다.

264년, 오나라의 성만(盛曼) · 보협이 영안을 공격하자, 영안에 구원군을 이끌고 가서 오군을 격퇴했다. 270년, 선비의 반란 토벌에 나섰다가 전사했다.

양조(楊肇) 〈?~275〉

자는 수초(秀初)이고, 사주 형양(滎陽)현 출신이다. 야왕(野王)현의 전농중랑장(典農中郎將) 등을 역임하며 사마염에게 인정받았다. 진나라가 건국한 후에는 형주자사 · 절충장군(折衝將軍)에 임명되었다.

272년 오나라의 보천이 반란을 일으키자, 이를 구원하기 위하여 서릉에 진출했다가 오나라의 육항군에게 패하고 철군했다. 전후, 이에 책임을 지고 관직에서 물러나 귀향하여 275년에 죽었다. 임종을 앞두고 황제 사마염에게 장송품(葬送品)을 하사받았다.

보천(步闡) 〈?~272〉

자는 중사(仲思)이고, 승상 보즐의 둘째 아들이다. 보씨 집안은 손권 이래 오나라의 중신이자 대대로 서릉을 다스린 집안으로, 보즐이 죽은 후에는 보천이 서릉독에 오른다.

272년에 황제 손호가 소환 명령을 내리자, 이 일을 계기로 진나라에 귀순하여 오나라에 반기를 들었다. 보천은 진나라의 양조와 함께 농성을 벌이며 육항군과 대치하지만 패한 후 처형당한다.

양호(羊祜) 〈221~278〉

자는 숙자(叔子)이고, 연주 태산(泰山)군 남성(南城)현 사람이다. 후한의 학자이자 서예가인 채옹(蔡邕)의 외손자로, 누이는 사마사에게 시집간 명문가 출신이다. 오나라 토벌에 대해서는 신중파가 많았으나, 장화(張華) · 두예(杜預)와 함께 드물게 강경파였다.

269년, 형주 방면 군사령관에 임명된 후, 오나라 정벌을 위한 계획 입안과 준비를 맡았다. 272년에 서릉의 보천이 오나라에 반란을 일으키자 이를 구원하기 위하여 나섰으나 육항에게 패퇴한다. 진나라 통일을 목전에 앞두고 병사했다.

275~280
마침내 오나라가 멸망,
진나라가 삼국을 통일

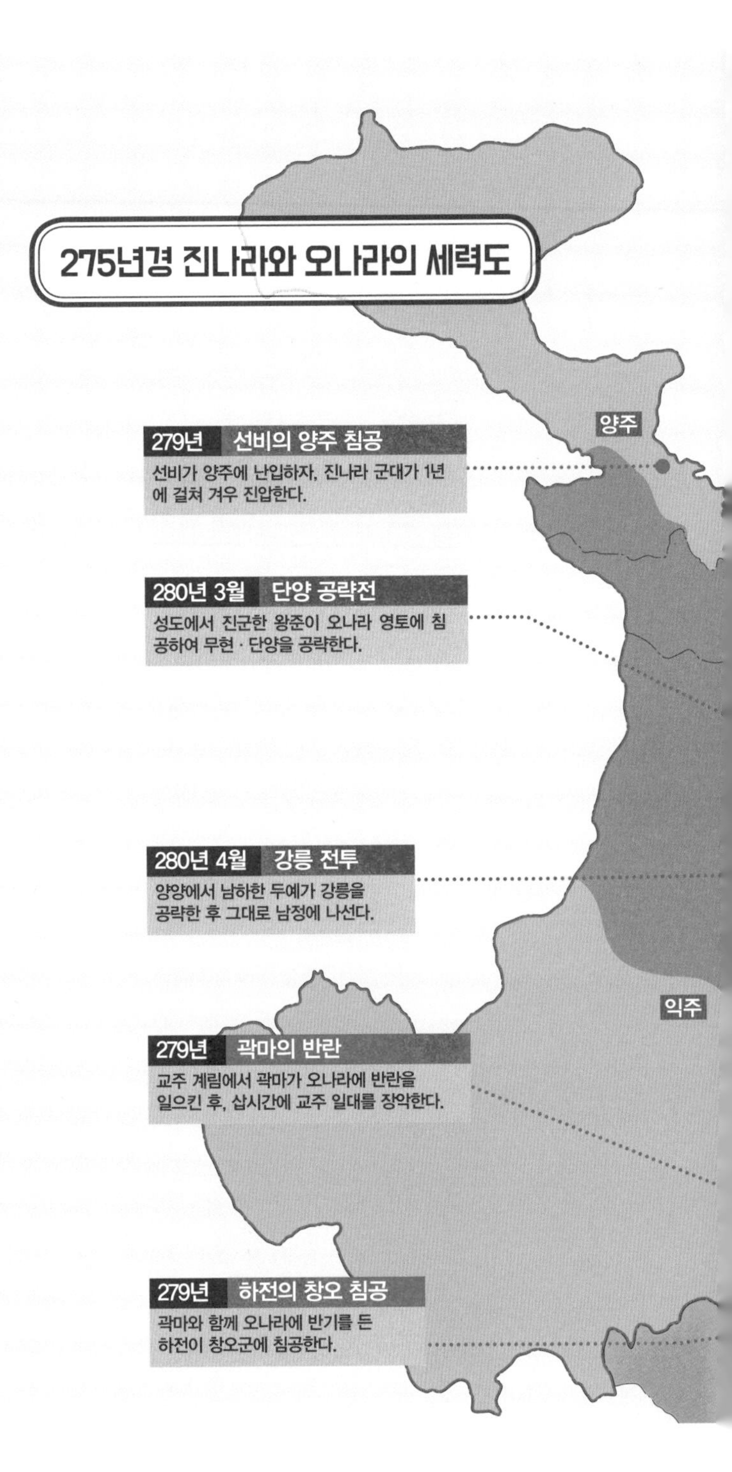
275년경 진나라와 오나라의 세력도
279년 선비의 양주 침공
선비가 양주에 난입하자, 진나라 군대가 1년
에 걸쳐 겨우 진압한다.
280년 3월 단양 공략전
성도에서 진군한 왕준이 오나라 영토에 침
공하여 무현 · 단양을 공략한다.
280년 4월 강릉 전투
양양에서 남하한 두예가 강릉을
공략한 후 그대로 남정에 나선다.
279년 곽마의 반란
교주 계림에서 곽마가 오나라에 반란을
일으킨 후, 삽시간에 교주 일대를 장악한다.
279년 하전의 창오 침공
곽마와 함께 오나라에 반기를 든
하전이 창오군에 침공한다.
양주
익주

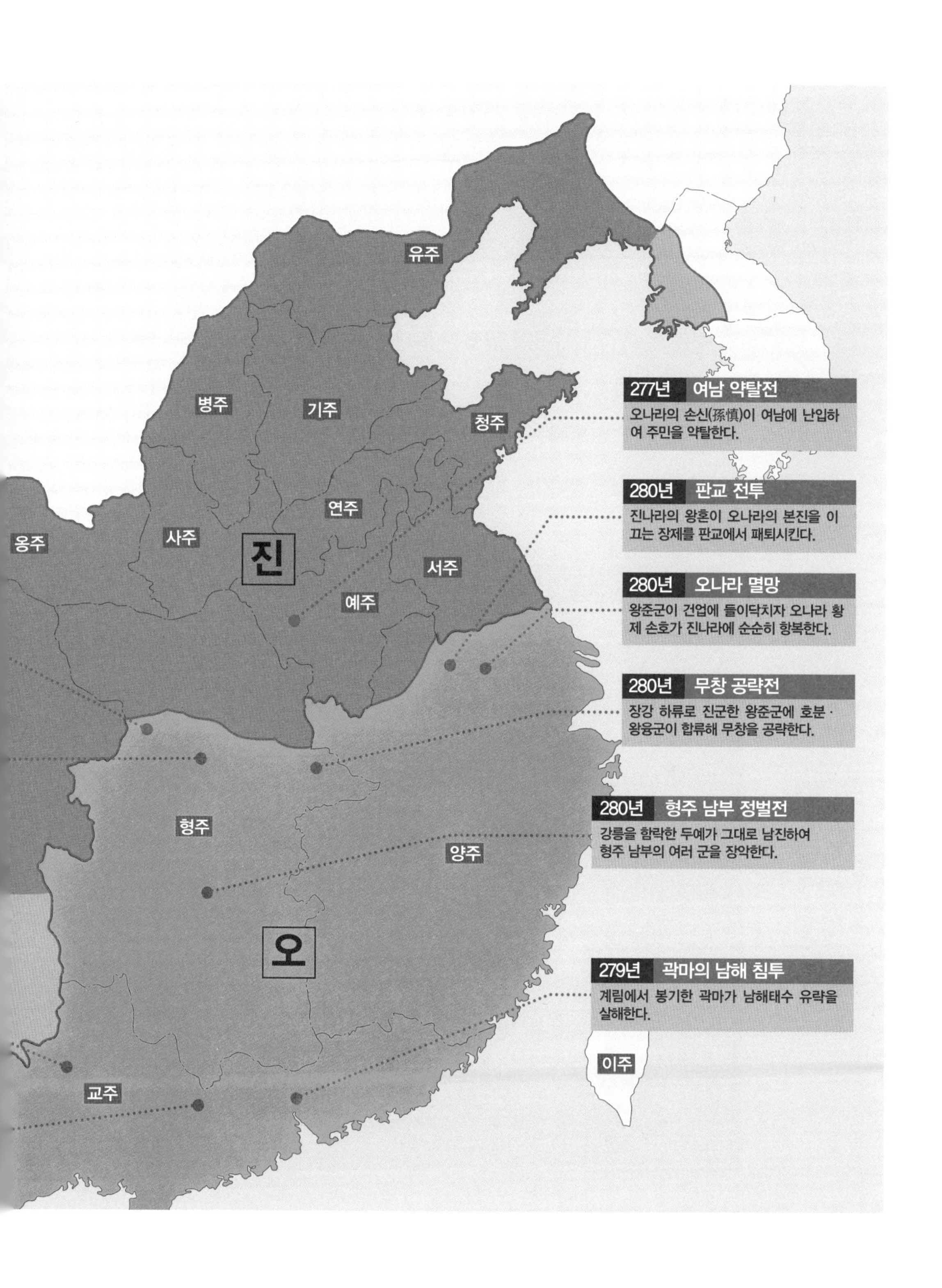
유주
병주
기주
청주
연주
옹주
사주
진
서주
예주
형주
양주
오
교주
이주
277년 여남 약탈전
오나라의 손신(孫愼)이 여남에 난입하여 주민을 약탈한다.
280년 판교 전투
진나라의 왕혼이 오나라의 본진을 이끄는 장제를 판교에서 패퇴시킨다.
280년 오나라 멸망
왕준군이 건업에 들이닥치자 오나라 황제 손호가 진나라에 순순히 항복한다.
280년 무창 공략전
장강 하류로 진군한 왕준군에 호분 · 왕융군이 합류해 무창을 공략한다.
280년 형주 남부 정벌전
강릉을 함락한 두예가 그대로 남진하여 형주 남부의 여러 군을 장악한다.
279년 곽마의 남해 침투
계림에서 봉기한 곽마가 남해태수 유략을 살해한다.

육항이 세상을 떠나고, 양호가 사마염에게 오나라 정벌을 간언

274년, 병치레가 잦던 육항이 세상을 떠났다. 오나라로서는 최후의 보루가 사라진 것이다. 오나라 침공을 호시탐탐 노리던 진나라에는 둘도 없는 호기였다.

진나라의 형주 방비를 담당하던 양호는 육항이 죽자 형주에서 오군이 제대로 통제되지 않는 것을 확인한 후, 사마염에게 오나라를 총공격하자고 건의했다. 하지만 오나라 토벌에는 반대 의견이 많았다. 위나라 시대부터 성공적으로 장강을 건넌 적이 한 번도 없는 데다, 대군을 동원하고 나섰던 적벽

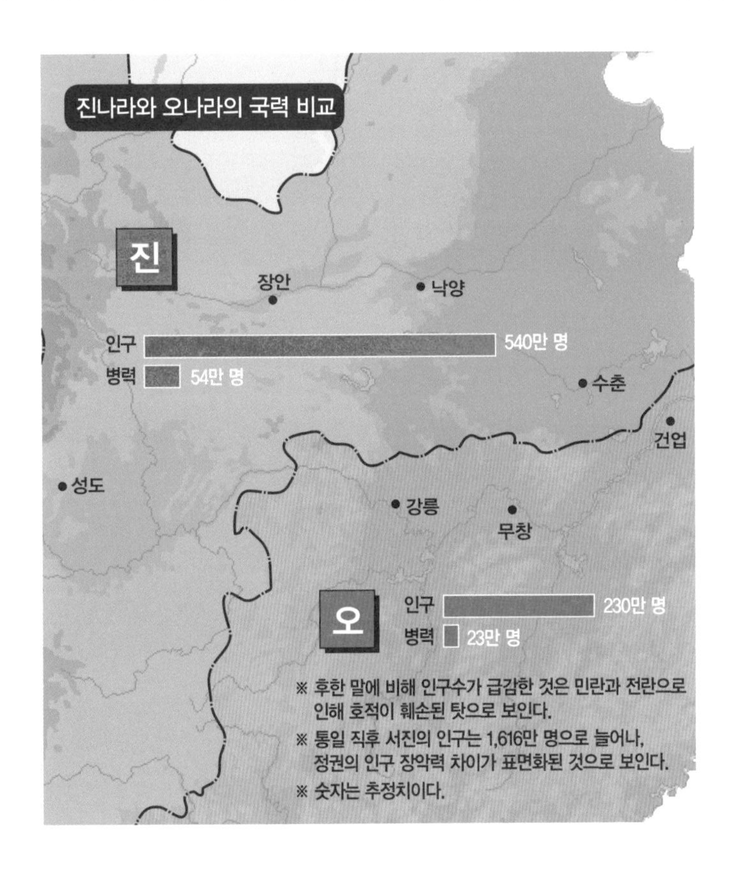

대전에서 대패했던 기억이 여전히 깊은 내상으로 남아 있었기 때문이다. 그 외에 양주 방면의 이민족 활동이 다시 활발해지면서 이민족 대책이 우선시된 이유도 있었다.

오나라를 토벌하자는 건의는 여러 차례 있었으나 그때마다 가충을 중심으로 하는 반대파에 의해 부결되었다. 이는 오나라 토벌 주장이 사마염이나 양호 등 극히 일부에서만 논의되었던 까닭에, 가충 등은 공적을 올리기 힘들었기 때문이기도 하다. 사마염은 어느 쪽인가 하면 강경파였으나, 고관 대부분이 반대했으므로 좀처럼 오나라 토벌에 나서지 못했다.

278년, 양호가 병으로 자리에 누웠다. 양호는 사마염에게 하문을 받고 "폭군 손호가 제위에 있는 동안 반드시 오나라를 정벌해야 합니다. 손호가 죽고 유능한 군주가 즉위하게 되면 두 번 다시 장강을 건널 수 없을 것이옵니다"라고 충언했다. 이에 사마염은 양호의 말대로 이듬해 말에 행동에 나서게 된다.

곽마가 교주에서 반란을 일으키자 진나라가 오나라에 침공

이런 긴박한 상황에서, 279년 여름에 오나라로서는 통한의 사건이라고 할 수 있는 반란이 교주에서 일어났다. 합포태수 수윤(脩允)의 부장이었던 곽마(郭馬)가 계림에서 거병한 것이다.

곽마는 동료였던 하전(何典) · 왕족(王族) · 오술(嗚述) · 은흥(殷興)을 같은 편에 끌어들이고 함께 거사를 치르자고 제안했다. 그리고 광주로 침공하여 오나라 장수 우수(虞授)를 살해했다. 기세가 오른 곽마군은 남해태수 유략을

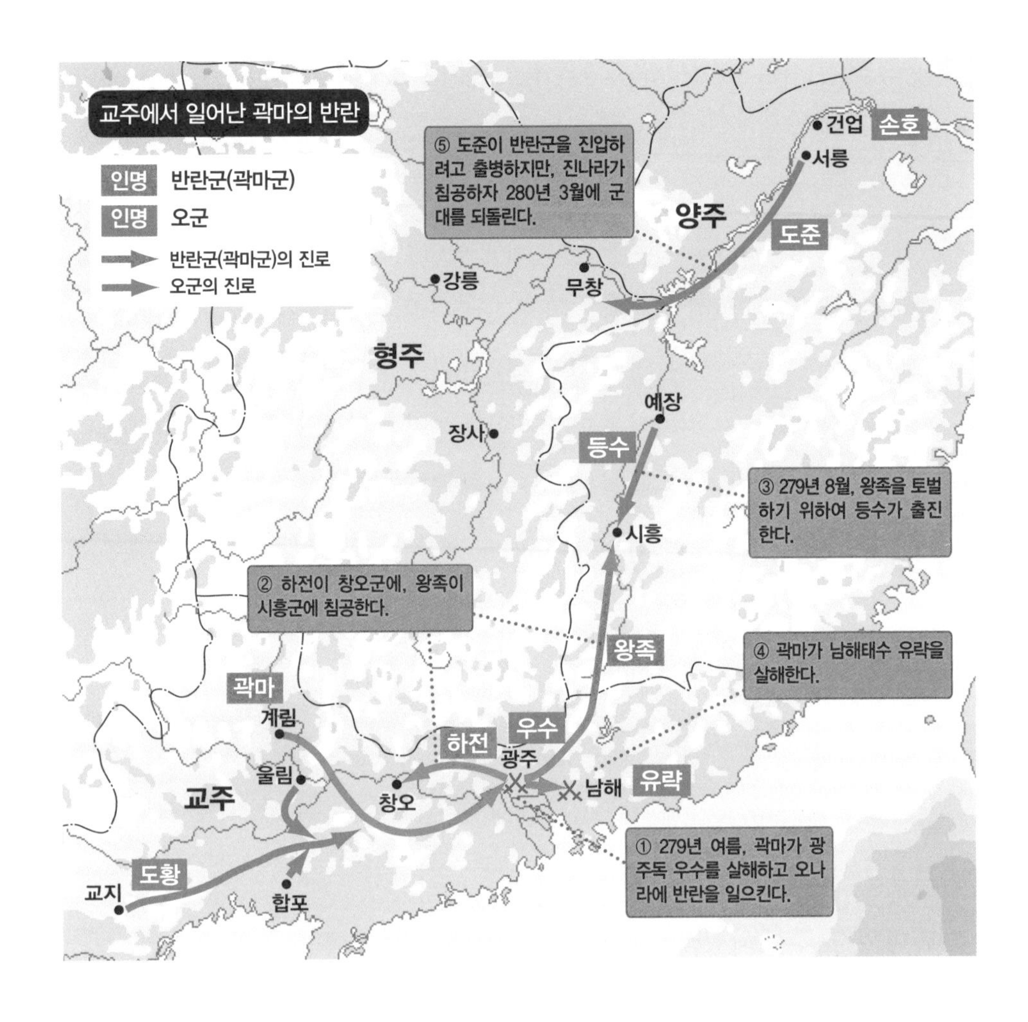

살해하고, 광주자사 서기(徐旗)를 추방한 후 남해군을 정복한다. 하전은 창오군으로 진군하고, 왕족은 양주에서 시흥으로 공격해 들어갔다.

손호는 곧바로 예장에 주둔한 등수(滕脩, 일명 등순)를 시흥에 보내고, 서릉에 출진한 도준(陶濬)에게는 서수를 경유하여 교주로 가라고 명했다. 교주목 도황(陶璜)도 합포와 울림의 병사를 합류시켜서 반란군을 추격했다. 하지만 곽마의 반란은 이미 교주 일대에 널리 퍼져서 오군은 진압하는 데 꽤나 시간이 걸렸다.

곽마의 모반 소식을 들은 진남장군 두예(杜預)는 지금이야말로 호기라 여기고, 사마염에게 다시 오나라를 토벌하자는 상소를 올렸다. 이에 중서령 장화(張華)가 찬동하자, 마침내 사마염은 오나라를 토벌하기로 결의한다. 물론 가충은 반대했다. 그러자 사마염은 가충을 총사령관으로 지명하고 "자네가 가지 않으면 내가 가겠다"라고 최후통첩을 날린다. 이에 가충도 따르지 않을 수 없었다.

양주에서 일어난 약라발능(若羅拔能)과 수기능(樹機能)의 반란에는 마릉(馬陵)을 보내고, 279년 12월에 평정한다. 한편 사마염은 279년 11월, 20만 명이 넘는 대군을 이끌고 오나라를 진압하기 위해 총공격에 나선다.

《삼국지》에서 탄생한 사자성어

파죽지세–대나무를 둘로 쪼개는 엄청난 기세

279년, 진나라가 남하하여 오나라를 공격한다. 이듬해, 왕준과 왕융이 무창을 공략하자, 진양에서 진군을 지휘하던 태위 가충은 다가올 여름의 무더운 더위를 경계하여 "일단 철수하고 겨울에 다시 침공해야 합니다"라고 사마염에게 진언했다.
가충의 진언을 전해 들은 두예는 사마염에게 반대 상소문을 보냈다. 그리고 군대 내부의 신중파를 향해 "우리 군의 기세는 비유하자면 대나무를 쪼갤 정도요. 이대로 공격하면 오나라는 반드시 깨질 것이오"라며 작전을 속행하여 끝내 오나라의 항복을 받아냈다고 한다.
대나무는 첫 마디가 쪼개지면 나머지는 간단히 쪼개진다. 이렇게 멈출 수 없는 기세를 '파죽지세(破竹之勢)'라고 비유하게 되었다.

사마염과 두예(원래는 양호도 관여)가 세운 침공 작전은 다음과 같다.

1. 익주에서 왕준(王濬)이 이끄는 수군이 장강을 내려와 건업으로 향한다.
2. 두예가 형주의 군사를 이끌고 양양에서 남하하여 강릉으로 향한다.
3. 사마주(司馬伷)가 서주의 군사를 이끌고 하비에서 도중(涂中)으로 침공해 들어간다.
4. 왕혼(王渾)과 주준이 양주의 군사를 이끌고 수춘에서 우저(牛渚) · 횡강(橫江)으로 침공해 들어간다.
5. 왕융(王戎)이 예주의 군사를 이끌고 무창에 침공해 들어간다.
6. 호분(胡奮)이 형주 병사 일부를 이끌고 하구로 침공해 들어간다.

진나라는 이렇게 6개 방면에서 동시에 오나라에 침공하는 대규모 총력전을 펼친 것이다.

280년 5월, 손호가 항복하고 삼국시대가 막을 내린다

육항이 없는 오나라에는 이미 진나라의 침공에 맞서 대적할 수 있는 인물이 없었다. 손호의 폭정으로 조정을 비롯해 나라 곳곳이 피폐해져서 진나라의 20만 대군을 물리칠 능력이 없었다.

진나라 군대는 작전대로 순조롭게 진군하여, 280년 2월에는 왕준의 수군이 형주의 단양과 서릉을 차례로 함락하고 오군의 유헌(留憲), 성거(成拠), 우충(虞忠)을 체포했다. 이어서 이도를 함락하고 육안을 굴복시켰다. 나아가

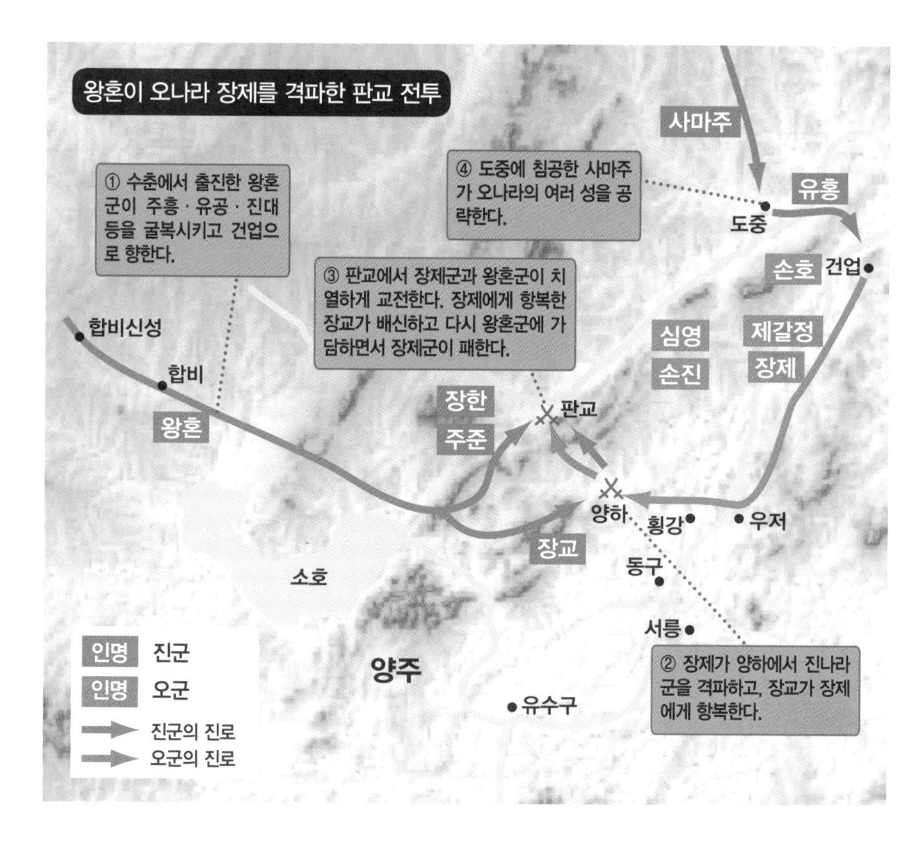

낙항을 제압하고 육경(陸景), 시홍(施洪)의 항복을 받아냈다(《진서》 〈무제기〉에는 위에 나온 유헌부터 육경까지 전부 살해했다고 나온다).

양양에서 남하한 두예군은 강릉을 정복한다. 두예는 그대로 남하하여 형주의 각 군을 평정한다. 이런 두예군의 거침없는 맹공에 교주의 각 군도 두예에게 태수의 인수를 바치고 항복한다.

낙향 서쪽 방면을 정복한 왕준군은 형주 남부를 두예에게 맡기고 동진하여, 왕융 · 호분군과 합류한 후 하구 · 무창에 쳐들어간다. 그칠 줄 모르는 진나라군의 기세는 양옹(楊雍) · 손술(孫述) · 유랑(劉朗)과 같은 장수들을 차례로 굴복시키고 무창을 손쉽게 손에 넣는다. 무창이 함락되자 기춘(蘄春)과

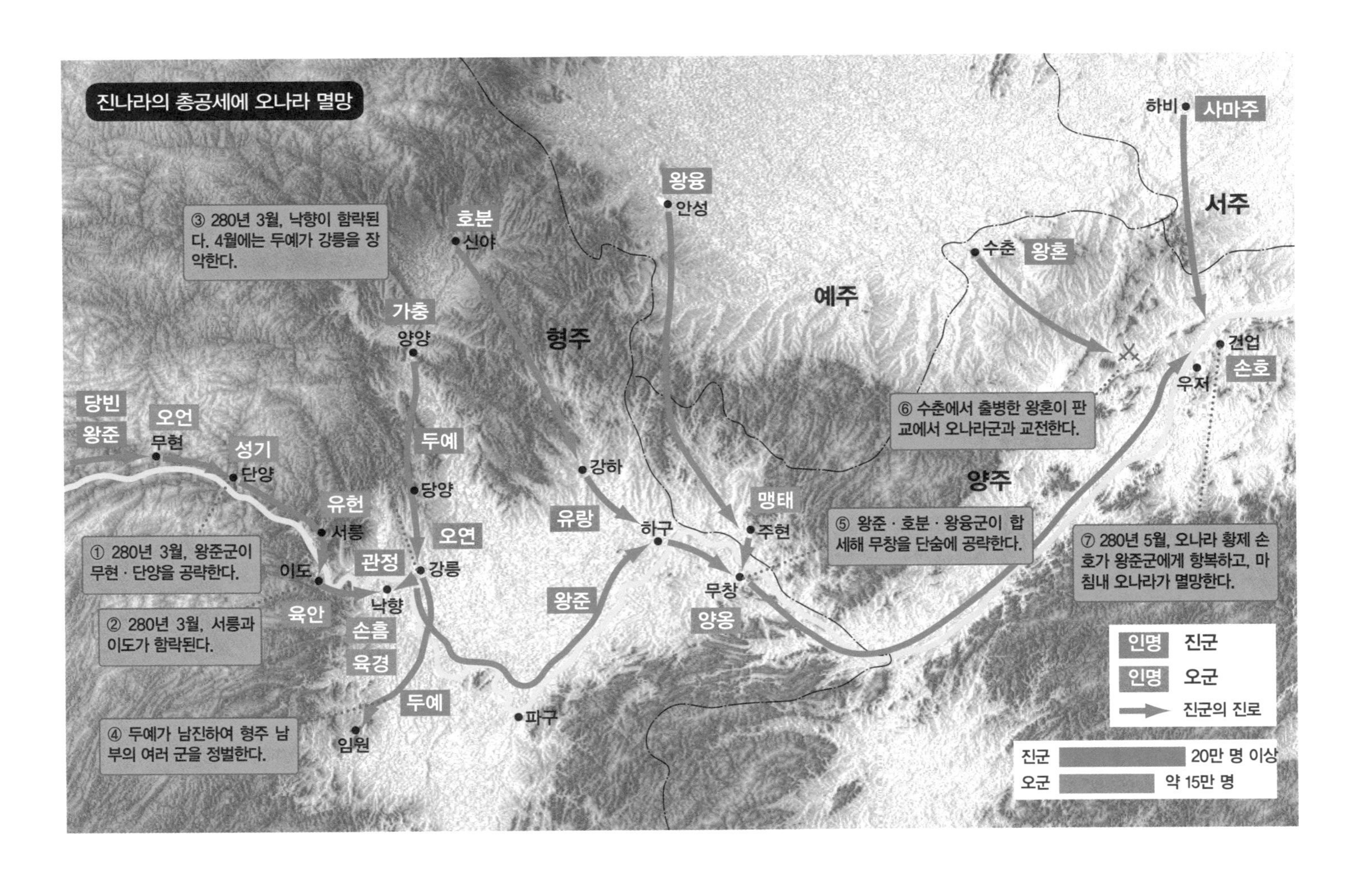

진나라의 총공세에 오나라 멸망
③ 280년 3월, 낙향이 함락된다. 4월에는 두예가 강릉을 장악한다.
호분
신야
형주
왕융
안성
예주
수춘
왕혼
하비
사마주
서주
가충
양양
당빈
왕준
오언
무현
성기
단양
두예
당양
유헌
서릉
강하
유량
하구
맹태
주현
① 280년 3월, 왕준군이 무현 · 단양을 공략한다.
이도
관정
오연
강릉
낙향
육안
손흠
육경
② 280년 3월, 서릉과 이도가 함락된다.
왕준
무창
양웅
⑤ 왕준 · 호분 · 왕융군이 합세해 무창을 단숨에 공략한다.
⑥ 수춘에서 출병한 왕혼이 판교에서 오나라군과 교전한다.
양주
건업
우저
손호
⑦ 280년 5월, 오나라 황제 손호가 왕준군에게 항복하고, 마침내 오나라가 멸망한다.
두예
임원
파구
④ 두예가 남진하여 형주 남부의 여러 군을 정벌한다.
인명 진군
인명 오군
진군의 진로
진군 20만 명 이상
오군 약 15만 명

주(郝)현을 지키던 맹태(孟泰)는 싸우지 않고 항복하여 형주는 거의 진나라 군의 지배하에 놓이게 되었다.

사마주와 왕혼도 장강 하류에서 연전연승을 거두며 오군을 격파했다. 왕혼군은 판교(版橋) 전투에서 오나라의 주력 부대였던 승상 장제가 이끄는 군대을 무찔렀다. 왕혼과 장제가 겨루는 틈을 타서 왕준군이 장강에서 건업으로 쳐들어갔다. 곽마 토벌에 나섰던 등수(등순)는 진나라의 침공 소식을 듣고 서둘러 건업으로 돌아왔으나, 이미 건업은 적의 수중에 떨어진 뒤였다. 참고로 곽마는 이후 행방불명되어 소식이 끊겼다.

280년 5월, 손호는 더는 손쓸 방법이 없자 결국 항복을 선언한다.

그는 진나라 진영에 항복한 후 군신에게 편지를 썼다. 거기에는 자신의 폭정으로 국정을 어지럽혔음을 사죄하고, 교사(校事, 신하들을 감찰하는 자-역주)를 중용하여 군주와 가신의 골을 깊게 한 결과 국력을 쇠퇴시켰다고 언급했다. 그리고 마지막으로 가신들은 진나라를 섬기고 능력을 발휘하기를 바란다고 쓰여 있었다.

이렇게 해서 삼국시대를 주도한 나라 가운데 마지막으로 남았던 오나라마저 멸망하고, 마침내 진나라가 한나라 영토의 재통일을 완수했다. 황건의 난이 일어난 지 96년. 숱한 영웅호걸들이 명멸했던 삼국시대는 이렇게 종막을 맞이한 것이다.

하지만 평화로운 시대는 오래가지 않았다. 진나라 또한 외척과 황족의 분쟁으로 정치는 어지러워지고, 팔왕의 난(八王之亂, 중국 진나라 때 일어난 내란. 황족(사마씨)이자 8명의 왕이 관여했기 때문에 이렇게 부른다-역주)이 발발하며 멸망의 길을 걷기 때문이다. 머지않아 5호16국 시대의 개막과 함께 중국은 다시 오랜 전란의 시대에 돌입한다.

인물 삼국지 열전

손호(孫皓) 〈242~284〉

자는 원종(元宗)이라고 한다. 손권의 손자로 오나라 4대 황제이자 마지막 황제다. 명군이 될 자질이 있다는 기대를 한 몸에 받으며 제위에 올랐다. 하지만 선정을 베푼 것은 처음 1년뿐이고, 금세 오만불손해지고 주색에 탐닉해 오나라 멸망의 원인이 되었다.

3대 황제 손휴의 두 아들을 죽이고, 무의미한 천도를 되풀이하는 등 나라를 혼란에 빠트렸다. 279년에 진나라가 오나라 정벌에 나서자 연전연패하다 이듬해 진나라에 항복했다.

사마염(司馬炎) 〈236~290〉

자는 안세(安世)이고, 사마소의 장자로 진(晋)나라 초대 황제이다. 관대하고 도량이 넓으며 사려 깊은 인물이었다고 한다. 위나라와 오나라를 멸망시키고 진나라를 건국하여 삼국시대에 종지부를 찍었다.

위나라가 쇠퇴한 것은 황족에게 권력을 나누어주지 않았기 때문이라고 생각한 사마염은 황족을 각지의 제후로 봉하고 영지와 병사를 하사했다. 하지만 통일 후, 순식간에 타락의 길을 걸으며 내정을 소홀히 한 탓에 중앙의 권력이 약해져 팔왕의 난이 일어나는 원인을 제공했다는 평을 받는다.

왕준(王濬) 〈206~285〉

자는 사치(士治)라 하고, 사주 홍농(弘農)군 사람이다. 위나라에서 일했으나 당시에는 인정받지 못하고 진나라 시대가 되어서야 양호에게 인정받았다. 각지에 태수로 임명되고 나서는 민정에 힘써 군민에게 사랑받았다고 한다. 양호의 진언에 따라 도독 익주제군사가 되자 곧 벌어질 오나라 토벌전을 위하여 큰 배를 건조했다.

279년, 오나라 토벌이 시작되자 수군을 이끌고 익주에서 출진하여 연전연승을 거두고 마침내 건업에서 손호를 항복시켰다.

두예(杜預) 〈222~284〉

자는 원개(元凱)이다. 양호와 함께 오나라 정벌을 주장한 강경파로, 사마염에게 침공의 전략과 당위성을 열심히 진언했다. 양호가 지병으로 세상을 떠난 후 양호의 유지를 이어받는다.

그리고 279년에 마침내 염원하던 오나라 정벌을 명받는다. 군사를 이끌고 강릉 방면으로 남하해 기책을 써서 도독 손흠(孫歆)을 끌어내 체포한다. 그 후 다시 남하하여 형주의 모든 군을 정벌하고, 진나라의 중국 통일에 큰 공을 세운다. 박식다재하고 온갖 학문에 두루 능통한 지식인이기도 했다.

221~280년 이민족의 동향 3

삼국의 종언을 지켜보는 변방의 이민족들

…

제갈량의 남중 원정과 북벌에는 이민족의 동향이 깊이 관련되어 있다. 삼국시대도 종반에 접어들면서 삼국은 차례로 자취를 감춘다. 하지만 이민족들은 삼국의 종언을 옆에서 지켜보면서도 활동을 멈추지 않았다.

(글 · 미츠다 타카시)

제갈량의 남중 원정과 북벌 정책에 따른 이민족과의 관계

서북 방면에서는 221년 5월에 반란을 일으킨 정감(鄭甘)이 조인에게 참수당한다. 또 양주 노수의 이민족 건기첩(健妓妾) · 치원다(治元多) 등과 주천의 소충(蘇衝), 강족의 유력자인 인재(鄰載), 정령의 만족 등이 잇달아 반란을 일으켰으나 221년 11월까지 각각 위나라의 장기(張既)에게 진압되었다.

221년 7월, 유비의 오나라 원정에도 호응한 무릉만은 231년에도 오나라에 모반을 일으켰으나 반준(潘濬)과 여대에게 정벌당한다. 유비가 죽고 남방에서 서남이가 반란을 일으켰는데(223년 여름), 이 반란의 배후에는 오나라의 영향을 받은 교주의 사섭이 있었다. 그는 '바다의 실크로드'를 통해 들여온 남방의 물품을 해마다 손권에게 공납으로 보낼 정도로 우호 관계를 유지하고 있었다.

225년, 제갈량이 남중 원정을 감행했다(촉한의 본거지인 파·촉의 남쪽에 있어서 '남중'이라고 불렀다). 이곳은 지금의 운남성에서 육로를 통해 인도 방면으로 가는 경로와, 하천을 이용하여 남쪽으로 나가는 경로('서남 실크로드'), 교지로 이어지는 경로가 있는 교통의 요충지이다. 제갈량이 이러한 경로를 경유한 것은 다름 아닌 상업의 진흥을 노렸기 때문이다.

그 후에도 이곳은 서남이, 특히 월수의 수이(叟夷)가 자주 반란을 일으키는 바람에 정착(定筰)을 포함한 여러 현을 지배하지 못하고 태수가 두 명이나 죽임을 당했다. 그래서 그 후에 부임한 태수는 실제로는 현지에 부임하지 않고 군에서 800여 리 떨어진 안상(安上)현에 머무렀다. 그러다가 240년 장억이 태수로 부임한 후에야 겨우 반란을 진압했다고 한다.

이후 제갈량의 북벌이 시작된다. 그의 북벌 전략은 일단 서북 방면에 출격하여 실크로드로 이어지는 양주(涼州)의 교통로를 차단하고, 농서·남안·천수(天水)·약양의 백성·만족을 규합해 관중과 농서의 요충지를 공략하여 장안을 탈취할 기회를 노리는 것이었다. 실제로 제갈량의 북벌 동선을 살펴보면 무도·음평 이외에는 전부 양주로 이어지는 교통로 상에 있다.

225~227년경에는 안정의 강족 대수(大帥, 총독을 일컫는 말-역주) 벽제(辟蹏)가 반란을 일으키고, 227년에는 서평의 국영(麴英)이 반란을 일으킨다. 또 임강(臨羌)과 서도(西都)에서 폭동을 일으키는 등 위나라의 서방도 여전히 안정되지 않은 상황이었다. 이에 장안·낙양에서 양주로 이어지는 교통로를 차단하면 양주가 촉한에 귀속될 가능성이 높았다. 그렇게 되면 촉한은 양주를 군사적 보급지로 삼고, 서성으로 이어지는 통로와 서성 무역의 이익까지 얻을 수 있었다.

참고로 제갈량의 이런 북벌 전략의 근간이 되는 촉한군의 출격지는 전부 후한 시대(107~120년)에 일어난 강족의 모반이 영향을 미친 지역이다. 실제로 107년에 선령종(先零種)을 필두로 한 강족이 반란을 일으켜서 농서로 가는 길을 차단한 적이 있다. 또 108년 11월에는 전령(滇零) 등의 강족이 북지(北地)에서 스스로 '천자'라 칭하고 무도 · 참랑(參狼) · 상군(上郡) · 서하(西河)의 온갖 종족을 규합해 동으로는 위나라를 침략하고, 남으로는 익주로 들어가서 한중태수 동병(董炳)을 살해하고, 삼보(三輔)에도 침공하여 농서로 가는 길을 차단했다고 한다. 이러한 움직임이 나중에 제갈량이 실행하는 북벌 전략과 매우 유사하다는 사실을 기억해두기 바란다.

양주 정세에도 변화가 있어 오장원 전투는 서쪽으로 멀리 돌아가는 기존의 출격 경로가 아니라, 한중에서 그대로 북상한 후 포사도에서 출격하여 장안에 비교적 가까운 오장원에 포진했다. 이미 공격에 실패한 진창 이외에 옹주 · 장안부터 양주로 가는 통로에 이르기까지의 요충지를 확보할 필요가 있었기 때문이다. 실제로 제갈량은 위수를 건너 큰길로 나가려고 했으나, 그 의도를 읽은 곽회에게 격퇴당했다. 이때 제갈량의 전략은 지구전을 펼쳐 위나라의 군량이 다 떨어지기를 기다렸다가 오장원의 북쪽에 나 있는 큰길을 확보하여 장안을 공격하는 것이었다고 추측된다.

위나라가 요동의 공손연과 북동부의 이민족 정벌

제갈량이 죽고 촉한의 북벌 공략이 잠잠해질 때까지 위나라는 요동의 공손씨를 회유하는 계책을 썼다. 그 속내를 꿰뚫어보기라도 하듯이, 숙부 공손공을 내치고 요동태수를 차지한 공손연은 위나라와 오나라를 저울질하는 외교 정책을 폈다. 또 236년 7월에는 고구려 동천왕이 오나라의 사자 호술

(胡衛)의 머리를 잘라 위나라의 유주 관청에 보냈다. 이로써 오나라는 공손씨만이 아니라 고구려도 끌어안는 데 실패했다.

제갈량이 죽고 촉한의 위협이 약해지자 위나라는 관구검을 요동으로 출격시키지만 진압에 실패하고, 결국 사마의를 파견하여 정벌한다.

239년 3월에는 오나라에서 장군 손이(孫怡)를 요동에 사자로 파견하여 위나라 수장을 무찌르고, 그 휘하에 있던 남녀를 포로로 잡아 오는 움직임이

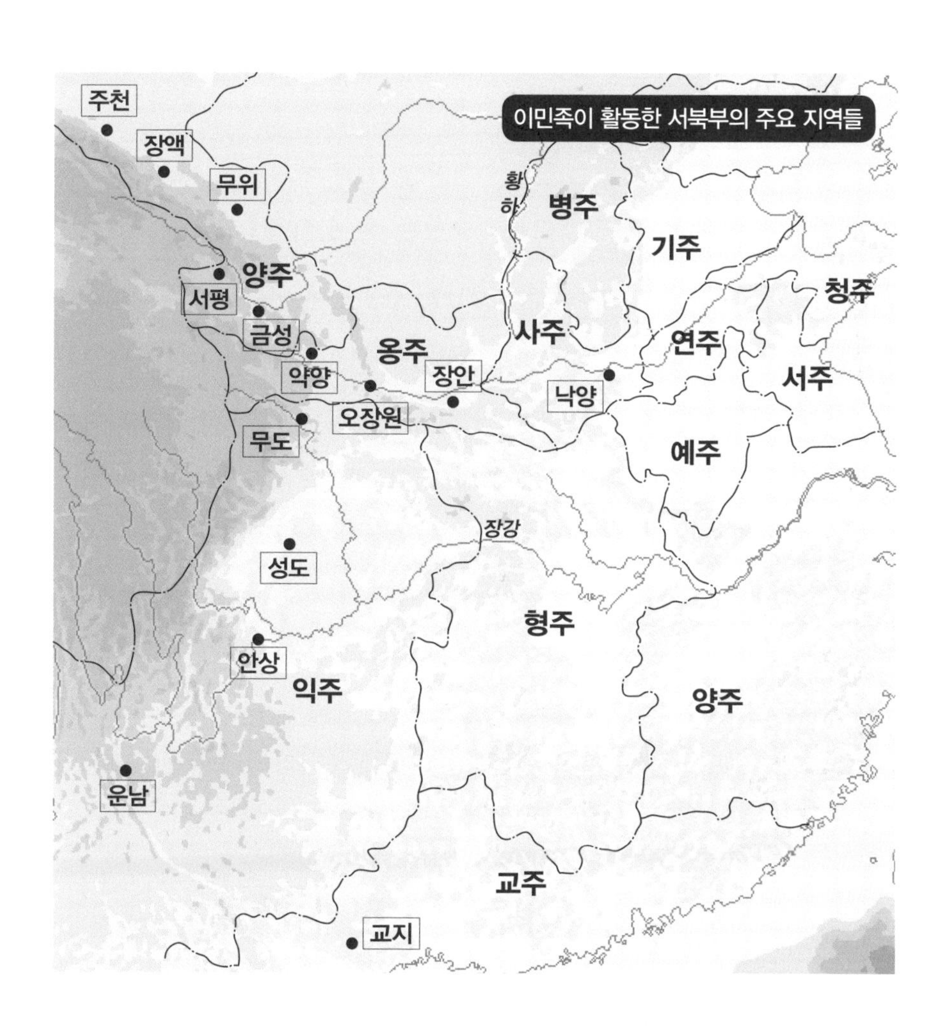

있었다. 이는 오나라의 인구 감소도 영향을 미쳤던 것 같다.

그 후 246년 관구검이 고구려 원정에 나섰을 때는 예맥마저 토벌하고 숙신(肅愼, 고대 중국의 북동 방면에 거주한 이민족-역주)씨가 다스리는 남계까지 진출한다.

240년에는 촉한의 강유가 농서에 출진했으나, 곽회가 군대를 보내 강중까지 추격하자 퇴각했다. 곽회는 그대로 강족인 미당(迷當)을 토벌하고 순종적인 저족 3,000여 부락을 관중으로 강제 이주시켰다. 위나라도 오나라와 마찬가지로 인구 확보를 고려했던 것으로 보인다.

246년 5월, 한(韓, 한반도 남부)의 나해(那奚) 등 수십 국이 부락을 이끌고 투항한다. '한이 대방군의 기리영(崎離營)을 공격하여 대방태수 궁준(弓遵)이 전사했다'라는 기록도 있는데, 궁준이 245년에 고구려에 속해 있던 예를 공격한 것으로 보아 246년 5월 직전에 전사한 것으로 보인다.

이는 한에 대한 낙랑군 · 대방군의 압박이 강했음을, 즉 한이 그에 대항하는 세력이 되었음을 보여준다. 하지만 결과적으로는 동북 방면이 위나라에 유리한 형태로 안정되었다고 볼 수 있다. 그 후 261년 7월, 한 · 예맥이 위나라에 조공을 바쳤다. 이는 246년에 한을 진압한 이후 첫 조공이었다.

263년 위나라가 촉한을 정복한 후, 위나라는 만이족과도 서둘러 관계 개선을 시도한다(물론 이에 호응하는 자도 나타난다). 이런 움직임의 이면에는 사마소가 촉한을 정복하고, 그리고 3년 후에 오나라를 평정하려는 계획이 영향을 미쳤는지도 모른다. 어쨌든 이들은 나중에 오나라의 종이목(鍾離牧)이 평정한다.

삼국지 100년 도감 인명 색인

ㅁ

ㅂ

ㅅ

ㅇ

ㅈ

ㅊ

ㅌ

ㅍ

ㅎ

지도로 읽는다

삼국지 100년 도감

초판1쇄 인쇄 | 2018년 1월 13일
초판1쇄 발행 | 2018년 1월 16일
초판3쇄 발행 | 2022년 10월 24일

지은이 | 바운드
감수자 | 미츠다 타카시
옮긴이 | 전경아
펴낸이 | 황보태수
기획 | 박금희
디자인 | 정의도, 양혜진
인쇄 | 한영문화사
제본 | 한영제책

펴낸곳 | 이다미디어
주소 | 경기도 고양시 일산동구 정발산로 24 웨스턴타워1차 906-2호
전화 | (02)-3142-9612
팩스 | 0505-115-1890
이메일 | idamediaaa@naver.com

ISBN 978-89-94597-81-2 04900
978-89-94597-65-2 (세트)